权威·前沿·原创

皮书系列为
"十二五""十三五""十四五"时期国家重点出版物出版专项规划项目

BLUE BOOK

智 库 成 果 出 版 与 传 播 平 台

人权蓝皮书

BLUE BOOK OF CHINA'S HUMAN RIGHTS

中国人权事业发展报告 *No.14*
（2024）

ANNUAL REPORT ON CHINA'S HUMAN RIGHTS

No. 14 (2024)

组织编写／中国人权研究会

主　　编／蒋建国

副主编／常　健

社会科学文献出版社
SOCIAL SCIENCES ACADEMIC PRESS（CHINA）

图书在版编目（CIP）数据

中国人权事业发展报告 . NO.14，2024／蒋建国主
编；常健副主编 . --北京：社会科学文献出版社，
2024.10. --（人权蓝皮书）. --ISBN 978-7-5228
-4044-4

Ⅰ. D621.5

中国国家版本馆 CIP 数据核字第 20248XM367 号

人权蓝皮书

中国人权事业发展报告 No.14（2024）

组织编写／中国人权研究会
主　　编／蒋建国
副 主 编／常　健

出 版 人／冀祥德
责任编辑／刘骁军
文稿编辑／郭锡超
责任印制／王京美

出　　版／社会科学文献出版社·法治分社（010）59367161
　　　　　地址：北京市北三环中路甲 29 号院华龙大厦　邮编：100029
　　　　　网址：www.ssap.com.cn
发　　行／社会科学文献出版社（010）59367028
印　　装／三河市东方印刷有限公司

规　　格／开　本：787mm×1092mm　1/16
　　　　　印　张：33.25　字　数：503 千字
版　　次／2024 年 10 月第 1 版　2024 年 10 月第 1 次印刷
书　　号／ISBN 978-7-5228-4044-4
定　　价／198.00 元

读者服务电话：4008918866

主要编撰者简介

蒋建国 第十四届全国政协常委、民族和宗教委员会副主任，中国人权研究会第五届理事会常务副会长，中共中央宣传部原副部长。曾发表《弘扬和践行当代中国人权观》《讲好中国人权传奇性故事》《共同推动人权发展 坚决反对霸权行径——纪念〈维也纳宣言和行动纲领〉通过 30 周年》等文章。

常 健 南开大学周恩来政府管理学院教授、博士生导师，中国人权研究会常务理事，南开大学人权研究中心（国家人权教育与培训基地）主任，国务院政府特殊津贴享受者。曾出版《人权的理想·悖论·现实》《当代中国权利规范的转型》《效率、公平、稳定与政府责任》《中国公共冲突化解的机制、策略和方法》《社会治理创新与诚信社会建设》《中国人权保障政策研究》《公共领域冲突管理体制研究》《中国人权建设 60 年》《中国人权建设 70 年》《中国共产党怎样解决人权问题》《市场经济体制与人权保障制度》《基于中国实践的人权理论研究：以人的发展为视角》等学术专著，主编《当代中国人权保障》《人权知识公民读本》。在专业学术期刊发表学术论文 180 余篇，在《人民日报》《光明日报》发表学术和评论文章 40 余篇。

人权蓝皮书工作室：南开大学人权研究中心

专家组成员 （按姓名拼音排序）

班文战　常　健　蒋建国　李云龙　陆海娜

罗艳华　齐延平　钱锦宇　唐颖侠　徐　爽

张晓玲　张永和　赵树坤

摘　要

这是关于中国人权事业发展的第 14 本蓝皮书，记录和分析了 2023 年中国人权事业的最新进展和发展趋势。

总报告对 2023 年中国统筹两个大局下推进人权事业全面发展进行了总体分析，特别聚焦于中国通过厚植民生福祉提升经济、社会和文化权利保障水平，推进良法善治强化公民权利和政治权利保障，促进各类特定群体共享人权发展成果。

全书包括 20 篇专题报告和 4 篇个案调研报告，聚焦各项具体人权保障在 2023 年的最新进展。

在经济、社会和文化权利方面，有 4 篇专题报告分别分析了乡村振兴和城市更新行动对提升人权保障水平的促进作用，保障新业态从业者劳动权益的新进展，以及保障公民心理健康权的新举措。

在公民权利和政治权利方面，有 2 篇专题报告分别分析了政府规范性文件备案审查制度对保障公民基本权利的作用，以及对农民参与乡村建设民主权利的保障。

在数字技术建设对人权的影响方面，有 4 篇专题报告分别分析了国家反网络暴力的最新进展，数字经济建设对保障生存权、发展权的作用，数字政府建设对保障公民权利的作用，以及在网络空间对未成年人权利的保护。

在环境权保障方面，有 1 篇专题报告分析了"双碳"目标下环境权司法保障的新进展，有 2 篇个案调研报告分别具体分析了"长江十年禁渔"政策执行过程中对退捕渔民权益的保障，以及云南在生态文明建设与环境权

保障方面的实践和经验。

在特定群体权利保障方面，有4篇专题报告分别分析了分性别统计制度对性别平等的促进作用，专门学校建设中对触法未成年人矫治教育权益的保障，安宁疗护对公民"全生命周期"人格尊严的保障，以及无障碍环境权利保障的新进展。

在人权研究、教育、培训和知识普及方面，有2篇专题报告分别总结了国家人权教育与培训基地建设情况以及中国人权研究及人权学科体系建设的新进展。

在工商业与人权方面，有2篇个案调研报告分别分析了采矿业和矿产价值链首个调解磋商机制的创立及其对化解海外矿业投资人权风险的作用，以及《中国纺织服装企业社会与环境尽责管理指南》的制定与实施情况。

在国际人权交流合作方面，有2篇专题报告分别分析了2023年中国开展的国际人权合作与交流，以及中国与非洲区域组织合作对非洲人权发展的支持。

《2023年国家人权立法分析报告》对2023年中国在人权立法方面的情况进行了全面和深度分析，并在附录中附上了2023年制定、修订、修正或废止的与人权直接相关的法律和行政法规。

附录中的"2023年中国人权大事记"记录了2023年中国在人权方面的重要事件。

关键词： 人权　人权保障　中国人权事业发展

目 录 ▷

Ⅰ 总报告

Ⅱ 专题报告

Ⅲ 个案调研报告

皮书数据库阅读**使用指南**

总 报 告

B.1
统筹两个大局下中国人权事业的
全面发展

蒋建国　常　健*

摘　要：　2023年，面对异常复杂的国际环境和艰巨繁重的改革发展稳定任务，党和国家以中国式现代化凝心聚力，统筹国内国际两个大局，以安全守护人权，以发展促进人权，以合作推进人权，促进了中国人权事业的全面发展。展望未来，中国将在改善民生、推进全过程人民民主和生态文明建设中提升人权保障水平，强化对生命权、人身自由权、个人信息权、财产权、环境权利等的保障，并继续加强对人权的平等保障。

关键词：　统筹两个大局　中国人权事业　人权

---

* 蒋建国，第十四届全国政协常委、民族和宗教委员会副主任，中国人权研究会第五届理事会常务副会长；常健，南开大学周恩来政府管理学院教授、博士生导师，中国人权研究会常务理事，南开大学人权研究中心（国家人权教育与培训基地）主任，国务院政府特殊津贴享受者。

导　言

　　2023 年是百年未有之大变局中不同寻常的一年。地区局势依旧动荡，俄乌冲突和巴以冲突产生了巨大的外溢效应，地区安全架构失衡、军事对抗风险上升、全球供应链受阻、金融秩序遭受重创等"冲击波"殃及许多国家和地区。以 ChatGPT 为代表的人工智能技术的快速发展带来了难以预知的各种风险和复杂挑战。全球变暖导致的极端天气事件频发，带来了一系列的生态环境问题甚至是生态灾难，包括创纪录高温、海平面上升、持续干旱、山火肆虐、生物多样性丧失加速甚至物种灭绝等。这些生态问题给全球经济社会发展带来严重冲击，如粮食危机加剧、"气候难民"激增、人类健康状况恶化等。① 世界经济呈现"碎片化"现象，根据国际货币基金组织 2023 年 10 月发布的《世界经济展望：应对全球分化》报告，全球 GDP 中期增长率预测值处于数十年来的最低水平。在俄乌冲突和其他地缘政治紧张局势下，当前世界经济分裂为不同集团的趋势可能加剧——各国可能采取更多的贸易（特别是关于关键矿物等战略物资的贸易）限制措施，限制资本、技术和劳动力的跨境流动，以及对国际支付施加限制。如果发生这种情况，全球经济将付出高昂的代价。从长远来看，仅贸易割裂——各国分裂成仅在内部相互贸易的不同集团——就可能使全球年度 GDP 减少 7% 之多。地缘经济割裂的加剧也将阻碍各国开展多边合作来提供关键公共产品，如应对气候变化、防范未来大流行病，以及确保能源和粮食安全。②

　　2023 年，中国面临多重困难挑战，经济波浪式发展、曲折式前进，经历三年新冠疫情冲击，经济恢复发展本身有不少难题，长期积累的深层次矛盾加速显现，很多新情况、新问题又接踵而至。外需下滑和内需不足碰头，

---

① 《2023 年，全球动荡变革危中有机》，《法治日报》2023 年 12 月 25 日，第 6 版。
② 《世界经济展望：应对全球分化》，2023 年 10 月，第 18、21～22 页。国际货币基金组织网站，https://www.imf.org/zh/Publications/WEO/Issues/2023/10/10/world-economic-outlook-october-2023。

周期性和结构性问题并存，一些地方的房地产、地方债务、中小金融机构等风险隐患凸显，部分地区遭受洪涝、台风、地震等严重自然灾害。在这种情况下，政策抉择和工作推进面临的两难多难问题明显增加。①

面对异常复杂的国际环境和艰巨繁重的改革发展稳定任务，党和国家在习近平新时代中国特色社会主义思想指引下，以中国式现代化凝心聚力，统筹国内国际两个大局，顽强拼搏、勇毅前行。各级政府全面贯彻新发展理念，坚持稳中求进工作总基调，果断实行新冠疫情防控转段，推动经济恢复发展，就业、物价总体平稳，科技创新实现新突破。生态环境持续改善，纵深推进全面从严治党和反腐败斗争，着力保障和改善民生，持续巩固拓展脱贫攻坚成果。② 经过全国上下共同努力，不仅实现了全年预期发展目标，许多方面还出现积极向好变化。③

2023 年 6 月 14 日，国家主席习近平在致"全球人权高端论坛"的贺信中提出，要以安全守护人权，以发展促进人权，以合作推进人权，坚持人民至上，坚持走顺应时代潮流、适合本国国情的人权发展道路，在推进中国式现代化的进程中不断提升人权保障水平，促进人的自由全面发展。④

党的二十大报告明确了全面建成社会主义现代化强国、实现第二个百年奋斗目标、以中国式现代化全面推进中华民族伟大复兴的中心任务。中国式现代化之路也是当代中国人权观发展之路。让 14 亿多人口整体迈入现代化，艰巨性和复杂性前所未有，要求推进人权事业的方式和步骤必须立足现实条件，符合发展规律。人口规模巨大的现代化，要求必须秉持以人民为中心的人权理念，不断增进民生福祉，稳中求进推进人权保障；全体人民共同富裕的现代化，要求坚持把实现人民对美好生活的向往作为现

---

① 李强：《政府工作报告——二〇二四年三月五日在第十四届全国人民代表大会第二次会议上》，《人民日报》2024 年 3 月 13 日，第 1 版。
② 《习近平：在二〇二四年春节团拜会上的讲话》，新华网，2024 年 2 月 8 日，https：//www.gov.cn/yaowen/liebiao/202402/content_ 6930950. htm。
③ 李强：《政府工作报告——二〇二四年三月五日在第十四届全国人民代表大会第二次会议上》，《人民日报》2024 年 3 月 13 日，第 1 版。
④ 《习近平向全球人权治理高端论坛致贺信》，《人民日报》2023 年 6 月 15 日，第 1 版。

代化建设的出发点和落脚点，让现代化建设成果更多更公平惠及全体人民，坚决防止两极分化；物质文明和精神文明相协调的现代化，要求顺应人民对高品质美好生活的期待，促进物的全面丰富和人的全面发展；人与自然和谐共生的现代化，要求不断加大环境权利保障力度，促进可持续发展；走和平发展道路的现代化，要求弘扬全人类共同价值，推动构建人类命运共同体，维护和平与发展的权利。① 随着中国式现代化的深入推进，当代中国人权事业不断开拓新局面。人权保障制度建设不断加强，有针对性地推出一系列保障人权的政策措施，生存权和发展权保障水平得到有效提升，全过程人民民主保障民主权利得到不断发展，良法善治保障人权得到全面推进，特定群体权益得到切实维护，中国人权发展道路越走越宽，中国人权事业正在全面发展。

一　厚植民生福祉提升经济、社会和文化权利保障质量

2023 年，世界经济低迷，国际格局复杂演变，地缘政治冲突频发，外部环境复杂性、严峻性、不确定性上升；国内周期性、结构性矛盾比较多，自然灾害频发。在这种形势下，党和国家坚持以经济发展为中心，努力恢复经济，促进科技创新，经济总体向好回升。2023 年，国内生产总值达到 1260582 亿元，按不变价格计算，比上年增长 5.2%。全年人均国内生产总值 89358 元，比上年增长 5.4%。国民总收入 1251297 亿元，比上年增长 5.6%。全员劳动生产率为 161615 元/人，比上年提高 5.7%。② 这为提升经济、社会和文化权利保障水平奠定了必要的经济基础。2023 年，国家在基本民生保障、多层次社会保障体系建设、教育高质量发展、数字经济、乡村振兴、城市更新、健康中国、文化强国和美丽中国建设等

---

① 参见蒋建国《弘扬和实践当代中国人权观》，《求是》2023 年第 19 期。
② 《中华人民共和国国民经济和社会发展统计公报》，《人民日报》2024 年 3 月 1 日，第 10 版。

方面采取一系列具体的政策措施，使各项经济、社会和文化权利保障水平稳步提升。

（一）民生改善中的基本生活水准权利保障

2023 年，党和政府着力抓好民生保障，提高最低生活保障标准，确保粮食增产增收，增加保障房供给，完善交通基础设施建设，使人民的基本生活水准权利保障水平进一步提高。

在基本收入方面，居民收入普遍提高，低收入人口收入增速加快，收入差距继续缩小。2023 年全国居民人均可支配收入中位数 33036 元，比上年增长 5.3%；城镇居民人均可支配收入 51821 元，扣除价格因素，比上年实际增长 4.8%；农村居民人均可支配收入 21691 元，扣除价格因素，比上年实际增长 7.6%。农村居民人均可支配收入中位数 18748 元，比上年增长 5.7%。城乡居民人均可支配收入比值为 2.39，比上年缩小 0.06。全国农民工人均月收入 4780 元，比上年增长 3.6%。脱贫县农村居民人均可支配收入 16396 元，比上年增长 8.5%，扣除价格因素，实际增长 8.4%。[①]

在最低生活保障方面，保障平均标准进一步提高。截至 2023 年 12 月底，全国城市享受最低保障的人数为 663.7 万人，保障平均标准 785.9 元／（人·月）；农村享受最低保障的人数为 3399.3 万人，保障平均标准为 621.3 元／（人·月）。城乡特困人员救助供养人数为 472.7 万人。[②] 全年救助流浪乞讨人员等各类临时遇困群众 70.6 万人次。[③]

在食物权保障方面，党和国家采取一系列措施保障粮食安全。中共中央、国务院在《关于做好 2023 年全面推进乡村振兴重点工作的意见》中要求，实施新一轮千亿斤粮食产能提升行动，开展吨粮田创建，发展现代设施

---

① 《中华人民共和国国民经济和社会发展统计公报》，《人民日报》2024 年 3 月 1 日，第 10 版。

② 《2023 年 4 季度民政统计数据》，民政部网站，http：//www. mca. gov. cn/mzsj/tjsj/2023/ 2023 04tjsj. html。

③ 《农村低保平均标准提至 615 元／人·月》，民政部网站，2024 年 1 月 16 日，https：// www. mca. gov. cn/zt/n2782/n2788/c1662004999979997239/content. html。

农业，构建多元化食物供给体系。① 农业农村部组织实施农垦粮油等主要作物大面积单产提升行动和"农垦社会化服务+地方"行动，聚焦粮油等主要作物，以集成推广高产高效技术模式着力提高农垦单产水平，以开展社会化服务示范带动地方提高单产水平。② 全国公安机关开展"昆仑2023"专项行动，依法严厉打击非法占用农用地犯罪活动，立案侦办非法占用农用地刑事案件5400余起。③ 第十四届全国人民代表大会常务委员会第七次会议通过《中华人民共和国粮食安全保障法》，将提高防范和抵御粮食安全风险能力作为目标，要求建立粮食安全责任制，建立和健全耕地保护补偿制度、耕地质量保护制度、黑土地保护制度、耕地轮作休耕制度、种子储备制度、政府粮食储备体系、粮食应急体制、粮食市场异常波动报告制度，加强植物新品种权保护。④ 2023年，全国全年粮食产量6954万吨，比2022年增加888万吨，增产1.3%。⑤ 全国粮食和物资储备系统全年收购量保持在4亿吨以上，库存消费比远高于17%~18%的国际粮食安全警戒线。⑥

在住房权保障方面，党和政府着力加强住房保障体系建设，支持刚性和改善性住房需求，解决新市民、青年人等住房问题。2023年国民经济和社会发展计划报告提出，要因城施策用足用好政策工具箱，实施好差别化住房信贷政策，发挥住房公积金支持作用，支持刚性和改善性住房需求。政府财政预算报告提出，要支持完善以公租房、保障性租赁住房和共有产权住房为

---

① 《中共中央 国务院关于做好2023年全面推进乡村振兴重点工作的意见》，《人民日报》2023年1月14日，第1版。
② 《奋力夯实粮食安全根基——农业农村部有关负责人就"两个行动"答记者问》，《人民日报》2023年7月17日，第6版。
③ 《2023年全国公安机关立案侦办非法占用农用地刑事案件5400余起》，《法治日报》2024年1月25日，第3版。
④ 《中华人民共和国粮食安全保障法》，中国人大网，2023年12月29日，http://www.npc.gov.cn/c2/c30834/202312/t20231229_433989.html。
⑤ 《中华人民共和国国民经济和社会发展统计公报》，《人民日报》2024年3月1日，第10版。
⑥ 《去年全国粮食收购量超4亿吨》，《人民日报》2024年1月9日，第10版。

主体的住房保障体系，有效扩大保障性租赁住房供给，探索长租房市场建设。① 2023 年全年全国各类棚户区改造开工 159 万套，基本建成 193 万套；保障性租赁住房开工建设和筹集 213 万套（间）。新开工改造城镇老旧小区5.37 万个，涉及居民 897 万户。② 各地政府有序化解处置房地产项目风险，稳步推进"保交楼"工作，2023 年全年房地产开发企业竣工房屋面积比2022 年增长 17%。③

为了改善交通出行，国家继续加强铁路基础设施建设。2023 年，中国铁路累计投产新线 3637 公里，其中高铁 2776 公里；34 个项目建成投产，102 座客站投入运营；老少边和脱贫地区完成铁路基建投资 4076 亿元，22个县结束不通铁路的历史。截至 2023 年底，全国铁路运营里程达 15.9 万公里，高铁里程达 4.5 万公里。④

（二）经济周期中的工作权保障

2023 届高校毕业生的规模达到 1158 万人，再创历史新高。2023 年政府工作报告提出，要实现城镇新增就业 1200 万人左右，并把促进青年特别是高校毕业生就业工作摆在更加突出的位置。国民经济和社会发展计划报告提出，要实施 2023 届高校毕业生就业创业促进行动，组织就业见习和专项培训。深化百万见习岗位募集计划，组织开展国聘行动等专项服务活动。政府财政预算报告提出，中央财政就业补助资金安排 668 亿元，支持各地落实就业创业扶持政策。⑤

2023 年，政府出台一系列支持企业稳岗拓岗政策，开展专项行动帮助

---

① 《从三个报告看 2023 民生新改善》，新华网，2023 年 3 月 5 日，http：//m.news.cn/2023-03/05/c_ 1129415424.htm。
② 《中华人民共和国国民经济和社会发展统计公报》，《人民日报》2024 年 3 月 1 日，第10 版。
③ 《2023 中国经济年报解读》，《人民日报》2024 年 1 月 18 日，第 5 版。
④ 《2023 我国铁路投产新线 3637 公里》，《人民日报》2024 年 1 月 10 日，第 2 版。
⑤ 《从三个报告看 2023 民生新改善》，新华网，2023 年 3 月 5 日，http：//m.news.cn/2023-03/05/c_ 1129415424.htm。

各类就业困难群体就业。人社部建立了首批 59 家技能根基工程培训基地，加强农民工职业技能培训，全年补贴性培训超过 1800 万人次。人社部、工信部等 10 部门专门为农民工、就业困难人员和用人单位开展"春风行动"等就业服务活动，累计举办各类招聘活动 5.8 万场，发布岗位 3800 万个；发出专车、专列、包机 4.4 万辆（列、架）次，输送劳动者 160 万人。10 部门联合实施百万就业见习岗位募集计划。各级政府直接支持就业创业的各类资金达 3000 亿元，深入实施"技能中国"行动，2023 年全年开展补贴性职业培训超过 1800 万人次，取得职业资格或技能等级证书超过 1200 万人次。各地开展"就业援助月"专项活动，实现零就业家庭至少一人就业。① 国家发展改革委联合财政部下达 2023 年度以工代赈中央投资 109 亿元，较 2022 年度增加 34 亿元，支持有关省份共实施 2710 个以工代赈专项投资项目，累计吸纳带动 253.4 万名低收入群众务工就业，人均增收 1.4 万余元。②

2023 年，全国城镇新增就业 1244 万人，比 2022 年多增 38 万人。全国城镇调查失业率平均值为 5.2%，较 2022 年低 0.4 个百分点。③ 31 个大城市城镇调查失业率平均值为 5.4%，较 2022 年低 0.6 个百分点。④ 农民工总量达 29753 万人，比 2022 年增加 191 万人；外来农业户籍人口城镇调查失业率均值为 4.9%，比 2022 年下降 0.7 个百分点。⑤ 2023 年城镇失业人员再就业 514 万人，帮扶就业困难人员实现就业 172 万人，脱贫人口务工规模达 3397 万人。⑥

---

① 《2023 年全国城镇新增就业 1244 万人　就业保持总体稳定，加力稳固向好态势》，《人民日报》2024 年 1 月 25 日，第 10 版；《各类资金直接支持就业创业超 3000 亿元　2023 年城镇新增就业 1244 万人》，《经济日报》2024 年 1 月 25 日，第 3 版；《就业形势逐步改善》，《经济日报》2024 年 1 月 28 日，第 1、3 版。

② 《2023 年以工代赈带动 253.4 万名低收入群众务工就业》，《人民日报》2024 年 1 月 17 日，第 4 版。

③ 《中华人民共和国国民经济和社会发展统计公报》，《人民日报》2024 年 3 月 1 日，第 10 版。

④ 《2023 年主要经济数据解读（下）》，《经济日报》2024 年 1 月 18 日，第 11 版。

⑤ 《2023 中国经济年报解读》，《人民日报》2024 年 1 月 18 日，第 5 版。

⑥ 《2023 年全国城镇新增就业 1244 万人　就业保持总体稳定，加力稳固向好态势》，《人民日报》2024 年 1 月 25 日，第 10 版。

为了更好地维护农民工获得公正劳动报酬的合法权利，政府开展了根治欠薪专项行动，加强了农民工工资支付监控预警平台建设，创新了农民工工资争议速裁庭建设，构建了"信、访、网、电"多渠道维权投诉体系。① 2023 年共立案受理劳动人事争议仲裁案件 162.9 万件，涉及劳动者 180.3 万人，当期审结案件 164.1 万件。共审结劳动保障案件 11.7 万件，督促为 31 万名劳动者补签劳动合同，追发工资等 79 亿元。② 与此同时，司法机关也采取积极行动维护农民工权益。自民法典施行以来，全国检察机关依法受理支持起诉 23 万余件，支持起诉 17 万余件，其中，支持农民工起诉 10.8 万余件。③

为维护新就业形态劳动者等特殊群体的合法权益，全国总工会制定并实施了新就业形态劳动者工会工作三年行动计划，实现头部平台企业总部全部建立工会，有 9 家建立了职代会制度，2023 年新发展新就业形态劳动者会员 380 万人。同时，推动头部平台企业建立协商机制、签订集体合同，覆盖 230 万名快递员、300 万名外卖员和 380 万名网约车司机群体。工会还实施户外劳动者服务站点建设"双 15 工程"，为出租车驾驶员、快递员、环卫工人、交通警察、外卖配送员、环境监测员、架线工、建筑工人等新就业形态劳动者或户外劳动者提供饮水、热饭、应急简易药品、休息、如厕等服务。全国已建成工会驿站 18.42 万个，覆盖服务职工群众 1.47 亿人，日服务户外劳动者 327 万人次，年服务突破 10 亿人次。实施服务卡车司机的"暖心工程"，已建设 1800 家司机之家。④

（三）健康中国建设中的健康权保障

2023 年，政府在医疗领域的举措重点在于"提质"与"均衡"。2023

---

① 《民生保障更加有力有效》，《经济日报》2024 年 1 月 29 日，第 1、3 版。

② 《2023 年 1—12 月人力资源和社会保障主要统计快报数据》，人社部网站，http：//www.mohrss.gov.cn/SYrlzyhshbzb/zwgk/szrs/tjsj/202401/W020240130330812781113.pdf。

③ 《民法典施行以来全国检察机关支持农民工起诉 10 万余件》，《人民日报》2024 年 1 月 31 日，第 10 版。

④ 《工会突出维护好特殊群体合法权益 2023 年新发展新就业形态劳动者会员 380 万人》，《法治日报》2024 年 1 月 30 日，第 7 版。

年 3 月，中共中央办公厅、国务院办公厅印发《关于进一步完善医疗卫生服务体系的意见》，要求促进优质医疗资源扩容和区域均衡布局，建设中国特色优质高效的医疗卫生服务体系。该意见特别强调要强化城乡基层医疗卫生服务网底，突出县级医院县域龙头地位，推进医学医疗中心建设，推进城市医疗联合体建设，推进县域医共体建设。①

2023 年政府工作报告提出，要推动优质医疗资源扩容下沉和区域均衡布局。国民经济和社会发展计划报告提出，要增加农村和欠发达地区的医疗资源，建强以公立医疗机构为主体的三级医疗卫生服务网络。到 2023 年末，全国共有医疗卫生机构 107.1 万个，其中医院 3.9 万个，在医院中有公立医院 1.2 万个，民营医院 2.7 万个；基层医疗卫生机构 101.6 万个，其中乡镇卫生院 3.4 万个，社区卫生服务中心（站）3.7 万个，门诊部（所）36.2 万个，村卫生室 58.3 万个；专业公共卫生机构 1.2 万个，其中疾病预防控制中心 3426 个，卫生监督所（中心）2791 个。卫生技术人员 1247 万人，其中执业医师和执业助理医师 478 万人，注册护士 563 万人。医疗卫生机构床位 1020 万张，其中医院 800 万张，乡镇卫生院 151 万张。全年总诊疗人次 95.6 亿人次，出院人次 3.0 亿人次。②

为提升各区域疑难复杂和重大疾病的救治能力，国家开展了国家区域医疗中心、城市医疗联合体、县域医疗共同体建设项目。2023 年 7 月，国家发展改革委、国家卫生健康委、国家中医药管理局联合发布了第五批国家区域医疗中心项目名单，包括北京大学人民医院石家庄医院、天津市肿瘤医院秦皇岛医院等 49 个项目。至此，国家已确定五批共 125 个国家区域医疗中心建设项目，覆盖所有医疗资源薄弱省份。国家卫生健康委公布的数据显示，项目实施以来，有 1400 余项诊疗技术平移至输入省份，填补了 300 多项省域医疗技术空白，相关省份跨省就医人数明显下降。医疗联合体建设是

---

① 《中共中央办公厅　国务院办公厅印发〈关于进一步完善医疗卫生服务体系的意见〉》，中国政府网，2023 年 3 月 23 日，https://www.gov.cn/zhengce/2023-03/23/content_5748063.htm。
② 《中华人民共和国国民经济和社会发展统计公报》，《人民日报》2024 年 3 月 1 日，第 10 版。

在设区的市级以上城市，由三级公立医院或者业务能力较强的医院牵头，联合社区卫生服务机构、护理院、专业康复机构等，形成资源共享、分工协作的管理模式。从 2019 年开始，国家卫生健康委在 118 个城市开展城市医联体建设试点。县域医疗共同体是以县级医院为龙头、乡镇卫生院为枢纽、村卫生室为基础的县乡一体化管理，形成县、乡、村三级医疗卫生机构分工协作机制。经过几年的探索和建设，我国已建成县域医共体超 4000 个，在800 多个县级行政区试点建设紧密型县域医共体。①

在降低用药成本方面，国家继续通过谈判竞价的方式来确定医保药品，减轻患者的用药负担。2022 年版国家医保药品目录中协议期内医保谈判药达到 346 种，覆盖罕见病用药、肿瘤用药、抗感染用药等治疗领域。截至2023 年 8 月底，协议期内谈判药品在全国 23.4 万家定点医药机构配备。其中新增的 91 个谈判药已在 5.5 万家定点医药机构配备。2023 年 3 月至 8 月，通过降价和医保报销，协议期内谈判药累计为患者减负约 1097 亿元。2023年 4 月底至 5 月初，各地已全部落地口腔种植专项治理措施，种植牙整体费用从平均 1.5 万元降到六七千元。② 2023 年 11 月 17 日，2023 年国家医保药品目录谈判正式启动，共 168 个药品进入谈判竞价环节，为历年来品种最多的一次，涉及肿瘤、罕见病、慢性病等领域。③

在基本医疗保险方面，2023 年政府财政预算报告提出，城乡居民基本医疗保险人均财政补助标准提高 30 元，基本公共卫生服务经费人均财政补助标准提高 5 元。④ 2023 年城乡居民医保人均财政补助标准提升到 640 元，中央财政城乡居民医保补助达到 3840 亿元。⑤ 为了让群众更便捷地享受普

---

① 《积极推动优质医疗资源下沉》，《人民日报》2024 年 1 月 19 日，第 19 版。

② 《2023 年下半年医保改革热点扫描》，新华网，2023 年 9 月 25 日，http：//www.news.cn/mrdx/2023-09/25/c_ 1310743117. htm。

③ 《168 个药品进入 2023 年国家医保谈判环节》，新华网，2023 年 11 月 17 日，http：//www.news.cn/2023-11/17/c_ 1129980271. htm。

④ 《从三个报告看 2023 民生新改善》，新华网，2023 年 3 月 5 日，http：//m.news.cn/2023-03/05/c_ 1129415424. htm。

⑤ 《2023 年下半年医保改革热点扫描》，新华网，2023 年 9 月 25 日，http：//www.news.cn/mrdx/2023-09/25/c_ 1310743117. htm。

通门诊统筹报销待遇，国家医保局推动报销定点零售药店门诊购药费用，提高居民医保门诊保障水平。截至 2023 年 8 月，32.09 万家定点医疗机构开通了普通门诊统筹结算服务，25 个省份 14.14 万家定点零售药店开通了门诊统筹报销服务，累计结算 1.74 亿人次，结算医保基金 69.36 亿元。①

针对医保关系转移接续、异地就医备案等痛点堵点，国家医保局发布了十六项医保服务便民措施。以简化办理材料为例，材料办理时限由原来 45 个工作日压缩为 15 个工作日，参保人可通过线上申请办理，不用再"两地跑"。② 2023 年 1~12 月，跨省异地就医直接结算 1.29 亿人次，减少参保群众垫付 1536.74 亿元，分别较 2022 年增长 238.67%、89.91%。全国住院费用跨省直接结算 1125.48 万人次，减少个人垫付 1351.26 亿元，分别较 2022 年增长 97.87%、77.25%。全国门诊费用跨省直接结算 1.18 亿人次，减少个人垫付 185.48 亿元，分别较 2022 年增长 263.36%、295.9%；其中全国门诊慢特病相关治疗费用跨省直接结算 331 万人次，减少个人垫付 33.52 亿元，分别较 2022 年增长 12.34 倍、12.97 倍。③

（四）多层次社会保障体系建设的新进展

2023 年，社会保障领域各项制度措施平稳推进。企业职工基本养老保险全国统筹、个人养老金制度、新就业形态就业人员职业伤害保障试点等改革持续深化，失业保险、工伤保险省级统筹全面实现。2023 年末全国参加城镇职工基本养老保险人数 52121 万人，比上年末增加 1766 万人。参加城乡居民基本养老保险人数 54522 万人，减少 430 万人。参加基本医疗保险人数 133387 万人，其中参加职工基本医疗保险人数 37094 万人，参加城乡居民基本医疗保险人数 96293 万人。参加失业保险人数 24373 万人，增加 566

---

① 《2023 年下半年医保改革热点扫描》，新华网，2023 年 9 月 25 日，http：//www.news.cn/mrdx/2023-09/25/c_ 1310743117.htm。

② 《2023 年下半年医保改革热点扫描》，新华网，2023 年 9 月 25 日，http：//www.news.cn/mrdx/2023-09/25/c_ 1310743117.htm。

③ 《去年跨省异地就医直接结算——减少参保群众垫付超一千五百亿元》，《人民日报》2024 年 1 月 31 日，第 14 版。

万人。领取失业保险金人数 352 万人。参加工伤保险人数 30170 万人，增加 1054 万人。参加生育保险人数 24907 万人。年末全国共有 664 万人享受城市最低生活保障，3399 万人享受农村最低生活保障，435 万人享受农村特困人员救助供养，全年临时救助 742 万人次。全年领取国家定期抚恤金、定期生活补助金的退役军人和其他优抚对象 834 万人。[①] 社保待遇按时足额发放。全年发放失业保险金等各类失业保险待遇 976 亿元，调整退休人员基本养老金水平，提高城乡居民基础养老金最低标准。国家为 2577 万困难群体代缴城乡居民养老保险费，困难群体基本养老保险参保率保持在 99% 以上。[②]

在新型保险方面，自 2016 年试点建立长期护理保险制度以来，长护险制度试点已经扩大至 49 个城市。截至 2023 年 6 月底，长护险参保人数约 1.7 亿人，累计超 200 万人享受待遇，年人均减负约 1.4 万元。[③] 新就业形态就业人员职业伤害保障试点从 2022 年 7 月 1 日起实施，截至 2023 年 7 月底已覆盖外卖骑手和网约车司机等新就业群体 615 万人。[④]

（五）教育高质量发展中的受教育权保障

2023 年，党和政府继续推进义务教育优质均衡发展和城乡一体化，优化区域教育资源配置，强化学前教育、特殊教育普惠发展。统筹职业教育、高等教育、继续教育协同创新。[⑤]

2023 年，政府继续增加义务教育经费投入，投入 100 亿元资金用于改

[①] 《中华人民共和国国民经济和社会发展统计公报》，《人民日报》2024 年 3 月 1 日，第 10 版。

[②] 《各类资金直接支持就业创业超 3000 亿元　2023 年城镇新增就业 1244 万人》，《经济日报》2024 年 1 月 25 日，第 3 版。

[③] 《2023 年下半年医改革热点扫描》，新华网，2023 年 9 月 25 日，http：//www.news.cn/mrdx/2023-09/25/c_ 1310743117.htm。

[④] 《新就业形态劳动者权益保护面临新问题　专家建议完善相关权益保障法律制度》，《法治日报》2024 年 1 月 30 日，第 7 版。

[⑤] 《从三个报告看 2023 民生新改善》，新华网，2023 年 3 月 5 日，http：//m.news.cn/2023-03/05/c_ 1129415424.htm。

善普通高中学校办学条件。强化义务教育薄弱环节建设，做好"双减"工作，国家助学贷款提标降息惠及 1100 多万学生。① 2023 年，全国九年义务教育巩固率为 95.7%，高中阶段毛入学率为 91.8%。②

2023 年 8 月 28 日，学前教育法草案提请第十四届全国人民代表大会常务委员会第五次会议初次审议。该草案界定，学前教育是指由幼儿园等学前教育机构对三周岁到入小学前的儿童实施的保育和教育；学前教育是国民教育体系的组成部分，是重要的社会公益事业。国家推进普及学前教育，构建覆盖城乡、布局合理、公益普惠的学前教育公共服务体系。国家建立学前教育资助制度，为家庭经济困难的适龄儿童等接受普惠性学前教育提供资助。幼儿园应当接收能够适应其生活的残疾儿童入园，并为其提供帮助和便利。幼儿园对学前儿童在园期间的人身安全负有保护责任，应当把保护学前儿童安全放在首位。③ 2023 年，学前教育在园幼儿 4093.0 万人。④ 政府投入 250 亿元资金支持学前教育发展，比 2022 年增加 20 亿元。

在职业教育方面，中国现有 1 万多所职业院校、3000 多万名在校生。为统筹解决人才培养和产业发展"两张皮"问题，2023 年 6 月 13 日国家发展改革委、教育部等 8 部门联合发布《职业教育产教融合赋能提升行动实施方案（2023—2025 年）》，提出 5 方面 19 条政策措施。方案提出，启动遴选第二批 30 个左右国家产教融合试点城市。到 2025 年，国家产教融合试点城市达到 50 个左右，在全国建设培育 1 万家以上产教融合型企业。⑤

2023 年，国家投入 404 亿元资金支持地方高校改革发展。全年研究生

① 李强：《政府工作报告——二〇二四年三月五日在第十四届全国人民代表大会第二次会议上》，《人民日报》2024 年 3 月 13 日，第 1 版。
② 《中华人民共和国国民经济和社会发展统计公报》，《人民日报》2024 年 3 月 1 日，第 10 版。
③ 《聚焦学前教育法草案四大看点》，新华网，2023 年 8 月 28 日，http://education.news.cn/2023-08/28/c_1129829461.htm。
④ 《中华人民共和国国民经济和社会发展统计公报》，《人民日报》2024 年 3 月 1 日，第 10 版。
⑤ 《让职业教育产教融合真正成为产业发展的"助推器"——解读〈职业教育产教融合赋能提升行动实施方案（2023—2025 年）〉》，新华网，2023 年 6 月 13 日，http://m.news.cn/2023-06/13/c_1129691892.htm。

教育招生 130.2 万人，在学研究生 388.3 万人，毕业生 101.5 万人。普通、职业本专科招生 1042.2 万人，在校生 3775.0 万人，毕业生 1047.0 万人。①全国具有大学文化程度人口超 2.5 亿人。16 岁至 59 岁劳动年龄人口平均受教育年限达 11.05 年。②

　　教育部先后印发了《基础教育课程教学改革深化行动方案》《关于构建优质均衡的基本公共教育服务体系的意见》《关于实施新时代基础教育扩优提质行动计划的意见》，要求以数字化赋能基础教育与教育治理，打破地域限制，缩小校际差别，实现教育的公益普惠与优质均衡。国家智慧教育平台自 2022 年初上线以来，连接了 51.9 万所学校，辐射 1880 万名教师、2.93亿名在校生及广大社会学习者，访问用户覆盖全球 200 多个国家和地区。截至 2023 年底，平台累计注册用户突破 1 亿，浏览量超过 367 亿次，访客量达 25 亿人次。它已汇聚中小学资源 8.8 万条、职业教育在线精品课程超 1万门、高等教育优质慕课 2.7 万门。2023 年暑期，利用国家智慧教育平台，教育部开展面向全国各级各类学校教师的研修活动，近 1600 万名教师上线学习，研修点击量累计超过 17 亿次，有力提升了教师综合素养，推动教师队伍建设数字化转型。③

（六）文化强国建设中的文化权利保障

　　2023 年，党和政府积极促进文化创作，提升公共文化服务质量，加强文化遗产保护，强化知识产权保护。

　　文化和旅游部采取一系列措施，促进更多舞台艺术精品的推出。制定了2023~2025 舞台艺术和美术创作行动计划，推动一批优秀舞台艺术作品的推出。实施新时代系列艺术创作工程，针对一些相对薄弱的领域和环节，采取

---

① 《中华人民共和国国民经济和社会发展统计公报》，《人民日报》2024 年 3 月 1 日，第 10 版。
② 《2023 年主要经济数据解读（下）》，《经济日报》2024 年 1 月 18 日，第 11 版。
③ 《数字教育　引领未来——我国教育数字化工作取得积极成效综述》，教育部网站，2024 年 1 月 30 日，http://www.moe.gov.cn/jyb_ xwfb/s5147/202401/t20240130_ 1113352.html。

专项扶持措施，如全国舞台艺术优秀节目创作扶持计划、中国民族歌剧传承发展工程、"时代交响"创作扶持计划、剧本扶持工程、新时代美术创作扶持工程等，强化示范带动，提升原创水平。国家艺术基金每年扶持各类剧节目 700 部左右，有 20 多个省、区、市分别建立了艺术基金或者专项创作基金。同时，搭建传播交流平台，举办各类展演活动，推进演播发展。2023年前 11 个月，文化和旅游部主办 27 项展演展示活动，线下观众 90 万人次，线上观看量超过 18 亿次。[①]

在公共文化服务方面，2023 年，政府持续推进城乡公共文化服务体系一体建设，缩小城乡之间的差距，落实国家基本公共服务标准，持续推进县级文化馆、图书馆总分馆制，基层的分馆和服务点数量已经超过 10 万个。一些新型公共文化空间脱颖而出，如浙江的"城市书房"、广东的"粤书吧"，数量已经超过 3.35 万个，成为老百姓身边的文化客厅。政府广泛开展文化惠民活动。2023 年，文化和旅游部联合农业农村部开展"大地欢歌乡村文化活动年"，在全国举办 12 项主体活动和 80 多项示范活动。2023 年全国"村晚"示范展示活动共举办 2 万余场，参与人次约 1.3 亿。目前登记在册的群众义艺团队已经超过 46 万个，而且数量还在不断增长。文化和旅游部会同国家民委开展了"春雨工程"——文化和旅游志愿服务边疆行，推出 364 个志愿服务项目，一大批优质文化和旅游资源以志愿和公益形式向边疆和民族地区流动。政府实施国家文化数字化战略，统筹推进全国智慧图书馆体系和公共文化云建设。[②]

在文化遗产保护方面，政府深入实施中华文明探源工程、考古中国等重大项目，加强文物、古籍保护利用。推进第四次全国文物普查，实施中华古籍保护计划。创新展陈展览、开发文创产品，"博物馆、美术馆热"成为现象和社会风尚。推进第六批国家级非遗代表性传承人认定，公布 10 个国家

---

① 《国新办举行"权威部门话开局"系列主题新闻发布会》，文化和旅游部网站，2023 年 12月 14 日，https：//www.mct.gov.cn/vipchat/home/site/2/429/。

② 《国新办举行"权威部门话开局"系列主题新闻发布会》，文化和旅游部网站，2023 年 12月 14 日，https：//www.mct.gov.cn/vipchat/home/site/2/429/。

级文化生态保护区。积极推进北京中轴线和春节申遗，推动"普洱景迈山古茶林文化景观"列入世界遗产名录，中国世界遗产数量增至 57 项。①

国家推动公共文化服务与旅游文化服务深度融合发展，发展大众旅游、智慧旅游、绿色旅游、文明旅游，壮大非遗旅游、研学旅游、城市漫步、旅游演艺等融合业态，建设国家文化产业和旅游产业融合发展示范区。建设中国特品级旅游资源名录，试点培育智慧旅游沉浸式体验新空间，实施乡村旅游精品工程，8 个乡村入选联合国世界旅游组织"最佳旅游乡村"。加强旅游风景道、旅游公厕等建设管理，完善道路交通、停车、通信、导览等服务设施。②

在知识产权保护方面，2023 年，国家加速推进和健全知识产权保护体系。全国新批复建设知识产权保护中心 8 家、快速维权中心 7 家，协同保护机构总数达到 112 家。在知识产权保护中心和快速维权中心备案的企事业单位约 15 万家，其中国家级专精特新"小巨人"企业超过 5700 家。全国知识产权系统指导管理的调解组织达 1900 余家，全国知识产权维权援助机构达 2600 余家。③ 与此同时，惩治侵犯知识产权犯罪力度不断加大。2023 年 1 月至 11 月，全国检察机关共受理审查起诉侵犯著作权犯罪 2500 余人，同比增加 1.7 倍。④ 2023 年粤港澳三地海关共同开展了 3 次保护知识产权联合执法行动，共同打击跨境侵权违法行为。行动期间省内海关共查获侵权嫌疑货物物品 2825 批次、超过 220 万件。⑤

知识产权局公布的数据显示，截至 2023 年底，我国发明专利有效量为

---

① 《国新办举行"权威部门话开局"系列主题新闻发布会》，文化和旅游部网站，2023 年 12 月 14 日，https：//www.mct.gov.cn/vipchat/home/site/2/429/。

② 《国新办举行"权威部门话开局"系列主题新闻发布会》，文化和旅游部网站，2023 年 12 月 14 日，https：//www.mct.gov.cn/vipchat/home/site/2/429/。

③ 《截至 2023 年底，我国国内拥有有效发明专利的企业达 42.7 万家，拥有有效发明专利 290.9 万件——知识产权强国建设加快推进》，《人民日报》2024 年 1 月 17 日，第 4 版。

④ 《最高检发布典型案例 惩治侵犯著作权犯罪力度不断加大》，《人民日报》2024 年 1 月 9 日，第 11 版。

⑤ 《2023 年粤港澳海关联合执法打击侵权 查获侵权商品超过 220 万件》，《法治日报》2024 年 1 月 26 日，第 6 版。

499.1 万件，其中国内（不含港澳台）发明专利有效量为 401.5 万件，同比增长 22.4%，成为世界上首个国内有效发明专利数量突破 400 万件的国家，每万人口高价值发明专利拥有量达 11.8 件，其中高价值发明专利拥有量 166.5 万件，占 41.5%，较 2022 年提高 1.1 个百分点。截至 2023 年底，国内拥有有效发明专利的企业达 42.7 万家，较上年增加 7.2 万家，拥有有效发明专利 290.9 万件，在发明专利总量中的占比首次超过七成。国家知识产权强国建设工作部际联席会议办公室公布的《知识产权强国建设发展报告（2023 年）》显示，2023 年我国知识产权强国建设指数达到 120.0 分，比 2021 年基期值年均增长 9.6%。知识产权制度、保护、市场运行、公共服务、人文社会环境、参与全球知识产权治理等六项指数得分均实现正增长。①

（七）美丽中国建设中的环境权利保障

2023 年，中国政府强化生态环境保护治理，加快发展方式绿色转型，深入推进美丽中国建设，加快实施重要生态系统保护和修复重大工程，抓好水土流失、荒漠化综合防治，加强生态环保督察，制定支持绿色低碳产业发展政策，推进重点行业超低排放改造，启动首批碳达峰试点城市和园区建设，生态环境质量稳中改善。② 中共中央、国务院发布了《关于全面推进美丽中国建设的意见》，要求全领域转型、全方位提升、全地域建设、全社会行动，加快发展方式绿色转型，持续深入推进污染防治攻坚，提升生态系统多样性稳定性持续性，守牢美丽中国建设安全底线。③

国家在生态环境保护方面制定了一系列新的法律法规和规范性文件。第十四届全国人民代表大会常务委员会第二次会议通过了《中华人民共和国青

---

① 《2023 年我国知识产权强国建设指数稳步提升　六项分项指数得分均实现正增长》，《法治日报》2024 年 1 月 26 日，第 6 版。

② 李强：《政府工作报告——二〇二四年三月五日在第十四届全国人民代表大会第二次会议上》，《人民日报》2024 年 3 月 13 日，第 1 版。

③ 《中共中央国务院关于全面推进美丽中国建设的意见》，《人民日报》2024 年 1 月 12 日，第 1 版。

藏高原生态保护法》，要求加强青藏高原生物多样性保护，实施生物多样性保护重大工程，防止对生物多样性的破坏。① 同时，国家制定了《碳排放权交易管理暂行条例》，修订发布了《中华人民共和国海洋环境保护法》《消耗臭氧层物质管理条例》。生态环境部制修订3件部门规章，发布生态环境标准100项。② 生态环境部会同工业和信息化部等部门联合印发《重点管控新污染物清单（2023年版）》，对短链氯化石蜡等一批健康危害大且环境风险高的新污染物实施禁止、限制、限排等环境风险管控措施。截至2023年底，我国已全面淘汰短链氯化石蜡等8种类重点管控新污染物的生产、加工使用和进出口。③ 生态环境部等5部门联合印发了新修订的《公民生态环境行为规范十条》，增加了生物多样性保护、应对气候变化、拒绝奢侈浪费等方面的内容。④

中央进一步加大对各地生态环境保护的督察力度。2023年11月21日至22日，第三轮第一批5个中央生态环境保护督察组陆续进驻福建、河南、海南、甘肃、青海5个省开展督察。截至2023年12月31日，各督察组共收到群众来电、来信举报19815件，受理有效举报16700件，经梳理合并重复举报，累计向相关省转办13441件。相关省已办结或阶段办结11457件。其中，立案处罚1232家企业，立案侦查55件；约谈党政领导干部623人，问责党政领导干部289人。⑤

全国公安机关深入推进"昆仑2023"等专项行动，以"零容忍"态度持续加大对污染环境犯罪的打击力度。2023年前11个月，共立案侦办刑事案件2900余起，抓获犯罪嫌疑人5900余名。⑥ 生态环境部继续联合最高人

---

① 《中华人民共和国青藏高原生态保护法》，生态环境部网站，2023年4月27日，https：//www. mee. gov. cn/ywgz/fgbz/fl/202304/t20230427_ 1028458. shtml。
② 《去年全国办理生态环境损害赔偿案1.47万件》，《法治日报》2024年1月30日，第8版。
③ 《我国已全面淘汰八种类重点管控新污染物》，《人民日报》2024年1月16日，第14版。
④ 《公民生态环境行为规范十条》，生态环境部网站，2023年6月15日，https：//www. mee. gov. cn/home/ztbd/2020/gmst/wenjian/202306/t20230615_ 1033831. shtml。
⑤ 《第三轮首批中央生态环保督察问责289人》，新华网，2024年1月4日，http：//www. news. cn/politics/20240104/afccf8c0faed4217bfe5a4a11d9ee00f/c. html。
⑥ 《公安机关依法严厉打击污染环境犯罪　助力深入打好污染防治攻坚战》，《法治日报》2024年1月13日，第2版。

民检察院、公安部开展专项行动，查处环境违法案件 2906 起，罚款 4.71 亿元，移送公安涉嫌犯罪案件 1624 起。生态环境部还指导开展生态环境损害赔偿案例实践，全国办理生态环境损害赔偿案件 1.47 万件，涉及赔偿金额 64.8 亿元。①

税务部门积极推进落实环境保护税法、资源税法等绿色税收法规，助力生态环境保护和资源集约节约利用。环境保护税通过"多排多征、少排少征、不排不征"的导向机制，倒逼企业减少污染排放、加强环境治理、发展循环经济，2023 年全年入库税收 205 亿元；资源税通过确立从价计征为主的征收方式，建立起与资源产品市场价格直接挂钩的税收调节机制，鼓励企业合理开发利用资源，2023 年全年入库税收 3070 亿元。与此同时，税务部门高效落实企业所得税、增值税、车辆购置税相关绿色税收优惠政策，激励企业走绿色高质量发展道路。2023 年，对资源综合利用产品取得的收入减免企业所得税 167 亿元，对相关产品及劳务即征即退增值税 564 亿元，鼓励节约资源"变废为宝"；对新能源汽车免征车辆购置税、车船税 1218 亿元，促进汽车行业降碳减排。②

国家继续提升自然资源保护和利用水平。公布首批 258 个自然资源节约集约示范县（市）名单。鼓励和支持社会资本参与生态保护修复，引导政策性金融投入资金 3500 亿元。部署实施山水林田湖草沙一体化保护和修复工程 50 多个，累计完成治理面积达 8000 万亩。整治修复海岸线 2000 公里、修复滨海湿地 60 万亩；红树林面积已达 43.8 万亩，我国成为世界上少数几个红树林面积净增加的国家之一。③ 全年完成造林面积 400 万公顷，其中人工造林面积 133 万公顷，占全部造林面积的 33.4%。种草改良面积 438 万公顷。年新增水土流失治理面积 6.3 万平方公里。④

---

① 《去年全国办理生态环境损害赔偿案 1.47 万件》，《法治日报》2024 年 1 月 30 日，第 8 版。
② 《从"政策找人"到"政策落地"全环节提升税务行政效能　去年解决纳税人缴费人共性热点诉求 814 项》，《法治日报》2024 年 1 月 26 日，第 5 版。
③ 《2023 年我国自然资源工作取得新突破新成效　美丽中国的生态根基不断厚植》，《人民日报》2024 年 1 月 17 日，第 14 版。
④ 《中华人民共和国国民经济和社会发展统计公报》，《人民日报》2024 年 3 月 1 日，第 10 版。

截至 2023 年底，我国可再生能源发电装机容量占比超过总装机的一半，历史性地超过火电。2023 年水电、核电、风电、太阳能发电等清洁能源发电量 31906 亿千瓦时，比 2022 年增长 7.8%。清洁能源消费量占能源消费总量的比重为 26.4%，比 2022 年上升 0.4 个百分点。全国碳排放权交易市场碳排放配额成交量 2.12 亿吨，成交额 144.4 亿元。[①]

2023 年，中央财政安排 330 亿元大气污染防治资金重点支持北方地区冬季清洁取暖，257 亿元资金用于水污染防治，172 亿元资金用于重点生态保护修复治理。[②] 2023 年，全国 339 个地级及以上城市平均空气质量优良天数比例为 85.5%，扣除沙尘异常超标天后，实际为 86.8%，高于年度目标 0.6 个百分点。2023 年 1 月至 12 月，3641 个国家地表水考核断面中，水质优良（Ⅰ~Ⅲ类）断面比例为 89.4%，同比上升 1.5 个百分点；劣Ⅴ类断面比例为 0.7%，同比持平。长江、黄河、珠江、松花江、淮河、海河、辽河等七大流域及西北诸河、西南诸河和浙闽片河流水质优良（Ⅰ~Ⅲ类）断面比例为 91.7%，同比上升 1.5 个百分点；劣Ⅴ类断面比例为 0.4%，同比持平。其中，长江流域、浙闽片河流、西北诸河、西南诸河、珠江和黄河流域水质为优；淮河、辽河和海河流域水质良好；松花江流域为轻度污染。监测的 209 个重点湖（库）中，水质优良（Ⅰ~Ⅲ类）湖库个数占比 74.6%，同比上升 0.8 个百分点；劣Ⅴ类水质湖库个数占比 4.8%，同比持平。[③] 全年近岸海域海水水质达到国家一、二类海水水质标准的面积占 85.0%，三类海水占 4.5%，四类、劣四类海水占 10.5%。[④]

（八）乡村振兴中农村居民生活的改善

2023 年 1 月 2 日，中共中央、国务院通过了《关于做好 2023 年全面推

---

① 《中华人民共和国国民经济和社会发展统计公报》，《人民日报》2024 年 3 月 1 日，第 10 版。
② 《从三个报告看 2023 民生新改善》，新华网，2023 年 3 月 5 日，http://m.news.cn/2023-03/05/c_1129415424.htm。
③ 《全国空气和水环境质量完成年度目标》，《经济日报》2024 年 1 月 26 日，第 3 版。
④ 《中华人民共和国国民经济和社会发展统计公报》，《人民日报》2024 年 3 月 1 日，第 10 版。

进乡村振兴重点工作的意见》，要求加强农业基础设施建设，强化农业科技和装备支撑，巩固拓展脱贫攻坚成果，推动乡村产业高质量发展，拓宽农民增收致富渠道，扎实推进宜居宜业和美乡村建设，健全党组织领导的乡村治理体系，强化政策保障和体制机制创新。其中特别提到，要稳定农民工就业，促进农民工职业技能提升，完善农民工工资支付监测预警机制，维护好超龄农民工就业权益。赋予农民更加充分的财产权益，保障进城落户农民合法土地权益，保障妇女在农村集体经济组织中的合法权益。严禁违背农民意愿撤并村庄、搞大社区。健全党组织领导的村民自治机制，全面落实"四议两公开"制度。依法严厉打击侵害农村妇女儿童权利的违法犯罪行为。① 2023 年政府财政预算报告提出，进一步增加中央财政衔接推进乡村振兴补助资金规模，安排 1750 亿元、增加 100 亿元，重点向乡村振兴底子差的地区倾斜。②

2023 年，农村居民收入持续稳定增长，增速继续快于城镇居民。农村居民人均可支配收入较 GDP 增速快 2.4 个百分点，名义和实际增速分别快于城镇居民 2.6 个和 2.8 个百分点；城乡居民人均可支配收入之比为 2.39，比上年同期减少 0.06，城乡居民收入差距继续缩小。返贫致贫风险持续降低。截至 2023 年 10 月底，中西部地区累计识别纳入监测对象的 62.8% 已消除返贫风险；全国脱贫人口（含防止返贫监测对象）务工规模达 3298.25 万人，超过 2023 年度目标任务 279.08 万人。生态宜居美丽乡村建设取得显著成效。全国农村卫生厕所普及率在 2022 年已超 73%；农村生活垃圾进行收运处理的行政村比例超 90%；畜禽粪污综合利用率达 78.3%，秸秆综合利用率超 88%，农膜回收率稳定在 80% 以上。③

针对易地扶贫搬迁的后续支持性工作，国家发展改革委等 19 个部门印

---

① 《中共中央　国务院关于做好 2023 年全面推进乡村振兴重点工作的意见》，《人民日报》2023 年 1 月 14 日，第 1 版。

② 《从三个报告看 2023 民生新改善》，新华网，2023 年 3 月 5 日，http：//m.news.cn/2023-03/05/c_ 1129415424.htm。

③ 《2024 中国农业农村发展趋势报告发布——推进乡村全面振兴》，《经济日报》2024 年 1 月 19 日，第 11 版。

发《关于推动大型易地扶贫搬迁安置区融入新型城镇化实现高质量发展的指导意见》，要求做好易地扶贫搬迁后续扶持，避免"贫困平移"，帮助近千万易地搬迁人口实现较为稳定的"三维转换"：从农村到城镇的地域转移、从农业到非农产业的职业转换、从农民到市民的身份转变。①

针对农村人居环境改造工作，中央财办、中央农办、农业农村部、国家发展改革委印发《关于有力有序有效推广浙江"千万工程"经验的指导意见》，要求以人居环境整治为切入点，坚持美村与富村并进、塑形和铸魂并重，统筹推进"美丽乡村、共富乡村、人文乡村、善治乡村、数字乡村"建设，实现乡村产业、人才、文化、生态、组织全面振兴。该意见要求不超越发展阶段，不搞形象工程，不搞强迫命令，坚持尊重农民意愿，尊重农民主体地位和首创精神，厘清政府干和农民干的边界，让农民成为乡村发展、建设、治理的参与者和受益者。②

针对农村厕所改造工作，农业农村部组织开展了农村改厕"提质年"工作，各地开展了新建厕所质量抽查、改厕明白卡"进村入户"、管护模式遴选推广、改厕故事"大家讲"等 8 项工作。2023 年下半年，农业农村部对农村人居环境整治提升进行了专项督查，重点查看改厕质量实效，通报曝光典型问题，通过问题随手拍、舆情监测、投诉举报等收集问题线索，及时转送地方核查整改。③

（九）城市更新行动中城市居民生活的改善

中国城镇化率已突破 65%，随着人口向城市集中，交通拥堵、环境污

---

① 《国家发展改革委印发指导意见 推动大型易地扶贫搬迁安置区融入新型城镇化实现高质量发展》，中国政府网，2023 年 1 月 28 日，https：//www.gov.cn/xinwen/2023-01/28/content_ 5738973.htm。

② 《造就万千美丽乡村 造福万千农民群众——中央财办、中央农办负责人就〈关于有力有序有效推广浙江"千万工程"经验的指导意见〉答记者问》，新华网，2023 年 7 月 5 日，http：//m.news.cn/2023-07/05/c_ 1129733451.htm。

③ 《农业农村部答"农村户厕改造后不能用、不好用"问题》，中国政府网，2023 年 9 月 11 日，https：//www.gov.cn/hudong/202309/content_ 6902939.htm。

染等"城市病"不断暴露。2023 年 12 月，住房和城乡建设部发布关于全面
开展城市体检工作的指导意见，明确在地级及以上城市全面开展城市体检工
作，推动系统治理"城市病"，扎实有序推进实施城市更新行动，主要从住
房、小区（社区）、街区、城区（城市）四个方面入手。在住房方面，开展
房屋使用安全、管线管道、入户水质、建筑节能、数字家庭等住房维度体
检。在小区（社区）方面，主要查找养老、托育、停车、充电等设施缺口
以及小区环境、管理方面的问题。在街区方面，重点查找公共服务设施缺口
以及街道环境整治、更新改造方面的问题。在城区（城市）方面，重点从
生态宜居、历史文化保护利用、产城融合与职住平衡、安全韧性、智慧高效
等方面识别影响城市竞争力、承载力与可持续发展的短板弱项。①

围绕城中村改造工作，2023 年 4 月 28 日召开的中共中央政治局会议提
出"在超大特大城市积极稳步推进城中村改造"的要求。国务院办公厅印
发了《关于在超大特大城市积极稳步推进城中村改造的指导意见》。住房和
城乡建设部对城中村改造提出了分三类推进实施措施：第一类是符合条件的
实施拆除新建，第二类是开展经常性整治提升，第三类是介于两者之间的实
施拆整结合。在改造方式上，城中村改造特别强调要将村民合法权益保障与
先谋后动相结合。②

老旧小区改造是实施城市更新行动的重要内容。2023 年，住房和城乡
建设部配合国家发展改革委、财政部下达中央财政补助资金 711 亿元，支持
各地共发行 1200 多亿元地方政府专项债券，用于符合条件的城镇老旧小区
改造项目；会同中国人民银行、原银保监会指导政策性开发性银行和商业银
行给予融资支持。2023 年全国新开工改造城镇老旧小区 5.37 万个、惠及居
民 897 万户，共完成投资近 2400 亿元。各地新改造水电气热等各类老化管
线 7.6 万公里，加装电梯 3.6 万部，实施建筑节能改造 1.16 亿平方米，增

---

① 《全面开展城市体检，将为城市发展带来哪些影响？》，新华网，2023 年 12 月 7 日，
http：//www.news.cn/2023-12/07/c_ 1130013527.htm.
② 《改什么？怎么改？难点在哪儿？——超大特大城市城中村改造政策解读》，新华网，2023
年 10 月 18 日，http：//m.news.cn/2023-10/18/c_ 1129923695.htm.

设停车位 85 万个、电动汽车充电桩 3.66 万个、电动自行车充电桩 28.8 万个，增设养老、托育等各类社区服务设施 2.1 万个，新增文化休闲、体育健身场地 637 万平方米。2023 年 6 月，住房和城乡建设部、国家体育总局指导各地结合老旧小区改造、公园绿地开放共享和实施"全民健身场地设施提升行动"等工作，在城市社区、公园中配建以乒乓球台等小型设施为重点的健身设施。截至 2023 年 12 月底，共有 8489 个老旧小区、3768 个城市公园参与活动，累计新增各类健身设施 7.4 万余个，其中乒乓球台近 1.2 万张。据统计，2019～2023 年，全国累计新开工改造城镇老旧小区 22 万个，惠及居民 3800 多万户、约 1 亿人。①

为了加强城市社区嵌入式服务，国务院办公厅转发了国家发展改革委《城市社区嵌入式服务设施建设工程实施方案》。该方案要求社区嵌入式服务设施面向社区居民提供养老托育、社区助餐、家政便民、健康服务、体育健身、文化休闲、儿童游憩等服务。选择 50 个左右城市开展试点，每个试点城市选择 100 个左右社区作为社区嵌入式服务设施建设先行试点项目。②

（十）发展数字网络促进平等发展

国家在大力发展数字技术的同时，特别关注通过数字网络建设促进平等发展和共同富裕。国家发展改革委、国家数据局印发了《数字经济促进共同富裕实施方案》，要求发挥数字经济在助力实现共同富裕中的重要作用，推动数字技术赋能实体经济发展、优化社会分配机制、完善数字治理方式，不断缩小区域之间、城乡之间、群体之间、基本公共服务等方面差距，持续弥合数字鸿沟。该方案要求推动区域数字协同发展，大力推进数字乡村建

---

① 《去年新开工改造老旧小区 5.37 万个　惠及居民 897 万户》，《人民日报》2024 年 1 月 31 日，第 14 版。

② 《让群众在"家门口"享受优质服务——相关部门解读城市社区嵌入式服务设施建设》，新华网，2023 年 11 月 28 日，http://gd.news.cn/20231128/2c4f27524bba4966ad639a34e0fa4369/c.html。

设，强化数字素养提升和就业保障，促进社会服务普惠供给。①

国家通过数字基础设施促进"接入平等"，努力缩小在网络可及性方面的数字鸿沟。2023 年，中国互联网上网人数 10.92 亿人，较 2022 年 12 月新增网民 2480 万人，其中手机上网人数 10.91 亿人。互联网普及率为 77.5%，显著高于世界平均水平（2022 年底约为 64.5%），其中农村地区互联网普及率为 66.5%，较 2022 年 12 月提升 4.6 个百分点。②

国家积极提升互联网使用者的技能，努力缩小由使用技能差异产生的数字鸿沟。截至 2023 年 12 月，中国至少掌握一种数字素养与技能的网民占比达到 87.5%，至少熟练掌握一种数字素养与技能的网民占比达到 54.1%。③ "使用互联网的个人比例"达到 90.6%。其中，网约车、在线旅行预订、网络购物、网络直播、互联网医疗的用户规模较 2022 年 12 月分别增长 9057 万人、8629 万人、6967 万人、6501 万人和 5139 万人，增长率分别为 20.7%、20.4%、8.2%、8.7% 和 14.2%。网络视频、即时通信、在线政务、网络支付、网络购物、搜索引擎、网络直播、网络音乐、网络文学、在线旅行预订、互联网医疗用户规模分别达 10.67 亿人、10.60 亿人、9.73 亿人、9.54 亿人、9.15 亿人、8.27 亿人、8.16 亿人、7.15 亿人、5.20 亿人、5.09 亿人、4.14 亿人。④

数字网络建设促进了中国教育公平发展。全国中小学（含教学点）互联网接入率达到 100%，通过"5G 远程课堂"，无论身处山区还是牧场，学生们都可以共享共用来自大城市的优质课程资源。⑤ "慕课西部行计划"面

① 《国家发展改革委　国家数据局关于印发〈数字经济促进共同富裕实施方案〉的通知》，中国政府网，2023 年 12 月 23 日，https：//www.gov.cn/zhengce/zhengceku/202401/content_6924631.htm。
② 《中华人民共和国国民经济和社会发展统计公报》，《人民日报》2024 年 3 月 1 日，第 10 版。
③ 中国互联网信息中心：《第 53 次中国互联网络发展状况统计报告》，2024 年 3 月，第 32 页。
④ 中国互联网信息中心：《第 53 次中国互联网络发展状况统计报告》，2024 年 3 月，第 1~2、37 页。
⑤ 《努力缩小区域、城乡、群体、基本公共服务等方面差距　数字经济促进共同富裕》，《人民日报》2024 年 1 月 22 日，第 2 版。

向西部所有高校提供了 19 万门以上的慕课和定制化课程，帮助西部地区开展混合式教学达到 446 万门次以上，服务西部高校学生 5.4 亿人次，为西部高校人才培养提供了强大支持。①

数字网络建设促进了城乡差别的缩小。2023 年，各地深入实施《数字乡村发展战略》《数字乡村发展行动计划（2022—2025 年）》，农村网络基础设施建设纵深推进，农村互联网普及率稳步提高。工业和信息化部深入推进电信普遍服务、"宽带边疆"建设等工作，不断提升农村及偏远地区通信基础设施供给能力。截至 2023 年底，全国农村宽带用户总数达 1.92 亿户，全年净增 1557 万户，比 2022 年增长 8.8%，增速较城市宽带用户高 1.3 个百分点。5G 网络基本实现乡镇级以上区域和有条件的行政村覆盖。农村电子商务稳步发展，全年农村网络零售额达 2.49 万亿元。"5G+智慧文旅"有效带动农村消费，提升农民收入。②

数字技术缩小了中国性别之间的就业鸿沟。女性在沟通连接和创意上的优势，使其更能够适应数字贸易、电商、直播内容创作等领域工作。据调查，2022 年我国女性在灵活就业中占比达 61.2%，而其中"数字团长"的女性就业占比相对更高，一度达到 80%。《金砖国家女性发展报告 2023》显示，预计至 2025 年，中国女性数字经济创业就业人数将达到 1.2 亿人。③

数字网络建设加强了对老年人、残疾人乐享数字生活的保障。2577 家老年人、残疾人常用网站和 App 完成适老化及无障碍改造，超过 1.4 亿台智能手机、智能电视完成适老化升级改造。④

二 推进良法善治强化公民权利和政治权利保障

2023 年，中国公民权利和政治权利保障制度不断完善，尤其是在建立

---

① 《数字教育 引领未来——我国教育数字化工作取得积极成效综述》，教育部网站，2024 年 1 月 30 日，http://www.moe.gov.cn/jyb_xwfb/s5147/202401/t20240130_1113352.html。
② 中国互联网信息中心：《第 53 次中国互联网络发展状况统计报告》，2024 年 3 月，第 28 页。
③ 《缩小数字鸿沟 共享互联网发展成果》，《湖南日报》2023 年 11 月 16 日。
④ 中国互联网信息中心：《第 53 次中国互联网络发展状况统计报告》，2024 年 3 月，第 27 页。

器官移植和科研规范、平安中国建设、打击网络侵权、促进民营经济发展、全过程人民民主建设、《立法法》修改和反腐败行动中，公民的生命权、信息权、自由权、财产权、知情权、参与权、表达权和监督权得到了更加全面的保障。

（一）积石山地震救援保障人民生命安全

2023年12月18日23时59分，甘肃临夏州积石山县发生6.2级地震，据临夏州委办公室12月19日公布的数据，地震共造成积石山县113人死亡，各医院收治受伤人员772人，房屋受损207204间、倒塌14939间，涉及群众37162户145736人。地震造成与积石山县相邻的青海省海东市三个县受灾，截至12月19日，地震已造成青海省13人遇难，182人受伤，20人失联，部分水、电、交通、通信等基础设施受损。

地震发生后，习近平总书记高度重视并作出重要指示，强调"要全力开展搜救，及时救治受伤人员，最大限度减少人员伤亡"，"妥善安置受灾群众，保障群众基本生活"，"尽最大努力保障人民群众生命财产安全"。国务院工作组紧急赶赴甘肃、青海地震灾区指导抗震救灾工作。多部门迅速启动应急响应机制，加强统筹协调，强化会商研判，紧急组织力量赶赴灾区开展抢险救援。各方专业力量努力克服高原高寒等不利条件，把救人放在第一位，全力搜救失联人员，不放过任何一处受损房屋的排查搜救，不放过废墟下每一个生命迹象。

甘肃省消防救援总队启动一级响应，首批调派兰州、陇南、临夏、甘南、武威、白银、定西、新区、训保9个支队，2支重型、7支轻型地震救援专业搜救队共564名消防救援人员、166辆消防车、6条搜救犬，携带生命探测仪等地震救援装备器材1万余件（套）集结赶赴震中。截至19日15时，甘肃省消防救援总队现场消防救援力量累计营救被困人员67人，转移疏散685人，搭建帐篷153顶，排危除险397处，搬运物资14.5吨，会同地方党政干部和群众，对2个镇17个村进行全面排查，共摸排1158户，其中危房565间、地质灾害隐患点65处。武警甘肃总队迅速出动300余名官兵，采取摩托化和徒步行军的方式，第一时间赶到震中区域，在积石山县刘集乡陶家村、阳洼村、团结村、李家村进行抢险救援，投入搜救伤员、抢修道路、搬运物资等任务。武警青海总队累计投入兵力 158 人，参与救援行动。甘肃省卫生健康部门立即启动应急响应，第一时间指导派出 33 辆救护车等专业车辆和 173 名医护人员赴现场开展伤员救治和转运工作。青海省海东市共组织救援力量 10667 人、大型救援装备 268 台、救援装备 8246 件套、搜救犬 6 条，紧急调运帐篷、棉被、棉大衣、折叠床等救灾物资 3000 余件套，出动救护车 64 辆，医护人员 1404 人，救治地震伤员 128 人，转移 37 所寄宿制学校师生 17870 人。

震后，积石山县 15 所寄宿制学校 14654 名师生全部撤离到安全地带，未造成人员伤亡。甘肃省教育厅在积石山县已摸排学校 243 所、学生 4.8 万余名，临夏州摸排学校 2048 所、学生 49.8 万余名，对学校灾损情况、师生受灾情况等逐一核查登记。青海省海东市教育部门第一时间安排应急避险、学生转移安置、学校教育教学等工作，紧急疏散海东市 3 县 66 所学校 33511 名学生；排查学校 816 所，涉及学生 28.67 万人、教职工 2.03 万人。

应急管理部紧急启动中央企业应急联动机制、军地抢险救灾协调联动机制和航空救援协调联动机制，迅速统筹调派应急救援力量增援灾区。西部战区陆军第 76 集团军某旅约 300 名官兵连夜出动，迅速展开人员搜救、道路清理等工作。西部战区空军立即启动抗震抢险救灾应急预案，紧急展开救援。东航计划执行 7 个"驰援甘肃航班"运送救援人员、救援物资。春秋航空宣布 19 日起执飞的所有甘肃进出港航线免费承运专业救援队伍和救援物资。顺丰集团、顺丰公益基金会首批物资已运往灾区。京东从多个就近仓库中紧急调拨饮用水、食品、御寒衣物等物资，以专人专车方式运往灾区。应急管理部指导甘肃省启动社会应急力量现场协调机制，引导社会应急力量到达灾区开展救援救灾救助。截至 19 日 14 时 30 分，甘肃全省 14 家专业救援类社会组织 244 人 58 台车携专业设备进入灾区开展救援；5 家社会组织积极捐款逾 120 万元，捐赠衣物、食物、药品等救援物

资折合 34.5 万元。

国家防灾减灾救灾委员会、应急管理部会同国家粮食和物资储备局累计向甘肃、青海两省地震灾区调拨中央救灾物资 13.35 万件。截至 19 日 16 时，650 顶帐篷、4080 床棉被褥、1604 套折叠床、3120 件棉大衣、5000 双棉鞋、300 套火炉等已运至积石山县。财政部、应急管理部紧急向甘肃、青海两省预拨中央自然灾害救灾资金 2 亿元，支持地方开展抗震救灾工作。国家卫生健康委紧急调派北京协和医院、四川大学华西医院医疗专家赶赴甘肃，组织 3 支国家紧急医学救援队伍迅速集结，赴甘肃、青海支援，尽最大努力抢救生命。

在各方的通力合作下，地震造成的伤亡被降至最低，受伤人员得到了迅速和有效的救治，灾区人民的生命权得到了有效的保障。①

（二）规范器官移植和科技研究保障公民人身权利

为了规范人体器官捐献和移植，保证医疗质量，保障人体健康，维护公民的合法权益，国务院第 17 次常务会议通过了《人体器官捐献和移植条例》。该条例明确规定："公民享有捐献或者不捐献其人体器官的权利；任何组织或者个人不得强迫、欺骗或者利诱他人捐献人体器官。""具有完全民事行为能力的公民有权依法自主决定捐献其人体器官。公民表示捐献其人体器官的意愿，应当采用书面形式，也可以订立遗嘱。公民对已经表示捐献其人体器官的意愿，有权予以撤销。公民生前表示不同意捐献其遗体器官的，任何组织或者个人不得捐献、获取该公民的遗体器官；公民生前未表示不同意捐献其遗体器官的，该公民死亡后，其配偶、成年子女、父母可以共同决定捐献，决定捐献应当采用书面形式。""任何组织或者个人不得获取

---

① 相关资料参见《争分夺秒展开救援，众志成城抗震救灾》，《人民日报》2023 年 12 月 20 日，第 1、3、4 版；《持续更新 | 甘肃积石山县地震已致超百人遇难，救援正在进行》，新浪网，2023 年 12 月 19 日，https：//k. sina. com. cn/article_ 1644114654_ 61ff32de02001qbpn. html；《寒夜里的温暖守护——积石山 6.2 级地震首日抢险救灾直击》，新华社，2023 年 12 月 20 日，http：//www. xinhuanet. com/2023-12/20/c_1130036278. htm。

未满 18 周岁公民的活体器官用于移植。""活体器官的接受人限于活体器官捐献人的配偶、直系血亲或者三代以内旁系血亲。""任何组织或者个人不得以任何形式买卖人体器官，不得从事与买卖人体器官有关的活动。"①

科技部发布了《负责任研究行为规范指引（2023）》，其中第七章对伦理审查作出了专门规定，要求开展科技活动应遵循"增进人类福祉、尊重生命权利、坚持公平公正、合理控制风险、保持公开透明"的原则，依规进行科技伦理风险评估或科技伦理审查。不得以诱导、胁迫、欺骗和其他不正当方式招募研究参与者。对涉及儿童、孕产妇、老年人、智力障碍者、精神障碍者等特定群体的研究参与者，应予以特别保护；对涉及受精卵、胚胎、胎儿或可能受辅助生殖技术影响的研究，应主动详细说明。应明确告知研究参与者或其监护人所有相关事项及应享有的权利，获得知情同意书，确保知情同意过程规范，并严格履行与研究参与者或其监护人达成的协议或约定。涉及生物样本的收集、储存、使用及处置要遵循相关法律法规，对个人隐私数据、生物特征信息等的处理应符合个人信息保护等有关规定。在试验开始前有理由确信会导致死亡或伤残等伤害的，不得进行试验；在试验过程中有迹象表明可能会导致死亡或伤残等伤害的，必须立即中止试验。②

（三）开展平安中国建设保障公民人身安全

平安中国建设是保障公民人身安全权利的重要措施。2023 年，全国公安机关持续深入推进常态化扫黑除恶斗争，共打掉涉黑恶犯罪组织 1900 余个，抓获犯罪嫌疑人 2.7 万名，破获各类刑事案件 2.9 万余起。公安部挂牌督办 37 起案情重大、复杂的涉黑恶案件，强化指导督办、专家支持，推动案件侦办工作有序开展。同时，全力缉捕涉黑涉恶在逃人员，各地目标在逃人员到案 1222 名，其中境内 1105 名、境外 117 名，形成强大震慑。公安机

---

① 《人体器官捐献和移植条例》，《人民日报》2024 年 1 月 15 日，第 19 版。
② 科技部监督司编《负责任研究行为规范指引（2023）》，科学技术部网站，https：//www.most.gov.cn/kjbgz/202312/W020231221582942330036.pdf。

关会同相关部门深入推进教育、金融放贷、市场流通等重点行业领域整治，共侦办相关领域涉黑恶案件 800 余起，抓获犯罪嫌疑人 6000 余名，有力整治了行业乱象。①

针对黑恶犯罪向网络发展蔓延的严峻态势，公安部部署各地公安机关深入开展打击惩治涉网黑恶犯罪专项行动，摧网络、断链条、抓金主、打组织，坚决断根清源、打深打透，共打掉涉网黑恶犯罪组织 795 个，抓获犯罪嫌疑人 1.2 万余名，破获刑事案件 1.8 万起。其中，在掌握相关犯罪事实和证据基础上，公安部组织北京、山东等地公安机关与印度尼西亚警方开展警务执法合作，成功打掉藏匿在印尼巴淡岛等地的特大跨境裸聊敲诈犯罪团伙。全国公安刑侦部门积极参与打击长江非法采砂、打击整治盗采海砂等专项行动，持续推进打击"砂霸""矿霸""村霸""乡霸"等重点行业领域黑恶势力，打掉自然资源领域涉黑组织 28 个。②

针对枪爆违法犯罪，公安部会同最高人民法院、最高人民检察院、中央宣传部、中央网信办、国家邮政局等部门联合组织开展了新一轮为期 3 年的打击整治枪爆违法犯罪专项行动，深入开展集中清查收缴行动，滚动排查重点地区、重点部位、重点场所，强化重要通道动态查缉和社会面巡逻查控，全力收缴流散社会的非法枪爆物品，各地公安机关累计检查枪爆从业单位 1.9 万家，督促整改安全隐患 1.8 万处。2023 年，共破获枪爆案件 2 万起，抓获违法犯罪嫌疑人 2 万人，持枪爆炸犯罪案件同比下降20%。③

长期以来，缅北果敢自治区以白所成、魏怀仁、刘正祥、徐老发等为首的多个犯罪集团大肆组织开设诈骗窝点，公开武装护诈，针对中国公民疯狂实施电信网络诈骗犯罪活动，诈骗数额巨大，同时涉嫌故意杀人、故意伤

① 《全国公安机关持续深入推进常态化扫黑除恶斗争　去年打掉涉黑恶犯罪组织 1900 个》，《法治日报》2024 年 1 月 18 日，第 3 版。
② 《全国公安机关持续深入推进常态化扫黑除恶斗争　去年打掉涉黑恶犯罪组织 1900 个》，《法治日报》2024 年 1 月 18 日，第 3 版。
③ 《公安机关打击整治枪爆违法犯罪成效显著　去年持枪爆炸犯罪案件同比下降 20%》，《法治日报》2024 年 1 月 17 日，第 3 版。

害、非法拘禁等多种严重暴力犯罪，人民群众对此深恶痛绝。在掌握相关犯罪事实和证据的基础上，2023 年 12 月 10 日，中国公安机关对白所成等 10 名缅北果敢自治区电信网络诈骗犯罪集团重要头目进行公开悬赏通缉，并派出工作组赴缅甸开展国际警务执法合作。工作组与缅方经过多轮会谈磋商，就联合打击电信网络诈骗犯罪、全力缉捕并移交电信网络诈骗集团重要头目等达成一致意见。随后，缅甸警方陆续抓获了中国公安机关公开通缉的白所成、白应苍、魏怀仁、刘正祥、刘正茂、徐老发 6 名犯罪嫌疑人，并将到案的上述 6 名犯罪嫌疑人以及中国公安机关前期向其通报的另外 4 名重大犯罪嫌疑人移交中方。截至 2024 年 1 月，已有 4.4 万名缅北涉华电信网络诈骗犯罪嫌疑人移交中方，其中幕后"金主"、组织头目和骨干 171 名，网上在逃人员 2908 名，有力打击了境外诈骗集团的嚣张气焰。①

（四）打击网络侵权保护公民个人信息权利

针对各种网络侵权现象，为了保护公民个人信息权利，国家互联网信息办公室 2023 年第 12 次室务会会议审议通过了《生成式人工智能服务管理暂行办法》，其中第四条第四款规定："尊重他人合法权益，不得危害他人身心健康，不得侵害他人肖像权、名誉权、荣誉权、隐私权和个人信息权益。"② 中央网信办发布了《关于进一步加强网络侵权信息举报工作的指导意见》，要求切实保护公民个人网络合法权益，重点受理处置未取得个人同意或违反国家有关规定，泄露公民家庭住址、身份证件、联系方式、医疗健康、行踪轨迹、金融账户等个人信息的举报线索。重点处置窃取、兜售个人信息的违法网站、账号，利用他人姓名、肖像、职务等显著标识特征假冒仿冒他人发布信息、表达立场观点以及开展其他网络活动的违法账号，丑化污损他人肖像、错误关联或不当使用他人肖像，侮辱谩骂、诋毁诽谤、造谣抹黑侵犯他人名誉的违法和不良信息及相关账号。优先保护未成年人网络合法

---

① 《中缅联合打击跨国电信网络诈骗犯罪取得标志性重大战果 白所成等 10 名缅北重大犯罪嫌疑人被押解回国》，《法治日报》2024 年 1 月 31 日，第 3 版。

② 《生成式人工智能服务管理暂行办法》，《中华人民共和国国务院公报》2023 年第 24 期。

权益，及时处置以文字、图片、音视频等形式，侮辱、诽谤、威胁未成年人或者恶意损害未成年人形象的违法和不良信息，以及泄露未成年人姓名、住所、照片以及其他可能识别出未成年人真实身份的违法和不良信息。依法严厉打击涉未成年人网络欺凌行为。依法保护妇女、残疾人、老年人等其他特殊群体网络合法权益，坚决处置性别歧视、年龄歧视、地域歧视等制造社会矛盾、煽动群体对立的违法和不良信息。①

（五）促进民营经济发展平等保护公民财产权

2023 年，中国持续改善营商环境，清理了一批妨碍公平竞争的政策规定。推出支持民营企业、外资企业发展政策，开展清理拖欠企业账款专项行动，加强违规收费整治。②

针对民营企业发展面临的一些问题和困难，中共中央、国务院发布了《关于促进民营经济发展壮大的意见》，要求持续优化民营经济发展环境，加大对民营经济政策支持力度，强化民营经济发展法治保障，着力推动民营经济实现高质量发展，促进民营经济人士健康成长，持续营造关心促进民营经济发展壮大社会氛围。其中特别强调，要全面落实公平竞争政策制度，强化制止滥用行政权力排除限制竞争的反垄断执法；完善融资支持政策制度，完善支持政策直达快享机制，建立支持政策"免申即享"机制；依法保护民营企业产权和企业家权益，进一步规范涉产权强制性措施；持续完善知识产权保护体系，加大对民营中小微企业原始创新保护力度；完善监管执法体系，杜绝选择性执法；健全涉企收费长效监管机制；坚决抵制、及时批驳澄清质疑社会主义基本经济制度、否定和弱化民营经济的错误言论与做法。③

---

① 国家互联网信息办公室：《关于进一步加强网络侵权信息举报工作的指导意见》，中国网信网，2023 年 9 月 15 日，http：//www.cac.gov.cn/2023-09/15/c_ 169634 7685563097.htm。

② 李强：《政府工作报告——二〇二四年三月五日在第十四届全国人民代表大会第二次会议上》，《人民日报》2024 年 3 月 13 日，第 1 版。

③ 《进一步激发民营经济发展活力——国家发展改革委有关负责人就〈中共中央 国务院关于促进民营经济发展壮大的意见〉答记者问》，新华网，2023 年 7 月 19 日，http：//m.news.cn/2023-07/19/c_ 1129758555.htm。

2023年中央经济工作会议进一步强调，要"促进民营企业发展壮大，在市场准入、要素获取、公平执法、权益保护等方面落实一批举措"，"积极稳妥化解房地产风险，一视同仁满足不同所有制房地产企业的合理融资需求，促进房地产市场平稳健康发展"。① 第十四届全国人民代表大会常务委员会第七次会议对《中华人民共和国公司法》作出了第二次修订。

2023年，全国新增减税降费及退税缓费22289.9亿元。分经济类型看，民营经济纳税人受益明显，新增减税降费及退税缓费16864.6亿元，占比75.7%。分企业规模看，中小微企业受益最明显，新增减税降费及退税缓费14264.2亿元，占比64%。②

截至2023年底，全国登记在册个体工商户1.24亿户，占经营主体总量的67.4%，支撑了近3亿人就业。全年新设个体工商户2258.2万户，同比增长11.4%。③ 中国有进出口记录的外贸经营主体首次突破60万家。其中，民营企业55.6万家，合计进出口22.36万亿元，较2022年增长6.3%，占进出口总值的53.5%，较2022年提升3.1个百分点。④ 新办涉税经营主体达1687.6万户，同比增长28.3%，其中以新产业、新业态、新商业模式为核心内容的新办涉税经营主体449.4万户，占全部新办户的26.6%；新办涉税经营主体中开展跨省贸易的有460.8万户，同比增长32%。⑤

（六）全过程人民民主基层实践形式不断创新

全国和地方各级人大积极探索基层立法联系点、代表之家、代表联络站、全过程人民民主基层实践点和示范点、代表履职平台、民生实事项目人大代表票决制、街道议政代表会、社会建设观察点等践行全过程人民民主的新形式，将倾听民意的触角充分向基层延伸，保证人民的知情权、参与权、

---

① 《中央经济工作会议在北京举行》，《光明日报》2023年12月13日，第1版。
② 《外贸运行总体平稳，进出口规模逐季抬升》，《人民日报》2024年1月13日，第1版。
③ 《全国登记在册个体工商户达1.24亿户》，《法治日报》2024年2月1日，第8版。
④ 《外贸运行总体平稳，进出口规模逐季抬升》，《人民日报》2024年1月13日，第1版。
⑤ 《2023年新办涉税经营主体超1687万户 同比增长28.3%》，《经济日报》2024年1月26日，第1版。

表达权、监督权落实到人大工作各方面各环节全过程。①

　　人大代表之家和代表联络站是人大代表调研和了解民情民意的重要平台。全国各地设立了 20 多万个代表之家、代表联络站，基本实现乡镇和街道的"全覆盖"。人大代表联络站逐渐成为群众反映诉求的新途径，而群众也逐渐成为代表联络站的"常客"。社区居民们和人大代表互动畅聊，人大代表们迅速对接相关部门，及时解答群众反映的问题，确保事事有着落、件件有回音。浙江省以数字化改革为牵引，推动全省人大代表联络站迭代升级，培育打造人大践行全过程人民民主基层单元，全省 8.7 万多名各级人大代表全部赋予二维码，不断丰富和提升代表联络站的凝聚力、感知力、服务力。湖北省宜昌市因地制宜探索建立"民主早班车""5号见""廿长治"等民主实践载体，激发全市 8700 余名五级人大代表充分发挥作用，与人民群众一起解决群众的急难愁盼问题。新疆维吾尔自治区人大常委会发布了《代表家室站建设指导意见》，新疆全区共建成代表"家室站"5366 个，其中 97.8% 建在基层，便于更近距离听取人民群众的呼声。近年来，全区各级人大代表进村入户、进代表"家室站"联系接待群众 240 万余人次，听取和反映群众意见建议 6.8 万余条，协助基层化解矛盾纠纷 8.4 万余件。②

　　安徽省安庆市人大常委会将原先的人大代表家站升级为全过程人民民主基层实践点，在 10 个所辖县（市区）建立了 100 个这样的基层实践点。人大常委会不仅对各项工作都会到相关的基层实践点倾听群众声音、汲取群众智慧，而且为各级人大代表搭建"全天候"的代表联系群众平台，推动解决了一大批民生问题。2022 年 8 月以来，河南各地建设候选全过程人民民主省级基层示范点 214 个，据不完全统计，截至 2023 年 8 月，共接待群众 56764 人次，征集群众意见建议 11424 件，解决群众反映问题 5115 件，9658 名代表参与征求立法、监督议题，提出意见 3903 条。河南

①　以下内容参见王萍、江珊《从百姓身边事看民主新气象——聚焦全过程人民民主在基层的生动实践》，《中国人大》2023 年第 19 期。
②　《新疆建成 5366 个人大代表"家室站"》，《法治日报》2024 年 1 月 23 日，第6版。

省人大常委会发布了《关于对首批全过程人民民主基层示范点建设阶段性工作开展评估的通知》，要求采取初评和复评两轮评估方式并展阶段性工作评估，从基层示范点功能完善提升、信息化建设和组织保障三个方面进行量化评分。①

民生实事项目人大代表票决制是探索民生实事从"为民作主"到"由民作主"的一条新路径。浙江省自 2018 年起实现市、县、乡三级民生实事项目人大代表票决制工作全覆盖。每年年初的市、县（市、区）、乡镇人代会上，人大代表一人一票，选出当年的各级政府民生实事项目。票决制全面推行以来，浙江省共确立 5 万多件民生实事项目。南京市人大常委会全面推行民生实事项目人大代表票决制，在市、区两级全面建立"群众提、代表决、政府办、人大评"的民生实事项目人大代表票决制，把民生实事项目的建议权、决定权、监督权交给人大代表和人民群众。

随着城市化进程的加快及乡镇行政区划的调整，很多区县的乡镇改为街道，原来的镇级人大及人大代表不复存在，街道办事处作为区政府派出机构不设人民代表大会。为了畅通民意表达渠道，地方人大探索在街道建立以人大代表为骨干、各界代表人士为成员的居民议事组织，建立街道议政代表会制度，引导群众依法有序参与基层公共事务管理。浙江在全国率先探索街道人大工作，出台街道人大工作条例，补齐街道一级基层民主短板。南京市95 个街道全部成立街道议政代表会，产生议政代表 4527 名。常州市 29 个街道全部建立议政代表会制度。克拉玛依市克拉玛依区全面推行街道议政代表会制度，实现 6 个街道全覆盖，推选产生议政代表 280 名。贵州省六盘水市钟山区人大常委会探索推行街道议政代表会制度，推动人民代表大会制度在街道层面拓展延伸。钟山区街道议政代表每届任期五年，由辖区各级人大代表、社区干部、居民代表组成，每年召开两次议政代表会议，对街道办事处工作制度化议政、常态化督政。在全区构建起区委领导、人大主导、街道负责、社区参与的工作格局，形成以人大代表为骨干，社会各界代表共同履

---

① 《河南省发展全过程人民民主基层实践全景扫描》，《人大代表报》2023 年 8 月 8 日。

职的"1+N"工作模式。全区 500 余名议政代表以一份履职清单、一次履职考评、一张履职档案，激活基层治理"一池春水"。

设立"社建观察点"，是南京市人大常委会践行全过程人民民主重大理念、密切联系基层群众的务实举措之一。每个区设立 1~2 个社区（村）观察点，一般每五年集中调整一次观察点，每个观察点均配备观察员队伍，一般由市、区人大社会委组成人员，人大代表和市人大社会建设咨询专家等组成。重点观察劳动就业、社会保障、民政事务、群团组织、安全生产等五类民生事务。首批设立的 19 个观察点既有地处城市中心商业圈的繁华社区，也有拆迁安置新居的新型社区；既有城市出新改造的老旧社区，也有乡村振兴建设中的美丽乡村。

基层民主实践形式的蓬勃创新，使全过程人民民主从理念走向制度和实践，使人民的民主权利得到了实实在在的保障。

（七）民主立法和立法审查中的公民参与权保障

为加强人权的制度保障，国家开展了对一系列法律法规的制定、修改和修订工作。2023 年 9 月 1 日，第十四届全国人民代表大会常务委员会第五次会议通过了关于修改《中华人民共和国民事诉讼法》和《中华人民共和国行政复议法》的决定。粮食安全保障法草案、传染病防治法修订草案、文物保护法修订草案、国境卫生检疫法修订草案、学位法草案、学前教育法草案等已提请全国人大常委会审议；未成年人网络保护条例、社会保险经办条例、领事保护与协助条例、人体器官捐献和移植条例等行政法规已制定发布。①

2023 年 3 月 13 日，第十四届全国人民代表大会第一次会议通过了《全国人民代表大会关于修改〈中华人民共和国立法法〉的决定》。修正后的立法法明确规定，编制立法规划和立法计划，应当认真研究代表议案和建议，广泛征集意见，科学论证评估。全国人民代表大会常务委员会工作机构根据

---

① 《2023，法治政府建设迈出新步伐》，《法治日报》2024 年 1 月 19 日，第 1、3 版。

实际需要设立基层立法联系点，深入听取基层群众和有关方面对法律草案和立法工作的意见。①

在听取基层群众对立法的意见方面，基层立法联系点是民意表达的重要平台和载体。截至 2023 年 7 月，全国人大常委会法工委已设立 33 个基层立法联系点，31 个省（自治区、直辖市）至少有 1 个全国人大常委会法工委基层立法联系点，辐射带动省级人大常委会设立本级基层立法联系点 550 多个、设区的市（自治州）级人大常委会设立本级基层立法联系点 5980 多个。②

2023 年 12 月 29 日，第十四届全国人民代表大会常务委员会第七次会议表决通过关于完善和加强备案审查制度的决定。该决定特别强调："备案审查工作应当贯彻全过程人民民主理念，保障人民群众对国家立法和监督工作的知情权、参与权、表达权、监督权，使备案审查制度和工作成为践行全过程人民民主的重要形式和制度载体。"该决定要求畅通人民群众诉求表达渠道，完善审查建议在线提交方式。充分发扬民主，加强调查研究。通过座谈会、论证会、听证会、委托研究、走访调研等方式，听取国家机关、社会组织、企业事业单位、专家学者以及利益相关方的意见。发挥基层立法联系点民意直通车作用，深入基层了解法规、司法解释实施情况和存在的问题，听取基层群众的意见建议，提升备案审查民主含量和质量。③

根据全国人大常委会法工委发布的第七个年度备案审查报告，2023 年，全国人大常委会办公厅收到报送备案的法规、司法解释等规范性文件共1319 件，其中，行政法规 24 件，省、自治区、直辖市地方性法规 422 件，设区的市、自治州地方性法规 664 件，自治条例和单行条例 100 件，经济特区法规 41 件，浦东新区法规 3 件，海南自由贸易港法规 8 件，司法解释 10

① 《聚焦立法法修正草案四大看点》，新华网，2023 年 3 月 7 日，http：//www.news.cn/mrdx/2023-03/07/c_ 1310701744.htm。
② 王萍、江珊：《从百姓身边事看民主新气象——聚焦全过程人民民主在基层的生动实践》，《中国人大》2023 年第 19 期。
③ 《全国人民代表大会常务委员会关于完善和加强备案审查制度的决定》，中国政府网，2023 年 12 月 30 日，https：//www.gov.cn/yaowen/liebiao/202312/content_ 6923389.htm。

件，特别行政区本地法律 47 件。共收到公民、组织提出的审查建议 2827 件，其中，书面寄送的 2282 件，通过备案审查在线提交平台提出的 545 件。该报告公布了 2023 年多起备案审查案例，如某市辖区议事协调机构发布通告，对涉某类犯罪重点人员采取惩戒措施，其中对涉罪重点人员的配偶、子女、父母和其他近亲属在受教育、就业、社保等方面的权利进行限制。全国人大常委会法工委审查认为，有关通告对涉罪人员近亲属多项权利进行限制，违背罪责自负原则，不符合宪法第二章关于"公民的基本权利和义务"规定的原则和精神，也不符合国家有关教育、就业、社保等法律法规的原则和精神。遂与有关主管部门督促制定机关对通告予以废止。再如，《大气污染防治法》《烟花爆竹安全管理条例》等法律、行政法规对于销售、燃放符合质量标准的烟花爆竹未作全面禁止性规定，而是授权县级以上人民政府可以划定限制或者禁止燃放烟花爆竹的时段和区域。因此，有关的地方性法规禁止全域燃放烟花的规定与上位法不符。除违背上位法外，这些规定同样与中华民族的传统习俗相悖，也给现实执法带来了巨大困难。[1]

2023 年，司法部依法逐件审查备案法规规章 3021 件，其中地方性法规 1967 件，地方政府规章 873 件，部门规章 181 件；收到 46 件公民审查建议，办理完成 44 件。初步确认 75 件法规规章存在与上位法不一致问题并作出处理，对 23 件规章进行纠错；发督办函督促 5 个部门取消和调整 6 件规章中的不合理罚款事项，切实解决了一批法规规章中存在的违反上位法等突出问题，有效维护了国家法治统一。[2]

（八）推广"枫桥经验"保障公民表达权

近年来，相关部门坚持和发展新时代"枫桥经验"，充分发挥调解在化解矛盾纠纷中的基础性作用。2023 年 2 月，司法部印发《关于充分发挥调

---

[1] 《全国人民代表大会常务委员会法制工作委员会关于 2023 年备案审查工作情况的报告》，中国人大网，2023 年 12 月 26 日，http://www.npc.gov.cn/npc/c2/c30834/202312/t20231229_433996.html。

[2] 《司法部 2023 年对 3021 件法规规章备案审查》，《人民日报》2024 年 1 月 13 日，第 4 版。

解职能作用　切实做好矛盾纠纷排查化解工作的通知》。2023 年 9 月 27 日，司法部会同最高人民法院联合印发《关于充分发挥人民调解基础性作用 推进诉源治理的意见》。全国现有人民调解委员会近 70 万个，人民调解员近 320 万人，其中专职人民调解员 41 万余人。建立各类企业人民调解委员会 1.1 万多个、商会人民调解组织 3100 多个。2023 年，全国人民调解委员会调解矛盾纠纷 1720 万件（含人民法院委派委托调解成功 728 万件），将大量矛盾纠纷解决在基层。① 2023 年，中央政法委在全国范围内评选出 104 个"枫桥式工作法"单位。②

为了充分发挥律师在调解工作中的积极作用，司法部在全国范围内推进律师调解试点工作，共设立律师调解工作室（中心）1.3 万个，初步形成了覆盖全国的律师调解组织网络。全国共建成 59 万余个公共法律服务实体平台，60 多万个村（社区）配备法律顾问，公共法律服务热线、中国法律服务网全面建成并规范运行，"1 名村（居）法律顾问+N 名法律明白人"行动启动，基层依法治理工作合力得到有效提升。③

为加强诉前调解工作，最高人民法院升级人民法院调解平台诉源治理功能，与全国总工会、住户和城乡建设部等 13 家中央单位建立"总对总"多元解纷机制，截至 2023 年 12 月，"总对总"调解组织和调解员数量增长到 32920 家、75338 人，增幅分别为 13.8%和 24%；同时，深入推进人民法院调解平台"进乡村、进社区、进网格"，助力基层开展矛盾纠纷预防和就地化解。④ 最高人民检察院持续推进新时代"枫桥经验"的检察实践，截至 2023 年 12 月底，全国检察机关共开展检察听证信访案件 3 万余件，同比上

① 《聚焦急难愁盼全面提升群众法治获得感　司法行政机关推动公共法律服务高质量发展》，《法治日报》2024 年 1 月 18 日，第 1、3 版。
② 《各地坚持和发展新时代"枫桥经验"——预防在前　调解优先　依法解决》，《人民日报》2024 年 1 月 22 日，第 10 版。
③ 《各地各部门坚持和发展新时代"枫桥经验"　有力提升矛盾纠纷预防化解法治化水平》，《法治日报》2024 年 1 月 12 日，第 1~3 版。
④ 《各地各部门坚持和发展新时代"枫桥经验"　有力提升矛盾纠纷预防化解法治化水平》，《法治日报》2024 年 1 月 12 日，第 1~3 版。

升 12.6%，矛盾有效化解率近 80%。公安部指导推动各地公安机关全面加强派出所矛盾调解室建设，全国 1.4 万个派出所派驻了人民调解组织，其余绝大部分派出所设置了纠纷调处室。① 全国信访系统推进信访问题源头治理攻坚，各级信访工作联席会议机制建设持续推进，省、市两级实现全覆盖，县级覆盖率达到九成，27 个省份实现了乡镇（街道）一级全覆盖。此外，网上信访充分发挥重要渠道作用，占比达七成，快速高效解决群众诉求，更好实现让"数据多跑路，群众少跑腿"。②

（九）反腐败中的公民监督权保障

2023 年，中国政府优化督查工作机制，加强党风廉政建设和反腐败斗争，严格落实中央八项规定精神，持续纠治"四风"，有力推进金融单位、国有企业等巡视整改工作，③ 坚决清除系统性腐败风险隐患。2023 年，全国纪检监察机关共立案 62.6 万件，留置 2.6 万人，给予党纪政务处分 61 万人。其中，中央纪委国家监委立案审查调查中管干部 87 人。2023 年的反腐工作呈现出一些新的特点。一是着力查处群众身边的"蝇贪蚁腐"，全国纪检监察机关共查处民生领域腐败和作风问题 7.7 万起，给予党纪政务处分 7.5 万人。二是深化受贿行贿一起查，全国共立案审查调查行贿人员 1.7 万人。三是狠刹享乐主义、奢靡之风，全国共查处享乐主义、奢靡之风问题 6.2 万个，批评教育和处理 8.3 万人。四是重点纠治形式主义、官僚主义，着力纠治落实党中央决策部署不担当不用力、执行政策措施"一刀切"、基层治理不作为乱作为、"新官不理旧账"、漠视侵害群众利益等问题，公开通报 10 起加重基层负担典型案例，全国共查处形式主义、官僚主义问题 4.6 万个，批评教育和处理 7.1 万人。五是紧盯重特大安全事故

① 《各地各部门坚持和发展新时代"枫桥经验" 有力提升矛盾纠纷预防化解法治化水平》，《法治日报》2024 年 1 月 12 日，第 1~3 版。
② 《国家信访局加强信访问题源头治理和积案化解 深入推进信访工作法治化》，《人民日报》2024 年 1 月 27 日，第 6 版。
③ 李强：《政府工作报告——二〇二四年三月五日在第十四届全国人民代表大会第二次会议上》，《人民日报》2024 年 3 月 13 日，第 1 版。

严肃追责问责，全国共问责党组织 2317 个、党员领导干部和监察对象 4.3 万人。六是准确运用"四种形态"，全国纪检监察机关运用"四种形态"批评教育和处理 171.8 万人次。其中，运用第一、二、三、四种形态占总人次的比重分别为 63.8%、28.6%、3.7%、3.9%，涉嫌职务犯罪、移送检察机关的 2 万人。[①]

二 促进各类特定群体共享人权成果

2023 年，国家继续加强对特定群体权利的保障，在妇女、儿童、老年人、残疾人权利保障方面采取了一系列新的举措。

（一）铸牢中华民族共同体意识下的少数民族权益保障

2023 年，习近平总书记就铸牢中华民族共同体意识发表了一系列讲话，要求"引导各族人民牢固树立休戚与共、荣辱与共、生死与共、命运与共的共同体理念"，"把改善民生、凝聚人心作为民族地区经济社会发展的出发点和落脚点，推动民族地区融入新发展格局、实现高质量发展，不断提高公共服务保障能力和水平，促进发展成果公平惠及各族群众"。[②]

2023 年，民族地区充分利用少数民族发展任务资金，发挥资源优势，打造特色品牌，畅通销售渠道，让当地特色农产品走向全国。新疆优先扶持联农带农富农产业发展，重点支持特色产业发展。宁夏吴忠市红寺堡区发展超 10 万亩的酿酒葡萄园，枸杞、黄花菜、中药材和肉牛、滩羊等特色农牧业，让 23 万名西海固生态移民在家门口拔掉穷根，走上致富路。云南省昭

---

① 李希：《深入学习贯彻习近平总书记关于党的自我革命的重要思想　纵深推进新征程纪检监察工作高质量发展——在中国共产党第二十届中央纪律检查委员会第三次全体会议上的工作报告》，《中国纪检监察》2024 年第 5 期。

② 《习近平在中共中央政治局第九次集体学习时强调：铸牢中华民族共同体意识　推进新时代党的民族工作高质量发展》，中国政府网，2023 年 10 月 28 日，https://www.gov.cn/yaowen/liebiao/202310/content_ 6912492.htm。

通市推动实施"一县一业"，苹果、竹子、花椒等特色产业蒸蒸日上。辽宁丹东投入少数民族发展任务资金 5882 万元，在边境地区扶持特色种植养殖、农业产业示范园、林下经济作物种植等项目，带动周边 1000 余名群众就业增收。

民族地区积极开展基础设施建设。2023 年，云南建成了 374 个现代化边境幸福村，自然村 100% 通硬化路，农村自来水普及率提升到 90% 以上，5G 网络覆盖率 100%。广西以边境小城镇和平陆运河沿线村镇试点建设为引领，推动现代宜居农房建设，打造宜居宜业和美乡村。吉林加强边境村建设，当地安全饮水、生活用电、生活垃圾收运处置等均达到 100%，全部建立卫生室，农村养老机构覆盖到 118 个村。①

东西部协作和对口支援继续为推动民族地区高质量发展提供有力支撑。在闽宁协作中，福建以"福建所能"满足"宁夏所需"，2023 年安排省级财政援宁资金 6.25 亿元，在宁夏实施产业项目 278 个，带动 80 万名农村劳动力实现增收。沪滇协作创新探索"上海企业+云南资源""上海研发+云南制造""上海市场+云南产品""上海总部+云南基地"协作模式，抢抓上海产业转移机遇，梳理策划对沪招商重点项目，大力推进"沪企入滇"工程，开展企业合作、产业协作和园区共建，围绕就业、产业、消费、人才等领域深化协作取得显著成效。②

国家民委联合全国工商联共同组织开展"民营企业进边疆"行动，引导广大民营企业立足区位、政策、人文等方面优势，积极参与边疆地区基础设施建设。③ 国家民委会同文化和旅游部实施"春雨工程"——文化和旅游志愿服务边疆行计划。行动计划重点面向新疆、西藏以及内蒙古、广西、宁夏等民族地区，主要内容包括文化惠民志愿行、艺术创作志愿行、公共文化

---

① 《在推动共同富裕中铸牢中华民族共同体意识 | 2023·紧扣主线推动民族工作高质量发展》，《中国民族报》2024 年 2 月 23 日。
② 《在推动共同富裕中铸牢中华民族共同体意识 | 2023·紧扣主线推动民族工作高质量发展》，《中国民族报》2024 年 2 月 23 日。
③ 《在推动共同富裕中铸牢中华民族共同体意识 | 2023·紧扣主线推动民族工作高质量发展》，《中国民族报》2024 年 2 月 23 日。

志愿行、文化传承志愿行、产业共创志愿行等。①

2023年，中央财政对新疆转移支付5657.3亿元，同比增长14.4%，占地方财政预算支出的72.1%。19个援疆省市投入援疆资金170亿元。相较2022年，2023年新疆维吾尔自治区地区生产总值增长6.8%，规模以上工业增加值增长6.4%，一般公共预算收入增长15.3%，固定资产投资增长12.4%，社会消费品零售总额增长18.8%，进出口贸易总额增长45.9%，城乡居民人均可支配收入分别增长5.6%、8.4%。绝大部分经济指标增速居全国前列，是近年来经济社会发展质效最好的一年。南疆四地州实行从幼儿园到高中15年免费教育，全区人均预期寿命提高到76岁。公众安全满意度达到99.3%，居全国第二位。②

2023年，西藏自治区地区生产总值超2300亿元，同比增长9%左右，人均突破6万元。城乡居民人均可支配收入突破5万元和2万元，同比分别增长6.5%和10%左右。城镇调查失业率控制在5%以内。固定资产投资、社会消费品零售总额、进出口总额同比分别增长30%、22%和130%以上，主要经济指标增速位居全国前列。实施保障性安居工程2.19万套（户）、老旧小区改造65个。建设宜居宜业和美乡村220个，1308个村（居）旧貌换新颜，脱贫户人均纯收入同比增长15%以上。农牧民转移就业64.7万人、劳务收入65.6亿元。边境乡村硬化路通达率分别达97%和87%，建制村用电覆盖率、幼儿园覆盖率分别达96%和96.5%。③

2023年，内蒙古自治区地区生产总值同比增长7.3%，增速居全国第三位，创2010年以来最好位次，人均地区生产总值突破10万元。工业投资同比增长32.9%，居全国第二位。一般公共预算收入突破3000亿元，地方口径税收占全口径税收的59.4%，居全国首位。全体居民人均可支配收入同

① 《"春雨工程"——文化和旅游志愿服务边疆行计划启动》，中国民族网，2023年5月12日，https://www.56-china.com.cn/show-case-6795.html。
② 《2024年新疆维吾尔自治区政府工作报告》，人民网，2024年2月9日，http://xj.people.com.cn/n2/2024/0209/c186332-40744171.html。
③ 《西藏自治区政府工作报告》，西藏自治区人民政府网站，2024年1月22日，https://www.xizang.gov.cn/zwgk/xxfb/zfgzbg/202401/t20240122_399830.html。

比增长 6.1%。城镇新增就业 21.87 万人。城乡低保、孤儿保障标准均居全国前列。①

（二）妇女权益保障的新进展

第十三届全国人民代表大会常务委员会第三十七次会议通过了修订后的《中华人民共和国妇女权益保障法》，自 2023 年 1 月 1 日起施行。2023 年 3 月 3 日，最高人民检察院发布《关于贯彻实施新修订〈中华人民共和国妇女权益保障法〉切实保障妇女权益的通知》，要求各级检察机关全面贯彻实施妇女权益保障法有关规定，进一步加大支持起诉力度，加强对涉及妇女合法权益的行政诉讼、行政非诉执行案件的监督，充分履行公益诉讼检察职能，依法从严惩处侵犯妇女生命健康、人身自由、人格尊严等犯罪，深入开展对涉案妇女的司法救助，结合司法办案深入剖析侵害妇女权益的深层次原因，促进诉源治理。②

随着修订后的妇女权益保障法的实施，国家在妇女权益保障方面采取了一系列新的措施。2023 年 3 月，最高人民检察院与中华全国妇女联合会联合印发首批加强司法救助协作典型案例。该批案例是从 2022 年最高检与全国妇联开展的"关注困难妇女群体，加强专项司法救助"活动中选出的各级检察机关和妇联组织协作开展救助帮扶的优秀案件。从救助线索来源看，这批典型案例既有妇联组织移送救助线索的，也有检察机关在办案中主动发现救助线索的；从救助所处的检察环节看，既有在审查逮捕、审查起诉等办案环节移送控告申诉检察部门启动救助程序的，也有在其他法律监督工作中控告申诉检察部门启动救助程序的；从被救助人被侵害的原案类型看，既有故意杀人、故意伤害等重大刑事案件，也有其他侵害妇女合法权益的违法犯

① 《内蒙古自治区政府工作报告》，内蒙古自治区政府网站，2024 年 2 月 4 日，https：//www.nmg.gov.cn/zwgk/zfggbg/zzq/202402/t20240204_2464438.html。
② 《关于贯彻实施新修订〈中华人民共和国妇女权益保障法〉切实保障妇女权益的通知》，最高人民检察院网站，2023 年 3 月 6 日，https：//www.spp.gov.cn/spp/xwfbh/wsfbt/202303/t20230306_606337.shtml#2。

罪案件；从专项活动明确予以重点救助的情形看，既有被救助人本人因遭受家庭暴力等违法犯罪行为侵害的困难妇女，也有因家庭主要劳动力受到犯罪侵害或民事侵权而承担养育赡养义务的困难妇女；从救助协作措施看，既有主动依托检察机关与妇联组织建立的救助协作机制开展调查核实的，也有检察机关给予救助后协同妇联组织进行综合帮扶的。①

随着中国城镇化进程的加快，农村妇女因婚姻关系、户籍等发生变动，涉及农村集体经济组织成员身份确认、土地承包经营、征地补偿或者征用补偿以及宅基地使用等方面的争议更为复杂，已成为社会普遍关注的问题。2023年11月1日，最高检、全国妇联联合发布维护农村妇女涉土地合法权益行政检察典型案例。该批典型案例共6件，聚焦集体经济组织中的"外嫁女"涉土地合法权益保护，坚持男女平等基本国策，加大对涉及农村妇女合法权益的行政诉讼、行政非诉执行案件的监督力度，强化调查核实，通过一体化办案、院领导包案、府检联动、检法联动等方式，妥善化解争议，以高质效法律监督推动解决妇女急难愁盼问题。自2022年1月至2023年9月，检察机关共办理涉妇女权益保护行政检察案件4000余件。②

2023年1月，国家卫生健康委会同教育部、民政部、财政部、全国妇联等10部门联合印发了《加速消除宫颈癌行动计划（2023—2030年）》，要求建立多部门联动的宫颈癌综合防控工作机制，加快推进我国宫颈癌消除进程，保护和促进广大女性健康。该计划提出，持续推进适龄女孩HPV疫苗接种试点工作；到2030年，适龄妇女宫颈癌筛查率达到70%；宫颈癌及癌前病变患者治疗率达到90%。计划要求规范宫颈癌诊疗服务，完善康复指导、疼痛管理、护理和营养、心理支持等配套措施，提高宫颈癌患者生存率和生活质量。③

---

① 《最高检全国妇联共同印发加强司法救助协作典型案例》，《中国妇女报》2023年3月9日，第2版。
② 《增强男女平等意识　保障"外嫁女"合法权益——最高检、全国妇联联合发布维护农村妇女涉土地合法权益行政检察典型案例》，《中国妇女报》2023年11月2日，第1版。
③ 《国家卫健委、妇联等十部门联合发文加速消除宫颈癌　到二〇三〇年，宫颈癌及癌前病变患者治疗率达90%》，《中国妇女报》2023年1月31日，第1版。

（三）儿童权益保障的新进展

2023 年国家对儿童权利的保障重点关注各种困境儿童和儿童面临的一些新问题。国家成立了国务院妇儿工委流动儿童和留守儿童权益保障工作小组，开展农村留守儿童和困境儿童关爱服务质量提升三年行动，强化流动儿童和留守儿童权益保障。截至 2023 年第三季度，全国共有 14.6 万名孤儿和 38.8 万名事实无人抚养儿童被纳入保障范围。①

针对近年来心理健康问题呈现的"低龄化"发展趋势，中央教育工作领导小组会议专题研究部署了学生心理健康工作，2023 年重点实施学生心理健康促进专项行动，教育部等 17 部门联合印发了《全面加强和改进新时代学生心理健康工作专项行动计划（2023—2025 年）》。该计划要求把解决学生心理问题与解决学生成才发展的实际问题相结合，把心理健康工作质量作为衡量教育发展水平、办学治校能力和人才培养质量的重要指标，促进学生身心健康。要求开设心理健康相关课程，每年至少开展一次心理健康测评，建立"一生一策"心理健康档案，完善"学校—院系—班级—宿舍/个人"四级预警网络，到 2025 年，配备专（兼）职心理健康教育教师的学校比例达到 95%，开展心理健康教育的家庭教育指导服务站点比例达到 60%。②

统计显示，截至 2023 年 12 月，中国 10 岁以下网民约 4149.6 万人，10~19 岁网民约 16052.4 万人。③ 未成年人在通过网络便利和丰富学习与生活的同时，也面临着违法和不良信息侵害、个人信息泄露、网络沉迷、网络欺凌等诸多风险。保障未成年人在网络空间的合法权益，成为网络空间治理的一项重点任务。2020 年 1 月到 2023 年 9 月，检察机关已起诉成

---

① 《有力维护民政服务对象生命健康财产安全　民政各项工作取得新成效》，《法治日报》2024 年 1 月 23 日，第 7 版。
② 《促进学生身心健康全面发展——教育部体育卫生与艺术教育司负责人就〈全面加强和改进新时代学生心理健康工作专项行动计划（2023—2025 年）〉答记者问》，教育部网站，2023 年 5 月 11 日，http://www.moe.gov.cn/jyb_xwfb/s271/202305/t20230511_1059225.html。
③ 中国互联网信息中心：《第 53 次中国互联网络发展状况统计报告》，2024 年 3 月，第 32 页。

年人涉嫌利用电信网络侵害未成年人犯罪 1.16 万人。最高检还针对通过网络聊天胁迫女童自拍裸照等问题发布指导性案例，确立了无身体接触猥亵行为等同于线下犯罪的追诉原则，截至 2023 年 9 月已累计追诉犯罪3000 余人。①

2023 年 10 月，国务院公布《未成年人网络保护条例》，这是中国出台的第一部专门性的未成年人网络保护综合立法，重点就规范网络信息内容、保护个人信息、防治网络沉迷、防止网上欺凌等作出规定。该条例规定，任何组织和个人不得制作、复制、发布、传播含有宣扬淫秽、色情、暴力、邪教、迷信、赌博、引诱自残自杀、恐怖主义、分裂主义、极端主义等危害未成年人身心健康内容的网络信息，不得制作、复制、发布、传播或者持有有关未成年人的淫秽色情网络信息，不得向未成年人发送、推送或者诱骗、强迫未成年人接触含有危害或者可能影响未成年人身心健康内容的网络信息，不得通过网络以文字、图片、音视频等形式，对未成年人实施侮辱、诽谤、威胁或者恶意损害形象等网络欺凌行为，以及组织、教唆、胁迫、引诱、欺骗、帮助未成年人实施违法犯罪行为。网络产品和服务提供者应当及时修改可能造成未成年人沉迷的内容、功能或者规则，设置未成年人模式，每年向社会公布防沉迷工作情况；应当合理限制不同年龄阶段未成年人的单次消费数额和单日累计消费数额，不得向未成年人提供与其民事行为能力不符的付费服务；应当建立健全网络欺凌行为的预警预防、识别监测和处置机制，设置便利未成年人及其监护人保存遭受网络欺凌记录、行使通知权利的功能和渠道，提供网络欺凌信息防护选项、建立健全网络欺凌信息特征库。对于有沉迷网络倾向的未成年学生，学校应当及时告知其监护人，共同对未成年学生进行教育和引导，帮助其恢复正常的学习生活。②

针对"双减"工作实施过程中一些地方和学校出现的不规范行为，

① 《聚焦〈未成年人网络保护条例〉四大立法亮点》，国务院新闻办公室网站，2023 年 10 月 28 日，http://www.scio.gov.cn/live/2023/32885/fbyd/202310/t20231030_777025.html。
② 《未成年人网络保护条例》，国务院新闻办公室网站，2023 年 10 月 24 日，https://www.gov.cn/zhengce/zhengceku/202310/content_6911289.htm。

2023 年 12 月，《教育部办公厅等四部门关于进一步规范义务教育课后服务有关工作的通知》（教基厅函〔2023〕26 号）发布，规定学校课后服务应安排在上课日及完成国家规定课程和学校教学计划之后，结束时间应与当地正常下班时间做好衔接，严禁随意扩大范围。学校为学生提供的早到校看管和自习、午餐午休看管、晚自习等服务不得纳入课后服务范围。课后服务必须严格遵循学生自愿参加原则，学校和教师不得强制要求学生参加。严禁增加学生课业负担，不得利用课后服务时间组织学生刷题备考、讲授新课或集体补课。严禁以课后服务名义乱收费。严禁不符合条件的机构和人员进校提供课后服务。①

2023 年 5 月 29 日，最高人民法院与中华全国妇女联合会首次联合发布保护未成年人权益司法救助典型案例，为办理涉未成年人司法救助案件提供指引和参考。发布的十个典型案例涵盖了刑事被害人救助、追索抚养费救助、道路交通事故损害赔偿救助等可予救助的主要案件类型。② 2023 年 11 月 27 日，最高人民法院以未成年人保护为专题发布 2023 年第二批反家庭暴力典型案例，涉及人身安全保护令、强制报告制度等内容。其中明确，被抢夺、藏匿以及目睹家庭暴力的未成年子女也是家庭暴力受害人。③

（四）应对人口老龄化中的老年人权益保障

人口快速老龄化是当前中国面临的现实挑战。国家卫生健康委数据显示，截至 2023 年末，全国 60 岁及以上人口占总人口的 21.1%，65 岁及以上人口占 15.4%。④ 为了有效应对人口老龄化，2023 年政府工作报告提出，

---

① 《教育部办公厅等四部门关于进一步规范义务教育课后服务有关工作的通知》，教育部网站，2024 年 1 月 4 日，http：//www.moe.gov.cn/srcsite/A06/s3321/202401/t20240104_1098002.html。
② 《最高法与全国妇联共同发布保护未成年人权益司法救助典型案例》，《中国妇女报》2023 年 5 月 30 日，第 1 版。
③ 《最高法：目睹家庭暴力的未成年子女也是家庭暴力受害人》，新华网，2023 年 11 月 27 日，http：//m.news.cn/2023-11/27/c_1129995221.htm。
④ 《中华人民共和国 2023 年国民经济和社会发展统计公报》，国家统计局网站，2024 年 2 月 29 日，https：//www.stats.gov.cn/sj/zxfb/202402/t20240228_1947915.html。

要加强养老服务保障。国民经济和社会发展计划报告提出，要构建居家社区机构相协调、医养康养相结合的养老服务体系，发展普惠托育服务体系。① 2023 年 5 月，中共中央办公厅、国务院办公厅印发了《关于推进基本养老服务体系建设的意见》，要求"加快建成覆盖全体老年人、权责清晰、保障适度、可持续的基本养老服务体系，不断增强老年人的获得感、幸福感、安全感"，② 坚持基础性、普惠性、共担性和系统性原则，制定落实基本养老服务清单，建立精准服务主动响应机制，完善基本养老服务保障机制，提高基本养老服务供给能力，提升基本养老服务便利化可及化水平。

2023 年，民政部加快基本养老服务体系建设，所有省份均出台实施方案和基本养老服务清单。截至 2023 年第四季度，全国提供住宿的养老机构 40869 个③、养老服务床位 820.1 万张④。中央财政支持经济困难失能老年人集中照护服务，实施特殊困难老年人家庭适老化改造，组织开展基本养老服务综合平台试点，组织实施积极发展老年助餐服务行动，推动各地因地制宜发展老年助餐服务。发布《养老机构重大事故隐患判断标准》，实施全国养老服务监管效能提升年活动，各地排查整治养老机构各类安全隐患 6192 处。民政部还组织实施居家社区基本养老服务提升行动，推动各地着力加强社区居家养老服务网络建设，在县（市、区）、乡镇（街道）层面发展具备全日托养、日间照料、上门服务、区域协调指导等综合功能的区域养老服务中心。截至 2023 年 12 月底，通过年度提升行动项目，居家和社区基本养老服务累计建成家庭养老床位 23.5 万张，为 41.8 万名老年人提供居家养老上门服务，累计完成困难老年人家庭适老化改造 148.28 万户。⑤

① 《从三个报告看 2023 民生新改善》，新华网，2023 年 3 月 5 日，http://m. news. cn/2023-03/05/c_ 1129415424. htm。

② 《中共中央办公厅、国务院办公厅印发〈关于推进基本养老服务体系建设的意见〉》，中国政府网，2023 年 5 月 21 日，https：//www. gov. cn/zhengce/202305/content_ 6875434. htm。

③ 《2023 年 4 季度民政统计数据》，民政部网站，http：//www. mca. gov. cn/mzsj/tjsj/2023/202304tjsj. html。

④ 《中华人民共和国 2023 年国民经济和社会发展统计公报》，国家统计局网站，2024 年 2 月 29 日，https：//www. stats. gov. cn/sj/zxfb/202402/t20240228_ 1947915. html。

⑤ 《全国各类养老机构和设施总数达 40 万个》，《人民日报》2024 年 1 月 15 日，第 4 版。

2023 年 3 月,国家老年大学宣告成立。国家老年大学以国家开放大学办学体系为基础,承担老年教育教学、技能培训、文化传承、社会服务、科学研究和国际交流等任务,面向全国老年人开展线上线下相结合的教学活动。同时,国家老年大学为全国各级各类老年大学提供资源共享、教学指导和公共服务,搭建全国老年教育资源共享和公共服务平台,在创新发展老年教育中发挥示范、带动、引领和辐射作用。国家老年大学已初步建成全国老年教育公共服务平台,积极整合优质资源,汇聚了 40.7 万门、总计 397.3 万分钟的老年教育课程资源,打造国家级老年教育资源库,为向全国老年教育机构推送优质资源提供保障。目前已有 8000 余名教师进入国家老年大学的师资库,围绕休闲娱乐、主动健康、技能提升和银发圆梦四个方向,提供形式丰富的老年教育服务。①

(五)无障碍环境建设中的残疾人权益保障

针对残疾人和老年人对无障碍环境的特殊需求,2023 年 6 月 28 日,第十四届全国人民代表大会常务委员会第三次会议表决通过《中华人民共和国无障碍环境建设法》,将残疾人和老年人这项关键性权益以法律制度的方式确立起来。该法要求"国家采取措施推进无障碍环境建设,为残疾人、老年人自主安全地通行道路、出入建筑物以及使用其附属设施、搭乘公共交通运输工具,获取、使用和交流信息,获得社会服务等提供便利",并从无障碍设施建设、信息交流和社会服务三个方面作出了具体规定。② 在这部法律制定过程中,中国残联受全国人大委托,征求了 5 万余名基层残疾人、老年人代表的意见建议。通过拓宽意见征询、体验试用、监督管理等渠道,让残疾人、老年人成为无障碍环境建设的最广参与者、最大受益者和最终评判者。③

---

① 《国家老年大学成立,一文带你了解这个学校》,新华网,2023 年 3 月 5 日,http://www.news.cn/2023-03/05/c_ 1129415410.htm。

② 《中华人民共和国无障碍环境建设法》,中国政府网,2023 年 6 月 29 日,https://www.gov.cn/yaowen/liebiao/202306/content_ 6888910.htm。

③ 中国残疾人联合会:《贯彻实施无障碍环境建设法 促进残疾人事业全面发展》,《求是》2023 年第 18 期。

2023 年 8 月 17 日，人力资源和社会保障部、民政部、国家卫生健康委、退役军人事务部、国家医保局、国家中医药局、中国残联联合印发《关于推进工伤康复事业高质量发展的指导意见》。该意见提出，要切实推动预防、补偿、康复"三位一体"工伤保险制度建设，探索建立适合我国国情的工伤康复制度体系。要完善工伤康复管理制度，加强门诊和社区医疗康复，加快推进职业康复，积极拓展社会康复。要重点强化健全工伤康复早期介入机制，逐步建立"先康复后鉴定"工作机制。要持续完善工伤康复政策，推动工伤康复和就业促进深度融合，推进工伤职工享受相关服务待遇。要合理利用工伤康复服务资源，完善工伤康复协议机构管理，加强费用监管，组建工伤康复专业队伍。要优化工伤康复供给侧服务，畅通工伤康复服务绿色通道，积极推进工伤康复管理服务数字化转型。①

2023 年 12 月 19 日，民政部、国家卫生健康委、中国残联印发了《精神障碍社区康复服务资源共享与转介管理办法》，规定由民政部负责统筹精神障碍社区康复资源共享与转介服务（以下简称"精康转介服务"）监督管理，县级以上地方人民政府民政部门负责统筹本辖区精康转介服务监督管理，县级以上人民政府卫生健康部门负责对开展精康转介服务的医疗卫生机构进行监督管理，各级残联组织负责利用全国残联信息系统平台做好持证精神残疾人相关康复需求的筛查统计，具有精神障碍诊疗资质的医疗卫生机构负责对精神障碍患者开展出院康复评估、门诊就诊诊断评估，提供社区康复建议，社区康复机构负责对精神障碍患者开展专业评估，提供符合康复对象需求的社区康复服务。②

2023 年，最高人民检察院对权益受损但因经济困难或法律知识欠缺无力起诉的农民工、残疾人、老年人等，支持提起民事诉讼 7.7 万件，同

---

① 《人力资源社会保障部 民政部 国家卫生健康委 退役军人事务部 国家医保局 国家中医药局 中国残联关于推进工伤康复事业高质量发展的指导意见》，中国政府网，2023 年 8 月 17 日，https：//www.gov.cn/zhengce/zhengceku/202311/content_ 6916432. htm。
② 《精神障碍社区康复服务资源共享与转介管理办法》，中国政府网，2023 年 12 月 19 日，https：//www.gov.cn/zhengce/zhengceku/202312/content_ 6923518. htm。

比上升16.8%。① 2023 年 10 月，最高人民检察院会同民政部、中国残联共同发布维护残疾人合法权益行政检察典型案例。②

2023 年，残疾人福利政策有效落实。基本建立残疾人两项补贴动态调整机制和部级数据核对与督导工作机制，普遍开展“全程网办”“跨省通办”“主动服务”等便民服务。③ 截至 2023 年 12 月底，全国共有 1180.4 万人享受困难残疾人生活补贴，1584.2 万人享受重度残疾人护理补贴。④ 各地残疾人辅助器具适配补贴制度建设显著加快，河北、吉林、黑龙江、山东、湖南、四川、甘肃等 7 省以及新疆生产建设兵团先后出台辅具适配补贴政策。全国已有 27 个省（区、市）和新疆生产建设兵团建立、实施辅具适配补贴制度。⑤ 故宫博物院与北京手语研究会联合推出的数字化手语导览项目在故宫博物院网站正式上线。手语讲解服务专题页面中呈现了故宫博物院手语导览地图及 50 个讲解视频，内容涵盖 30 个建筑空间以及陶瓷馆、钟表馆和珍宝馆共 3 个常设展馆内的 15 件文物藏品。聋人观众可在实地参观的过程中，线下扫码观看手语讲解视频。⑥

2023 年 5 月 21 日，康复国际百年庆典在北京国家会议中心开幕。开幕式上，康复国际主席、中国残联主席张海迪和 4 位康复国际执委共同发布了《面向未来百年：促进残疾人平等参与和全面发展——纪念康复国际成立

① 应勇：《最高人民检察院工作报告——2024 年 3 月 8 日在第十四届全国人民代表大会第二次会议上》，最高人民检察院网站，2024 年 3 月 15 日，https：//www.spp.gov.cn/spp/gzbg/202403/t20240315_ 649603.shtml。
② 《最高检会同民政部、中国残联共同发布维护残疾人合法权益行政检察典型案例》，中国残联网站，2023 年 11 月 1 日，https：//www.cdpf.org.cn/xwzx/clyw2/06d918a3af804afaa348c2743e21a0ab.htm。
③ 《有力维护民政服务对象生命健康财产安全 民政各项工作取得新成效》，《法治日报》2024 年 1 月 23 日，第 7 版。
④ 《2023 年 4 季度民政统计数据》，民政部网站，http：//www.mca.gov.cn/mzsj/tjsj/2023/202304tjsj.html。
⑤ 《中国残联调度残疾人辅助器具适配补贴制度建设》，中国残联网站，2023 年 10 月 27 日，https：//www.cdpf.org.cn/xwzx/clyw2/58e4e7f9fff3409682961b7597b647ef.htm。
⑥ 《无障碍·共美好——故宫博物院举办手语服务发布与残健融合体验活动》，文化和旅游部网站，2023 年 5 月 19 日，https：//www.mct.gov.cn/whzx/zsdw/ggbwy/202305/t20230519_943890.html。

100 周年北京宣言》，呼吁各国政府、国际社会和所有人更加关注占世界人口 15% 的残疾人，促进他们的平等参与和全面发展，共建和平、包容和友好的社会，并敦请各国政府和国际社会采取务实行动，履行《残疾人权利公约》，推动残疾人包容和可持续发展，使他们成为和平与发展的贡献者和受益者，并致力于消除对残疾人一切形式的歧视和偏见，建立健全保障残疾人权益的法律法规，为残疾人提供社会保障和福利、就业、康复、教育、无障碍环境建设、科技助残、托养等服务，支持残疾人组织发展。①

四 未来展望

展望 2024 年，应当清醒看到面临的困难和挑战。世界经济增长动能不足，地区热点问题频发，外部环境的复杂性、严峻性、不确定性上升。我国经济持续回升向好的基础还不稳固，有效需求不足，部分行业产能过剩，社会预期偏弱，风险隐患仍然较多，国内循环存在堵点，国际循环存在干扰。部分中小企业和个体工商户经营困难，就业总量压力和结构性矛盾并存，一些地方基层财力比较紧张，生态环境保护治理仍然任重道远，安全生产的薄弱环节不容忽视，一些领域腐败问题仍然多发。②

在新的形势下，党和政府将以习近平新时代中国特色社会主义思想为指引，坚持稳中求进工作总基调，完整、准确、全面贯彻新发展理念，加快构建新发展格局，着力推动高质量发展，全面深化改革开放，推动高水平科技自立自强，加大宏观调控力度，统筹扩大内需和深化供给侧结构性改革，统筹新型城镇化和乡村全面振兴，统筹高质量发展和高水平安全，切实增强经济活力、防范化解风险、改善社会预期，巩固和增强经济回升向好态势，持续推动经济实现质的有效提升和量的合理增长，增进民生福

---

① 《康复国际百年庆典开幕　发布纪念康复国际成立 100 周年北京宣言》，中国残联网，2023 年 5 月 21 日，https：//www.cdpf.org.cn/xwzx/clyw2/e0749fe5bda54684a9376e7aa35e9958. htm。

② 李强：《政府工作报告——二〇二四年三月五日在第十四届全国人民代表大会第二次会议上》，《人民日报》2024 年 3 月 13 日，第 1 版。

祉，保持社会稳定，[①] 在推进中国式现代化、实现中华民族伟大复兴的进程中提升各项人权的保障水平。

（一）总体趋势

中国人权事业发展将继续在中国共产党的领导下，以促进人的自由全面共同发展为总目标，按照第四期国家人权行动计划确定的各项具体目标稳步推进，并呈现出以下特点。

1. 坚持以发展促人权

中国将继续坚持以发展促人权，加快构建新发展格局，推动高质量发展，[②] 大力推进现代化产业体系建设，加快发展新质生产力，以科技创新推动产业创新，积极培育新兴产业和未来产业，深入推进数字经济创新发展，促进社会生产力实现新的跃升。[③]

在经济发展的基础上，中国将继续巩固拓展脱贫攻坚成果，加强防止返贫监测和帮扶工作，支持脱贫地区发展特色优势产业，推进防止返贫就业攻坚行动，强化易地搬迁后续帮扶。深化东西部协作和定点帮扶。加大对国家乡村振兴重点帮扶县支持力度，建立健全农村低收入人口和欠发达地区常态化帮扶机制，让脱贫成果更加稳固、成效更可持续。中国将稳步推进农村改革发展，深化农村土地制度改革，深化集体产权、集体林权、农垦、供销社等改革，促进新型农村集体经济发展，促进农民增收。中国将深入实施乡村建设行动，大力改善农村水电路气信等基础设施和公共服务，加强充电桩、冷链物流、寄递配送设施建设，加大农房抗震改造力度，持续改善农村人居环境，建设宜居宜业和美乡村。[④]

---

① 李强：《政府工作报告——二〇二四年三月五日在第十四届全国人民代表大会第二次会议上》，《人民日报》2024 年 3 月 13 日，第 1 版。

② 《中央经济工作会议在北京举行》，《光明日报》2023 年 12 月 13 日，第 1 版。

③ 李强：《政府工作报告——二〇二四年三月五日在第十四届全国人民代表大会第二次会议上》，《人民日报》2024 年 3 月 13 日，第 1 版。

④ 李强：《政府工作报告——二〇二四年三月五日在第十四届全国人民代表大会第二次会议上》，《人民日报》2024 年 3 月 13 日，第 1 版。

2. 坚持以安全守护人权

中国将继续坚持以安全守护人权，保持社会稳定。坚持高质量发展和高水平安全良性互动和动态平衡。① 党和政府将继续提高公共安全治理水平，推动治理模式向事前预防转型。着力夯实安全生产和防灾减灾救灾基层基础，增强风险防范、应急处置和支撑保障能力。国家将加强重点行业领域风险隐患排查整治，遏制重特大事故发生，做好洪涝、干旱、台风、森林草原火灾、地质灾害、地震等防范应对，严格食品、药品、特种设备等安全监管。将完善社会治理体系，强化城乡社区服务功能，坚持和发展新时代"枫桥经验"，推进矛盾纠纷预防化解，推动信访工作法治化，加强公共法律服务，强化社会治安整体防控，推进扫黑除恶常态化，依法打击各类违法犯罪活动，建设更高水平的平安中国。②

3. 坚持以改革促进人权

中国将继续通过深化改革促进人权发展，着力破解深层次体制机制障碍和结构性矛盾，推进重点领域和关键环节改革攻坚，充分发挥市场在资源配置中的决定性作用，为各类所有制企业创造公平竞争、竞相发展的良好环境，进一步解决市场准入、要素获取、公平执法、权益保护等方面存在的突出问题，出台公平竞争审查行政法规，完善重点领域、新兴领域、涉外领域监管规则，深化收入分配、社会保障、医药卫生、养老服务等社会民生领域改革。③

4. 发展数字技术促进人权保障水平提升

中国将努力充分利用科技发展促进人权保障水平的提升，深入推进数字经济创新发展，制定支持数字经济高质量发展政策，积极推进数字产业化、产业数字化，促进数字技术和实体经济深度融合。实施制造业数字化转型行

---

① 《中央经济工作会议在北京举行》，《光明日报》2023 年 12 月 13 日，第 1 版。

② 李强：《政府工作报告——二〇二四年三月五日在第十四届全国人民代表大会第二次会议上》，《人民日报》2024 年 3 月 13 日，第 1 版。

③ 李强：《政府工作报告——二〇二四年三月五日在第十四届全国人民代表大会第二次会议上》，《人民日报》2024 年 3 月 13 日，第 1 版。

动，加快工业互联网规模化应用，推进服务业数字化，建设智慧城市、数字乡村，加快形成全国一体化算力体系，以广泛深刻的数字变革，赋能经济发展、丰富人民生活、提升社会治理现代化水平。①

5. 加强人权领域的社会合作

国家将进一步加强人权领域的社会合作，充分发挥人民团体和社会组织在促进和保障人权方面的作用，促进企业人权尽责，开展人权学术研究、教育、培训和知识传播，增强全社会尊重和保障人权的意识。

6. 深度参与全球人权治理

中国将继续深度参与全球人权治理，努力推动构建人类命运共同体。中国的发展惠及世界，中国的发展离不开世界。国家将扎实推进高水平对外开放，高举和平、发展、合作、共赢旗帜，始终站在历史正确一边，践行真正的多边主义和全人类共同价值，积极参与全球治理体系改革和建设，推动建设开放型世界经济，推动落实全球发展倡议、全球安全倡议，为世界和平发展增加更多稳定性和正能量，为中国发展营造良好国际环境。②

（二）重点领域的人权保障措施

根据 2024 年政府工作报告，中国将在以下重点领域采取一系列加强人权保障的政策措施。③

1. 在改善民生中加强相关权利保障

改善民生仍将是未来中国政府工作的重点，与民生相关的各项经济和社会权利将会受到更多重视。

在基本生活水准权利保障方面，中国政府将兜住、兜准、兜牢民生底

---

① 李强：《政府工作报告——二〇二四年三月五日在第十四届全国人民代表大会第二次会议上》，《人民日报》2024 年 3 月 13 日，第 1 版。

② 习近平：《在第十四届全国人民代表大会第一次会议上的讲话》，中国政府网，2023 年 3 月 13 日，https://www.gov.cn/xinwen/2023-03/13/content_ 5746530.htm。

③ 李强：《政府工作报告——二〇二四年三月五日在第十四届全国人民代表大会第二次会议上》，《人民日报》2024 年 3 月 13 日，第 1 版。

线，确保不发生规模性返贫的底线。与此同时，将增多渠道增加城乡居民收入，扩大中等收入群体规模，努力促进低收入群体增收，加快推进保障性住房建设，积极稳妥化解房地产风险。

在工作权保障方面，政府将更加突出就业优先导向，强化促进青年就业政策举措，做好退役军人就业安置工作，积极促进农民工就业，加强对残疾人等就业困难人员帮扶，分类完善灵活就业服务保障措施，扩大新就业形态就业人员职业伤害保障试点。将继续纠正性别、年龄、学历等就业歧视，保障农民工工资支付，完善劳动关系协商协调机制，维护劳动者合法权益。

在健康权保障方面，政府将重点提高医疗卫生服务能力，做好重点传染病防控，促进医保、医疗、医药协同发展和治理，推动基本医疗保险省级统筹，完善国家药品集中采购制度，落实和完善异地就医结算。将进一步深化公立医院改革，以患者为中心改善医疗服务，推动检查检验结果互认；推进分级诊疗，引导优质医疗资源下沉基层；加强县乡村医疗服务协同联动，扩大基层医疗卫生机构慢性病、常见病用药种类。加强罕见病研究、诊疗服务和用药保障，加快补齐儿科、老年医学、精神卫生、医疗护理等服务短板，加强全科医生培养培训，完善疾病预防控制体系。[1]

在社会保障权方面，政府将健全分层分类的社会救助体系，提高退休人员基本养老金在全国实施个人养老金制度，完善养老保险全国统筹，积极发展第三支柱养老保险，推进建立长期护理保险制度。[2]

在教育权保障方面，政府将坚持教育优先发展，加强高质量教育体系建设，开展基础教育扩优提质行动，加快义务教育优质均衡发展和城乡一体化，改善农村寄宿制学校办学条件，推动学前教育普惠发展，加强县域普通高中建设，办好特殊教育、继续教育，引导规范民办教育发展，提高职业教

---

① 李强：《政府工作报告——二〇二四年三月五日在第十四届全国人民代表大会第二次会议上》，《人民日报》2024 年 3 月 13 日，第 1 版。

② 李强：《政府工作报告——二〇二四年三月五日在第十四届全国人民代表大会第二次会议上》，《人民日报》2024 年 3 月 13 日，第 1 版。

育质量，发展数字教育，加强学生心理健康教育。①

政府将继续统筹新型城镇化和乡村全面振兴，强化农民增收举措，建设宜居宜业和美乡村。稳步实施城市更新行动，推进城中村改造，推动解决老旧小区加装电梯、停车等难题，加强无障碍环境、适老化设施建设，打造宜居、智慧、韧性城市。②

2. 在推进全过程人民民主建设中提升相关权利保障水平

在中国式现代化建设中，党和政府将继续积极发展全过程人民民主，加强民主选举、民主协商、民主决策、民主管理、民主监督，丰富和创新基层民主的实践形式，推进社会主义民主政治制度化、规范化、程序化，提高人民的选举权、知情权、参与权、表达权、监督权的保障水平。

3. 采取措施强化对生命权、人身自由、个人信息权、财产权等个人自由和权利的保障

中国将继续强化对一系列个人自由和权利的保障。在生命权保障方面，将重点防范各种自然灾害和公共卫生事件、企业生产安全事故给人的生命带来的威胁。在人身自由方面，将重点打击非法拘禁、拐卖妇女儿童、家庭暴力、校园欺凌等违法犯罪行为。在个人信息权方面，将重点惩治各种网络侵权行为。在财产权方面，将重点打击金融和财产诈骗等犯罪行为，平等保护私营企业主体的财产权益。

4. 在生态文明建设和推进绿色低碳发展中加强环境权利保障

中国将继续加强生态文明建设，推动生态环境综合治理，推进产业结构、能源结构、交通运输结构、城乡建设发展绿色转型，加快重点领域节能节水改造，加快形成绿色低碳供应链，建设美丽中国先行区，开展"碳达峰十大行动"，控制化石能源消费，加强大型风电光伏基地和外送通道建设，提高电网对清洁能源的接纳、配置和调控能力，发展新型储能，提升环

---

① 李强：《政府工作报告——二〇二四年三月五日在第十四届全国人民代表大会第二次会议上》，《人民日报》2024 年 3 月 13 日，第 1 版。
② 李强：《政府工作报告——二〇二四年三月五日在第十四届全国人民代表大会第二次会议上》，《人民日报》2024 年 3 月 13 日，第 1 版。

境权利的保障水平。

5. 继续强化人权的平等保障

在强化对各项人权的平等保障方面，中国将继续努力缩小城乡和地区差别，加强对特定群体权利的保障。首先，推动城乡融合。把推进新型城镇化和乡村全面振兴有机结合起来，深化户籍制度改革，让有意愿的进城农民工在城镇落户，推动未落户常住人口平等享受城镇基本公共服务。其次，提高区域协调发展水平。深入实施西部大开发、东北全面振兴、中部地区加快崛起、东部地区加快推进现代化等战略，提升东北和中西部地区承接产业转移能力，支持革命老区、民族地区加快发展，加强边疆地区建设，统筹推进兴边富民行动。再次，积极发展数字技术和网络平台，缩小由于收入差距、城乡差别和地区差别产生的权利实际享有的差别，努力消除数字鸿沟。最后，继续加强对妇女、儿童、老年人、残疾人等特定群体的合法权益的保障。优化生育假期制度，多渠道增加托育服务供给，减轻家庭生育、养育、教育负担。惩治家庭暴力和职场性别歧视，加强对留守儿童和困境儿童的关爱救助，防范和打击校园欺凌行为。实施积极应对人口老龄化国家战略，提高城乡居民基础养老金月最低标准，加强城乡社区养老服务网络建设，补足农村养老服务短板，增加老年用品和服务供给。加强残疾预防和康复服务，完善重度残疾人托养照护政策。

专题报告

B.2
乡村振兴促进人权保障水平的提升

李云龙*

摘　要：　乡村振兴战略是保障人权的重大举措。乡村振兴战略保障乡村居民经济、社会和文化权利，推动乡村居民积极参与乡村管理。2023年，实施乡村振兴战略取得明显成效：乡村产业发展，农村居民就业和收入增加；乡村建设全面展开，农村居民生活质量提高；脱贫攻坚成果进一步巩固和拓展。

关键词：　乡村振兴　人权　经济、社会和文化权利

乡村振兴战略的目标是发展乡村、繁荣乡村，改变农村落后面貌，缩短城乡差距。这同人权有密切关系。乡村振兴战略就是要补足农村发展短板，让乡村居民同全国人民共同走进现代化社会，共享人权。

---

* 李云龙，中共中央党校（国家行政学院）教授，研究方向为国际关系、人权问题。

一 乡村振兴战略是保障人权的重大举措

2017 年 10 月，习近平总书记在党的十九大报告中提出实施乡村振兴战略，要求坚持农业农村优先发展，实现"产业兴旺、生态宜居、乡风文明、治理有效、生活富裕"。① 2018 年 1 月，中共中央、国务院印发《关于实施乡村振兴战略的意见》，要求提升农业发展质量，推进乡村绿色发展，繁荣兴盛农村文化，构建乡村治理新体系，提高农村民生保障水平，打好精准脱贫攻坚战。② 此后，中央有关部门和各地都制定了乡村振兴战略实施方案，推动农业农村建设事业发展。实施乡村振兴战略是全面建设社会主义现代化国家的重大历史任务，也是推动农村人权事业发展的必然要求。

乡村振兴战略推动农村产业发展和农民就业，保障农村居民的经济权利。乡村振兴战略持续完善农村生产生活设施建设，促进农村产业发展和农村劳动力转移就业，增加农民收入。乡村振兴战略实施以来，农村公路总里程增加到 446 万公里，农村电网改造升级提前完成，农村平均供电可靠率提高到 99%，94.2% 的村安装了有线电视，集中式供水覆盖全国农村人口的 89%，全国建制村实现"村村通邮"，快递网点覆盖全国 98% 的乡镇，行政村实现"村村通宽带"，农村逐步具备现代生活条件。③ 乡村产业振兴步伐加快，产业经营主体不断发展壮大。全国县级以上农业产业化龙头企业超过 9 万家，家庭农场 390 万个、农民合作社 222 万家，带动本地农民工 1.2 亿人就业。2017~2022 年，全国农村居民人均可支配收入由 13432 元增至 20133 元。

① 《中国共产党第十九次全国代表大会文件选编》，人民出版社，2017，第 25~26 页。
② 《中共中央　国务院关于实施乡村振兴战略的意见》，中国政府网，2018 年 2 月 4 日，https://www.gov.cn/zhengce/2018-02/04/content_5263807.htm?eqid=f55ab0c600056b620 0000006645a1138。
③ 《国家发展改革委新闻发布会　介绍〈乡村振兴战略规划（2018—2022 年）〉实施进展情况》，国家发展改革委网站，2022 年 9 月 27 日，https://www.ndrc.gov.cn/xwdt/wszb/jsxczxzlghsjjzqk/wzsl/。

2022 年，全国农民工人均月收入 4615 元，农村居民人均消费支出 16632 元。①

乡村振兴战略推动农村社会事业发展，保障农村居民的社会权利。乡村振兴战略要求优先发展农村教育事业，强化农村医疗卫生和公共卫生服务，建立完善农村社会保障体系，保障农村居民的教育权、健康权和社会保障权。到 2022 年，农村幼儿园覆盖率达到 90.6%，农村义务教育学校 72.23%的专任教师拥有本科以上学历。90%以上的乡镇拥有卫生院，平均每个村至少拥有 1 个卫生室；农村敬老院数量超过 1.7 万家，互助型社区养老服务设施超过 13 万个。② 享受农村最低生活保障的有 3349 万人，享受农村特困人员救助供养的有 435 万人。③ 统一的城乡居民基本医疗保险、基本养老保险和大病保险制度基本建立，公共服务均等化逐步推进，基本实现了幼有所育、病有所医、老有所养。

乡村振兴战略坚持绿色发展，保障农村居民的环境权。乡村振兴战略重视农村突出环境问题综合治理，开展农业和生活面源污染防治，严禁工业和城镇污染向农村转移，持续改善农村人居环境。乡村振兴战略实施以来，农业地区环境保护能力稳步加强。化肥和农药施用量连续 6 年实现负增长，畜禽粪污综合利用率提高到 76%。截至 2021 年底，全国农村卫生厕所普及率提高到 70%以上，90%以上的自然村实现生活垃圾收运处理。④ 农村脏乱差局面得到扭转，农村面貌焕然一新。

乡村振兴战略致力于乡村文化建设，保障农村居民的文化权利。乡村振兴战略要求传承、发展农村优秀传统文化，合理适度利用优秀农耕文化遗

---

① 《中华人民共和国 2022 年国民经济和社会发展统计公报》，国家统计局网站，2023 年 2 月 28 日，https：//www.stats.gov.cn/sj/zxfb/202302/t20230228_1919011.html。
② 《国家发展改革委新闻发布会 介绍〈乡村振兴战略规划（2018—2022 年）〉实施进展情况》，国家发展改革委网站，2022 年 9 月 27 日，https：//www.ndrc.gov.cn/xwdt/wszb/jsxczxzlghsjjzqk/wzsl/。
③ 《中华人民共和国 2022 年国民经济和社会发展统计公报》，国家统计局网站，2023 年 2 月 28 日，https：//www.stats.gov.cn/sj/zxfb/202302/t20230228_1919011.html。
④ 《国家发展改革委新闻发布会 介绍〈乡村振兴战略规划（2018—2022 年）〉实施进展情况》，国家发展改革委网站，2022 年 9 月 27 日，https：//www.ndrc.gov.cn/xwdt/wszb/jsxczxzlghsjjzqk/wzsl/。

产，健全和发展乡村公共文化服务体系，支持"三农"题材文艺创作生产，鼓励繁荣农村文化市场，让农村居民享受更加丰富的文化生活。全国村级文化服务中心覆盖率提高到 96%，县级以上文明村超过 65%，文明乡镇超过 80%。连续 5 年举办农民丰收节，累计认定 6819 个中国传统村落。①

乡村振兴战略推动深化村民自治实践，保障农村居民的民主权利。乡村振兴战略要求健全和创新村民自治机制，建立健全村务监督委员会，实施村级事务阳光工程，形成民事民议、民事民办和民事民管的基层协商格局，实现农村居民的自我管理和自我服务。全国乡村落实"四议两公开"制度，不断完善村民会议和村民代表会议的议事规则，大幅提升农民群众参与村务决策的比例，推动决策程序更加科学规范。截至 2022 年底，全国共有村委会 48.9 万个，村民小组 392.9 万个，村委会成员 215.4 万人。农村社区综合服务设施覆盖率达到 84.6%。②

乡村振兴战略巩固拓展脱贫攻坚成果，保障脱贫群众的生存权和发展权。脱贫攻坚是乡村振兴战略的重要组成部分。2020 年，9899 万农村贫困人口实现"两不愁三保障"，全部摆脱贫困。脱贫攻坚任务完成后，巩固脱贫攻坚成果，守住不发生规模性返贫底线，成为乡村振兴战略的重要内容。保障包括脱贫群众在内的农村居民的基本生活，是乡村振兴的前提和基础。为了支持脱贫地区发展，有关部门建立了防止返贫动态监测帮扶机制，制定了财政、金融、土地、人才等方面的 33 项过渡期衔接政策，继续倾斜支持 160 个国家乡村振兴重点帮扶县。2022 年，中央财政下发衔接乡村振兴补助资金 1650 亿元，东部省份财政援助资金超过 220 亿元，支持脱贫地区发展。③

---

① 《国家发展改革委新闻发布会 介绍〈乡村振兴战略规划（2018—2022 年）〉实施进展情况》，国家发展改革委网站，2022 年 9 月 27 日，https：//www.ndrc.gov.cn/xwdt/wszb/jsxczxzlghsjjzqk/wzsl/。
② 《2022 年民政事业发展统计公报》，民政部网站，2023 年 10 月 13 日，https：//www.mca.gov.cn/n156/n2679/index.html。
③ 《国家发展改革委新闻发布会 介绍〈乡村振兴战略规划（2018—2022 年）〉实施进展情况》，国家发展改革委网站，2022 年 9 月 27 日，https：//www.ndrc.gov.cn/xwdt/wszb/jsxczxzlghsjjzqk/wzsl/。

二 2023年乡村振兴促进人权保障的新进展

实施乡村振兴战略是全面建设社会主义现代化国家的重大历史任务，将长期坚持下去。2023年1月，中共中央、国务院印发《关于做好二○二三年全面推进乡村振兴重点工作的意见》，要求推动乡村产业高质量发展，拓宽农民增收致富渠道，扎实推进宜居宜业和美乡村建设，提升乡村治理效能，巩固拓展脱贫攻坚成果。① 2023年2月，农业农村部印发《关于落实党中央国务院2023年全面推进乡村振兴重点工作部署的实施意见》，就乡村产业、农民增收、乡村建设、脱贫地区发展等作出部署。② 同月，国家乡村振兴局印发《关于落实党中央国务院2023年全面推进乡村振兴重点工作部署的实施意见》，要求守住不发生规模性返贫底线，增强脱贫地区及脱贫群众内生发展动力，建设宜居宜业和美乡村。③ 2023年，乡村振兴战略进一步实施，农村居民人权得到更好保障。

（一）产业发展带动农村居民就业和增收

农村人权事业面临的最大挑战是发展不足。农村发展问题的核心在于产业较弱，农民收入较低。发展乡村产业，增加农民收入，缩小城乡差距，是进一步提升农村居民人权保障水平的必由之路。

1. 大力发展乡村特色产业，扩大农村居民就业

推广"一村一品"是提高农特产品附加值和拓宽农民增收渠道的重

---

① 《中共中央　国务院关于做好二○二三年全面推进乡村振兴重点工作的意见》，《国务院公报》2023年第6号。

② 《农业农村部关于落实党中央国务院2023年全面推进乡村振兴重点工作部署的实施意见》，农业农村部网站，2023年2月24日，http://www.rss.moa.gov.cn/gzdt/202302/t20230224_6421461.htm。

③ 《国家乡村振兴局关于落实党中央国务院2023年全面推进乡村振兴重点工作部署的实施意见》，国家乡村振兴局网站，2023年2月27日，https://nrra.gov.cn/2023/02/27/ARTI08KsNikVYWFF8xtvPhS6230227.shtml。

要举措。2023 年 3 月，农业农村部公布第十二批全国"一村一品"示范村镇及 2022 年全国乡村特色产业产值超十亿元镇和超亿元村名单，认定395 个村镇为第十二批全国"一村一品"示范村镇，推介 199 个镇为 2022年全国乡村特色产业产值超十亿元镇，306 个村为 2022 年全国乡村特色产业产值超亿元村，推动乡村特色产业集聚化、标准化、规模化、品牌化发展。① 全国共培育 4068 个乡村特色产业专业村镇，实现总产值 9000 多亿元。② 各地新建优势特色产业集群 40 个、续建 51 个，培育出全产业链产值 100 亿元以上的集群 139 个，从业农民的人均可支配收入平均提高了4000 多元。产值超过 10 亿元的强镇达到 350 个，从业农民人均可支配收入达到 2.6 万元。③

农业产业化龙头企业对乡村产业发展起到重要的示范引领带动作用。2023 年 5 月，农业农村部会同全国农业产业化联席会议成员单位公布农业产业化国家重点龙头企业监测结果，1429 家企业合格，112 家不合格，相应递补 112 家企业为农业产业化国家重点龙头企业。④ 目前，全国共有 9 万多家农业产业化龙头企业，包括 7 万家市级以上龙头企业和 1952 家国家重点龙头企业。约 1400 万人在市级以上龙头企业稳定就业。⑤

2023 年，农业农村部和财政部联合支持创建 50 个国家现代农业产业园，迄今共支持建设 300 个国家现代农业产业园，带动各地建起了多个省市县产业园，有力促进了乡村产业提质增效。产业园实行"龙头企业+合作社+基地+农户"的订单农业模式。企业与 360 多万农户建立稳定的产销对

---

① 《农业农村部关于公布第十二批全国"一村一品"示范村镇及 2022 年全国乡村特色产业产值超十亿元镇和超亿元村名单的通知》，农业农村部网站，2023 年 3 月 7 日，http://www.moa.gov.cn/govpublic/XZQYJ/202303/t20230314_ 6423028. htm。
② 《增加农民收入，乡村产业加把劲》，《人民日报》（海外版）2023 年 12 月 26 日。
③ 《做好"土特产"文章 推动乡村产业全链条升级》，农业农村部网站，2023 年 12 月 16日，http://www.moa.gov.cn/xw/zwdt/202312/t20231216_ 6442907. htm。
④ 《关于公布第十次监测合格和递补农业产业化国家重点龙头企业名单的通知》，农业农村部网站，2023 年 5 月 16 日，http://www.moa.gov.cn/govpublic/XZQYJ/202305/t20230516_6427666. htm。
⑤ 《增加农民收入，乡村产业加把劲》，《人民日报》（海外版）2023 年 12 月 26 日。

接关系。农户可以将土地流转给企业得到租金，入园就业挣取工资收入，也可以家庭自主经营获得收益，还可以入股分红。从产业园受益的农户达到300多万户，人均分红3900多元。①

2. 发展乡村休闲旅游业，增加农村居民收入

休闲农业振兴是乡村产业的重要内容。近年来，农业农村部积极推动休闲农业发展，大力实施乡村休闲旅游精品工程，开展全国休闲农业重点县建设工作，推动农文旅深度融合。2023 年，农业农村部推介 256 个美丽休闲乡村，发布 109 条精品线路和 365 个精品景点，累计推介中国美丽休闲乡村1953 个。② 农业农村部规划"十四五"期间建设 300 个有国内国际知名度和影响力的休闲农业重点县，引领带动乡村产业发展壮大。③ 2021 年和 2022年认定了两批全国休闲农业重点县。经过两年建设，这两批重点县的乡村休闲产业环境不断优化，益农增收作用明显。2023 年，农业农村部继续开展全国休闲农业重点县建设工作，并于 12 月认定公布北京市平谷区等 60 个县（市、区）为 2023 年全国休闲农业重点县。④

3. 做大做强农产品加工流通业，推动农村居民转移就业

2023 年，中国人民银行等 5 部门印发文件，要求加大对农产品加工产业园、农产品电商产业园、产地冷链集配中心建设的金融支持力度。⑤ 农产品加工流通业继续实施农产品加工业提升行动，推进农产品初加工机械化。农业农村部继续引导各地建设 1600 个农产品加工园。2023 年前 10个月，全国共有规模以上农产品加工企业 9.4 万家，营业收入达到 14.35

① 《增加农民收入，乡村产业加把劲》，《人民日报》（海外版）2023 年 12 月 26 日。
② 《做好"土特产"文章 推动乡村产业全链条升级》，农业农村部网站，2023 年 12 月 16 日，http：//www.moa.gov.cn/xw/zwdt/202312/t20231216_6442907.htm。
③ 《打造休闲农业产业高地》，农业农村部网站，2021 年 10 月 28 日，http：//www.xccys. moa.gov.cn/xxny/202110/t20211028_6380667.htm。
④ 《农业农村部办公厅关于公布 2023 年全国休闲农业重点县名单的通知》，农业农村部网站，2023 年 12 月 25 日，http：//www.moa.gov.cn/govpublic/XZQYJ/202312/t20231227_6443618.htm。
⑤ 《中国人民银行 国家金融监督管理总局 证监会 财政部 农业农村部关于金融支持全面推进乡村振兴 加快建设农业强国的指导意见》，中国人民银行网站，2023 年 8 月 2 日，http：//www.pbc.gov.cn/zhengwugongkai/4081330/4406346/4693549/4959284/index.html。

万亿元。① 农产品加工转化率达到 72%。② 2023 年 3 月，农业农村部印发《关于加快推进农产品初加工机械化高质量发展的意见》，要求加快推进农产品初加工机械化，到 2025 年，农产品初加工机械化率达到 50%以上；到 2035 年，农产品初加工机械化率总体达到 70%以上。③ 农村电商发展迅速。2023 年前三季度，全国农村网络零售额达到 1.7 万亿元，同比增长 12.2%。农村网络零售额增长到 2.17 万亿元以上，农村网商（店）达到 1730 多万家。④

培育新型农业经营主体，促进创业就业。2023 年，农业农村部开展新型农业经营主体提升行动，支持农民合作社和家庭农场健康发展。2023 年 10 月底，近 400 万个家庭农场纳入全国家庭农场名录管理，221.6 万家农民合作社依法登记。每个家庭农场每年平均获得 11.6 万元利润。农民合作社成员人均获得盈余二次返还 1460.4 元。⑤ 具有较高受教育背景的年轻创业者不断增加，逐步成为农村电商、高端农产品种养等领域的创业主体。2012~2023 年，共有 1320 万人返乡入乡创业。⑥ 乡村产业发展使更多农村居民在本地就业。2023 年前三季度，农村居民人均可支配收入达到 15705 元，同比实际增长 7.3%。同期，农村居民人均消费支出 12998 元，同比实际增长 9.0%。⑦ 城乡居民收入差距逐渐缩小。2012~2022 年，城乡居民人均可支配收入的比例从 2.88∶1 下降为 2.45∶1。⑧

---

① 《增加农民收入，乡村产业加把劲》，《人民日报》（海外版）2023 年 12 月 26 日。
② 《农业强国建设扎实推进》，《人民日报》2023 年 12 月 20 日。
③ 《农业农村部关于加快推进农产品初加工机械化高质量发展的意见》，农业农村部网站，2023 年 3 月 17 日，http：//www.moa.gov.cn/govpublic/NYJXHGLS/202303/t20230317_ 6423310.htm。
④ 《农业强国建设扎实推进》，《人民日报》2023 年 12 月 20 日。
⑤ 《新型农业经营主体保持良好发展势头》，农业农村部网站，2023 年 12 月 19 日，http：//www.moa.gov.cn/ztzl/2023fzcj/202312/t20231219_ 6442993.htm。
⑥ 《做好"土特产"文章 推动乡村产业全链条升级》，农业农村部网站，2023 年 12 月 16 日，http：//www.moa.gov.cn/xw/zwdt/202312/t20231216_ 6442907.htm。
⑦ 《农业强国建设扎实推进》，《人民日报》2023 年 12 月 20 日。
⑧ 《新时代十年我国经济体制改革取得历史性成就》，国家发展改革委网站，2023 年 12 月 23 日，https：//www.ndrc.gov.cn/wsdwhfz/202312/t20231222_ 1362866.html。

（二）乡村建设提高农村居民生活质量

2023 年乡村振兴战略的重点是完善乡村基础设施，提升公共服务水平，建设宜居宜业和美乡村，全面保障农村居民的社会权利和文化权利。

1. 建设满足现代生活条件的农村基础设施

农村道路建设加速推进，农村居民交通条件持续改善。2023 年 1~11 月，全国农村公路建设投资 4555 亿元，新建改建农村公路 16 万多公里，新增 327 个通三级以上公路乡镇，新增 2.2 万个通硬化路自然村。① 乡镇和建制村通客车率分别达到 99.8%和 99.7%。② 农村供水保障能力加快提升。2023 年 10 月，水利部印发《关于加快推动农村供水高质量发展的指导意见》，提出力争通过 3~5 年时间，全面提升农村自来水普及率，农村供水水质总体达到当地县城供水水质水平；到 2035 年基本实现农村供水现代化。③ 2023 年 7 月，水利部制定《2023 年水利乡村振兴工作要点》，提出力争到 2023 年底，全国农村自来水普及率提高到 88%，规模化供水工程覆盖 57% 的农村人口比例。截至 11 月底，全国各地完成农村供水工程建设投资 1090.5 亿元，竣工农村供水工程 17881 处，8213 万农村人口的供水保障水平得到提升。全国 75%以上的农村供水工程配置净化消毒设备。④ 全面实现村村通宽带。行政村基础金融服务、乡镇保险服务基本实现全覆盖。⑤

数字乡村建设取得新进展。2023 年 4 月，中央网信办和农业农村部等 5 部门印发《2023 年数字乡村发展工作要点》，要求深入实施《数字乡村发展战略纲要》《数字乡村发展行动计划（2022—2025 年）》，以数字

---

① 《国新办举行以交通运输高质量发展服务中国式现代化新闻发布会》，国务院新闻办公室网站，2023 年 12 月 21 日，http：//www.scio.gov.cn/live/2023/33091/tw/。
② 《绘就全面推进乡村振兴壮美画卷》，《人民日报》2023 年 10 月 27 日。
③ 《到 2035 年我国基本实现农村供水现代化》，《人民日报》2023 年 10 月 16 日。
④ 《夯实农田水利基础　绘就水美乡村画卷》，《农民日报》2023 年 12 月 28 日。
⑤ 《〈中华人民共和国国民经济和社会发展第十四个五年规划和 2035 年远景目标纲要〉实施中期评估报告》，国家发展改革委网站，2023 年 12 月 27 日，https：//www.ndrc.gov.cn/fzggw/wld/zsj/zyhd/202312/t20231227_ 1362958.html。

化带动农业农村现代化发展，提出到 2023 年底，数字乡村建设取得阶段性进展，1.9 亿以上用户接入农村宽带，5G 网络基本覆盖乡镇级以上区域及有条件的行政村，农业生产信息化率提高到 26.5%，农产品电商网络零售额超过 5800 亿元。① 2023 年 12 月，农业农村部认定 94 家单位为 2023 年度农业农村信息化示范基地，要求这些单位在智慧农业、数字乡村创新应用方面探索可复制可推广的典型经验和做法。② 近年来，各级农业农村部门开展农民手机应用技能培训活动，7 年累计培训 1.95 亿人次，促进了数字乡村建设。③

2. 提升乡村教育、医疗、文化等公共服务水平

优先发展乡村教育，2023 年 6 月，中共中央办公厅、国务院办公厅印发《关于构建优质均衡的基本公共教育服务体系的意见》，要求持续提升九年义务教育巩固水平，深入实施农村义务教育学生营养改善计划，全面落实乡村教师生活补助政策。④ 2023 年，中央财政免除约 1.59 亿名学生的杂费和教科书费用，向约 2400 万名家庭经济困难学生提供生活补助，并安排 277 亿元资金支持地方实施农村义务教育学生营养改善计划，保证每生每天获得 5 元营养膳食补助，持续改善欠发达地区学生营养健康状况。⑤ 中央在中西部 22 个省份的 715 个原连片特困地区实施乡村教师生活补助政策，覆盖约 7.3 万所乡村学校，受益教师超过 130 万人次，人均月补助金额达到 394 元。教育部会同财政部继续实施面向乡村学校的"特岗计划"，2023 年计划招

---

① 《中央网信办、农业农村部等五部门联合印发〈2023 年数字乡村发展工作要点〉》，农业农村部网站，2023 年 4 月 13 日，http://www.scs.moa.gov.cn/zcjd/202304/t20230413_6425294.htm。

② 《农业农村部关于认定 2023 年度农业农村信息化示范基地的通知》，农业农村部网站，2023 年 12 月 29 日，http://www.moa.gov.cn/govpublic/SCYJJXXS/202312/t20231229_6443755.htm。

③ 《全国农民手机应用技能培训周活动启动 助力数字乡村建设》，农业农村部网站，2023 年 7 月 25 日，http://www.moa.gov.cn/ztzl/ymksn/xhsbd/202307/t20230725_6432860.htm。

④ 《中共中央办公厅 国务院办公厅印发〈关于构建优质均衡的基本公共教育服务体系的意见〉》，教育部网站，2023 年 6 月 13 日，http://www.moe.gov.cn/jyb_xxgk/moe_1777/moe_1778/202306/t20230613_1064175.html？eqid=989fbcd7000041d800000002648d315f。

⑤ 《2023 年义务教育相关转移支付资金下达》，教育部网站，2023 年 5 月 20 日，http://www.moe.gov.cn/jyb_xwfb/s5147/202305/t20230522_1060730.html。

聘5.23万人。在农村义务教育阶段，本科以上学历的专任教师占76.01%。①

发展农村医疗卫生事业。2023年2月，中共中央办公厅、国务院办公厅印发《关于进一步深化改革促进乡村医疗卫生体系健康发展的意见》，要求优化乡村医疗卫生机构布局，重点支持建设一批有辐射和带动作用的中心乡镇卫生院；加快构建紧密型县域医共体，健全以村卫生室为基础、乡镇卫生院为枢纽和县级医院为龙头的乡村医疗卫生服务体系；加大医保基金支持力度，提高农村地区医疗保障水平。②2023年12月，国家卫健委等10部门印发《关于全面推进紧密型县域医疗卫生共同体建设的指导意见》，要求整合优化医疗卫生资源，加快建设紧密型县域医共体，实现以城带乡、以乡带村、县乡一体，大力提升基层医疗卫生服务能力，让农村群众就近就便享受各种优质便捷的健康服务。到2025年底，力争全国90%以上的县基本建成分工协作、权责清晰、人财物统一管理、信息共享的县域医共体。到2027年底，基本实现紧密型县域医共体的全覆盖。③国家卫生健康委等部门实施"大学生乡村医生专项计划"，2023年招聘大学生乡村医生5000多人。4800多名农村免费订单医学生完成住院医师规范化培训，到乡镇基层岗位工作。④

繁荣乡村文化。2023年，文化和旅游部等部门举办"大地欢歌"全国乡村文化活动年，以"四季村晚""农业文化遗产里的中国""乡村四时好风光"等12项文化展示活动为引导，带动"第九届中国农民歌会"等80项群众文化活动，鼓励引导农民自办文化活动，吸引农民群众广泛参与，同

---

① 《中华人民共和国教育部新闻发布会》，教育部网站，2023年8月31日，http://www. moe. gov. cn/fbh/live/2023/55499/。

② 《中共中央办公厅 国务院办公厅印发〈关于进一步深化改革促进乡村医疗卫生体系健康发展的意见〉》，中国政府网，2023年2月23日，https://www. gov. cn/zhengce/2023-02/23/content_ 5742938. htm? eqid = d97be 79f00054fa3000000066459a6d8。

③ 《关于全面推进紧密型县域医疗卫生共同体建设的指导意见》，国家卫健委网站，2023年12月30日，http://www. nhc. gov. cn/jws/s7874/202312/e5d16e73fa324533bcc8f75755844726. shtml。

④ 《国家卫生健康委2023年12月15日新闻发布会》，国家卫健委网站，2023年12月15日，http://www. nhc. gov. cn/xwzb/webcontroller. do? titleSeq = 11544&gecstype = 1。

时组织优秀文化产品与服务下乡惠民，把优质文化资源和服务延伸到乡村基层。① 2023 年，乡村体育运动热潮兴起，超 5 亿人次直播观看在贵州举行的全国"村 BA"决赛，全网曝光量高达 400 亿次以上。约 1.3 亿人次参与 2 万余场全国"村晚"。超 3 亿人次线上线下参与 2023"新时代乡村阅读季"活动活动。②

3. 推进宜居宜业和美乡村建设

开展农村人居环境整治提升行动。中央农村工作领导小组办公室等 18 个部门联合印发的《农村人居环境整治村庄清洁行动方案》实施以来，各地农村大力推行"三清一改"（清理生活垃圾、清理农业生产废弃物、清理村内沟塘、改变影响人居环境的不良习惯），解决村庄环境脏乱差问题。超过 95% 的村庄开展了清洁行动，14 万个村庄进行了绿化和美化，村容村貌焕然一新。2023 年 3 月，农业农村部、国家乡村振兴局发出通报，表扬 94 个 2022 年度全国村庄清洁行动先进县。③ 2023 年 6 月，农业农村部、国家乡村振兴局召开全国农村改厕工作推进视频会，要求切实提高农村改厕质量和实效，逐厕入户验收，真正做到改一个成一个、能用好用。④ 2023 年，农业农村部开展农村改厕"提质年"活动，中央财政为厕所革命整村推进提供 74 亿元奖补，中央预算内投资安排 30 亿元支持农村人居环境基础设施建设。⑤ 2023 年，农村卫生厕所普及率超过 73%，90% 以上的行政村对生活垃

---

① 《文化和旅游部办公厅 农业农村部办公厅 国家乡村振兴局综合司关于印发〈"大地欢歌"全国乡村文化活动年工作方案〉的通知》，农业农村部网站，2023 年 2 月 17 日，http：//www.moa.gov.cn/xw/bmdt/202302/t20230217_ 6420878.htm。

② 《大国"三农"绘新卷》，《光明日报》2023 年 12 月 20 日。

③ 《农业农村部 国家乡村振兴局关于通报表扬 2022 年度全国村庄清洁行动先进县的通知》，农业农村部网站，2023 年 3 月 6 日，http：//www.moa.gov.cn/govpublic/ncshsycjs/202303/t20230308_ 6422596.htm。

④ 《农业农村部、国家乡村振兴局召开全国农村改厕工作推进视频会》，国家乡村振兴局网站，2023 年 6 月 10 日，https：//nrra.gov.cn/2023/06/10/ARTI2gNm6DiRBhxhbtNLz8x6230 610.shtml。

⑤ 《国新办举行 2023 年上半年农业农村经济运行情况》，国务院新闻办公室网站，2023 年 7 月 21 日，http：//www.scio.gov.cn/xwfb/gwyxwbgsxwfbh/wqfbh_ 2284/49421/50235/wz5023 7/202307/t20230724_ 729717.html。

圾进行收运处理，95%以上的村庄开展了清洁行动。①

乡村治理迈上新台阶。乡村振兴示范创建活动成效显著。继 2022 年建成 100 个国家乡村振兴示范县后，2023 年 9 月，农业农村部又公布 100 个国家乡村振兴示范县创建名单。② 2023 年 11 月，农业农村部、中央宣传部等部门认定公布 100 个乡（镇）为第三批全国乡村治理示范乡镇、1001 个村为第三批全国乡村治理示范村。目前共有 293 个全国乡村治理示范乡镇，2968 个全国乡村治理示范村。③ 创建美丽宜居示范村庄是乡村振兴的重要抓手。美丽宜居示范村庄需要满足环境优美、生活宜居、治理有效等标准。获得美丽宜居村庄称号，将在项目安排、政策试点等方面得到农业农村部、住房和城乡建设部的优先考虑及适当倾斜。农业农村部规划到 2025 年创建 1500 个左右美丽宜居示范村庄，引领带动各地开展省级创建示范活动。④ 2023 年，重庆创建示范宜居宜业和美乡村 107 个，规划到 2027 年建成 1000 个，其余村庄到 2035 年全部建成。⑤ 安徽实施"千村引领、万村升级"工程，每年建设 200 个精品示范村，到 2027 年共建成 1000 个以上精品示范村；在现有 7395 个省级中心村基础上，每年新建 800 个省级中心村，到 2027 年达到 1 万个以上。⑥

（三）巩固和拓展脱贫攻坚成果

消除贫困是乡村振兴的基础。2023 年，全国没有发生规模性返贫现象，脱

---

① 《全面推进乡村振兴取得新进展》，农业农村部网站，2023 年 12 月 31 日，http：//www. moa. gov. cn/xw/zwdt/202312/t20231230_ 6443790. htm。

② 《农业农村部关于公布 2023 年国家乡村振兴示范县创建名单的通知》，农业农村部网站，2023 年 9 月 12 日，http：//www. ghs. moa. gov. cn/tzgg/202309/t20230912_ 6436381. htm。

③ 《农业农村部　中央宣传部　司法部关于公布第三批全国乡村治理示范村镇名单及前两批全国乡村治理示范村镇复核结果的通知》，农业农村部网站，2023 年 11 月 17 日，http：//www. moa. gov. cn/govpublic/NCJJTZ/202311/t20231117_ 6440781. htm。

④ 《农业农村部办公厅　住房和城乡建设部办公厅关于开展美丽宜居村庄创建示范工作的通知》，农业农村部网站，2022 年 10 月 20 日，http：//www. shsys. moa. gov. cn/mlxcjs/2022 10/t20221020_ 6413668. htm。

⑤ 《发布会 | "13432"！重庆走向农业农村现代化》，"重庆发布"微信公众号，2023 年 11 月 10 日，https：//mp. weixin. qq. com/s/vKB_ Qr2OkJ7x3lXYF6KXQA。

⑥ 《加快实施"千村引领、万村升级"工程》，《安徽日报》2023 年 10 月 18 日。

贫地区特色产业不断壮大，脱贫人口收入较快增长，生产生活条件持续改善。

1. 守住不发生返贫的底线

在全国范围内消除贫困以后，防止返贫，杜绝新的贫困产生，成为农村工作的重要任务。2023年3月，国家乡村振兴局印发《健全防止返贫动态监测和帮扶机制工作指南》，指导各地在过渡期内规范运行好防止返贫动态监测和帮扶机制，切实防止返贫致贫。各省（区、市）要建立健全防止返贫监测范围年度调整机制，因地制宜确定年度监测范围。① 2023年4月，国家乡村振兴局举办全国健全防止返贫动态监测和帮扶机制培训班，部署2023年防止返贫动态监测帮扶集中排查工作，对相关工作人员进行培训。② 国家乡村振兴局于2023年第二季度组织开展防止返贫监测帮扶集中排查，及时发现和化解存在的风险。③ 截至2023年10月底，中西部地区监测对象有62.8%已消除返贫风险，其余均落实帮扶措施。有关部门常态化开展控辍保学活动，保障贫困地区儿童接受义务教育。脱贫人口和监测对象全部参加基本医疗保险。④

2. 增强脱贫地区内生动力

开展脱贫地区农业品牌帮扶。2023年4月，农业农村部办公厅印发《支持脱贫地区打造区域公用品牌实施方案（2023—2025年）》，提出到2025年，脱贫地区塑强50个精品区域公用品牌，打造200个地域性区域公用品牌，培育300个核心授权企业品牌及600个特色优质农产品品牌，促进产业提档升级。⑤ 脱贫地区产业持续壮大。深入实施脱贫地区特色产业提

① 国家乡村振兴局：《健全防止返贫动态监测和帮扶机制工作指南》，国乡振发〔2023〕4号。
② 《全国健全防止返贫动态监测和帮扶机制培训班在兰开班》，《甘肃日报》2023年4月22日。
③ 《国家乡村振兴局关于落实党中央国务院2023年全面推进乡村振兴重点工作部署的实施意见》，国家乡村振兴局网站，2023年2月27日，https://nrra.gov.cn/2023/02/27/ARTI08KsNikVYWFF8xtvPhS6230227.shtml。
④ 《脱贫攻坚成果持续巩固拓展》，农业农村部网站，2023年12月19日，http://www.moa.gov.cn/xw/zwdt/202312/t20231219_6442999.htm。
⑤ 《农业农村部办公厅关于印发〈支持脱贫地区打造区域公用品牌实施方案（2023—2025年）〉的通知》，农业农村部网站，2023年4月20日，http://www.moa.gov.cn/govpublic/SCYJJXXS/202304/t20230420_6425711.htm。

升行动。2023 年，832 个脱贫县计划开工 21.6 万个开发项目，开工率达到 90%；中央财政下发衔接补助资金 1750 亿元，比上年增加 100 亿元，其中用于产业发展的比重提高到 60%；累计向脱贫人口发放小额信贷 469.2 亿元，支持 106.2 万脱贫户和防止返贫监测对象发展生产。[1] 每个脱贫县都发展出了 2~3 个特色主导产业。[2] 脱贫县特色主导产业产值超 1.6 万亿元。[3]

3. 促进脱贫人口就业增收

2023 年 9 月，人力资源和社会保障部联合国家发展改革委、农业农村部发出通知，部署开展防止返贫就业攻坚行动，要求进一步增强劳务协作、就业帮扶车间、以工代赈和乡村公益性岗位等渠道在安置脱贫人口就业方面的作用，加大脱贫人口就业保障力度，积极帮扶脱贫家庭青年群体就业。[4] 2023 年 8 月，农业农村部（国家乡村振兴局）印发《关于进一步做好促进脱贫人口持续增收工作的通知》，要求推动脱贫人口稳岗就业，增加工资性收入，确保脱贫人口务工规模保持在 3000 万人以上，同时稳定经营性收入，保障财产性收入和转移性收入。[5]

截至 2023 年 10 月，东西部劳务协作解决 928.9 万人中西部脱贫人口就业问题，中西部地区 38074 个就业帮扶车间吸纳 50.39 万脱贫人口，乡村公益性岗位安置 440.94 万脱贫人口，国家政策帮扶 160 个重点县 651 万脱贫

① 《国新办举行 2023 年上半年农业农村经济运行情况》，国务院新闻办公室网站，2023 年 7 月 21 日，http：//www.scio.gov.cn/xwfb/gwyxwbgsxwfbh/wqfbh_ 2284/49421/50235/wz50237/2023 07/t20230724_ 729717. html；《绘就全面推进乡村振兴壮美画卷》，《人民日报》2023 年 10 月 27 日。

② 《国新办举行 2023 年上半年农业农村经济运行情况》，国务院新闻办公室网站，2023 年 7 月 21 日，http：//www.scio.gov.cn/xwfb/gwyxwbgsxwfbh/wqfbh_ 2284/49421/50235/wz50237/2023 07/t20230724_ 729717. html；《乡村振兴绘就新图景》，《人民日报》2023 年 8 月 10 日。

③ 《脱贫攻坚成果持续巩固拓展》，农业农村部网站，2023 年 12 月 19 日，http：//www. moa.gov.cn/xw/zwdt/202312/t20231219_ 6442999. htm。

④ 《人力资源社会保障部 国家发展改革委 农业农村部关于开展防止返贫就业攻坚行动的通知》，人力资源和社会保障部网站，2023 年 9 月 4 日，http：//www.mohrss.gov.cn/SYrlzyhshbzb/jiuye/zcwj/nongmingong/202309/t20230904_ 505716. html。

⑤ 《国家有关部门印发通知进一步促进脱贫人口持续增收》，《人民日报》2023 年 8 月 2 日。

人口和易地搬迁 420.67 万脱贫人口务工就业。① 截至 2023 年 10 月底，全国脱贫人口务工人数达到 3298.25 万人。② 2023 年，脱贫县农村居民人均可支配收入达到 15111 元，比上年增长 7.5%。③

继续帮扶脱贫人口。大型易地扶贫搬迁安置区和重点县成为优先帮扶对象。中央有关部门和各地积极落实国家发展改革委等 19 部门印发的《关于推动大型易地扶贫搬迁安置区融入新型城镇化实现高质量发展的指导意见》，引导大型安置区融入所在城镇一体化建设发展，推进产业园区与安置区融合发展，加快搬迁人口市民化进程，推动县域产业特色化发展，促进搬迁人口多元化就业，提升安置区生产生活便利性。④ 中央财政衔接资金每年安排 48 亿元支持人口较多安置点发展。240 万户搬迁脱贫家庭有 417.9 万人实现务工就业。⑤ 2023 年 4 月，国家发展改革委颁布实施新修订的《国家以工代赈管理办法》，强调以工代赈的目标是向参与工程建设的群众发放劳务报酬和开展技能培训。2022 年，全国以工代赈项目带动 500 多万名群众就地务工，人均增收 8000 元以上。⑥ 国家发展改革委在农村基础设施建设领域推广以工代赈方式，将劳务报酬占比提高至 30% 以上，2023 年预计实施 2000 余个项目，发放劳务报酬 20 余亿元。⑦ 2023 年，民政部和国家乡村

---

① 《2023 年全国脱贫人口就业规模稳中有增》，农业农村部网站，2023 年 12 月 20 日，http://www.moa.gov.cn/xw/zwdt/202312/t20231220_6443093.htm。
② 《脱贫攻坚成果持续巩固拓展》，农业农村部网站，2023 年 12 月 19 日，http://www.moa.gov.cn/xw/zwdt/202312/t20231219_6442999.htm。
③ 《中华人民共和国 2022 年国民经济和社会发展统计公报》，国家统计局网站，2023 年 2 月 28 日，https://www.stats.gov.cn/sj/zxfb/202302/t20230228_1919011.html。
④ 《国家发展改革委等部门关于推动大型易地扶贫搬迁安置区融入新型城镇化实现高质量发展的指导意见》，国家乡村振兴局网站，2023 年 2 月 2 日，https://nrra.gov.cn/2023/02/03/ARTICdC3xa3dzn4IYtNmvcVL230203.shtml。
⑤ 《脱贫攻坚成果持续巩固拓展》，农业农村部网站，2023 年 12 月 19 日，http://www.moa.gov.cn/xw/zwdt/202312/t20231219_6442999.htm。
⑥ 《国家发展改革委颁布实施新修订的〈国家以工代赈管理办法〉》，国家发展改革委网站，2023 年 4 月 23 日，https://www.ndrc.gov.cn/fggz/dqzx/tpgjypkfq/202304/t20230423_1354026.html。
⑦ 《关于政协第十四届全国委员会第一次会议第 00808 号（农业水利 072 号）提案的答复摘要》，农业农村部网站，2023 年 8 月 28 日，http://www.moa.gov.cn/govpublic/FZJHS/202308/t20230828_6435119.htm。

振兴局开展专项行动，组织全国性社会组织以及东部省市社会组织同160个国家乡村振兴重点帮扶县结成对子进行帮扶。[①] 5000余家民营企业、270余家全国性社会组织对脱贫地区开展结对帮扶。[②] 2023年3月，中国残联等8部门印发《关于加大对农村残疾人就业帮扶工作力度的通知》，提出加大力度实施生产劳动帮扶、实用技术培训帮扶、新业态就业帮扶、产业带动帮扶、公益性岗位帮扶、金融服务帮扶和党员干部结对帮扶，帮助残疾人参加生产劳动和就业创业，实现增收。[③]

开展消费帮扶。2022年12月至2023年2月，国家乡村振兴局动员中央定点帮扶单位、东部协作地区、中西部省份和各电商平台企业等开展"消费帮扶助农增收集中行动"，共销售脱贫地区农产品372.3万吨，销售额超过900亿元。[④] 2023年1~2月，国家发展改革委组织"消费帮扶新春行动"，动员全国各地各级机关和企事业单位及干部职工参与消费帮扶，鼓励优先采购脱贫地区生产的产品作为慰问品和节日福利，赴脱贫地区旅游消费，推动各重点电商企业促销帮销脱贫地区农副产品。[⑤] 2023年9~11月，国家发展改革委牵头组织2023年"消费帮扶金秋行动"，组织各级机关、社会组织、企事业单位和广大市民群众集中帮助销售脱贫地区旅游服务和特色农副产品，累计直接采购和帮销脱贫地区服务和产品约648亿元。[⑥]

---

① 《民政部 国家乡村振兴局关于印发〈全国性社会组织、东部省（直辖市）社会组织与160个国家乡村振兴重点帮扶县结对帮扶名单〉的通知》，民政部网站，2023年6月8日，https：//www.mca.gov.cn/n152/n165/c1662004999979993479/content.html。

② 《脱贫攻坚成果持续巩固拓展》，农业农村部网站，2023年12月19日，http：//www.moa.gov.cn/xw/zwdt/202312/t20231219_6442999.htm。

③ 《八部门印发通知加大对农村残疾人就业增收的帮扶力度》，中国残联网站，2023年3月21日，https：//www.cdpf.org.cn//xwzx/clyw2/9006ecda153e43dab83bb9c38cd2b873.htm。

④ 《"消费帮扶助农增收集中行动"取得显著成效》，国家乡村振兴局网站，2023年4月12日，https：//nrra.gov.cn/2023/04/12/ARTIbg4ac5gQYWWnWiTgWpnv230412.shtml。

⑤ 《国家发展改革委组织开展2023年"消费帮扶新春行动"》，国家发展改革委网站，2023年4月23日，https：//www.ndrc.gov.cn/fggz/dqzx/tpgjypkfq/202304/t20230423_1354023.html。

⑥ 《2023年"消费帮扶金秋行动"帮销脱贫地区产品和服务648亿元》，国家发展改革委网站，2023年12月15日，https：//www.ndrc.gov.cn/fggz/dqzx/tpgjypkfq/202312/t20231215_1362626.html。

三　乡村振兴面临的挑战与未来展望

乡村振兴战略实施以来，乡村建设取得了有目共睹的成就，我国农村面貌发生重大改变。但是，农村发展仍然面临严峻挑战。

（一）农业生产效率低的挑战

改革开放以来，我国农业取得巨大成就，用世界 7% 的耕地解决了近 20% 世界人口的吃饭问题。2022 年我国粮食产量为 6.87 亿吨，连续 8 年超 6.5 亿吨。稻谷、小麦、玉米三大主粮的国内自给率长期维持在 95% 左右。[①] 尽管如此，我国仍然存在农业生产效率较低的问题。2022 年，我国第一产业就业人员占全国就业人员的比重为 24.1%，创造的国内生产总值占全国的 7.3%，人均创造增加值仅为 49975 元，远远低于第二产业的 228715 元和第三产业的 184684 元。[②] 同制造业相比，我国农业明显缺乏全球竞争力，农产品国际贸易出现严重逆差。2022 年中国农产品进口 2360.6 亿美元，出口 982.6 亿美元，贸易逆差高达 1377 亿美元。[③] 农业是一个增长缓慢的行业。根据 2023 年中国农业展望大会发布的报告，未来十年，我国粮食产量预计年均增长 1.2%。[④] 这明显低于工业和服务业的增长速度。显然，效率较低和增长速度较慢的农业将严重制约农村经济发展和影响农村居民生活水平提高，影响乡村振兴目标的实现。

[①] 《把粮食安全作为建设农业强国的头等大事》，《光明日报》2023 年 4 月 18 日。

[②] 《中华人民共和国 2022 年国民经济和社会发展统计公报》，国家统计局网站，2023 年 2 月 28 日，https：//www.stats.gov.cn/sj/zxfb/202302/t20230228_ 1919011.html；《2022 年度人力资源和社会保障事业发展统计公报》，人社部网站，2023 年 6 月 20 日，http：//www.mohrss.gov.cn/xxgk2020/fdzdgknr/ghtj/tj/ndtj/202306/t20230620_ 501761.html。

[③] 《2022 年我国农产品进出口增长 9.9%》，商务部网站，2023 年 2 月 1 日，http：//www.mofcom.gov.cn/article/tj/tjsj/202302/20230203381732.shtml。

[④] 《未来十年我国粮食产量预计年均增长 1.2%》，《光明日报》2023 年 4 月 21 日。

（二）农村居民增收的挑战

长期以来，城乡二元体制抑制了乡村发展，导致城乡之间出现巨大的收入差距。农业生产效率增长缓慢限制了农村居民收入增加步伐。尽管近年来收入差距扩大的态势得到遏制，城乡居民收入比由 2012 年的 2.88 下降至 2022 年的 2.45，但城乡居民收入的绝对差额仍然在继续扩大。城乡居民人均可支配收入差额从 2012 年的 16648 元提高到 2022 年的 29159 元。2022 年，城镇居民人均可支配收入为 49283 元，农村居民人均可支配收入为 20133 元。[①] 这个差距必须在全面建设社会主义现代化国家的进程中消除。根据党的十九大和二十大制定的目标，到 2035 年，"城乡区域发展差距和居民生活水平差距显著缩小"，"农村基本具备现代生活条件"，"全体人民共同富裕取得更为明显的实质性进展"；到 21世纪中叶，"全体人民共同富裕基本实现"，城乡收入差距基本消除。[②] 要在如此短的时间内把农村居民收入提高到接近城镇居民的水平，任务十分艰巨。

（三）城镇化放缓的挑战

城镇化是影响农村发展和乡村居民增收的关键外部因素之一。大量农村人口移居城镇，缓解了农村的资源矛盾，提高了农村人均资源占有量，促进了农村居民增收。在土地资源不变的条件下，只有减少农业从业人员，将农业劳动力转移到工业和服务业，将农村居民转移到城镇，才能提高农村居民的收入水平。改革开放以来，随着工业化进程的加速展开，我国城镇化建设也驶入了快车道。1978 年，我国城镇化率为 17.9%，2022 年上升为 65.2%。[③]

---

① 《中华人民共和国 2012 年国民经济和社会发展统计公报》，国家统计局网站，2013 年 2 月 22 日，https://www.stats.gov.cn/sj/tjgb/ndtjgb/qgndtjgb/202302/t20230206_1901956.html；《中华人民共和国 2022 年国民经济和社会发展统计公报》，国家统计局网站，2023 年 2 月 28 日，https://www.stats.gov.cn/sj/zxfb/202302/t20230228_1919011.html。

② 习近平：《决胜全面建成小康社会　夺取新时代中国特色社会主义伟大胜利》，人民出版社，2017，第 28~29 页；习近平：《高举中国特色社会主义伟大旗帜　为全面建设社会主义现代化国家而团结奋斗》，人民出版社，2022，第 24 页。

③ 中共中央、国务院：《国家新型城镇化规划（2014—2020 年）》，《国务院公报》2014 年第 9 号；《中华人民共和国 2022 年国民经济和社会发展统计公报》，国家统计局网站，2023 年 2 月 28 日，https://www.stats.gov.cn/sj/zxfb/202302/t20230228_1919011.html。

这对农村居民收入增加起了重要作用。不过，从国际经验看，我国已进入城镇化较快发展的后期，今后城镇化增速将开始放缓，城镇人口增量将持续下降，逐步进入平台发展期。[1] 2018 年以来，与城镇化直接相关的进城农民工规模持续减少，这是未来常住人口城镇化率增幅逐步减缓的先兆。我国农业劳动力占比为 24.1%，要想降低到发达国家 5% 左右的水平，面临巨大挑战。

乡村振兴的核心是提高农业生产力，发展乡村经济，改善乡村生产生活条件，繁荣文化，实现农村居民美好生活的愿望。因此，要加大对农业的科技投入和资金支持，用现代科技装备农业，完善现代农业技术体系，提升乡村产业科技创新能力，推进农村一二三产业融合发展，千方百计增加农民收入。同时，要加快推进以人为核心的新型城镇化，全面深化户籍制度改革，完善农业转移人口市民化配套政策，促进有能力在城镇稳定就业和生活的常住人口有序实现市民化，把大量乡村居民转移到城镇，推动农业规模化经营，促进城乡共同富裕。

---

[1]　杨荫凯：《推进以人为核心的新型城镇化》，《习近平经济思想研究》2023 年第 4 期。

B.3
新业态从业者劳动权益保障的新进展

徐爽　杨璇*

摘　要：　新业态是劳动者依托移动互联网平台，获得就业机会，从事劳动工作并取得劳动报酬的就业形态。在新一轮信息技术条件下，新业态发挥了就业"蓄水池"作用，成为拉动经济增长的新引擎，新业态劳动者权益亦要求得到充分保障。民法典、劳动法等法律的保护对象覆盖了传统劳动关系之外的新业态从业者，国务院多部门、全国总工会以及地方政府等发布政策文件保障新业态从业者的平等就业权、最低工资、职业安全、职业伤害保险、养老医疗保险等。新业态劳动权益保障仍然面临劳动关系认定模糊、劳动者维权难度大等问题，需要进一步推动劳动权利保障立法，建立多方协同治理模式，加强行政执法监督，完善司法指导案例制度。

关键词：　新业态　劳动权　平台企业　劳动关系

一　新业态劳动者权益保障面临的问题

随着数字技术深度嵌入实体经济，以平台经济、共享经济、零工经济等为代表的新业态应运而生，持续释放新动能。新就业形态在新冠疫情冲击与就业市场总量压力和劳动力供求结构性矛盾相叠加的新形势下，[①] 成为经济发展的内生增长点，为推动社会发展贡献了重要力量。新业态创造了

---

　*　徐爽，中国政法大学人权研究院副教授，研究方向为宪法学、人权法学；杨璇，中央民族大学人权研究中心研究人员，研究方向为人权法学。
　①　《学术前沿》编者：《新就业形态发展观察》，《人民论坛·学术前沿》2023 年第 16 期。

大量就业机会，充分发挥了"蓄水池"和"稳定器"的重要作用。根据中华全国总工会 2023 年的数据，新就业形态劳动者规模达到 8400 万人，占全国职工总人数的 21%。[①] 新就业形态和灵活就业创造了可观的经济效益，从 2022 年起，以新产业、新业态、新商业模式为核心内容的"三新"经济增加值首超 21 万亿元，比同期国内生产总值（GDP）现价增速高 1.2 个百分点，相当于 GDP 的17.36%。[②] 2023 年，这一经济新动能的增幅持续加大。

（一）新就业形态之"新"及其带来的新问题

新就业形态是劳动者依托移动互联网平台，获得就业机会，从事劳动工作并取得劳动报酬的就业形态。新就业形态劳动者是指线上接受互联网平台根据用户需求发布的配送、出行、运输、家政服务等工作任务，按照平台要求提供平台网约服务，并获取劳动报酬的劳动者。[③] 目前，较大的平台企业或平台用工合作企业主要有淘宝、京东、拼多多、美团、饿了么、滴滴出行等。近年来，《中华人民共和国职业分类大典》陆续修订，先后公布了 38 种新职业名录，如数字化管理师、物联网安装调试员、无人机驾驶员、电子竞技员等，都属于新业态的职业范围。[④]

新就业形态的出现在本质上是数字经济、平台经济引发的生产要素的重构，各类生产要素依托平台进行了新的组合，进而催生出新的产业结构和市场结构，是各要素重新结合后一种适应新时代要求的最优选择。[⑤] 新业态在雇佣、劳动管理、劳动报酬获取方式和劳动关系认定等方面与传统标准大为

---

① 《凝聚大力推进中国式现代化的磅礴力量——全总第九次全国职工队伍状况调查领导小组负责同志答记者问》，《工人日报》2023 年 2 月 28 日。

② 《中华人民共和国 2022 年国民经济和社会发展统计公报》，国家统计局网站，2023 年 2 月 28 日，https://www.stats.gov.cn/sj/zxfb/202302/t20230228_1919011.html。

③ 人力资源和社会保障部：《新就业形态劳动者劳动合同和书面协议订立指引（试行）》，人社厅发〔2023〕6 号，2023 年 2 月。

④ 于凤霞：《稳就业背景下的新就业形态发展研究》，《中国劳动关系学院学报》2020 年第 6 期。

⑤ 尚剑：《新业态劳动用工对现行劳动法的挑战》，《商业经济》2022 年第 2 期。

不同，具有就业方式灵活化、组织方式扁平化、工作任务自主化、主体身份多重化、劳动关系模糊化等特征，大致可以概括为就业观念、用工模式和组织方式的"全新"。①

新就业形态体现了劳动者全新的就业观念。新业态从业者不再是依附于某一固定组织的雇员，而是以独立个体身份工作或以"一人公司"的形式存在，个人的主体意识更加自觉。但在提倡主体性的同时，新就业形态并不是要强化"单干"，相反，其所体现的是在社会越来越网络化、数字化的状态下要进一步强化社会共享、协同和合作的价值理念。劳动者在工作过程中需要更多的协同、合作作业才能完成任务。② 由此，新业态就业理念要求自主性与协同性并重。

对于标准用工来说，新就业形态突破了传统用工的所有标准，传统用工要求订立劳动合同，保障基本劳动条件，在固定场所按照固定时长工作，按月计发工资。而新就业形态采用"平台+注册+个人"的新形式，个人只要注册就能工作。随着平台用工大规模出现，传统就业模式被彻底改写。③ 在管理方式上，新就业形态企业可以依据强大算法，为骑手设定到达时间和路线，为司机测算在何时何地等客，并依据系统信息统计从业人员的工作量，按预定规则分发报酬，传统企业科层制度逐渐被淘汰。相应地，新业态从业者工作任务自主化，他们以平台分发的需求为依托，自主选择工作任务和岗位，并接受平台的相应规则和监管。由此，一方面，用工方式从以岗位为导向转向以任务为导向，强调劳动者需要在预定时间内完成工作任务；另一方面，劳动者与平台之间的关系较为松散，除非另有协议，平台规则是唯一的管理制度。在劳动过程中，劳动者可以自主决定是否承接某项订单，自主确定生产资料，自主确定工作时长和工作场所。其实质是，平台将原本为全职完成的工作拆分为一单一单的任务，转化成多个非全职工作相累加，结果形

---

① 孔微巍等：《共享经济与新就业形态的逻辑关系》，《商业经济》2019 年第 2 期。
② 陈云：《新就业形态内涵、发展趋势与政策思路》，《人民论坛·学术前沿》2023 年第 16 期。
③ 余少祥：《新就业形态的特征、挑战与对策建议》，《人民论坛·学术前沿》2023 年第 8 期。

成大规模兼职化倾向，即便是有全职工作的人，也有可能利用业余时间从事平台兼职工作。① 近年来，"90后""00后""斜杠青年比例呈上升趋势"，能"一天切换 N 个身份，程序员、网店主、主播"，② 就是通过平台实现的。

与传统用工关系相比，新业态劳动者对企业的依附性弱，导致劳动关系模糊难以认定，给了某些企业或平台推卸责任的可乘之机。新业态用工动摇了传统的劳动关系，平台企业、平台周边企业，如承揽商、加盟商、供应商等与从业者之间的法律关系远远超出了传统劳动关系的定义。越来越多的企业借助平台将大量常规性工作分包给独立协议人、独立劳动者或自由职业者等来完成，在这种格局中，平台企业、平台周边企业、中介机构、劳动者、消费者等之间形成了一种紧密协作但权责义务更加"碎片化"的网络。因此，与传统的、线性的雇佣劳动关系相比，新就业形态下的生产关系具有典型的"去雇佣化"或者说"弱关系化"特征。与此同时，劳动者独立投入知识、体力、技能和时间，通常情况下个人就能提供独立服务，使从业者就业更依靠个人而非雇主。这就产生了一个问题：从业者和平台之间的关系"究竟是劳动关系还是合作关系"，抑或是除这两者之外的第三种关系？③ 有经济学家将此称为"非典型雇佣"关系。④ 这种关系涉及多方利益主体，构成复杂，责权利关系不清晰，容易引发劳动关系纠纷，也往往成为劳动权益保障中的难点。

新的用工模式在带来新就业岗位的同时，也带来了劳动权保障的新问题——劳动关系认定、工伤赔付责任、社会保险缴纳等，这一系列问题超越了传统劳动法所能解决的劳动争议范围，需要法律政策及时作出回应。

（二）保障新就业形态劳动者权益的法律和政策措施

在法律层面，《中华人民共和国民法典》《中华人民共和国劳动法》《中

---

① 余少祥：《新就业形态的特征、挑战与对策建议》，《人民论坛·学术前沿》2023 年第 8 期。
② 郝建彬：《从"工业经济"到"数字经济"转型中的"新就业"形态》，《中国就业》2017 年第 10 期。
③ 林嘉：《新就业形态，要补什么法律短板》，《人民论坛·学术前沿》2020 年第 22 期。
④ R. B. Freeman, *How Do Public Sector Wages and Employment Respond to Economic Conditions*, University of Chicago Press, 1987, pp. 183-216.

华人民共和国劳动合同法》《劳动合同法实施条例》等法律法规共同构建了保护劳动者合法权益的民事法律框架，新业态从业者作为劳动者队伍中的新兴"生力军"当然也受到上述法律法规保护。此外，专门保障职业安全卫生的《中华人民共和国安全生产法》和《中华人民共和国职业病防治法》将保护对象扩展到传统劳动关系之外的从业人员。2021 年修订的《中华人民共和国安全生产法》规定："平台经济等新兴行业、领域的生产经营单位应当根据本行业、领域的特点，建立健全并落实全员安全生产责任制，加强从业人员安全生产教育和培训，履行本法和其他法律、法规规定的有关安全生产义务。"①《中华人民共和国职业病防治法》适用于用人单位的劳动者，但该法规定，对于用人单位以外的劳动者，其职业病防治活动也可参照执行。② 由此，随着新业态的兴起，职业安全和职业卫生标准也可扩展覆盖新业态从业者全员。

在政策层面，党和政府高度重视就业形态出现的新动向、新趋势。2015 年，党的十八届五中全会首次提及"新就业形态"；2016～2022 年，《政府工作报告》连续 7 年提出"支持和发展新就业形态"。2022 年，党的二十大报告对"支持和规范发展新就业形态"作出重要部署，并且强调"完善劳动者权益保障制度，加强灵活就业和新就业形态劳动者权益保障"，为加强新业态从业者劳动权利保障提出了明确的指导和要求。

浙江省在拥抱经济智能化、数字化浪潮中积极进取，在新就业形态劳动权益保障方面也走在了前列。2019 年，浙江省发布了《关于优化新业态劳动用工服务的指导意见》（浙人社发〔2019〕63 号），允许新业态企业采用灵活多样的劳动用工方式。在现有劳动法框架下，新业态企业可以采取劳务派遣、合作关系等形式分派任务；从业人员可以与新业态企业建立合同、合作等多重关系，可以按规定先行参加工伤保险，鼓励引入商业保险；等等。

随着新业态的实践不断推向纵深，相关从业者劳动权益保障工作也积

---

① 《安全生产法》第 4 条第 2 款。
② 《职业病防治法》第 86 条第 1 款。

累起了经验，需要及时加以总结提炼，并用于指导下一步的工作。2021年，人力资源和社会保障部、国家发展改革委、交通运输部、应急管理部、国家市场监管总局、国家医保局、最高人民法院、全国总工会等8部门共同印发了《关于维护新就业形态劳动者劳动保障权益的指导意见》（以下简称《指导意见》），这是第一部全国性的、综合性的新业态劳动权益保障的工作指南，对相关工作作出了全面的、长效的制度性规划，尤其是从健全制度层面，包括公平就业制度、最低工资和支付保障制度、休息制度、劳动安全卫生责任制度以及督促平台企业尽责等方面，补齐从业者劳动权益保障的短板。《指导意见》明确划分企业与从业者之间的权利义务，指出企业应根据用工情形不同，履行相应法律责任。《指导意见》对新就业形态劳动者用工情形进行了明确归纳，包括符合劳动关系的，不符合劳动关系但进行劳动管理的，符合劳务派遣的，个人依托平台自主经营的。针对上述情形分别规定：企业应当依法与劳动者订立劳动合同；指导企业与劳动者订立书面协议，合理确定企业与劳动者的权利义务；按照民事法律调整双方的权利义务。① 《指导意见》及其对用工关系的划分方式，在当年便成为法官用以判断劳动者与企业用工关系的参考，切实保护了新就业形态劳动者的合法权益。② 21个省级行政区于2021年积极响应并出台相关地方性规范文件；2022年，全国31个省级行政区全部出台相关文件，贯彻落实该文件精神。不仅如此，各地还充分发挥在中央统一领导下的积极性、主动性，持续创新摸索实施新模式。

外卖送餐是新业态中发展最为强劲的一种形态。国家市场监管总局等7部门于2021年7月联合印发《关于落实网络餐饮平台责任切实维护外卖送餐员权益的指导意见》，要求对外卖送餐员的工资水平、工作环境、人身安

① 《人力资源社会保障部　国家发展改革委　交通运输部　应急部　市场监管总局　国家医保局　最高人民法院　全国总工会关于维护新就业形态劳动者劳动保障权益的指导意见》，人力资源社会保障部发〔2021〕56号，中国政府网，2021年7月23日，https：//www.gov.cn/zhengce/zhengceku/2021-07/23/content_ 5626761.htm。
② （2021）湘0104民初17632号。

全、社会保障等全面保障，并提出强化部门协同、强化服务指导、强化属地管理"三强化"原则。①

网约车业态也是新业态中重要的支柱性形态。交通运输部等 8 部门于 2021 年 11 月联合印发《关于加强交通运输新业态从业人员权益保障工作的意见》，对维护交通运输新业态从业人员合法权益作出明确规定，提出建设保障协同联动机制，压实平台企业责任。2022 年 11 月，又发布《关于修改〈网络预约出租汽车经营服务管理暂行办法〉的决定》，就网约车业态明确规定相关部门的管理职责和网约车驾驶员的劳动权益保障。

针对新业态用工形式灵活，直接的、隐蔽的各种职业伤害情形多发的情况，国家强化了新业态职业伤害保障。2019 年 12 月，国务院常务会议明确提出"启动新就业形态人员职业伤害保障试点"。2021 年 12 月，人力资源和社会保障部等 10 部门印发《关于开展新就业形态就业人员职业伤害保障试点工作的通知》，并于 2022 年 7 月正式启动职业伤害保障试点。

二 2023年新业态劳动者权益保障的新进展

2023 年，中央和地方政府在保障新业态劳动者权益保障方面进一步采取一系列新的政策措施。

（一）各部门制定的相关政策措施

2023 年 3 月，人力资源和社会保障部印发《新就业形态劳动者劳动合同和书面协议订立指引（试行）》，对新就业形态劳动者与企业订立劳动合同和书面协议的内容、订立方式及应用等作出了明确规定。

2023 年 5 月，人力资源和社会保障部、最高人民法院联合发布"新就业形态劳动争议典型案例"，这是首批推进落实《指导意见》的专门性典型

---

① 国务院新闻办公室：《维护新就业形态劳动者劳动保障权益指导意见国务院政策例行吹风会》，云南人力资源和社会保障网，https：//hrss. yn. gov. cn/jyj/Print. aspx？ ClassID＝1099＆newsid＝52185＆wd＝＆eqid＝f60d40d90008b846000000036461ecbe。

案例，对于平台企业与网约货车司机、网约配送员、通过劳务合同招用的网约配送员、注册个体工商户、网络主播和网约家政人员等六种代表性新业态劳动者之间的劳动关系予以明确，保障了新业态劳动者在解除劳动合同时的经济补偿请求权，促进劳动者权益保护和平台经济共同发展。

2023 年 7 月，全国总工会发布《深入推进新就业形态劳动者工会工作三年行动计划（2023—2025 年）》，提出工会的工作目标主要是发展新就业形态劳动者会员和建立户外劳动者服务站点，重点工作在于引领思想政治、推进建会入会和提供形式多样的维权服务。

（二）各地制定的政策措施

2023 年，各地贯彻落实保障新业态从业者劳动权益中央政策文件的举措进一步深化、细化，出台若干专项保护细则（见表 1），探索创新保护模式。浙江省召开全省新就业形态劳动合同（书面协议）示范文本推广培训暨行政指导会；山东、广东、湖南等省积极推广订立指引，山西省还出台了《关于进一步加强互联网平台企业劳动用工管理的实施意见（试行）》，强调对符合规定的新就业形态劳动者，平台企业及其用工合作企业自用工之日起一个月内与劳动者订立书面劳动合同或电子劳动合同，明确平台企业和劳动者的权利和义务。

表 1　2023 年各地落实保护举措的规范性文件

地区	文件
辽宁省	《加强新就业形态劳动者权益保障的实施意见》(2023-04)
云南省	《云南省进一步稳就业促发展惠民生 20 条措施》(2023-07)
山东省	《山东省人力资源和社会保障厅关于转发人力资源社会保障部办公厅〈新就业形态劳动者劳动合同和书面协议订立指引（试行）〉的通知》(2023-07)
福州市	《福州市人力资源和社会保障局关于推广使用〈就业形态劳动者劳动合同和书面协议订立指引（试行）〉的通知》(2023-08)
广东省	《广东省人力资源和社会保障厅关于印发〈广东省新就业形态新型用工关系协议参考文本〉的通知》(2023-08)

续表

地区	文件
常熟市	《常熟市人力资源和社会保障局关于支持新业态新就业群体职业发展的十条措施》（2023-10）
山西省	《关于进一步加强互联网平台企业劳动用工管理的实施意见（试行）》（2023-11）
湖南省	《湖南省人力资源和社会保障厅关于当前推进新就业形态劳动者权益保障有关工作的通知》（2023-11）

资料来源：笔者整理。

各地最新制定和实施保障新业态劳动者权益的政策措施主要涉及以下方面。

1.规范平台对劳动者的用工模式

规范用工模式是确保新业态劳动者充分享有劳动权益的有效途径。作为企业和劳动者之间的连接者，平台具有监督企业用工规范的责任，以推动用工模式的规范化。例如，上海市2023年2月通过的《上海市就业促进条例》规定互联网平台企业应当依法合规用工，根据具体用工情形，与劳动者依法订立劳动合同或者通过书面协议明确双方权利义务；引导、督促为其提供相关用工服务的企业保障新就业形态劳动者的合法权益。[1] 2023年5月辽宁省发布《加强新就业形态劳动者权益保障的实施意见》，构建起"党建+法治+新业态劳动者权益保障"新模式。

2.消除就业歧视

落实公平就业制度，消除就业歧视。企业招用劳动者不得违法设置性别、民族、年龄等歧视性条件，不得以缴纳保证金、押金或者其他名义向劳动者收取财物，不得违法限制劳动者在多平台就业。上海市加大对新就业形态等灵活就业方式的支持力度，拓宽灵活就业发展渠道，优化灵活就业环境，强化政策服务供给，清理取消不合理限制，创造更多就业机会。[2]

3.健全最低工资和支付保障制度

健全最低工资和支付保障制度，推动将不完全符合确立劳动关系情形的

---

[1] 《上海市就业促进条例》经上海市第十六届人民代表大会常务委员会第一次会议于2023年2月25日通过，自2023年3月1日起施行。

[2] 参见《上海市就业促进条例》第66条。

新就业形态劳动者纳入制度保障范围。督促企业向劳动者支付不低于当地最低工资标准的劳动报酬，按时足额支付。引导企业建立劳动报酬合理增长机制，逐步提高劳动报酬水平。例如，镇江市人力资源和社会保障部门在全市开展劳动保障专项监察，全面摸排平台企业及合作用工企业特殊工时制度、工作时间、支付加班报酬、最低工资标准等政策落实情况，及时处理新就业形态领域违法违规用工问题，对检查中发现的劳动合同签订、社会保险缴纳等方面的问题，要求整改到位。①

4. 健全和落实劳动安全卫生责任制

健全和落实劳动安全卫生责任制，严格执行国家劳动安全卫生保护标准。企业应牢固树立安全"红线"意识，不得制定损害劳动者安全健康的考核指标。要严格遵守安全生产相关法律法规，落实全员安全生产责任制，建立健全安全生产规章制度和操作规程，配备必要的劳动安全卫生设施和劳动防护用品，及时对劳动工具的安全和合规状态进行检查，加强安全生产和职业卫生教育培训，重视劳动者身心健康，及时开展心理疏导。强化恶劣天气等特殊情形下的劳动保护，最大限度减少安全生产事故和职业病危害。南京市印发《关于推进新就业群体党建服务阵地"宁小蜂驿站"建设的通知》，按照"科学布局、一体建设、集约利用"的原则，建设"宁小蜂驿站"。截至 2023 年 6 月，已建成 1022 家，基本覆盖了城区所有社区。② 南京还首创"外卖骑手信息系统"，分级分类精准管控。一是动态掌握人员数据，目前系统已与 11 家平台（企业）外卖系统做到实时对接；二是动态监测健康信息。③

5. 加强职业伤害保障

由于新业态用工具有点对点、自雇属性、平台化等特征，该群体从传统

---

① 《镇江市创新方式保障新就业群体权益》，江苏省人民政府网站，2023 年 11 月 22 日，http：//www. js. gov. cn/art/2023/11/22/art_ 88959_ 11081957. html。

② 《提供歇脚充电就医等服务　南京已建成超千个"宁小蜂驿站"》，中国江苏网百家号，2023 年 5 月 31 日，https：//baijiahao. baidu. com/s？id=1767392822187690146&wfr=spider&for=pc。

③ 《全省首创！我市上线外卖骑手信息系统》，《南京日报》2022 年 4 月 28 日。

的用工关系中被动剥离，并极易成为现行劳动法律和社保政策保障的"盲区"。加之新业态从业群体收入波动较大、职业伤害多发，该群体的社保权益保障问题亟待解决。到 2023 年 7 月，新就业形态就业人员职业伤害保障试点已经覆盖 615 万人。[①]

6. 完善养老医疗保险

以往各项社会保障、劳动基准保护以存在劳动关系为前提，如工伤保险、侵权责任承担等。从业者与互联网平台如构成劳动关系，则可享受劳动和社会保障；如不构成劳动关系，则无权享受劳动和社会保障。这使得部分新业态从业者处于社会保险范畴的边缘。各地结合本地实际，放开灵活就业人员在就业地参加基本养老、基本医疗保险的户籍限制；组织未参加职工基本养老保险、职工基本医疗保险的灵活就业人员，按规定参加城乡居民基本养老保险、城乡居民基本医疗保险，"应保尽保"。企业引导和支持不完全符合确立劳动关系情形的新业态劳动者，根据自身情况参加相应的社会保险。浙江省规定用人单位可为其招用的不符合确立劳动关系情形的新业态劳动者单险种参加工伤保险，并执行五类行业费率。[②]

三 新业态从业者劳动权益保障的着力点与前景

（一）当前仍面临的问题

1. 劳动关系认定不明确

《指导意见》依托互联网平台就业的新就业形态，将企业与劳动者的关

① 《人力资源和社会保障部：新就业形态就业人员职业伤害保障试点已覆盖 615 万人》，新华网，2023 年 9 月 4 日，http://www.xinhuanet.com/fortune/2023-09/04/c_1129844842.htm。第一批试点在曹操出行、美团、饿了么、达达、闪送、货拉拉、快狗打车 7 家平台企业，在全国 7 个省市开展。

② 《浙江省人力资源和社会保障厅 浙江省财政厅 国家税务总局浙江省税务局关于印发〈浙江省用人单位招用不符合确立劳动关系情形的特定人员参加工伤保险办法（试行）〉的通知》，浙江省人力资源和社会保障厅网站，2023 年 8 月 24 日，http://rlsbt.zj.gov.cn/art/2023/8/24/art_1229262561_58935766.html。

系明确地分为三种类型：第一，劳动合同关系；第二，"不完全符合确立劳动关系情形"的合作协议关系；第三，个人依托平台从事自由职业的，形成民事法律调整的权利义务。其中，第二种"不完全符合确立劳动关系情形"，即对应了"类雇员"理论，意味着我国增加了第三种劳动形态。这是新业态劳动权保障政策文件首次界定"不完全劳动关系"，并对其进行规制。但"不完全劳动关系"的界定标准尚不明确，缺乏专门法律规制。《关于确立劳动关系有关事项的通知》（劳社部发〔2005〕12号）中规定的"三要素"，当然可以适用于新业态从业人员的劳动关系认定，是法院判断劳动关系的重要参考依据。但传统劳动关系以从属性为主要判断依据，而新业态下从业人员上班时间不固定，接单主要取决于自身意愿，从属性和依附性较弱，明显区别于传统的劳动关系。在实践中，"众包"形成了多元主体之间的复杂关系，平台企业在其中处于强势地位，容易对从业者形成不平等支配关系，在难以准确认定劳动关系的同时加大了劳动者维权的难度。

2. 劳动者维权难度仍然较大

新业态用工方式中的"平台+个人+注册"模式，导致从业者个人与平台连接弱，与企业平台签订的劳动合同往往不规范。而现有规范性文件未明确规定平台用工的合同类型，由此，平台企业往往会在是否与从业者构成劳动关系、劳务关系或雇佣关系以及构成何种关系之间进行"选择性"定性，以逃避其作为雇主的法定义务。且新业态从业者相对来说受教育程度普遍较低，维权意识弱，有的甚至连合同或者协议都没有，处于"裸奔"状态，在劳动权受到侵犯时，难以通过合法途径保障自身权益。[①]

3. 法律体系亟待完善

就法律渊源和法律形式而言，目前关于新业态劳动者保护的政策性文件多为指导意见、暂行办法，或者属于"部门规章"层级、行政规范性文件

---

① 杨晓昇等：《外卖员职业群体现状与社会保护问题研究》，洪小良等主编《北京人口蓝皮书：北京人口发展研究报告（2022）》，社会科学文献出版社，2022。

等，在关于新就业形态劳动者权益保障的权威性、统一性、全面性和保护力度方面亟须加强。为此，应在条件成熟时推动劳动法、劳动合同法等法律的修改，以全国统一立法形式明确新就业形态劳动关系的性质、构成要件及劳动者权益保障措施，使符合条件的劳动者权益能够得到国家法律的有效保障。

（二）推进新业态从业者劳动权益保障的路径

1. 健全劳动权保障立法

进一步健全劳动法规范体系。构建与新就业形态相适应的法规体系。新业态虽是新生事物，但法律短板需要及时补齐，要在新业态发展中不断完善。劳动关系的认定标准应在法律中予以明确，以用工事实为依据，不能一律将新业态从业者和企业的关系认定为"不完全劳动关系"，也不能将劳动关系认定泛化。加快制定新就业形态劳动关系法，确立针对性的劳动标准和社会保障规范。完善相应的相关措施和细则，在法律层面统一劳动关系认定、社会保障权责任划分、工伤认定等的认定标准。

2. 建立多方协同治理模式

新业态下从业者与平台企业等形成的用工关系使现行劳动法越来越难以解释和规制，但新业态发展是必然趋势，亟须加强新的理论与制度建设。目前的机制运作需要打破过去各自为政的局面，加强协同合作。在这方面，已有一些地方做出了有益的探索，为协同治理模式的未来发展提供了样板。比如，镇江市近年来成立了快递行业协调劳动关系三方委员会和新就业群体调解工作室，在新业态行业集体协商制度的建立中发挥了积极作用，可作参考。

3. 加强新业态劳动权益保障的行政执法监督

行政执法监督是促使行政机关提高工作效能，更好地履行职责的有效方式。监督可以推动行政程序的规范化，减少滞后、烦琐和低效的行政工作。国务院办公厅《关于2023年度推动高质量发展综合督查征集问题线索的公告》中就面向社会征集灵活就业和新就业形态劳动者权益保障不到位以及对政府工作的意见建议。① 局部地区可试点成立新业态专题调研组，重点对快递、外卖从业人员人身保障、职业保障等领域问题开展调查摸底工作，制定针对性工作方案，采取有效措施，规范、完善快递、外卖服务企业各项管理制度。

4. 完善新业态劳动权益保障的司法指导案例制度

通过以案释法引导裁判实践，对于切实提高新就业形态劳动争议案件办理质效，充分实现平台经济良性发展与劳动者权益保护互促共进具有重要意义。最高人民检察院提出要综合运用多种方式，加大对电商消费者、新就业形态劳动者等主体权益的司法保护力度；② 人力资源和社会保障部与最高人民法院发布了"新就业形态劳动争议典型案例"，对此，各地仲裁机构、人民法院也可结合当地实际，积极发布指导案例，通过具体案例和判决来明确新业态劳动者与企业之间的劳动关系，不断明确新业态劳动权益保障的仲裁、裁判原则，进一步完善司法指导案例制度。

---

① 《关于 2023 年度国务院推动高质量发展综合督查征集问题线索的公告》，国家发展改革委网站，2023 年 12 月 25 日，https：//www.ndrc.gov.cn/xwdt/tzgg/202310/t20231025_ 1361512. html。
② 最高人民检察院：《关于加强新时代检察机关网络法治工作的意见》，最高人民检察院网站，2023 年 4 月 18 日，https：//www.spp.gov.cn/spp/xwfbh/wsfbt/202304/t20230418_ 611553. shtml#2。

B.4
城市更新行动与居民幸福感提升

张朝霞　谢长亮*

摘　要： 城市更新行动被写入党的二十大报告和近三年来的国务院政府工作报告中，成为我国的一项长期发展战略。该行动从国家政策到地方立法等各方面，都加强了对公民个人及社会群体的适足住房、社会公共服务、公众参与、文化建设、环境改善的保障。行动展示了丰富的人权保障水平提升样态：城镇老旧小区改造，改善了居民的"适足住房权"；塑造全龄友好街区，丰富了"享受社会公共服务权利"内涵；多元参与协商共治，实现"公众参与权"；注重历史文化保护与传承，发展了公民的"文化权"；统筹城市绿色低碳建设，落实"环境权"。为了让更多的居民享受到城市更新的发展成果，本报告提出进一步优化城市更新的发展路径：推动城市更新从"点"到"面"发展，惠及更多人的权益和福祉；倡导居民自主参与城市更新，实现对个人权利的保障；拓展城市更新立法的广度和深度，提升人权的法治保障水平。

关键词： 城市更新行动　国家政策与地方立法　居民幸福感提升　人权保障

2023 年 3 月，全国两会政府工作报告提出的八项工作重点中，有三个方面①与城市更新有关。党的二十大报告中提出"实施城市更新行动，加强

---

* 张朝霞，法学博士，西北民族大学法学院教授、硕士生导师，研究方向为宪法学、立法学；谢长亮，西北民族大学法学院 2021 年级宪法学与行政法学专业硕士研究生。

① 《两会报告中，对 2023 年城市更新的发展有何核心指引？》，网易网，2023 年 3 月 6 日，https：//www.163.com/dy/article/HV5R3E820535AS5L.html。该文提到与城市更新有关的三个方面：其一，3.8 万亿元专项资金加持，让城市更新跑起来；其二，市场及政府两大层面严控风险，城市更新不能寅吃卯粮；其三，加速绿色转型+产城人和谐发展，以激活城市发展的长久生命力。

城市基础设施建设，打造宜居、韧性、智慧城市"，① 这是国家"十四五"规划纲要中"全面提升城市品质"的重要战略举措。②

何谓"城市更新"？我国前期推行的"棚户改造"行动、城镇老旧小区改造、城中村改造等，均属此范畴。该概念在地方立法中有比较成熟的定义。③ 城市更新行动旨在提升城市居住品质，改善城市人居环境；实现优化城市功能和空间布局，完善城市基础设施、公共服务设施和促进产业转型升级；传承历史文脉，塑造城市特色风貌；统筹城乡发展；提高防灾减灾能力；等等。该行动反映了城市建设从增量建设向存量治理转变，城市发展由

① 习近平：《高举中国特色社会主义伟大旗帜 为全面建设社会主义现代化国家而团结奋斗——在中国共产党第二十次全国代表大会上的报告》，中国政府网，2022 年 10 月 25 日，https：//www.gov.cn/xinwen/2022-10/25/content_ 5721685.htm。
② 《中华人民共和国国民经济和社会发展第十四个五年规划和 2035 年远景目标纲要》，中国政府网，2021 年 3 月 13 日，https：//www.gov.cn/xinwen/2021-03/13/content_ 5592681.htm。
③ 2023 年 12 月 31 日起施行的《石家庄市城市更新条例》第二条对"城市更新"进行了定义："本条例所称城市更新，是指对城市建成区内城市空间形态和功能进行持续改善的活动，主要包括：（一）调整和完善区域功能布局，优化城市空间格局；（二）提升城市居住品质，改善城市人居环境；（三）优化产业结构，推进产城融合；（四）加强基础设施、公共设施建设，完善城市服务功能；（五）加强历史文化保护传承，塑造城市特色风貌；（六）市、县（市）人民政府确定的其他城市更新活动。"2021 年 3 月 1 日起施行的《深圳经济特区城市更新条例》第二条规定："本条例所称城市更新，是指对城市建成区内具有下列情形之一的区域，根据本条例规定进行拆除重建或者综合整治的活动：（一）城市基础设施和公共服务设施急需完善；（二）环境恶劣或者存在重大安全隐患；（三）现有土地用途、建筑物使用功能或者资源、能源利用明显不符合经济社会发展要求，影响城市规划实施；（四）经市人民政府批准进行城市更新的其他情形。"《兰州市城市更新办法》（兰州市人民政府令〔2023〕第 1 号）第三条规定："本办法所称城市更新是指城市空间形态、城市功能持续完善和优化调整的改造、整治和重建活动。具有下列情形之一的城市建成区的建设区域，可以列为城市更新范围，实施城市更新：（一）危房集中或者建筑物不符合消防、交通等公共安全需要的；（二）城市基础设施、公共服务设施亟需完善的；（三）老旧厂房、低效产业园区等旧工业区进行存量空间资源提质增效、产业转型升级的；（四）影响历史文化保护、妨碍公共卫生的；（五）环境恶劣、影响整体居住品质的；（六）现有土地用途、建筑物使用功能或者资源、能源利用明显不符合经济社会发展要求，影响城市规划实施的；（七）经市人民政府认定的其他情形。"《重庆市城市更新管理办法》（渝府发〔2021〕15 号）第二条、第四条分别规定："本办法所称城市更新，是指对我市城市建成区城市空间形态和功能进行整治提升的活动。""城市更新主要内容包括完善生活功能、补齐公共设施短板，完善产业功能、打造就业创新载体，完善生态功能、保护修复绿地绿廊绿道，完善人文功能、积淀文化元素魅力，完善安全功能、增强防灾减灾能力。"

外延式扩张向内涵式提升转变。实施该行动不仅有利于提升我国人权保障水平，而且有利于增强居民幸福感。

一 城市更新行动中的国家政策和地方立法对人权的保障

党中央、国务院从国家战略层面对城市更新中的重大问题作出决策部署，相关部委频繁出台涉及推进城市更新工作的具体要求和具有可操作性的政策，各试点城市的有益经验被总结和推广，各地的城市更新地方立法进程不断加快。这些国家政策、地方立法等建构和确认了城市更新中的人权保障措施和制度，并在实践中推广落实和付诸实施。

（一）城市更新行动中的国家政策和地方立法

1. 国家政策出台概况

在城市更新规范性文件中，不仅有中央层面作出的宏观性部署、重点指示，还有住房和城乡建设部等国家部委出台的具体实施要求、操作规范等。

（1）涉及城市更新的国家政策

2019 年，中央经济工作会议首次强调了"城市更新"概念，此后各部门相继颁布系列文件，城市更新进入快速发展期。住建部发布《关于扎实有序推进城市更新工作的通知》①，自然资源部办公厅印发《支持城市更新的规划与土地政策指引（2023 版）》②，对城市更新工作作出指导规范。

---

① 《住房城乡建设部关于扎实有序推进城市更新工作的通知》（建科〔2023〕30 号），住房和城乡建设部网站，2023 年 7 月 7 日，https：//www.mohurd.gov.cn/gongkai/zhengce/zhengcefilelib/202307/20230707_ 772985.html。

② 《自然资源部办公厅关于印发〈支持城市更新的规划与土地政策指引（2023 版）〉的通知》（自然资办发〔2023〕47 号），自然资源部网站，2023 年 11 月 10 日，http：//gi.mnr.gov.cn/202311/t20231121_ 2807223.html。

2023 年的政府工作报告①和中共中央、国务院《关于全面推进美丽中国建设的意见》②将城市更新列为重点工作。

（2）开展城市更新试点工作，推广可复制经验

住建部采取开展城市体检、建立城市更新统筹谋划机制、创新城市更新可持续实施模式、出台相配套的支持政策等探索城市更新的路径。具体做法是通过发布试点城市经验清单指导此工作。第一类是《实施城市更新行动可复制经验做法清单》，如住建部办公厅 2023 年 11 月 8 日发布第二批清单。③ 第二类是《城镇老旧小区改造可复制政策机制清单》，如 2023 年 12 月，住建部办公厅印发《城镇老旧小区改造可复制政策机制清单（第八批）》。④ 此工作方法在行政法上可谓"软法"之治，具有行政指导的性质，具有激励引导、非强制、重协商、促沟通等特性。

2. 地方立法概况

地方立法机关从先进的城市更新理念出发，结合当地的实际经验，通过立法对城市更新的定义、范围、更新对象做了界定，有针对性地设计城市更新体制机制、实施方式和程序、保障和监督措施，为城市更新工作提供法治保障。2023 年 1 月，兰州市颁布了《兰州市城市更新办法》。2023 年 11 月，石家庄市和玉溪市分别颁布了《石家庄市城市更新条例》和《玉溪市城市

---

① 李克强：《政府工作报告——2023 年 3 月 5 日在第十四届全国人民代表大会第一次会议上》，《人民日报》2023 年 3 月 15 日，第 1 版。报告提出："实施城市更新行动，促进区域优势互补、各展其长，继续加大对受疫情冲击较严重地区经济社会发展的支持力度，鼓励和吸引更多民间资本参与国家重大工程和补短板项目建设，激发民间投资活力。"

② 《中共中央　国务院关于全面推进美丽中国建设的意见》，《人民日报》2024 年 1 月 12 日，第 1 版。意见提出："提升城市规划、建设、治理水平，实施城市更新行动，强化城际、城乡生态共保环境共治。"

③ 《住房城乡建设部办公厅关于印发实施城市更新行动可复制经验做法清单（第二批）的通知》（建办科函〔2023〕306 号），住房和城乡建设部网站，2023 年 11 月 10 日，https：//www.mohurd.gov.cn/gongkai/zhengce/zhengcefilelib/202311/20231110_ 775025.html。

④ 《住房城乡建设部办公厅关于印发城镇老旧小区改造可复制政策机制清单（第八批）的通知》（建办城函〔2023〕378 号），住房和城乡建设部网站，2023 年 12 月 29 日，https：//www.mohurd.gov.cn/gongkai/zhengce/zhengcefilelib/202312/20231229_ 776050.html。

更新条例》。在现行有效的城市更新地方立法中，近三年制定地方性法规6部①，自2016年以来制定地方政府规章5部②。

（二）国家政策和地方立法对人权的保障

实施城市更新行动，其政策涵盖了居住、民生、社会公共服务、经济、生态、文化、环境等领域，贯彻了创新、协调、绿色、开放、共享的新发展理念。其有力推动和践行了《联合国2030年可持续发展议程：17个目标》③中的目标3（确保健康的生活方式、促进各年龄段所有人的福祉）、目标6（为所有人提供水和环境卫生并对其进行可持续管理）、目标8（促进持久、包容性和可持续经济增长，促进充分的生产性就业和人人获得体面工作）、目标9（建造具备抵御灾害能力的基础设施、促进具有包容性的可持续工业化，推动创新）、目标11（建设包容、安全、有抵御灾害能力和可持续的城市和人类住区）、目标15（保护、恢复和促进可持续利用陆地生态系统，可持续管理森林，防治荒漠化，制止和扭转土地退化，遏制生物多样性的丧失）的实现，体现了民生优先、共治共享的理念，既强调生存权和发展权的首要地位，又重视政治、社会、经济、文化、生态各项权利的协调发展，既重视个人人权，又重视集体人权，努力实现更高质量、更有效率、更加公平、更可持续、更为安全的社会发展。④

从城市更新地方立法的具体内容看，它主要涉及对以下具体人权的保

---

① 6部地方性法规是：《石家庄市城市更新条例》（公布日期：2023年11月30日）、《玉溪市城市更新条例》（公布日期：2023年11月30日）、《北京市城市更新条例》（公布日期：2022年11月25日）、《辽宁省城市更新条例》（公布日期：2021年11月26日）、《上海市城市更新条例》（公布日期：2021年8月25日）、《深圳经济特区城市更新条例》（公布日期：2020年12月30日）。

② 5部地方政府规章是：《兰州市城市更新办法》（2023年3月15日实施）、《西安市城市更新办法》（2022年1月1日实施）、《珠海经济特区城市更新管理办法》（2021年7月15日实施）、《深圳市城市更新办法》（2009年12月1日实施，2016年11月12日修正）、《广州市城市更新办法》（2016年1月1日实施）。

③ 17个可持续发展目标参见联合国网站，https://www.un.org/sustainabledevelopment/zh/sustainable-development-goals/。

④ 《坚持全方位维护和保障人权的原则立场》，《学习时报》2022年6月3日，第1版。

障。一是对"适足住房权"① 的保障，各地方立法不仅将改善人居环境作为立法目的②，而且保障"老旧平房院落、危旧楼房、老旧小区等房屋安全"③。二是对"享受社会公共服务权利"的保障，主要体现在落实无障碍环境建设要求，将"推进适老化宜居环境和儿童友好型城市建设"作为城市更新的基本要求④；同时，在市政基础设施更新改造中对"绿色交通""便民设施"⑤"减少和消除城市基础设施、公共设施的安全隐患""提高城市防涝、防洪、防疫、防灾等能力"⑥ 等提出具体的要求。三是对"文化权"的保障，将"历史文化保护"设定为城市更新的基本目标、基本原则⑦，还制定保护标准和保护措施，对历史文化街区、文物建筑等进行全方位调查和保护⑧。四是对"发展权"的保障，挖掘低效存量资源，推动老旧

① 金俭、梁鸿飞：《公民住房权：国际视野与中国语境》，《法治研究》2020 年第 1 期。文中提到适足居住权是指"公民有权获得可负担得起的适宜人类居住的，具有安全、健康、尊严、有良好的物质设备和基础服务设施且不受歧视的住房权利"。住房权（the right to adequate housing），又称适足居住权或适足住房权，是国际公约和宪法中规定的一项基本人权。

② 见石家庄市、玉溪市、北京市、西安市、辽宁省《城市更新条例》的第一条。

③ 如《北京市城市更新条例》第二条第二款第一项、《西安市城市更新办法》第八条的规定。

④ 如《玉溪市城市更新条例》第二十条、《石家庄市城市更新条例》第二十五条、《北京市城市更新条例》第四条第九项都有类似规定。

⑤ 《北京市城市更新条例》第三十六条规定："实施市政基础设施更新改造的，应当完善道路网络，补足交通设施短板，强化轨道交通一体化建设和场站复合利用，建设和完善绿色慢行交通系统，构建连续、通畅、安全的步行与自行车道网络，促进绿色交通设施改造。推进综合管廊建设，完善市政供给体系，建立市政专业整合工作推进机制，统筹道路施工和地下管线建设，应当同步办理立项、规划和施工许可。城市更新项目涉及利用集体土地建设配套公共服务设施、道路和市政设施的，应当随同项目一并研究。实施老旧、闲置公共服务设施更新改造的，鼓励利用存量资源改造为公共服务设施和便民服务设施，按照民生需求优化功能、丰富供给，提升公共服务设施的服务能力与品质。实施老旧公共安全设施更新改造的，应当加强首都安全保障，提高城市韧性，提高城市应对多风险叠加能力，确保首都持续安全稳定。"

⑥ 如《石家庄市城市更新条例》第二十二条第三项、《上海市城市更新条例》第二十八条第三项的规定。

⑦ 如《石家庄市城市更新条例》第一条、《玉溪市城市更新条例》第三条的规定。

⑧ 如《玉溪市城市更新条例》第十五条、《北京市城市更新条例》第十五条第一款、第三十条第一款、第三十一条第三款、《辽宁省城市更新条例》第十条、第二十条、第二十一条、第二十二条第二款、《西安市城市更新办法》第九条第二款的规定。

厂区、传统商业设施等存量空间资源提质增效,推动传统产业转型升级,重点发展新产业、新业态。① 五是对"环境权"的保障,将环境改善设定为城市更新的目标和基本任务②,统筹绿色空间,改善环境品质与风貌特色③。六是对"参与权"的保障,将"多元参与、共建共享"列为城市更新行动的基本原则④;赋予社会公众、相关权利人在规划、实施等各阶段的知情权、监督权和建议权⑤;建立专家委员会,为决策提供论证、咨询等专业指导意见⑥;通过开展听证会、社区议事、多元利益的联席会议等方式听取有关权利人或相关人意见⑦。

城市更新地方立法遵循共建共治共享的发展理念,包含了丰富的权利内涵,彰显了"以民为本"与尊重和保障人权的理念。

二 城市更新行动提升了居民的物质和精神生活水平

作为一项系统性工程的城市更新行动,坚持尊重人民主体地位,始终把人民对美好生活的向往作为奋斗目标,把反映人民愿望、体现人民利益、维护人民权利、增进人民福祉贯彻在人权事业发展的全过程,不断提高尊重和

---

① 如《北京市城市更新条例》第三十三条第一款、第三十四条第一款、第三十五条第一款,《西安市城市更新办法》第七条第二款、第八条、第十五条、第二十条,《上海市城市更新条例》第四十八条的规定。

② 如《石家庄市城市更新条例》第二十一条第四项要求"落实绿色发展要求,开展既有建筑节能绿色改造,提升建筑能效水平,打造绿色生态城市"。《北京市城市更新条例》第二条第四项、第四条第五项也有这样的规定。

③ 如《石家庄市城市更新条例》第二十九条;《玉溪市城市更新条例》第二十七条;《北京市城市更新条例》第三十七条;《辽宁省城市更新条例》第三条,第十一条第一、二、四、十项,第十四条的规定。

④ 如《石家庄市城市更新条例》第三条、《玉溪市城市更新条例》第三条的规定。

⑤ 如《玉溪市城市更新条例》第三条,《石家庄市城市更新条例》第九条、第十一条第四项,《北京市城市更新条例》第八条第一款、第十八条第五款,《辽宁省城市更新条例》第九条,《西安市城市更新办法》第十六条、第二十一条、第二十二条第三款的规定。

⑥ 如《石家庄市城市更新条例》第七条,《北京市城市更新条例》第九条,《西安市城市更新办法》第二十一条、第二十五条,《辽宁省城市更新条例》第五条的规定。

⑦ 如《玉溪市城市更新条例》第二十一条第五款、第二十一条第一款,《北京市城市更新条例》第十三条第三款、第二十五条、第三十九条第二款、第四十条第一款的规定。

保障人民各项基本权利的水平，切实增强人民的获得感、幸福感、安全感，① 以幸福生活权彰显人权文明。

（一）改造城镇老旧小区，提升"适足住房权"的保障水平

2023 年全国计划新开工改造城镇老旧小区 5.3 万个，涉及居民 865 万户。各省（自治区、直辖市）及新疆生产建设兵团均达到或超额完成年度目标任务。② 城镇老旧小区改造体现了对居民共享发展权的保障，成效体现在以下方面。

1. 实施危房整治，降低房屋风险隐患

通过老旧建筑安全隐患排查整治，消除安全隐患。如娄底涟源市探索建立城市既有危旧房屋安全管理机制，仅用 48 天时间完成中心城区老街集中连片的 77 栋 C、D 级自建房整治。坚持"阳光处置、和谐处置"原则，制定"因户施策、分类处置"具体处置条款，赢得群众理解和支持。实现守安全、防风险、解民忧、保民生目标。③

2. 改造老破小，持续提升百姓的幸福感

2023 年，北京新开工改造小区 355 个。北京桦皮厂胡同 8 号楼建于 20 世纪 70 年代，基础结构老化。该改造工程采用了装配式的技术，居民从迁出到精装交付、回搬入住，仅需 3 个月左右。回迁房屋，原拆原建，抗震八级，平均每家增加 7 平方米，有居民称"全是明厨明卫、阳光也好、通风也好，我们……特别高兴、幸福感满满的"。④

3. 改造基础设施，着力消除安全隐患

首先，推动城市生命线安全工程建设，建立城市水、电、气、桥梁、综

---

① 蒋建国：《弘扬和践行当代中国人权观》，《求是》2023 年第 19 期。
② 《我国城镇老旧小区改造超额完成年度任务》，《经济日报》2024 年 1 月 5 日，第 6 版。
③ 《48 天完成中心城区老街 77 栋集中连片危房整治——涟源打造自建房整治示范标杆》，华声在线百家号，2023 年 10 月 31 日，https://baijiahao.baidu.com/s? id = 178124622644534871 2&wfr=spider&for=pc。
④ 《家门口能就餐、老旧小区更新　北京持续拓展服务体系提升居民幸福感》，环球网百家号，2024 年 1 月 23 日，https://baijiahao.baidu.com/s? id = 17888888802772882517&wfr = spider&for=pc。

合管廊、地下交通设施等风险监测、分析预警、联动处置的系统和机制，提升城市综合防灾减灾能力。如兰州市永登县在老旧小区改造中，既重视外部环境改造提升，又注重排水管网改造等内部基础设施改造，满足居民生活长远需求。①

其次，持续开展城市燃气管道等管网、城镇污水处理的更新改造。统筹防洪排涝工作，系统推进全域海绵城市建设和易淹易涝片区整治。如沧州市将燃气管网列入民生实施项目，消除燃气管网老化造成的安全隐患，全年累计完成老旧燃气管网改造涉及 7000 余户，共 5.6 公里。② 辽阳市在城市基础设施改造提升中，投资改造与新建供水管网，降低供水管网漏损率；投资完成垃圾场覆膜工程，有效降低渗滤液处理的环保风险；改造铺设多种材质管道，进一步保障燃气安全；投资实施燃气管网数字化改造项目，燃气智慧管理再上新台阶。③

（二）塑造全龄友好街区，丰富"享受社会公共服务权利"内涵

城市更新通过对老旧小区开展综合整治和闲置低效空间再利用，优化区域格局、改善城市风貌，推动城市社区朝着宜居、宜业、宜老、宜幼的发展方向迈进，实现社会各阶层的和谐共生，体现出浓浓的社会关怀。

1. 关照特定群体　建设无障碍设施

在老旧小区改造中，采取加装电梯等为残、老、幼、孕以及其他有需求人群的生活提供便利。2023 年，重庆市铜梁区针对老旧楼房加装电梯出台优惠补助政策。④ 湖北省住建厅实现全年加装电梯 2159 部，是上一年的 4.6 倍。⑤ 南京全年加装电梯 320 部，以需求为导向建设便民服务站

---

① 《惠及住户 1711 户　永登老旧小区改造工程（三期）以"新"换"心"》，《兰州晚报》2023 年 12 月 15 日，第 5 版。
② 《市区今年完成 5.6 公里　老旧燃气管网改造》，《沧州日报》2023 年 12 月 19 日，第 1 版。
③ 《城市基础设施更新让居民幸福感不断提升》，《辽阳日报》2023 年 12 月 15 日，第 5 版。
④ 《铜梁：老旧小区加装电梯"梯"升居民幸福感》，华龙网铜梁区融媒体中心，2023 年 12 月 29 日，https://h5.cqliving.com/info/detail/99007598.html? cid=99007598&f=20&sp=source_share。
⑤ 《湖北：老旧小区既有住宅加装电梯 4395 部》，新华网湖北频道，2023 年 12 月 28 日，http://www.hb.xinhuanet.com/20231228/fb08d8d6a8044b90a60a4c3d9450bacf/c.html。

点，提供养老托育等生活服务。① 苏州市将增设电梯、老旧小区改造、无障碍环境建设有机结合，全年完成既有多层住宅增设电梯223部。②

2. 通过完整社区建设③，满足社区居民多样化需求

2023年10月，住建部遴选出十大典型案例，其中民主村社区在探索"体检先行，深入探索完整社区建设路径""精雕细琢，营造人文自然共融的宜人社区环境""统筹联动，最大化社区空间价值效用""智慧引领，探索社区服务治理新格局"等四大试点中的先进经验获全国推广。④ 江西省九江公园社区以社区体检摸排实际问题明确建设重点，以满足生活、智能管理、绿色节能等需求补齐社区公共设施短板，以增设公共空间融合社区、街区、景区方式提升居住体验，以凝聚居民共识共同解决堵点。⑤

济南市槐荫区高标准开展老旧小区改造，将原小区内道路整修翻新，消除隐患，增加健身设备、新建停车棚，满足停车需求；⑥ 洛阳市在老旧小区

① 《"美好家园"建设交出年度成绩单：72个老旧小区改造完成》，《现代快报》2023年12月27日，第9版。

② 《老旧小区越变越"年轻" 苏州今年既有多层住宅增设电梯223部》，苏州新闻网，2023年12月27日，http://www.subaonet.com/2023/szms/1227/829974.shtml。

③ 《瞭望丨完整社区试点开启！会给生活带来哪些新变化?》，新华社客户端百家号，2023年2月21日，https://baijiahao.baidu.com/s? id = 1758399462000366794&wfr = spider&for = pc。该文称，所谓"完整社区，指在居民适宜步行范围内有完善的基本公共服务设施、健全的便民商业服务设施、完备的市政配套基础设施、充足的公共活动空间、全覆盖的物业管理和健全的社区管理机制，且居民归属感、认同感较强的社区"。2022年1月10日，住建部发布《完整居住社区建设指南》称："完整居住社区是指在居民适宜步行范围内有完善的基本公共服务设施、健全的便民商业服务设施、完备的市政配套基础设施、充足的公共活动空间、全覆盖的物业管理和健全的社区管理机制，且居民归属感、认同感较强的居住社区。"政策尤其强调，老年人和儿童在社区的时间最长、使用设施最频繁，且步行能力有限，是居住社区建设应优先满足、充分保障的人群。

④ 《住建部印发〈完整社区建设案例集（第一批）〉民主村成全国样板!》，重庆日报百家号，2024年2月5日，https://baijiahao.baidu.com/s? id = 1790078454163409803&wfr=spider&for=pc。

⑤ 《因地制宜 融合发展——九江公园社区建设完整社区试点经验综述》，中国建设新闻网，2023年12月11日，http://www.chinajsb.cn/html/202312/11/37329.html。

⑥ 《济南槐荫区深入推进老旧小区改造 小区旧貌换新颜》，新华网山东频道，2023年12月29日，http://www.sd.xinhuanet.com/20231229/fbe7c504996e4747954670bf5901fb4a/c.html。

改造中，改造基础设施，提升小区居住功能，实现道路通畅、设施合理、环境扮靓；① 厦门市支持有条件的社区特别是"村改居""城中村"社区，按照"两年试点、三年推广"的要求，每年试点建设不少于 10 个 15 分钟"便民服务圈"，建设或改造提升商业中心、邻里中心等综合服务设施，完善"一站式"便民服务功能。② 温州市、玉溪市、白银市分别统筹建设和改造养老服务设施、幼儿园、食堂等，服务"一老一幼"。③

（三）多元参与协商共治，实现"公众参与权"

为增强城市更新决策的科学性和民主性，各地共享话语权④涌现出丰富的公众参与事例。

首先，改造理念从"政府主导"向"共同缔造"转变。苏州在城市更新中改变以往由政府主导、建设、包干的理念，在城中村改造前，通过建立理事会、委托设计、会议表决、方案公示等形式，让居民全面了解政策、发表意见、决策方案。改造中，以需求为导向，引导群众自发进行改造，实现居民从"要我改"到"我要改"的转变，实现共谋、共建、共管、共评、共享。改造后，鼓励居民围绕村（社区）环境卫生、小区停车管理等公共议题，商议制定居民公约，加强对村（社区）环境改造成果的维护和管理。⑤ 北京市昌平区沙河镇在老旧小区改造中深入了解居民需求，实施居民共谋、共建、共管、共评、共享，邀请居民参与设计、施工、监督等重点环节；南口镇注重倾听民意、查看居民需求，解决停车、绿化等公共服务设施建设难题，推动居民住房改善。⑥ 南京

---

① 《老小区焕发新活力　居民幸福再升级》，中国建设新闻网，2023 年 12 月 28 日，http：// www. chinajsb. cn/html/202312/28/37659. html。

② 《厦门积极打造 15 分钟"便民服务圈"》，《厦门日报》2023 年 2 月 17 日，第 9 版。

③ 参见《住房和城乡建设部办公厅关于印发城镇老旧小区改造可复制政策机制清单（第五批）的通知》，住房和城乡建设部网站，2022 年 9 月 29 日，https：//www.mohurd. gov. cn/ gongkai/zhengce/zhengcefilelib/202209/20220928_ 768164. html。

④ 李力扬、闵学勤：《推进新时代城市更新的三点思路》，《理论探索》2022 年第 6 期。

⑤ 《更新正当时！探索城市更新的苏州路径》，凤凰网江苏频道，2023 年 4 月 13 日，http：// js. ifeng. com/c/8OvXrakVdXw。

⑥ 《老旧小区焕发"新活力"，居民幸福感"原地升级"！》，"北京昌平"微信公众号，2023 年 11 月 14 日，https：//mp. weixin. qq. com/s/km8eZ_ iLY7HjOTUoybcBGQ。

市建邺区在"南湖记忆"城市更新各个环节邀请行政机关、实施主体居民等各方人士全过程参与,保证改造效果。①

其次,建立"政府—市场—公众"等多元主体协同合作机制,吸引多主体参与。长沙市培育规模化实施运营主体以市场化方式参与城镇老旧小区改造;重庆市、石家庄市、枣庄市吸引社会力量参与项目及设施建设运营;洛阳市、重庆市酉阳县、四川省江安县、安徽省铜陵市积极争取金融机构金融支持;成都市、上海市设立城市更新专项资金,对城市更新项目予以支持。② 北京市通过综合运用政府资金、金融支持、住房公积金、住宅专项维修资金等方式为老旧小区改造提供资金支持。③

(四)注重历史文化保护与传承,丰富发展"文化权"

城市更新不是简单的大拆大建,而是一项系统性工程。各地注重在城市更新中将老城改造与历史文化保护相结合,有机更新,复合利用,将保护历史文化传承与改善居民居住条件相统一,④ 以文化释放新需求,塑造新风貌,创造新供给,催生新业态,呈现新格局,让更多城市历史文化记忆活起来、传下去。

首先,通过城市更新加强历史文化保护传承。广西对桂林、柳州和北海三座国家历史文化名城资源开展梳理,210 处村落入选中国传统村落名单。桂林市的灵渠入选世界灌溉工程遗产,甑皮岩遗址、靖江王府和王陵被列入国家考古遗址公园名单;柳州市对名镇名村(传统村落)、街区和历史建筑

---

① 《政府主导,公众参与,建邺区打造精细化管理特色街巷》,南报网,2023 年 10 月 23 日,http://www.njdaily.cn/news/2023/1023/5565506136550622764.html。

② 参见《住房和城乡建设部办公厅关于印发城镇老旧小区改造可复制政策机制清单(第五批)的通知》,住房和城乡建设部网站,2022 年 9 月 29 日,https://www.mohurd.gov.cn/gongkai/zhengce/zhengcefilelib/202209/20220928_768164.html。

③ 参见《住房和城乡建设部办公厅关于印发城镇老旧小区改造可复制政策机制清单(第六批)的通知》,住房和城乡建设部网站,2022 年 12 月 5 日,https://www.mohurd.gov.cn/gongkai/zhengce/zhengcefilelib/202212/20221202_769223.html。

④ 《为城市留下记忆 让人民留住乡愁——全国政协"实施城市更新行动"党外委员专题视察暨重点提案督办调研综述》,《人民政协报》2023 年 10 月 27 日,第 8 版。

开展"抢救性"保护修缮并活化利用。①

其次，在历史文化遗产保护和历史街区改造中传承延续城市文脉。重庆市九龙坡区民主村采用"拆、留、改、建"等方式综合改造，保留街区、建筑历史风貌，更好地融入周边商业生态。② 北京方庄文化艺术中心通过空间更新，引入书店、展览区及剧场，实现文化产业入驻，弥补该地区文化艺术供给短板，营造艺术氛围，满足周边居民精神需求。③ 福州的三坊七巷改造突出白墙黛瓦、飞檐翘角，软木画、油纸伞等民间艺术相映成趣。④

（五）统筹城市绿色低碳建设，落实"环境权"

城市更新坚持绿色引领，实现城市建设理念和技术体系更新，构建人与自然和谐共生的美丽家园。

首先，采取"公园城市"建设，增加生态供给。青岛市在实施城市更新行动中，加快公园城市建设，整治山头公园、建设城市绿道，对辖区一些公园开展整治提升和生态修复，完善环山绿道、景观节点与配套设施建设。⑤ 北京市亮马河采取拆迁、整改等多种措施打开公共空间，对角落绿化、亮化，将河流治理、河岸治理及建筑物空间融合，打造高品质公共空间，目前拥有岸上公共空间 80 万平方米以及公共水域近 100 万平方米，提升了城区颜值。⑥ 广州市荔湾区开展水域生态修复，复原水系格局改善城区水清岸绿的景观环境，以水扮靓城市，焕发城市活力。⑦

① 《我区通过城市更新加强历史文化保护传承》，《广西日报》2023 年 8 月 16 日，第 10 版。
② 《旧貌换新颜》，《金融时报》2023 年 8 月 23 日，第 6 版。
③ 《一个北京城市更新的样本："40 岁"方庄如何"焕新"？》，《丰台时报》2023 年 10 月 11 日，第 6 版。
④ 《城市更新，让人民生活更美好》，《中国建设报》2023 年 2 月 9 日，第 1 版。
⑤ 《青岛：推进城市更新建设　城市品质显著提升》，《人民日报》2023 年 3 月 10 日，第 9 版。
⑥ 《北京让城市既有面子又有里子》，《中国青年报》2023 年 12 月 12 日，第 1 版。
⑦ 《从治水到兴城——老城市新活力命题下的荔枝湾涌更新历程》，中国网，2023 年 12 月 29 日，http: //union. china. com. cn/csdt/txt/2023-12/29/content_ 42656201. html。

其次，以"口袋公园"为城市添绿。上海市利用没落市场、零星地块建设口袋公园，以小巧精美的小地块见缝插针为城市添绿，2023年超额完成口袋公园建设任务，规划两年后建成300座以上口袋公园。①

三 城市更新行动中人权保障面临的挑战及改进路径

我国各地区发展不平衡，随着经济发展大环境的变化，城市更新行动的非普遍性、区域性和差异性导致了人权保障的局限性。为此，本报告指出了人权保障面临的挑战并提出相应的解决思路。

（一）城市更新行动中人权保障面临的挑战

1. 城市更新应更加关注发展的均衡性

首先，"试点城市"选取样本偏少，覆盖群体有限。2021年住房和城乡建设部选取21个城市（区）②开展第一批城市更新试点工作。从试点城市名单来看，虽然选点在全国多个区域，但主要是一些经济基础好、城建水平高、财政实力雄厚的东部沿海和西部经济相对发达的城市，试点城市取得的宝贵经验，在经济相对落后的地区推广有难度。

其次，城市更新资金筹措困难。当前，全国各地老旧小区改造资金基本按照"中央和省级补助、市区配套、单位支持、居民自愿"的原则解决。受地方政府财政实力有限，疫情后经济下行压力加大，房地产市场降温，多元化资金筹措机制尚不成熟等多重因素影响，部分老旧小区改造资金缺口较大，加之老旧小区改造投入大、周期长、收益不确定性高，社会资本参与的

---

① 《上海城市更新报告⑦丨中心城区"见缝插绿"新路径 口袋公园：小而美中的智慧与格局》，《新民晚报》2023年12月18日，第1版。
② 第一批试点城市（区）名单：北京市、河北省唐山市、内蒙古自治区呼和浩特市、辽宁省沈阳市、江苏省南京市、江苏省苏州市、浙江省宁波市、安徽省滁州市、安徽省铜陵市、福建省厦门市、江西省南昌市、江西省景德镇市、山东省烟台市、山东省潍坊市、湖北省黄石市、湖南省长沙市、重庆市渝中区、重庆市九龙坡区、四川省成都市、陕西省西安市、宁夏回族自治区银川市。

主动性、积极性普遍不强。

最后，部分城市实施更新行动动力不足。一些城建历史较长以及产业衰落的城市中的老工业区，老旧小区存量较为集中，这些数量庞大的老旧小区普遍具有分布"散"、规模"小"、密度"高"、权属"杂"、环境"乱"、配套"差"等特征，公共服务基础设施欠账较多。城市发展规划导致城区内不同区域土地增值收益状况不同，因此部分城市存在"挑肥拣瘦"心态，对收益好的区域改造动力足、收益差的区域改造意愿弱。

可见，城市更新面临非均衡性发展现状，造成全国范围内城市更新受惠群体缺乏普遍性，人权保障出现区域性差异。

2. 城市更新应更加关注对个人和特定群体权利的保障

城市更新行动承载了太多的城市建设目标和任务，如城镇老旧小区改造配套设施建设、完整社区建设、地方建筑风貌与文化遗产保护、新业态新产业发展、海绵城市建设、城乡建设领域碳达峰、"口袋公园"建设、宜居韧性智慧城市、"精致城市"、"文明城市"、"幸福城市"，以及绿色低碳、城镇化和城乡融合发展等，城市更新目标存在多元性和复合性，内涵极为丰富，其任务具有综合性和成长性。该项工作在短时间内"不能毕其功于一役"。

城市更新承载了"让城市更美好"的良好愿景，从政策规范及各地立法中的制度设计来看，城市更新的基点在于公益目的实现，推进集体人权保障，但对个人人权保障偏弱且有所欠缺。一是无障碍设施建设难以满足实际需求。社区中残障人士、老年人、孕妇等潜在使用群体难以参与到设计和施工中，导致建成的无障碍设施缺乏有效性和实用性。[1] 居民楼配备电梯，依然受经费、特定居住情况的限制。二是城市更新中偏重城市楼房外在形象的更新，导致城市面貌同质化，缺少个性与特色，原有的历史街区空间结构、生活环境发生变化，城市历史印痕、文化沉淀和精神内涵流失。[2] 三

---

① 《"正常化"视野下公共性建设之探索——基于城市社区无障碍设施的利用与改善》，《华中科技大学学报》（社会科学版）2018 年第 2 期。

② 陈业伟：《城市更新与文化传承》，《现代城市研究》2012 年第 12 期。

是财产利益分配存在矛盾，产生被征收主体不愿拆迁或对拆迁补偿不满意、拆迁比例过高以及安置方案与居民诉求存在差距等问题。由于解决这些矛盾的民事、行政等诉讼机制存在明显的局限与不足，难以有效实现利益平衡。①

3. 城市更新立法的广度、深度和涉及的权利内容需进一步完善

一是立法广度不足。我国城市更新立法体系尚不完善，目前还没有城市更新的全国立法。在地方立法层面，仅深圳、上海、石家庄、重庆、北京、兰州、玉溪、西安、珠海、广州 10 个城市和辽宁省 1 个省有地方立法，从全国有立法权主体②数量来看，该类立法比例非常低。

二是地方立法深度不够，框架性内容较多，主要是宣示性、政策性、纲领性的条款。城市更新许多问题在立法中尚未得到较好的回应，例如，如何最大程度体现人民群众意愿、最大限度激发市场活力；在城市更新过程中，历史风貌保护与经济效益、民生改善如何平衡；烟火气和人情味如何保留；拆除重建中遇到拒不配合的情况，应当如何处理；如何激励城市更新改造实施中的金融支持；相关参与企业如何更好地融资；如何实施多样化保障措施；等等。

三是市场主体准入门槛和选定市场主体方式，市场主体变更程序，市场主体开发行为规范，城市更新物业权利人的合法权益保障机制，城市更新中纠纷矛盾化解制度、监督制度、法律责任等制度仍存在不足或欠缺。

（二）城市更新行动中进一步促进人权保障的路径

1. 推动城市更新从"点"到"面"发展，惠及更多人的权益和福祉

在城市建设进入新阶段的背景下，可以适时扩大试点城市规模。以人口规模、城建水平、经济发展状况、城市历史等多个维度为标准选取具有代表性的城市，确保试点城市经验适用于不同发展阶段的城市。保

---

① 林华、金麟：《城市更新的法治逻辑：利益平衡与程序构造》，《学术月刊》2023 年第 5 期。
② 在我国，有立法权的主体为 23 个省、5 个自治区、4 个直辖市、282 个设区的市、30 个自治州、116 个自治县。

障各地民众均有获得平等的发展机会、参与发展过程和分享发展成果的权利。①

2. 倡导社会群体和居民的"自主更新"，实现对个人人权的切实保障

在我国，城市更新的模式主要有三种：一是"政府引导"模式，如上海；二是"政府引导+市场运作"模式，如北京；三是"开发商主导"模式。② 2023 年以来，以居民为主导的新的城市更新模式登上舞台。

杭州市浙工新村一共有 14 幢多层住宅，几年前陆续被鉴定为 C 级危房。小区居民以"一幢楼一代表"为原则成立居民自主更新委员会，代表多数居民行使权利，采取委托政府部门的形式实施项目改造。在近 100% 居民同意的前提下，由居民自主更新组织向政府提交自主改造申请，政府按照一事一议方式进行审议，条件合适的支持其进行"拆改结合"的自主改造。根据重建方案，浙工新村还将建设 400 多个地下车位，每个售价 20 余万元，总计可获得约 1 亿元销售款。由于这些车位全部针对小区居民销售，实际上也相当于是居民出资。这么算下来，居民总出资额约 5 亿元。居民出资额占重建总费用的 80% 以上，其余部分由旧改、加梯、未来社区创建等政策性补贴予以解决，整个项目做到收支基本平衡。③ 浙工新村城市危旧房有机更新项目一改过去更新项目政府大包大揽、全部兜底的局面，而是形成政府引导、居民出资、市场参与的多元化更新推进模式。这种模式从城市"要求居民更新"向"居民主动要求更新"转变，极大地唤起居民的自治意识和

---

① 常健：《人类命运共同体视野下的人类集体人权与人民集体人权》，《人权》2017 年第 5 期，第 23 页。

② 《科睿哲：政府主导 VS 开发商主导？城市更新哪种模式更好？!》，新浪网，2023 年 4 月 18 日，https://k.sina.com.cn/article_6108157492_16c131634001014q9m.html。

③ 《杭州 548 户居民自掏 5 亿重建小区，系浙江首个自主更新重建模式》，金羊网，2024 年 1 月 14 日，https://news.ycwb.com/2024-01/14/content_52442151.htm。该文称："以陈老师家为例，他家房子原产权面积为 74m²，须承担约 10 万元建设费；扩面 20m²，费用约 69 万元；如果买下一个车位，费用约 22 万元。这么算下来，陈老师一共要投入 100 余万元。'楼梯房变成电梯房之后，在保证原有住宅套内面积不减少的前提下，最多还可以扩面 20m²，这么算下来我可以选择一套 106m² 的新房。房子大了，楼梯变电梯，还多了一个车位，我觉得这 100 多万元花得值。'陈先生说。"

参与意识，也可以更好地维护个体权益，使城市更新中信息、资源和目标得到充分交流并达到统一，推动公民平等、充分、便捷地参与和融入城市更新，促进社会全体人员共享经济社会发展成果，实现社会效益和个人效益的"双赢"。

3. 拓展城市更新立法的广度和深度，提升人权的法治保障水平

规范城市更新行动，应当由中央立法和地方立法共同推进，为推进城市更新提供立法保障。

在中央立法层面，加快立法进度。为系统规范城市更新行动，可适时开展城市更新中央立法，以统领城市更新立法体系，不仅要将城市更新中的概念、类型等内容抽象化后在立法文本中予以确认，以弥补地方立法在共性上存在的不足，更要强化城市更新中的人权保障。

在地方立法层面，应当拓展立法广度。要鼓励各个地方开展创新性立法，广泛积累地方立法的实践经验，促进中央立法和地方立法互为补充、相互衔接。同时，还应当挖掘立法深度，从程序、组织、权利保障、纠纷解决机制等方面予以完善。①

---

① 《城市更新需要"四重"法治保障》，《新华日报》2021 年 12 月 17 日，第 23 版。

B.5
公民心理健康权保障的新举措

赵明霞*

摘　要：　公民享有健康权，包括身体健康权和心理健康权。近年来，我国将公民心理健康保障纳入国家发展规划，心理精神健康法治持续推进，社会心理健康服务体系不断完善，特别是 2023 年在青少年心理健康保障方面采取了一系列措施，为公民心理健康权的实现提供了制度保障。对标"健康中国"发展目标，公民心理健康权保障的相关法律规定仍不完善，社会对心理健康保障的共识度不高、社会心理健康服务供需之间存在一定程度的失衡。需要进一步完善相关法治建设，将心理健康权保障纳入社会治理，提升社会心理健康服务能力。

关键词：　心理健康　心理健康权　人权保障

　　《经济、社会及文化权利国际公约》规定，人人有权享有能达到的最高的体质和心理健康，各国政府负有保障公民身心健康的义务。作为健康权重要组成部分的心理健康权，是人们在体质健康基础上追求精神生活的基本权利需求，理应是公民的一项基本人权。概言之，心理健康权，即精神健康权，是人人皆应享有能够达到的最高心理健康标准所必需的，主要是由国家和社会提供各种设施、商品、条件和服务的权利。① 以往不论在理论上还是

---

　　*　赵明霞，法学博士，天津财经大学马克思主义学院副教授，研究方向为人权法学。
　　①　《经济、社会及文化权利国际公约》（1966 年）第 12 条第 1 款对健康权作出了明确规定，"人人有权享有能达到的最高的体质和心理健康"。该款规定将健康权规定为体质健康权和心理健康权。第 12 条第 2 款列举了健康权保障的四项具体措施，其中第四项"创造保证人人在患病时能得到医疗照顾的条件"，包括体质和精神上平等和及时地提供基本预防、治疗、康复的卫生保健等。《儿童权利公约》（1989 年）、《残疾人权利公约》（2006 年）都对此作出明确规定。世界卫生组织（WHO）于 1996 年提出《精神卫生立法：十项基本原则》，为各国制定心理精神卫生法律法规提供了重要依据。

实践上，人们对健康权的关注主要倾向于体质健康权方面，心理健康权保障常常被忽视。随着人权事业的发展，心理健康得到普遍关注，成为衡量个人、国家健康状况的重要指标，保障公民心理健康权已经成为全球健康政策发展的重要趋势。近年来，我国推进健康中国和法治国家建设，精神卫生工作步入法治化轨道，社会心理健康服务体系不断健全，为公民心理健康权保障提供了必要的制度支撑。2023 年是公民心理健康备受关注的一年，公民心理健康权保障水平有了全面提升。

一 公民心理健康及权利现状

心理健康是指人在成长和发展过程中，认知合理、情绪稳定、行为适当、人际和谐、适应变化的一种完好状态。① 各项调查研究数据表明，我国公民心理健康状况不容乐观，心理健康权利保障的重要性更加凸显。

（一）公民心理健康的基本状况

近年来，各级政府、各类社会组织包括研究机构、媒体等对公民心理健康进行了大量的调查研究，直观反映了近期我国公民心理健康的基本状况。从有关数据可以看出，公民因心理因素而导致的一般性精神障碍②以及各类常见心理问题，包括抑郁症、焦虑症等不断增多，特定群体的心理健康问题也比较突出。

---

① 国家卫生计生委、中央宣传部、中央综治办、民政部等 22 部门《关于加强心理健康服务的指导意见》，国卫疾控发〔2016〕77 号。

② 从医学诊断的角度，当心理状态异常且有病理症状时，则称作精神障碍。根据我国《精神障碍诊疗规范》（2020 年版），精神障碍可分为 16 大类，如双相障碍、抑郁障碍、焦虑障碍等。通常情况下，精神障碍可能由心理因素、生物因素、社会因素等导致。世界卫生组织指出，真正由遗传或基因导致的精神障碍大概占 15%，大多数精神障碍的发病原因与心理和社会因素有关。根据我国原卫生部的解释，精神障碍可以分成重症的精神障碍、一般的精神障碍、常见的心理问题这三类，其中，一般的精神障碍和常见的心理问题在个体上也呈现过渡性和阶段性状态。

1. 公民心理问题检出率攀升，且呈低龄化趋势

随着我国人均寿命的延长，社会竞争加剧，生活和工作节奏加快，人们的心理健康问题凸显。《中国国民心理健康发展报告（2021~2022）》显示，超80%的成年人自评心理健康状况良好，而不同年龄、不同收入下心理健康状况差异突出。成年人群抑郁风险检出率为10.6%。青年为抑郁的高风险群体，18~24岁年龄组的抑郁风险检出率达24.1%，显著高于其他年龄组，25~34岁年龄组的抑郁风险检出率为12.3%，也显著高于35岁及以上各年龄组。焦虑风险检出率的年龄差异呈现类似趋势。[①] 而青少年群体处于心智成长阶段，面对压力时缺乏成熟、有效的应对方式，更容易引发焦虑、抑郁、强迫症等心理问题，14.8%的青少年群体存在不同程度的抑郁风险，高于成年群体。《2023年度中国精神心理健康》蓝皮书显示，当前我国心理健康问题呈低龄化发展趋势，中小学生和大学生抑郁检出率也达到警戒水平。[②] 专家分析认为除了学业就业压力外，社会交往、生活方式、饮食睡眠、活动空间不足等都是造成未成年人心理问题增多的重要原因。

2. 抑郁症成为我国最常见的心理障碍

抑郁症是世界卫生组织公认的最常见的精神障碍。人民日报健康客户端等发布的《2022年国民抑郁症蓝皮书》调查问卷显示，引发国民抑郁症的主要原因是情绪压力和家庭亲子关系，以及亲密关系和职业发展。我国青少年抑郁症患病率为15%~20%，接近成年人。老年人群体随着身体机能的下降，空巢、独居及慢性病容易引发抑郁症，相当比例的老年人处于轻度抑郁状态，其中一些存在中高程度的抑郁情绪。从性别看，女性在生理因素和外界刺激下面临更复杂的心理问题，女性抑郁占比高于男性。从行业看，互联网和教育培训等行业发生职场抑郁的比例相对较高，且心理援助服务有限。[③]

---

① 参见傅小兰、张侃主编《中国国民心理健康发展报告（2021~2022年）》，社会科学文献出版社，2023；《2022中国国民心理健康报告：青少年抑郁风险高于成年》，中国网，2023年2月25日，http://cul.china.com.cn/2023-02/25/content_42272521.htm。

② 《"心"问题待解》，《瞭望东方周刊》2024年第7期。

③ 《抑郁研究所：中国目前有9500万抑郁症患者，他们情况怎么样?》，观察者网，2023年7月6日，https://www.guancha.cn/yiyuyanjiusuo/2023_07_06_699750_1.shtml。

（二）公民心理健康的权利现状

《基本医疗卫生与健康促进法》规定，"国家和社会尊重、保护公民的健康权"，心理健康权作为健康权条文中的一项"隐含"权利而存在。《精神卫生法》作为公民心理健康和精神卫生权益保障的基本法，在总则中明确精神障碍患者的人格尊严、人身安全、人身自由、隐私、受教育、劳动、医疗、从国家和社会获得物质帮助等合法权益受法律保护；"心理健康促进和精神障碍预防"章节也规定各级政府、用人单位、学校、医务工作者、村（居）委会、乡镇（社区）卫生服务机构、家庭成员、媒体和社会组织、心理咨询人员等在公民心理健康的专业性预防、心理健康教育、精神障碍治疗保健康复、财政支持、制度保障等方面承担积极义务。可见，我国公民享有心理健康不受非法侵害的权利，① 也享有获得维持其心理健康所必需的基础条件和便捷、满意的心理健康服务包括预防、治疗、康复等方面的权利。

1. 维护和增进公民心理健康得到高度重视

在国家的重视和引导下，公众心理健康意识不断增强，社会对精神心理健康的关注度不断提高。心理健康成为网络平台、社区最为关注的内容和话题之一。2023 年胡××等学生心理健康问题引发社会持续关注，敲响了关注心理健康的警钟。"维护和增进公民心理健康"已成为社会发展的共识，也是我国心理健康和精神卫生法治建设的重要内容。保障公民心理健康关系社会整体发展，是国家重大公共卫生事项。国家广泛开展心理健康促进行动，加大心理健康知识科学宣传力度，提升公众心理健康意识，同时消除对精神障碍的"病耻感"，让患者及时得到救治。

2. 公民获得心理健康服务的可及性有待提升

多年来我国精神卫生和心理健康服务持续发展，在心理健康科普、精神疾病预防、医疗康复等方面有了较大提升。但我国心理精神疾病临床诊疗依

---

① 如《民法典》第 1004 条规定，"自然人享有健康权，自然人的身心健康受法律保护"。行为人的行为直接侵害他人的心理健康的，受害人可向行为人请求精神损害赔偿以及心理治疗康复费用。

然面临患病率高、患病人群庞大的巨大挑战。目前，国内抑郁症的就诊率不足 10%，相当一部分精神分裂症患者未获得专科治疗，[①] 精神卫生服务的利用率不高。全国还没有统一的心理援助热线，多数心理援助热线由精神卫生医疗机构自筹资金建设，运行压力较大。[②] 这些问题都说明，保障公民获得快捷、有效心理健康服务的权利还需要更加完善的制度设计。

二 公民心理健康权保障的新进展

党和国家将保障公民心理健康作为实施"健康中国"战略的重要内容，在政策目标、法律规范、社会服务、特定群体等方面采取了新的举措。

（一）心理健康保障的发展目标更加具体

《"健康中国 2030"规划纲要》将全民健康上升至国家战略，将身体健康、心理健康和社会健康均纳入健康发展战略，提出加强心理健康服务体系建设和规范化管理，加大全民心理健康科普宣传力度，提升全民心理健康素养。《健康中国行动（2019—2030 年）》中"心理健康促进行动"部分明确提出，到 2022 年和 2030 年居民心理健康素养水平分别提升到 20% 和30%，失眠现患率、焦虑障碍患病率、抑郁症患病率上升趋势减缓。基于对保障公民心理健康的战略定位，《"十四五"国民健康规划》全文 19 处提到"心理"，一方面将心理健康内容明确纳入发展目标，到 2025 年，"心理相关疾病发生的上升趋势减缓，严重精神障碍、职业病得到有效控制"，要求健全社会心理健康服务体系、加强对常见精神障碍和心理行为问题干预、将心理援助纳入突发事件应急预案等；另一方面在"全周期保障人群健康"

① 《〈2023 年度中国精神心理健康〉蓝皮书发布，心理服务需求激增催生千亿赛道》，华夏时报百家号，2023 年 10 月 10 日，https：//baijiahao.baidu.com/s？id = 1779337995588003603&wfr = spider&for = pc。

② 雷海潮：《国务院关于精神卫生工作情况的报告——2023 年 12 月 26 日在第十四届全国人民代表大会常务委员会第七次会议上》，中国人大网，2023 年 12 月 27 日，http：//www.npc.gov.cn/c2/c30834/202312/t2023 1227_ 433832.html。

部分，在保护妇女和儿童健康、促进老年人健康、加强职业健康保护、维护残疾人健康的相关内容中均突出了心理健康。① 总体而言，国民健康发展的各项规划都将心理健康作为"整体健康"中不可或缺的一部分，重视程度明显提高，且发展目标更加具体。

（二）心理健康保障的法治进程持续推进

尽管我国法律中并未明确使用"心理健康权"，但是在法治建设中依然能看到对公民心理健康权益保障的认可和重视。

1. 将公民心理健康权保障纳入各类法律规范

以基本法为依据，国家加强公民心理健康的教育引导和特定群体心理健康保障的法制建设。《家庭教育促进法》（2023 年 1 月 1 日起实施）明确，未成年人的父母或者其他监护人要关注未成年人的心理发展状况，并承担教育责任。《未成年人网络保护条例》（2024 年 1 月 1 日起实施）规定，监护人应防范未成年人接触危害其身心健康的网络信息，卫生健康、教育等部门依据职责研究未成年人沉迷网络所致精神障碍和心理行为问题。《妇女权益保障法》（2023 年 1 月 1 日实施）要求学校对女学生开展心理健康教育，增加了为受害妇女提供心理疏导、为有需要的妇女提供心理健康服务支持的规定。

随着国家层面法律规范的完善，地方积极探索和创新保障公民心理健康的制度建设。第一，各地方制定、修订精神卫生法规，进一步细化公民心理健康促进和精神障碍预防、诊断和治疗、康复等制度措施。近年来，上海、北京、内蒙古、江苏、辽宁等省、自治区、直辖市，以及杭州、武汉、宁波、无锡等地市的精神卫生条例相继制定。四川省、广西壮族自治区、贵州省的精神卫生条例也将在 2024 年制定并实施。云南省《曲靖市严重精神障碍患者救助保障条例》（2023 年 11 月 1 日起实施）确保严重精神障碍患者

---

① 《国务院办公厅关于印发"十四五"国民健康规划的通知》，中国政府网，2022 年 5 月 20 日，https://www.gov.cn/zhengce/zhengceku/2022-05/20/content_ 5691424. htm。

医保应保尽保。第二，各地方制定相关条例，提升公民心理健康保障的能力。《上海市爱国卫生与健康促进条例》（2023年11月1日起实施）将健康理念融入各项工作，建立健全心理健康服务网络，完善社区、教育系统、机关企事业单位和医疗机构的心理健康服务机构及其功能。《山东省未成年人保护条例》（2023年10月1日起实施）、《北京市未成年人保护条例》（2023年6月1日起实施）明确从政府、家庭、学校、社会、网络等多方面关注未成年人身心健康，共同营造有利于未成年人心理健康的成长环境。《滨州市社会心理服务条例》（2024年1月1日起实施）是全国首部社会心理服务地方立法，从化解心源性矛盾、维护社会稳定出发，规范社会心理服务工作，提升公众心理健康水平，具有鲜明的地方特色。总体来看，相关法律法规为培育公民健康心理、营造健康社会环境奠定了制度基础。

2. 心理健康促进和救助被纳入司法过程

近年来，最高人民检察院开展未成年人心理健康的司法救助工作，从根本上化解社会矛盾、维护社会稳定。2023年检察机关司法救助未成年人近2万人，发放救助金1.9亿元。检察机关协同公安机关、妇联推进集身体检查、心理疏导、取证、救助等功能于一体的"一站式"询问救助机制建设，最大限度教育和挽救涉案未成年人。[①] 随着《民法典》《反家庭暴力法》的司法适用，强制心理干预人身安全保护令制度确立并广泛运用。四川崇州市法院联合教育等部门发布《未成年人心理健康司法保护白皮书（2018～2023）》，列举保障心理健康的司法案例，为解决涉案未成年人心理健康问题提供了参考指引。[②]

（三）心理健康保障的社会服务体系不断完善

社会心理服务包括心理评估、咨询、治疗、教育、应急心理干预、心理

---

① 《2023年检察机关司法救助未成年人近两万人》，法治网，2024年3月1日，http：//www.
legaldaily. com. cn/index/content/2024-03/01/content_ 8967151. html。
② 《崇州法院发布全省首份未成年人心理健康司法保护白皮书》，澎湃新闻，2023年10月10
日，https：//m. thepaper. cn/baijiahao_ 24887383。

健康促进等，是保障公民心理健康、维护社会和谐稳定的重要举措。自2016年国家多部委联合印发《关于加强心理健康服务的指导意见》在全国开展社会心理服务体系建设试点，至2023年12月全国社会心理服务体系建设经验交流大会总结经验，① 我国社会心理健康服务体系搭建完成。

1. 社会心理健康服务的规范化管理体系初步形成

2021年底国家心理健康和精神卫生防治中心成立，建立多方协同参与的工作机制，推进社会心理健康服务网络和平台建设；随后各级地方普遍设立精神卫生防治技术管理机构，承担预防、治疗、康复、健康教育、综合管理的培训指导、组织协调与具体实施等工作。① 2023年民政部、国家卫健委等制定《精神障碍社区康复服务资源共享与转介管理办法》，进一步规范心理健康和精神卫生相关人才和机构的配置和管理。2023年《四川省社会心理服务工作指导意见》印发，从建立健全长效工作机制、建立健全社会心理服务网络、培育社会心理服务队伍、规范开展社会心理服务四个方面提升地方心理健康服务工作。③

2. 社会心理健康服务覆盖面大幅提升

2020年国家卫健委在全国57个地区部署第一批社会心理服务体系建设试点项目，2021年进一步提出试点地区的基层社会心理服务平台以村（社区）为单位的建成率要达到80%以上，所有精神专科医院要设立心理门诊等要求。截至2023年底，试点地区96%的村和社区，包括100%的高校和将近95%的中小学都设立了心理辅导室或者社会工作室，④ 基本搭建了我国

① 《全国社会心理服务体系建设经验交流大会将在滨州举办》，法治网，2023年12月8日，http：//www.legaldaily.com.cn/index/content/2023-12/08/content_8937026.html。

② 雷海潮：《国务院关于精神卫生工作情况的报告——2023年12月26日在第十四届全国人民代表大会常务委员会第七次会议上》，中国人大网，2023年12月27日，http：//www.npc.gov.cn/c2/c30834/202312/t2023 1227_433832.html。

③ 《〈四川省社会心理服务工作指导意见〉印发》，四川省人民政府网站，2023年5月18日，https：//www.sc.gov.cn/10462/10464/10465/10574/2023/5/18/d2567f90c8db4ddb84dddfe12 dba2992.shtml。

④ 《我国儿童青少年心理健康法律保障机制逐步健全》，法治网，2023年10月11日，http：//www.legaldaily.com.cn/Youth_and_Law/content/2023-10/11/conten t_8911151.html。

社会心理服务网络。

2022年12月，民政部等四部门印发《关于开展"精康融合行动"的通知》，要求推动社区康复服务体系布局优化，提升资源、服务的配置效用。2023年全国31个省份已出台"精康融合行动"实施方案，7个省份实现区县社区康复服务全覆盖，8个省份区县服务覆盖率超过或接近70%。① 目前，我国已经构建了多层次、广覆盖的社会心理健康和精神卫生服务体系。

3. 社会心理健康服务模式不断创新发展

为适应社会发展和公民心理健康需求，近年来各地社会心理服务模式不断创新。第一，"预约式、订单式心理服务"模式逐步常态化。从政府开展社会心理健康服务"群众点单、部门接单、政府买单"试点，到学校、工会、企业、社区主动采用订单式心理服务，心理健康服务的受众大幅增加。第二，"互联网+精神心理全病程服务"模式正在探索。通过互联网医院和数字心理健康平台的集成，实现医疗和心理健康信息、资源互通及数据共享，从而提高心理健康服务的覆盖率。目前，心理和精神疾病患者对互联网就医模式的接受度提高，数字医疗成为串联精神心理疾病病程管理的主线。2023年上半年互联网医疗用户规模为4.31亿人，同比增长18.73%，在随访中，90%的患者认为"互联网+全病程管理"的模式对自己有效。②

（四）高度重视青少年群体心理健康保障

2023年教育部、国家卫健委发布多项行动方案（见表1），全面提升青少年群体，特别是大中小学生的心理健康保障体系。

1. 全面构建学生心理健康保障体系

《全面加强和改进新时代学生心理健康工作专项行动计划（2023—2025

---

① 雷海潮：《国务院关于精神卫生工作情况的报告——2023年12月26日在第十四届全国人民代表大会常务委员会第七次会议上》，中国人大网，2023年12月27日，http：//www.npc. gov. cn/c2/c30834/202312/t2023 1227_ 433832. html。

② 《2023年（上）中国数字健康市场数据报告》，网易网，2023年8月29日，https：//www. 163. com/dy/article/IDA49FGJ0514BOS2. html。

年）》提出，坚持健康第一的教育理念，把心理健康工作摆在更加突出位置，要求多部门联合、医教体融合、家校社协同，共同推进学生心理健康体系建设。行动计划还明确提出"2025 年，配备专（兼）职心理健康教育教师的学校比例达到 95%，开展心理健康教育的家庭教育指导服务站点比例达到 60%"的发展目标。各地积极响应行动计划，采取有效的措施来缓解学生的压力，提高学生心理健康水平。

表 1 加强青少年心理健康权益保障的政策目标要求

时间	发布部门	规范文件	目标要求
2023 年 2 月	教育部思想政治工作司	《教育部思想政治工作司 2023 年工作要点》	全覆盖开展高校新生心理测评。构建心理重症危机干预体系，促进校医协同。加强心理健康教育师资队伍建设，鼓励有条件高校提升教师配备标准
2023 年 4 月	教育部、国家卫健委、最高人民检察院、中央宣传部、中央网信办等 17 个部门	《全面加强和改进新时代学生心理健康工作专项行动计划（2023—2025 年)》	对进一步加强和改进学生心理健康工作作出全局性、系统性、分层次的布局和安排，是做好新时代学生心理健康工作的行动指南。开展促进心理健康、规范心理健康监测、优化社会心理服务等八个方面的重点工作，筑牢学生心理健康防护墙。要求把心理健康工作质量作为衡量教育发展水平、办学治校能力和人才培养质量的重要指标
2023 年 8 月	教育部职业教育与成人教育司	《关于进一步加强和改进职业院校学生心理健康工作的通知》	省级教育行政部门指导本地区职业院校，坚持五育并举促进心理健康，有机融合、统筹推进，以德育心、以智慧心、以体强心、以美润心、以劳健心，培育学生积极心理品质。发挥课堂教学主渠道作用……帮助学生掌握心理健康知识和技能，树立自助、求助意识，学会理性面对挫折和困难
2023 年 11 月	民政部、国家卫健委、共青团、全国妇联等	《关于加强困境儿童心理健康关爱服务工作的指导意见》	加快形成党委领导、政府负责、部门协作、家庭尽责、社会参与、服务主体多元、服务方式多样、转介衔接顺畅的困境儿童心理健康关爱服务工作格局，全面提升困境儿童心理健康水平和身心健康素质，帮助困境儿童养成自尊自信、乐观向上的性格品质和不屈不挠的心理意志

资料来源：教育部门户网站。

2.注重青少年心理健康宣传教育和预警干预

2023 年 10 月 10 日是第 32 个世界精神卫生日，其主题是"促进儿童心理健康，共同守护美好未来"，向社会大众传播青少年心理健康知识，使家长、学校、社会了解青少年心理特点，引导全社会共同维护和促进青少年心理健康。2023 年《青少年网络心理健康读本》发布，指导社会各界有效参与到未成年人网络心理健康保护的行动中来。2023 年甘肃积石山地震后，相关组织及时开展灾后青少年心理健康重建，帮助青少年保持健康积极的心理状态。

三 公民心理健康权保障存在的问题和对策建议

我国在公民心理健康和精神卫生保障方面取得显著成效，但对标"健康中国"战略目标，公民心理健康权保障依然存在不少短板和弱项，亟待在持续发展中加以解决。

（一）存在的问题

在公民心理健康权保障方面仍然存在以下几个方面的问题。

1.相关法律体系尚不完善

我国尚未制定公民心理健康权益保障方面的专门法规。《基本医疗卫生与健康促进法》虽然规定了"健康权"，但关于心理健康的条款非常少。《精神卫生法》作为心理精神健康保障领域的基本法律，主要从医学心理学的角度，在精神疾病预防、诊断和治疗方面作出规定，而对心理行为问题和心理障碍预防的立法不足。而教育、社会环境等领域关于促进心理健康的立法相对比较分散。即便是作为政策文件的《"健康中国 2030"规划纲要》等关于心理健康的内容也不多，忽视了公民心理健康权益的保障，且大部分发展目标没有提供具体指标和途径。而在法律实施过程中，对侵害公民心理健康权益行为的重视尚不足，相关的救济路径也较缺乏。

2. 权益保障没有形成社会共识

公民心理健康权益并没有得到社会应有的重视，不同群体对心理健康权益的认知度存在明显差异。受到传统观念的影响，公众对心理健康问题依然比较陌生，加之缺乏心理健康知识，将心理问题、行为障碍、精神疾病等混为一谈，且对心理问题讳疾忌医。同时，心理健康权益的社会认知程度还受到经济、地域等因素的影响。较之城市，农村地区社会基础设施建设存在明显差距，公众对常见精神障碍防治和心理行为问题的识别干预能力都比较低。而一些群体中依然存在对心理障碍和精神疾病患者的污名化、歧视现象，不少女性曾罹患产后抑郁，许多女性在患上产后抑郁时被家人漠视，对女性产后抑郁的认知仍然停留在"矫情"层面。[①] 另外，各地区对心理健康法律知识的普及教育也存在差异，导致心理健康受到侵害的公民没有及时主张权利并获得有效的救济。

3. 心理健康服务供需失衡

受经济发展水平、地域人群分布、心理服务资源总量的影响，当前我国仍面临心理健康服务供需失衡的问题。一是心理健康服务供给不足。据统计，2023 年我国有 150 多万名持证的心理咨询师，但仅有 3 万~4 万人从事心理咨询行业的专兼职工作，心理咨询师的缺口高达 43 万人。[②] 二是心理健康服务供需地域不均衡。目前，我国心理服务机构和社会组织主要聚集在发达城市，这也是因为城市人群心理健康认知度高，也拥有更高的购买力。而大量二、三线城市以及农村地区对心理健康服务有需求，但供给明显不足。三是心理健康服务供给的群体不均衡。当前青少年群体是心理问题的多发群体，也备受社会关注，社会心理健康服务也更倾向于这一群体。而特定从业者、老年人、残障人士等群体以及灾情等特定情况下的心理健康服务需求也非常突出。

[①] 《〈2022 国民抑郁症蓝皮书〉发布：5 成抑郁患者为学生　女性患病率为男性 2 倍》，人民融媒体百家号，2022 年 8 月 20 日，https：//baijiahao.baidu.com/s？id＝1741641682175263871&wfr＝spider&for＝pc。

[②] 《学生心理健康工作上升为国家战略　心理专业人才匮乏亟待解决》，中青在线，2023 年 11 月 6 日，https：//news.cyol.com/gb/articles/2023-11/06/content_ OVWvOeIWya.html。

（二）公民心理健康权保障的对策建议

针对当前存在的问题，就提高公民心理健康权保障的规范化、社会化水平，提出以下建议。

1. 完善公民心理健康权的法治保障

在《基本医疗卫生与健康促进法》中确立公民心理健康权，将《精神卫生法》更名为《心理健康和精神卫生法》，将心理健康和精神健康并列入法，体现预防为主的卫生健康工作方针，对公民心理健康权保障作出系统性规定。在执法和司法中注重维护公民心理健康权益，明确公民维权的法定途径。同时，及时将行之有效的心理健康保障政策法定化、规范化。比如自2021年广东率先将心理治疗纳入医保报销后，江苏、北京等多省市相继实施此项政策。2023年深圳、汕头也将心理治疗纳入医保范围。目前，少数地区也在推进将未患精神障碍疾病但心理健康受损人员的心理咨询服务纳入医保范围。对心理健康从业人员的资质认定、行业标准和考核制度等已经有了相对完整的运行机制，建议将这些制度有序纳入法律规范，不仅能为公民心理健康提供更完备的保障，也有利于心理健康相关职业的发展和行业发展的规范化。

2. 将心理健康权保障纳入社会治理

公民心理健康权保障应当融入社会治理的各个层面，增强社会认同感。各级政府、社会组织应将促进公民心理健康的理念贯穿履职的全过程。一方面，社会治理要重视公民心理健康权的保障。将公民心理健康保障纳入各类政策制定和决策实施过程，坚持预防为主的原则，准确把握政策对群体心理造成的冲击和震荡。基层自治组织建立心理帮扶机制，重视成员心理健康，做好矛盾突出、行为失常人员的心理疏导和干预。另一方面，共同营造有利于心理健康保障的社会氛围。政府和社会组织应面向不同群体大力普及法律和心理健康知识，引导人们正确认识心理健康问题，摒弃对心理精神障碍的社会偏见，提升公民心理健康素养，培育社会健康心态。

3. 提升心理健康社会服务能力

满足公众心理健康服务需求，必须合理配置心理健康社会服务资源，建设全生命周期的心理健康服务体系。一是促进心理健康资源的合理配置。搭建基层心理服务平台，建立 24 小时公益心理援助平台、心理危机预警和干预体系。促进各地区心理服务和精神卫生体系的协同发展，提升心理健康咨询、诊疗从业人员的技能、综合素质以及职业认可度。二是关注"全生命周期心理健康"，着力强化不同群体的心理关爱和精神疏导。为特定群体，包括丧偶、留守老年人，孕产期、更年期妇女，留守和困境儿童，残疾人及其家属等提供心理辅导、情绪疏解、家庭关系调适等心理健康服务。三是鼓励和规范市场主体参与心理健康社会服务，促进心理健康产业持续发展。

B.6
"双碳"目标下环境权司法保障的新发展

唐颖侠*

摘　要：　实现碳达峰碳中和，推动经济社会发展的绿色化和低碳化是实现我国高质量发展的关键环节。最高人民法院发布司法服务碳达峰碳中和指导意见，助力碳排放总量和强度"双控"，促进碳达峰碳中和"1+N"政策体系持续落实。完善"双碳"审判体制机制，为积极稳妥推进碳达峰碳中和，建设人与自然和谐共生的中国式现代化提供更加有力的司法服务。中国的司法机关归纳"双碳"司法规律、总结司法实践经验，形成"两高"指导性案例，为充分保障公民环境权、加快推进应对全球气候变化治理贡献中国智慧和力量。

关键词：　"双碳"目标　环境权　司法保障

党的二十大报告明确提出"统筹产业结构调整、污染治理、生态保护、应对气候变化，协同推进降碳、减污、扩绿、增长，推进生态优先、节约集约、绿色低碳发展"的总体要求，并对积极稳妥推进碳达峰碳中和进行了具体部署。贯彻落实党的二十大精神，迫切需要将实现"双碳"目标纳入法治化轨道，依法发挥司法能动作用，服务减排降碳，应对气候变化，保障公民的环境权。

---

* 唐颖侠，南开大学人权研究中心（国家人权教育与培训基地）副主任，南开大学法学院副教授，研究方向为国际人权法、气候变化法。

一 司法服务保障"双碳"目标的现实意义

2021 年 9 月 22 日，中共中央、国务院发布《关于完整准确全面贯彻新发展理念 做好碳达峰碳中和工作的意见》。同年 10 月 24 日，国务院印发《2030 年前碳达峰行动方案》，通过实施积极应对气候变化国家战略，建立起了碳达峰碳中和"1+N"政策体系。随着"双碳"行动持续推进和新发展理念的贯彻落实，以及经济社会发展和国家产业、能源结构的深度调整，涌现出一些新业态新模式生产、服务、消费方式，随之，节能服务合同纠纷案件、碳排放权交易合同纠纷案件、国家核证自愿减排量技术服务合同纠纷案件、涉及碳排放配额执行案件、碳排放配额清缴行政纠纷等新类型案件也陆续进入诉讼渠道。据统计，自我国签订《巴黎协定》以来，全国各级人民法院一审审结涉碳案件 112 万件。其中，涉经济社会绿色转型案件 1.5 万件，占比 1.40%；涉产业结构调整案件 13 万件，占比 11.90%；涉能源结构调整案件 90 万件，占比最大，为 80.43%；涉碳市场交易案件 600 余件，占比 0.06%；其他涉碳案件 6.9 万件，占比 6.20%（见图 1）。①

"双碳"案件是应对气候变化风险国家战略的司法回应。作为新型案件，在司法实践中，无论是程序规则还是实体法律适用都可能突破传统法律定义和边界，需要新的法律制度和裁判规则。相比域外日益增多的气候变化诉讼的发展规模和类型，我国的涉碳诉讼总体起步较晚，在司法实践中个案裁判面临的困难较多。虽然过去已有部分司法政策与"双碳"目标有一定的相关性，但缺乏系统性、整体性、协同性的司法考量，难以有效应对涉碳案件的多样化与涉碳利益的多元化提出的新问题和新挑战，迫切需要认真把握绿色低碳发展是推动实现中国式现代化内在需求的新使命，站在人与自然

---

① 《最高法环资庭相关负责人就〈意见〉和典型案例答记者问》，最高人民法院网站，https：//www.court.gov.cn/zixun/xiangqing/389331.html。

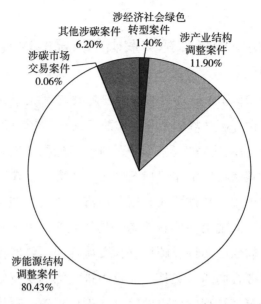

涉经济社会绿色
转型案件
1.40%

其他涉碳案件
6.20%

涉碳市场
交易案件
0.06%

涉产业结构
调整案件
11.90%

涉能源结构
调整案件
80.43%

图1　全国各级人民法院一审审结的各类涉碳案件占比

资料来源：笔者自制。

和谐共生的高度谋划绿色司法工作，将"双碳"目标融入司法理念、案件
受理与裁判过程中。① 由司法机关制定"双碳"规范性文件，对各级人民法
院依法妥善审理涉碳这一新领域的各类案件具有重要的指导作用，对助力推
进实现碳达峰碳中和目标具有重要意义。同时，对企业实施碳达峰行动，深
入推进能源革命，加强煤炭清洁高效利用，加快规划建设新型能源体系具有
重要的引导作用。②

　　第一，为应对气候变化的"双碳"立法提供补充和参考。目前在顶层
设计方面，我国已初步构建了碳达峰碳中和的"1+N"政策体系，并逐步在
地方层面推行政策落实和指标约束，但应对气候变化的"双碳"规则仍主

---

① 《为应对气候变化实现"双碳"目标提供有力司法保障》，中国法院网，https：//
www. chinacourt. org/article/detail/2023/02/id/7154842. shtml。
② 《关于最高院首部碳达峰碳中和司法服务意见的解读与风险防范简述》，法治网：http：//
www. legaldaily. com. cn/Lawyer/content/2023-03/03/content_ 8828057. html。

要停留在政策层面，除了全国性碳交易规则①和个别地方性立法②外，大多未上升到法律层面。尽管气候变化问题复杂多变，充满不确定性，通过"双碳"政策先行先试有利于发挥其灵活性的优势，但国家层面的"双碳"立法缺失可能会导致实践中偏离法治轨道的风险。此时，司法政策和实践可以起到弥补立法不足的作用。一方面，司法机关通过司法解释或司法文件，探索涉碳案件的司法规律、总结审判经验，有助于对"双碳"立法领域的不足提出司法建议，并协助立法机关完善有关法律草案。另一方面，最高人民法院和最高人民检察院通过发布指导性案例，可以更好地统一各级法院、检察院在涉碳案例中的法律适用和裁判规则，增强法律适用的一致性和协调性。

第二，为气候变化执法的规范化和法治化提供指引。实践中，与气候变化有关的行政执法存在不足，有碍"双碳"目标的顺利达成。其一，在碳交易法律纠纷中，碳排放权的法律性质是有争议的问题。通过诉讼由法院作出裁判，可以为气候变化执法提供参考。其二，环境监测数据的真实性和合法性是气候执法的重要依据和保障，通过法院在相关案件的审判中依据环境监测相关法律法规，依法严格惩治篡改监测数据的违法行为，有助于督促行政机关严格执法。其三，环境影响评价是建设项目审批和实施中的重要环节，法院通过处理在建设项目的审批环节和实施进程中因弄虚作假、玩忽职守等导致的二氧化碳违规排放行为，促使行政执法机关规范执法行为。

第三，"双碳"司法裁判发挥规则引领与价值导向作用。公开的裁判文书对社会公众的行为也会产生一定程度的引导作用，培育公众对气候变化问题的价值判断与内在认同。其不仅可以提升公众应对气候变化的意识，而且

---

① 《碳排放权交易管理暂行条例》（2024 年 1 月 5 日国务院第 23 次常务会议通过），中国政府网，https://www.gov.cn/gongbao/2024/issue_ 11186/202402/content_ 6934549. html。

② 《天津市碳达峰碳中和促进条例》（2021 年 9 月 27 日天津市第十七届人民代表大会常务委员会第二十九次会议通过），天津市生态环境局网站，https://sthj. tj. gov. cn/YWGZ7406/FGBZ390/FLFG729/DFFLFG8298/202203/t20220329_ 5842833. html。

可以引导社会公众了解和践行绿色低碳理念，形成绿色低碳的生产生活方式，进而降低终端消费碳排放强度，这也将推动能源、生产、交通等各领域的发展方式转换，助推减碳政策落地。①

二 "双碳"目标下环境权司法保障的规范进展

（一）顶层设计

为推动绿色发展，促进人与自然和谐共生，贯彻落实习近平生态文明思想和"双碳"目标，2023 年 3 月 17 日，最高人民法院发布《最高人民法院关于完整准确全面贯彻新发展理念 为积极稳妥推进碳达峰碳中和提供司法服务的意见》（以下简称《意见》）。②《意见》紧扣国家"双碳"目标，立足发挥审判职能作用，为积极稳妥推进碳达峰碳中和提供了有力的司法服务。

1. 指导思想与总体要求

第一，坚持以习近平生态文明思想和习近平法治思想为指导。坚持以人民为中心，服务国家发展大局，推进美丽中国建设。坚持"绿水青山就是金山银山"，生态优先、节约集约、绿色低碳发展。坚持系统保护，推进山水林田湖草沙一体化保护和系统治理，为实现碳达峰碳中和各项决策部署落地见效提供司法服务，推动实现人与自然和谐共生的中国式现代化。

第二，完整准确全面贯彻新发展理念。积极稳妥推进碳达峰碳中和，统筹产业结构调整、减污降碳、生态保护、应对气候变化。依法助力协调和平衡发展和减排、整体和局部、短期和中长期、政府和市场的关系。以促进能源绿色低碳发展为关键，推动形成节约资源和保护环境的产业结构、生产方式、生活方式、空间格局，走符合中国国情和实际的司法服务道路。

---

① 《司法服务保障碳达峰碳中和研究》，中国法院网，https：//www.chinacourt.org/article/detail/2024/01/id/7754438.shtml。
② 《为积极稳妥推进碳达峰碳中和提供有力司法服务——最高人民法院出台首部涉"双碳"规范性文件并发布配套典型案例》，最高人民法院网站，https：//www.court.gov.cn/fabu/xiangqing/389371.html。

第三,贯彻最严格制度最严密法治。准确把握刑事、民事、行政法律涉及生态环境保护的立法精神,让制度成为刚性约束和不可触碰的高压线。正确适用民法典绿色原则和绿色条款,强化以环境保护法为基础,以生态保护、污染防治、资源利用以及能源开发等法律为主干,以行政法规规章为补充的碳达峰碳中和法律制度供给和执行,加快形成系统完备的裁判规则体系,确保法律适用统一。

第四,统筹国内法治与涉外法治。落实《世界环境司法大会昆明宣言》,秉持公平、共同但有区别的责任及各自能力原则,依法审理节能减排、低碳技术、碳交易、绿色金融等相关案件,促进气候变化减缓和适应。秉持人类命运共同体理念,坚定维护经济全球化和可持续发展,持续深化环境司法领域国际合作交流,积极参与应对气候变化全球治理。①

2. 主要内容

《意见》第二、三、四部分分别着眼于"服务经济社会发展全面绿色转型""保障产业结构深度调整""助推构建清洁低碳安全高效能源体系",完整梳理各部分所涉及重要诉讼类型和诉讼范围,系统规范相关诉讼要件,对供给侧结构性改革精准发力。通过完善司法规则供给,营造法治化营商环境。《意见》第五部分针对中国碳市场建设过程中出现的种种违法现象,聚焦碳排放配额与温室气体排放报告的相关司法纠纷,厘清环境资源审判中的碳市场交易纠纷的受案范围,明确审理的重点案件类型,明确碳排放权交易纠纷审理的关键节点和裁判规则,为中国已经建成的全球覆盖碳排放规模最大的碳市场保驾护航。

《意见》第六部分立足环境司法专门化对于服务"双碳"目标的关键作用,强调积极拓展环境司法新领域,构建由环境资源审判机构牵头、相关部门分工配合的涉碳案件审判机制,明确了重大疑难案件提级管辖规则,在依托环境司法专门化的成熟体系并适度延拓的基础上,合理配置相关司法资

---

① 《最高人民法院关于完整准确全面贯彻新发展理念 为积极稳妥推进碳达峰碳中和提供司法服务的意见》,最高人民法院网站,https://www.court.gov.cn/fabu/xiangqing/389351.html。

源，形成整体合力，通过加强环境司法专门化、专业化能力建设，为世界贡献应对气候变化的中国司法方案。①

（二）地方性文件

2023 年 11 月 24 日，四川省高级人民法院发布了《四川省高级人民法院关于践行新发展理念服务保障碳达峰碳中和工作的实施意见》（以下简称《实施意见》）。②《实施意见》共有 21 条，分别从提高政治站位、发挥审判职能和深化改革创新三个方面，对司法服务保障碳达峰碳中和工作提出了明确的工作要求和具体的审判指引。

第一部分即第 1~3 条，是关于提高政治站位方面的工作要求。本部分分别从深刻认识碳达峰碳中和目标重大意义、把握"1+N"政策体系总体要求、深入践行"能动司法"展现法院担当三个方面，提出了在推进碳达峰碳中和司法服务保障工作中提高政治站位方面的具体要求。第二部分即第 4~15 条，是关于在具体的案件审理工作中，发挥审判职能、积极稳妥推进碳达峰碳中和工作，服务保障经济社会绿色低碳转型和高质量发展的工作要求。本部分分别从刑事审判（打击大气污染物犯罪、第三方环保数据造假犯罪、破坏生态系统固碳能力犯罪）、民事审判（妥善审理碳排放权、核证自愿减排量交易纠纷、涉碳市场纠纷、碳金融衍生品与碳期货交易纠纷案件）、行政审判、服务保障生态产品价值实现与生态保护补偿、新类型涉碳诉讼、推动生态环境保护修复、气候变化司法应对等 12 个方面提出了相关审判工作指引。第三部分即第 16~21 条，是关于改革创新的工作规定。本部分分别从强化涉碳纠纷的诉源治理、完善涉碳审判制度机制、深入推进专门化改革、深入开展涉碳司法调研、落实法院自主减排义务、完善低碳司法各项举措等 6 个方面提出了相关改革创新的具体工作举措。

---

① 《为应对气候变化实现"双碳"目标提供有力司法保障》，中国法院网，https://www.chinacourt.org/article/detail/2023/02/id/7154842.shtml。

② 《四川高院发布〈关于践行新发展理念服务保障碳达峰碳中和工作的实施意见〉（附全文）》，四川省高级人民法院网站，http://scfy.scssfw.gov.cn/article/detail/2023/12/id/7676108.shtml。

《实施意见》是贯彻《最高人民法院关于完整准确全面贯彻新发展理念 为积极稳妥推进碳达峰碳中和提供司法服务的意见》内容,并结合四川省实际提出的具体工作要求和工作规范,是全省法院司法服务保障"双碳"工作的纲领性、指引性文件。其为发挥环境司法职能作用,协同推进生态环境保护修复和生态系统固碳增汇,不断推进美丽四川建设和实现人与自然和谐共生的中国式现代化服务。

三 "两高"落实"双碳"目标的典型案例

(一)最高人民法院"双碳"典型案例分析

最高人民法院在发布《意见》的同时公布了11个"双碳"典型案例,包括比特币"挖矿"服务合同、温室气体排放环境侵权、水泥产能指标转让合同、破产案件中将危废物处置费用认定为破产费用、碳排放配额转让合同及国家核证自愿减排量技术服务合同、碳排放配额清缴行政处罚、碳排放配额强制执行、破坏环境监测计算机信息系统、滥伐盗伐林木碳汇赔偿等多方面的内容,① 加大了裁判规则和裁判标准的供给力度,有利于指导各级人民法院正确审理涉碳案件。

1. 贯彻最严格制度最严密法治

坚持以最严格制度最严密法治保护生态环境是习近平生态文明思想的重要内容。人民法院充分发挥审判职能作用,准确把握刑事、民事、行政法律涉及生态环境保护的立法精神,不断加大环境保护的司法力度。如案例二德清县人民检察院诉德清某保温材料公司大气污染责任纠纷民事公益诉讼案,人民法院依法将刑事、民事审判与行政执法有效衔接,侵权人最终以同时依法承担行政、刑事、民事三种责任的方式,为其污染环境的行为"买单",

---

① 《最高法发布司法积极稳妥推进碳达峰碳中和典型案例》,最高人民法院网站,https://www.court.gov.cn/zixun/xiangqing/389361.html。

体现了人民法院对污染环境行为严肃追责的司法态度。案例九韩某涛等破坏计算机信息系统案，人民法院对当事人篡改环境监测系统后台参数的行为依法追究刑事责任，体现了人民法院严厉打击环境监测系统数据弄虚作假行为的态度。案例四杭州某球拍公司破产清算案，人民法院坚持预防性司法理念，践行生态权益优先保障的破产审判新思路，在破产程序中将生态环境治理费用作为破产费用优先列支，消除了破产企业留存危废物的环境污染隐患，实现了破产财产价值最大化，对引导破产企业管理人履行生态保护职责具有较大的示范意义。

2. 维护碳市场交易秩序

自2021年7月正式启动全国碳排放交易市场以来，我国碳市场已经成为全球覆盖碳排放最大的市场。妥善审理碳市场交易纠纷案件，促进碳市场健康有序发展，是人民法院的重要职责。如案例五广州某低碳科技公司诉广州某交易中心等合同纠纷案，人民法院结合当时交易中心的交易规则、当事人签订的交易合同具体约定，综合认定交易平台及交易主体的法律责任，依法分配交易风险，维护碳市场交易秩序，较好地促进了碳市场的可持续发展。案例六北京某清洁能源咨询公司诉某光电投资公司服务合同纠纷案，人民法院依法对提供技术服务的第三方提出的已完成全国核证自愿减排量的项目服务费及利息的诉请予以支持，对鼓励温室气体自愿减排交易，保障中国核证自愿减排量（CCER）交易活动有序开展具有积极意义。案例七深圳某容器公司诉深圳市发展和改革委员会行政处罚行为案，人民法院依法支持监督行政机关履行监管职责，对不履行碳排放配额清缴义务的重点排放单位作出行政处罚，为温室气体排放控制目标的实现提供了有力的司法保障。案例八中国农业银行某县支行与福建某化工公司等碳排放配额执行案，人民法院执行变卖碳排放配额用以抵偿被申请人债务，准确把握了碳排放配额作为新型财产的法律属性，较好协调了债权人权益保护与企业发展之间的关系，对碳排放配额执行规则完善具有借鉴意义。

3. 推动产业结构绿色低碳转型

人民法院坚持以促进能源绿色低碳发展为关键，积极推动形成节约资源和保护环境的产业结构。如案例一上海某实业公司诉北京某计算科技公司委托合同纠纷案，人民法院适用《民法典》第九条"绿色原则"，将能源消耗巨大且已被国家列入淘汰类产业的比特币"挖矿"行为所涉合同，认定因违反公序良俗而无效，展示了人民法院依法坚持服务绿色发展的决心。案例三广西某矿业公司诉内蒙古某水泥公司等合同纠纷案，人民法院在依法确认前后两份转让协议均有效的同时，考虑到第二份转让合同的水泥产能置换已经按照转入地、转出地政府要求实际履行完毕，依法驳回第一份转让合同受让人主张继续履行合同的诉讼请求，依法保障产能置换政策有效实施，避免出现合同履行"僵局"，为建材行业开展节能降碳改造、产业结构深度调整提供了有力的司法服务。

4. 坚持生态修复优先，固碳增汇协同推进

党的二十大报告指出，要协同推进降碳、减污、扩绿、增长，推进生态优先、节约集约、绿色低碳发展。人民法院始终坚持生态保护和修复的优先地位，推动降碳减污协同增效。如案例十阿罗某甲等盗伐林木刑事附带民事公益诉讼案，人民法院在依法判处犯罪人刑罚的同时，适用补植复绿、认购碳汇的裁判执行方式，实现了生态修复和碳汇能力提升的有机统一。案例十一陈某华滥伐林木案，人民法院探索在破坏森林资源刑事犯罪案件中引入"系统化、流程化、规范化、可量化"的森林碳汇补偿机制，落实"损害担责、恢复生态、堵疏补漏"原则，体现了生态修复优先、固碳与增汇并举、刑事责任与修复赔偿相协调的环境资源司法理念。[①]

（二）最高人民检察院服务保障碳达峰碳中和典型案例

最高人民检察院 2023 年 6 月 5 日发布 10 件检察机关服务保障碳达峰碳中和典型案例[②]，涉及破坏林地湿地、危害国家重点保护野生植物、非法篡

---

① 《最高法发布司法积极稳妥推进碳达峰碳中和典型案例》，最高人民法院网站，https：//www. court. gov. cn/zixun/xiangqing/389361. html。

② 《检察机关服务保障碳达峰碳中和典型案例》，最高人民检察院网站，https：//www. spp. gov. cn/spp/xwfbh/wsfbh/202306/t2023060 5_ 616289. shtml。

改环境监测设备数据、非法排放温室气体、违规拆解报废机动车、非法倾倒污泥等领域问题，主要有四方面特点。①

第一，检察机关融合发挥刑事、公益诉讼等检察职能作用，助力山水林田湖草沙一体化保护修复，巩固提升生态碳汇能力。山东省荣成市人民检察院办理张某等14人非法捕捞水产品掩饰、隐瞒犯罪所得刑事附带民事公益诉讼案时，积极运用"刑事打击+公益诉讼+生态环境修复"模式，探索使用海草种植作为补充替代性修复方式，有效发挥海草固碳释氧能力和资源养护优势，改善近海生态系统服务功能。

第二，开展应对气候变化检察履职，推动治理非法排放温室气体问题。检察机关聚焦高耗能高碳排放项目建设、能源运输等行业领域问题依法能动履职，取得务实成效。陕西省志丹县人民检察院针对运输槽车擅自开阀泄压排放气化天然气影响大气环境及公共安全隐患问题，依法开展行政公益诉讼，推动公安、生态环境、应急管理、交通运输等部门联合整治，并完善相关监管机制。在各方共同努力下，偷排现象得到根治。

第三，深入践行恢复性司法理念，探索适用认购碳汇方式履行生态损害赔偿责任，破解原地难以补植复绿、生态服务功能期间损失无法修复、当事人修复能力不足等难题。贵州省剑河县人民检察院针对某水投公司水库项目非法占用林地问题，依法办理民事公益诉讼案。该公司委托第三方公司编制方案，投入资金34.3万元，补植树木4800余株，播撒草种100多千克，并自愿认购1423.7吨碳减排量，弥补生态服务功能期间损失。

第四，在依法惩治生态环境违法犯罪的同时，引导企业开展节能降碳技术改造，实现企业绿色转型。江苏省沭阳县人民检察院针对篡改环境监测设备数据以及违规排放污染物等违法行为，督促支持行政机关与涉案企业开展生态环境损害赔偿磋商，引导企业采取替代性修复方式，有序开展光伏发电

---

① 《检察机关服务保障碳达峰碳中和典型案例共有四个特点》，最高人民检察院网站，https：//www.spp.gov.cn/spp/c107228chdfgmcggeqcnpgbshkfhvbehkvkggbtrdknsecdkvppnbsmfrmqtvnu/2023 06/t20230605_616374.shtml。

项目、余热发电项目及提标改造项目等节能降碳技术改造与清洁化改造，促进绿色转型。①

四　问题与展望

（一）"双碳"目标下环境权司法保障的主要问题

1. 气候变化应对法律体系尚不健全

气候变化应对是一项系统工程，"双碳"立法需要在统筹国际和国内、发展与治理、当代与后代等复杂冲突矛盾的基础上开展。因此，尽管早在2009年全国人大常委会就作出了《关于积极应对气候变化的决议》，提出了应对气候变化立法相关任务，并且在2011年国家应对气候变化主管部门成立了应对气候变化法律起草工作领导小组。2016年，应对气候变化立法首次被列入国务院年度立法计划中的研究项目。② 但至今尚无全国性立法，第十四届全国人大常委会立法规划仅将"应对气候变化和碳达峰碳中和"列为立法条件尚不完全具备、需要继续研究论证的立法项目。主要原因是气候变化的综合性立法既要涵盖气候减缓和适应两大措施，又要协调修改配套法律。而相关法律法规，如《环境保护法》《可再生能源法》《节约能源法》《循环经济促进法》《清洁生产促进法》《森林法》《农业法》《自然保护区条例》《气象灾害防御条例》《自然灾害救助条例》等法律规范，散见于多个部门法之中，法律条文以原则性规定为主，可操作性不强，给司法实务带来很多困难。

2. 碳排放权的法律性质存在争议

尽管碳排放权的法律属性是碳排放权交易制度的核心问题，然而，这一

---

① 《检察机关服务保障碳达峰碳中和典型案例共有四个特点》，最高人民检察院网站，https://www.spp.gov.cn/spp/c107228chdfgmcggeqcnpgbshkfhvbehkvkggbtrdknsecdkvppnbsmfrmqtvnu/202306/t20230605_616374.shtm。

② 《对十四届全国人大一次会议第6276号建议的答复》，生态环境部网站，https://www.mee.gov.cn/xxgk2018/xxgk/xxgk13/202311/t20231106_1055169.html。

基础问题在理论和实践中却一直存在较大的争议。我国法律中未明确定义"碳排放权"的概念，相关立法也均未明确碳排放权的法律属性。对碳排放权法律属性这一基础核心问题认识的分歧，也引发了司法实践中的不一致做法，在一定程度上制约了碳排放权交易制度的实践与发展，影响了"双碳"目标的实现。

3. 碳排放权管理和司法执行体制机制有待完善

一是行政机关执法手段有待进一步丰富，执法力度有待加强，罚款标准较低。二是冻结企业配额影响企业清缴履约，存在"以碳套现"风险。三是冻结重点排放单位与汇总账户绑定的银行结算账户后，将限制重点排放单位购买碳配额，从而影响重点排放单位履行清缴履约义务。四是碳排放权司法执行措施和计量单位有待固定，碳配额执行存在冻结与查封两种不同表述，冻结期限和配额清缴周期不一致。五是排放权委托执行机制有待建立，部分法院出具的协助执行通知书不够规范，送达方式不一。①

4. 审判执行领域存在一些问题

一是司法预防功能发挥不足。环境司法预防观念普及度较低，涉碳案件适用预防性司法的领域不清、措施不足。二是涉碳案件审判指引尚未出台。缺少对涉碳案件审判经验的深入总结，尚未出台直接面向"双碳"的司法适用规范，还未形成具体清晰的裁判规则。三是可参照适用的典型案例体量不足。涉碳纠纷类型多样但案件总量有限，需要发现一些典型案例，发挥有影响力的涉碳案例的借鉴作用。②

5. 专业化审判机制尚未建立

一是受案范围尺度把握不统一。对碳排放权法律属性的不同认识和纷繁复杂的纠纷类型均影响涉碳案件受理，各地法院涉碳司法裁判类型相对单

---

① 《司法服务保障碳达峰碳中和研究》，中国法院网，https://www.chinacourt.org/article/detail/2024/01/id/7754438.shtml。

② 《司法服务保障碳达峰碳中和研究》，中国法院网，https://www.chinacourt.org/article/detail/2024/01/id/7754438.shtml。

一。二是内部协同与外部联动力度不够。归口管理不够科学影响法院内部业务庭之间的协同，协作机制不够完备影响法院与其他机关之间的合作，信息系统不够完善影响整体联动。三是以能动司法弥补涉碳立法滞后的理念有待提升，各地法院涉碳司法宣传不够广泛、平衡。[①]

（二）"双碳"目标下环境权司法保障的展望

1. 加快"双碳"目标下应对气候变化的立法进程

为贯彻习近平生态文明思想，积极应对气候变化，落实碳达峰碳中和目标，建议尽快完成"应对气候变化法"的制定。系统规制减缓气候变化和适应气候变化，将积极应对气候变化的国家战略以法律形式确定下来，把已经形成并行之有效的国家应对气候变化的管理体制和重大制度、各级政府应对气候变化和碳达峰碳中和的职责与举措上升为法律。"应对气候变化法"定位为应对气候变化领域的基础性、综合性法律。"应对气候变化法"的重点内容包括：一是建立应对气候变化管理体制。明确各级政府和有关部门推进应对气候变化、落实碳达峰碳中和的职责和要求。明确国家制定应对气候变化目标的决策程序和推动实施、开展评估和考核等重要环节要求。二是规范重要制度安排。建立碳排放总量和强度"双控"制度、碳排放报告统计与核算制度、碳排放信息披露制度、气候变化影响评价制度、气候风险评估和管理制度、监测预警和灾害管理制度等应对气候变化重要制度安排。三是建立激励约束机制。规定各级政府应当采取财税、金融、价格、投资等激励性措施支持减缓和适应气候变化行动。建立碳排放权交易机制，规范发展碳金融。明确气候变化领域违法行为和违法责任。四是规范引导参与应对气候变化全球治理。规范履行气候变化国际条约义务的相关程序和要求。鼓励开展气候变化国际交流与合作。五是推动全社会参与。明确应对气候变化信息发布、公众参与、宣传教育、人才

[①] 《司法服务保障碳达峰碳中和研究》，中国法院网，https://www.chinacourt.org/article/detail/2024/01/id/7754438.shtml。

培养等方面的要求，保障公众知情权、参与权、监督权。引导形成绿色低碳生产生活方式，推动全社会共同参与应对气候变化。[①]

2.以双阶理论为视角定义"碳排放权"的法律性质

碳排放权既蕴含了环境保护及碳排放管控的公法特征，也体现了意思自治及自由协商的私法内涵。在传统"非公即私"的思维桎梏下，碳排放权的法律性质尚存在较大争议，[②] 单纯公法属性观抑或私法属性观均难以实现逻辑自洽。可以双阶理论为视角对碳排放权的法律属性予以厘清：纵向上，将碳排放权在注册登记之前界定为公法属性，注册登记后原则上视为私法属性；横向上，从制度价值、市场风险、规范体系等角度厘清公权力介入碳排放权交易机制的正当性，彰显碳排放权交易阶段公私法之间的交织与衡平逻辑。[③]

3.完善涉碳集中管辖体制机制

《意见》明确提出，构建有利于积极稳妥推进碳达峰碳中和的案件归口审理制度。环境司法专门化的实质是集中管辖，涉碳司法专门化是环境司法专门化的转型升级。[④] 因此，建议在地域管辖方面，依托设立于上海和武汉的全国性碳排放权注册登记交易市场发生的民事、行政案件，由上海法院和武汉法院分别集中管辖。在级别管辖方面，依托设立于上海和武汉的全国性碳排放权注册登记交易市场发生的民事、行政案件，由中级法院一审，涉及地方性碳排放权交易市场的，则由基层法院一审。[⑤]

4."双碳"目标下应尽早发展我国涉外气候变化诉讼

近年来，因为气候变化的国际条约谈判进展缓慢，难以有效应对气候变

① 《对十四届全国人大一次会议第 6276 号建议的答复》，生态环境部网站，https://www.mee.gov.cn/xxgk2018/xxgk/xxgk13/202311/t20231106_1055169.html。
② 倪受彬：《碳排放权权利属性论——兼谈中国碳市场交易规则的完善》，《政治与法律》2022 年第 2 期。
③ 《司法服务保障碳达峰碳中和研究》，中国法院网，https://www.chinacourt.org/article/detail/2024/01/id/7754438.shtml。
④ 曾德明：《"双碳"目标下气候变化诉讼的路径选择》，《行政与法》2024 年第 1 期。
⑤ 游劝荣：《司法专门化视域下涉碳案件集中管辖研究》，《法学评论》2024 年第 1 期。

化带来的严峻挑战①和排放差距②,气候变化诉讼成为推动气候治理的重要途径。据统计,全球范围内气候变化诉讼案件已多达 2507 件。③ 其中,美国的气候变化诉讼数量已达到 1725 件,其他地区气候变化类诉讼为 782 件。具体分布为欧洲 311 件、美洲 184 件、大洋洲 166 件、亚洲 66 件、非洲 19 件以及由国际性法院管辖的 36 件,如图 2 所示。

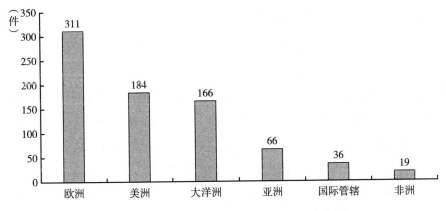

图 2　各洲涉气候变化诉讼案件（美洲不含美国）

资料来源:笔者自制。

而我国气候变化诉讼总体发展缓慢,致力于推动气候治理的诉讼不多见。因此,为落实"双碳"目标保障公民环境权,我国应进一步完善适应气候变化诉讼的程序规则和实体规范,引入气候变化科学领域关于因果关系和归因原则的新发展,提升诉讼能力。

---

① IPCC 第六次报告,https://www.ipcc.ch/assessment-report/ar6/。
② 联合国环境署:《2023 年排放差距报告》,https://www.unep.org/resources/emissions-gap-report-2023。
③ 美国以外国家的数据来自气候案例网站:https://climatecasechart.com/non-us-jurisdiction/;
美国的数据来自气候案例网站:https://climatecasechart.com/us-climate-change-litigation/。

B.7

开展备案审查保障公民基本权利

——基于2017~2023年全国人大常委会法工委备案审查工作报告的分析

达 璐[*]

摘 要: 备案审查是基于人民代表大会制度,为保障公民基本权利,规范公权力有序运行而设立的一项重要制度。2017年以来,全国人大常委会形成了听取并审议法工委备案审查工作报告的惯例,备案审查工作的图景逐渐鲜活、丰富。全国人大常委会法工委以落实"有件必备、有备必审、有错必纠"为契机,开展了大量备案及审查工作,并激活了规范性文件的合宪性审查,为公民基本权利的实现提供了新的制度保障。

关键词: 备案审查 人权保障 备案审查工作报告 合宪性审查

一 党的十八大以来我国备案审查工作
发展的基本情况

备案审查是指有权机关将其制定的法规等规范性文件依法定期限和程序报法定机关备案,由接受备案的机关进行登记、分类、存档,并依法对其进行审查、作出处理。[①] 其根植于我国的人民代表大会制度,现行宪法及立法

---

[*] 达璐,法学博士,西南政法大学人权学院讲师,研究方向为比较宪法、备案审查,以及国际人权机制保障研究。
[①] 梁鹰:《备案审查制度若干问题探讨》,《地方立法研究》2019年第6期。

法、监督法有关规定为备案审查工作的实施提供了强有力的法律保障。

党的十八大以来，党和国家高度重视备案审查工作，备案审查制度进入快速发展阶段。2015年中共中央办公厅出台的工作指导性文件明确提出，要实现"有件必备、有备必审、有错必纠"；2015年和2023年历经两次修改的立法法对备案审查有关规定进行修订，推动备案审查工作开展。2017年党的十九大报告提出，"加强宪法实施和监督，推进合宪性审查工作，维护宪法权威"，进一步完善了备案审查制度。2019年，全国人大常委会委员长会议审议通过了《法规、司法解释备案审查工作办法》（以下简称《工作办法》），备案审查工作方式更加具体。2023年底，全国人大常委会作出《全国人民代表大会常务委员会关于完善和加强备案审查制度的决定》，以期"更好地行使宪法、法律赋予全国人民代表大会常务委员会的监督职权，充分发挥备案审查制度保障宪法和法律实施、维护国家法制统一的重要作用，提高备案审查能力和质量，坚决纠正和撤销违反宪法、法律的规范性文件"①，备案审查工作机制取得新的突破。12月，全国人大常委会法工委作2023年备案审查工作情况报告，披露了更多案例，维护了法制统一，保障了公民权利。②

除了通过国家立法、提出方针政策对备案审查制度进行完善和补强外，在具体形式完善方面，自2017年起，承担备案审查工作的全国人大常委会法工委每年都会就该年度的备案审查工作向全国人大常委会提交工作报告，接受审议。工作报告在对该年度备案审查工作进行梳理的同时，也为研究者提供了大量与备案审查相关的数据及案例。本报告基于2017~2023年全国人大常委会法工委的备案审查工作报告（以下简称"工作报告"）中的案例进行逐年梳理（见表1），归纳特征，并最终得出国家通过开展备案审查工作既维护国家法治统一，又保障公民权利这一结论。

---

① 《全国人民代表大会常务委员会关于完善和加强备案审查制度的决定》，中国政府网，https://www.gov.cn/yaowen/liebiao/202312/content_6923389.htm，最后访问日期：2024年1月1日。
② 沈春耀：《全国人民代表大会常务委员会法制工作委员会关于2023年备案审查工作情况的报告》，中国人大网，http://www.npc.gov.cn/npc/c2/c30834/202312/t20231229_433996.html，最后访问日期：2024年1月1日。

表 1　2017~2023 年备案审查工作报告所列举的代表性案例

年份	公布案例数量（件）	代表性案例
2017	10	潘某某案、"附条件逮捕"制度被叫停
2018	17	废止收容教育制度
2019	15	交警查阅、复制当事人通讯记录
2020	18	民航发展基金征收、使用民族语言文字授课、同命不同价
2021	11	强制亲子鉴定、地方性法规限制业主参选业主委员会资格
2022	11 *	与生态环境保护、民法典、生育政策相关的专项审查工作案例
2023	13	涉罪人员亲属权利受限，全面禁止销售、燃放烟花爆竹

注：＊其中开展的与生态环境保护、民法典、生育政策相关的专项审查工作各计一件，以往备案审查工作报告提及的"以户籍限制从事出租车司机职业""停车费用逾期未缴纳罚款"因 2022 年报告有新进展，故仍计算在内。

资料来源：2017~2023 年全国人大常委会法工委发布的备案审查工作报告，其中 2017~2019 年的工作报告来自《中国人大》，2020~2023 年的工作报告来自《全国人民代表大会常务委员会公报》。

二　以备案全覆盖带动审查全覆盖，规范权力运行范围

备案审查制度分为备案与审查两大部分。我国宪法对地方性法规、民族自治地方的自治条例和单行条例报全国人大常委会备案作出了规定。立法法、监督法对其他规范性文件的备案程序作了相关规定。备案是审查的前提，也是落实党中央提出"有件必备"要求的必然选择，唯有做到"有件必备"，才能将"各级各类机关制定规范性文件的权力全部纳入法治轨道开展监督"，① 审查机关的审查才能有的放矢。

备案工作如何保障人权主要体现在以下方面，各制定机关制定规范性文件后，需将文件报送至备案部门，从程序上对制定机关的权力进行限制，使其在法治的轨道中运行。表 2 汇总了 2017~2023 年全国人大常委会每年在年度备案审查工作报告中披露的备案情况。

---

① 梁鹰：《2020 年备案审查工作情况报告述评》，《中国法律评论》2021 年第 2 期。

表2　2017～2023年备案审查工作报告中接收报送备案的情况

单位：件

	2017 年	2018 年	2019 年	2020 年	2021 年	2022 年	2023 年
行政法规	18	40	53	25	16	23	24
监察法规	无	无	无	无	1	无	无
省级地方性法规	358	640	516	500	779	500	422
设区的市地方性法规	444	483	718	563	688	495	664
自治条例和单行条例	25	33	99	85	87	68	100
经济特区法规	24	24	58	80	40	40	41
浦东新区、海南自贸港法规	无	无	无	无	无	无	浦东新区:3 海南自贸港:8
司法解释	20	18	41	16	251	20	10
特别行政区法律	无	无	无	港:20 澳:21	港:42 澳:17	港:11 澳:15	港:29 澳:18
对"有件必备"的表述	"有件必备"尚未完全落实	基本实现了"有件必备"	基本做到，但也存在一些问题	全面落实"有件必备"	做到了应备尽备，报备质量全面提高	实现"有件必备"（对五年备案工作的总结）	各报备机关能够严格依照法律规定，及时、规范履行报备义务，自觉接受全国人大常委会监督

资料来源：2017～2023年全国人大常委会法工委发布的备案审查工作报告。

　　从表2及历年来的备案审查工作报告可以看出，在落实"有件必备"这一要求上，备案审查工作的开展经历了从"尚未完全落实"到"实现有件必备"的快速发展过程，其主要体现在以下方面。

　　一是在备案的全覆盖方面，做到了应备尽备。2017年至2019年的工作报告提出了彼时备案工作还存在的问题，如"备案范围有待进一步厘清，报送备案不规范、不及时甚至漏报的情况仍有发生"①，"有的地方人大常委会通过的决议决定中规定了公民法人的权利义务或者有关机关的职权职责，设定了法律责任，属于具有法规性质的规范性文件，但并没有报送备案"②。上述问题随着备案审查工作的进一步开展得到有效解决，"有件必备"开始全面落实。自2020年起，开始出现香港和澳门特别行政区法律的报送备案情况统计，2021年出现了首件监察法规的报送备案，2023年修订的立法法根据国家对浦东新区、海南自由贸易港制定法规的授权，及时修订有关条文，规定"经济特区法规、浦东新区法规、海南自由贸易港法规报送备案时，应当说明变通的情况"。这一规定体现在2023年备案审查工作报告中，该份报告首次披露了浦东新区和海南自贸港备案法规的数量。自此，"规范性文件制定机关能够依法、及时将制定的规范性文件向全国人大常委会报送备案，自觉接受人大监督，'有件必备'的目标要求已经实现"。③

　　二是在提升备案能力建设方面，通过信息化建设提升报备效率。提升备案审查工作的信息化水平是全国人大常委会法工委一直在推进的工作。在规范性文件的电子报送备案方面，从2017年起仅对地方性法规提出要求，到要求包括行政法规、司法解释在内的所有规范性文件都应电子报送备案。全国人大备案审查信息平台于2016年底上线，其备案功能不断丰富，2020年起实现了地方性法规"一键"电子报备，切实为基层减负；④对该信息平台

　　① 沈春耀：《全国人民代表大会常务委员会法制工作委员会关于十二届全国人大以来暨2017年备案审查工作情况的报告》，《中国人大》2018年第1期。
　　② 沈春耀：《全国人民代表大会常务委员会法制工作委员会关于2019年备案审查工作情况的报告》，《中国人大》2020年第5期。
　　③ 沈春耀：《全国人民代表大会常务委员会法制工作委员会关于十三届全国人大以来暨2022年备案审查工作情况的报告》，《全国人民代表大会常务委员会公报》2023年第1期。
　　④ 《地方性法规实现"一键"电子报备》，新华网，http://m.xinhuanet.com/2020-02/07/c_1125542849.htm，最后访问日期：2023年12月12日。

的建设实现了从"加快完善全国统一的备案审查信息平台"到"建成全国统一的备案审查信息平台"的跨越。

三　不断完善备案审查制度，保障公民批评建议权的行使

我国宪法明确规定了"中华人民共和国公民对于任何国家机关和国家工作人员，有提出批评和建议的权利"。具体到备案审查工作中，立法法、监督法都规定了公民有权向全国人大常委会提出审查建议的权利，《工作办法》将公民提交审查建议的权利进一步具体化。

备案审查工作的进一步规范化、公开化极大地鼓励了公民行使批评建议权的积极性。"公民积极行使批评建议权—全国人大常委会法工委积极履职—进一步调动公民行使批评建议权的积极性"这一动态、良性的循环生动展现了人民民主实践的无穷活力与生命力。自2017年全国人大常委会法工委发布工作报告以来，每年的工作报告都会透露该年度与公民、组织提出的审查建议有关的数据，表3的数据显示，公民提出的审查建议总体呈逐年上升趋势，公民参与国家治理的热情高涨，同时也印证了公民批评建议权得到有效保障。

表3　2013~2023年备案审查工作报告中公民、组织建议的数量

单位：件，%

年份	收到的审查建议（数据1）	属于全国人大常委会审查范围的审查建议（数据2）	数据2在数据1中的占比
2013	62	25	40.32
2014	43	18	41.86
2015	246	185	75.20
2016	92	39	42.39
2017	1084	939	86.62
2018	1229	112	9.10
2019	226*	138	61.06

续表

年份	收到的审查建议（数据1）	属于全国人大常委会审查范围的审查建议（数据2）	数据2在数据1中的占比
2020	5146	3378	65.64
2021	6339	5741	90.57
2022	4829	4067	84.22
2023	2827	无	不适用

注：＊2019年备案审查工作报告未具体提及共收到多少件审查建议，其表述为"过去一年来，我们对公民、组织提出的138件审查建议进行了审查研究，提出了处理意见并向建议人作了反馈。将88件不属于全国人大常委会审查范围的审查建议分别移送有关机关……"，参见沈春耀《全国人民代表大会常务委员会法制工作委员会关于2019年备案审查工作情况的报告》，《中国人大》2020年第5期。全国人大常委会法工委官网"备案审查工作研究"专栏文章《依申请审查有关问题研究》的数据表明，2019年共收到226件审查建议。

资料来源：2017~2023年全国人大常委会法工委备案审查工作报告。

结合表3及备案审查制度的有关研究，在公民批评建议权保障方面，我们可以得出如下结论。

一是创新工作方式，公民行使批评建议权的积极性持续上升。从2013年总共收到62件个人、组织的审查建议到2022年的4829件，公民通过提出审查建议行使批评建议权，已成常态。公民积极行使批评建议权的形成与全国人大常委会法工委创新工作方式密不可分。以往公民想了解备案审查工作中公民、组织审查建议的情况，仅可从全国人大常委会工作报告中得知，且有关情况在2017年备案审查工作报告公布以前仅披露过三次，分别为2009年、2016年、2017年的全国人大常委会工作报告，且内容也较为简略，以原则性内容为主。[①] 以2017年备案审查工作报告发布为起点，一方面，每年的工作报告成为媒体报道的热点，另一方面也显示了公民参与国家治理的热情不断高涨。自此，每年公民、组织提出审查建议的数量基本不低于千位数。

二是以公布工作报告推动社会关注，公民行使批评建议权的能力稳步提

---

① 郑磊：《十二届全国人大常委会审查建议反馈实践：轨迹勾勒与宏观评述》，《中国法律评论》2018年第1期；全国人大常委会法制工作委员会法规备案审查室：《规范性文件备案审查理论与实务》，中国民主法制出版社，2020，第205~207页。

升。从表3公民、组织所提的审查建议属于全国人大常委会审查范围的占比可以看出，与2017年发布工作报告前的总体40%左右相比，自2017年起，该占比基本维持在60%以上，2021年甚至达到了90.57%，2022年的占比为84.22%，公民提出的审查建议属于全国人大常委会审查范围的占比总体不断提升表明，公民行使批评建议权的能力在不断增强。需要说明的是，2018年收到的1229件审查建议中，仅有112件属于全国人大常委会的审查范围，占比为9.10%。出现这一反常数据的原因主要有以下两方面。一方面，工作报告推动了社会关注，各地群众寄来了大量审查建议。2017年工作报告是在2017年12月24日作出的，该报告一经发布，在社会上造成了很大反响，仅在2018年1月和2月就收到4000多件群众来信。① 群众来信数量的井喷尽管给全国人大常委会法工委造成了一定的工作压力，② 但也从侧面反映了人民群众对备案审查制度的信任。另一方面，个别类型的审查建议突出集中，如较多审查建议集中于2018年最高人民法院相关司法解释。③

三是加强备案审查能力建设，公民行使批评建议权的便捷性不断提升。全国人大常委会一方面规范、完善备案审查工作机制，将原有的《行政法规、地方性法规、自治条例和单行条例、经济特区法规备案审查工作程序》和《司法解释备案审查工作程序》修改完善，由全国人大常委会委员长会议审议通过《工作办法》并在此基础上出版"解读"、"案例选编"及"理论与实务"等书籍，提供公民、组织在提出审查建议时可供参考的"审查建议书"，④ 方便公民、组织撰写有关审查建议；另一方面于2019年底开通了审查建议受理平台，公民、组织提交审查建议的

① 《全国人大常委会法工委：备案审查建议数量大幅增加主要聚焦四方面问题》，新华网，http://www.xinhuanet.com/politics/2018lh/2018-03/12/c_1122525151.htm，最后访问日期：2023年12月10日。
② 全国人大常委会法制工作委员会法规备案审查室：《规范性文件备案审查理论与实务》，中国民主法制出版社，2020，第68页。
③ 郑磊：《2021年备案审查工作报告概括评述——以"三有原则"为纲》，《中国法律评论》2022年第5期。
④ 全国人大常委会法制工作委员会法规备案审查室：《规范性文件备案审查理论与实务》，中国民主法制出版社，2020，第67~68页。

方式更加多样。① 自2019年末审查建议受理平台在中国人大网开通上线以来，公民、组织提交审查建议的数量激增，以2021年为例，该年共收到审查建议6339件，通过线上方式提出的有5065件，占比约为80%。②

四 备案审查制度中具有代表性的审查案例

加强人权法治保障是备案审查工作的指导思想③，备案审查的功能定位应包括其是否能实现人权保障功能④。依据备案审查工作中的合宪性、政治学性、合法性以及适当性审查标准⑤，有权机关依法开展备案审查，保障公民、法人和其他组织的合法权益。其中，宪法作为国家根本大法，规定了"国家尊重和保障人权"条款，从根本上对人权进行法律保障。

具体到工作报告，自2017年发布首份工作报告以来，每份报告都列举了各类审查案例，以此说明公民各项合法权益得到有效保障。如2017年工作报告提到的地方性法规是否与上位法相一致案例、司法解释是否适当案例

---

① 全国人大常委会法制工作委员会法规备案审查室：《规范性文件备案审查理论与实务》，中国民主法制出版社，2020，第221页。

② 沈春耀：《全国人民代表大会常务委员会法制工作委员会关于2021年备案审查工作情况的报告》，《全国人民代表大会常务委员会公报》2022年第1期。

③ 严冬峰：《〈备案审查决定〉的出台背景和主要内容解读》，《中国法律评论》2024年第1期。

④ 梁洪霞：《备案审查的人权保障功能及其实现路径——潘洪斌案的再思考》，《人权》2022年第2期。

⑤ 全国人大常委会法制工作委员会法规备案审查室：《法规、司法解释备案审查工作办法》，中国民主法制出版社，2020，第7~8页。其中，关于"政治性标准"的表述，在学术界存在争议，2023年6月6日，全国人大常委会法工委在其官网"备案审查工作研究"专栏中刊文指出，"我们经过研究，建议在全国人大常委会制定完善和加强备案审查制度的有关决定时，不将此作为一条独立的审查标准，而是将其作为采用适当性标准进行审查的一种情形"（《规范性文件审查标准有关问题研究》，全国人大常委会法工委官网"备案审查工作研究"专栏，http://www.npc.gov.cn/npc/c2/c30834/202306/t20230606_429895.html，最后访问日期：2023年12月13日）。但《备案审查决定》仍将"是否符合党中央的重大决策部署和国家重大改革方向"单列，作为重点审查内容。

等。这些案例中，备受关注的是合宪性审查案例。经统计，自 2020 年起，每份工作报告都有合宪性涉宪性案例，其数量分别为 3 件、2 件、6 件和 2 件（见表 4）。所涉及的审查对象包括部门规章、司法解释、地方性法规、民族自治地方条例、联合发文等规范性文件。

表 4　2020～2023 年备案审查工作报告中的合宪性涉宪性案例

年份	案例	审查对象	提出主体	建议理由	处理结果
2020	民航发展基金征收	国务院文件和有关部门规章	全国政协委员提出提案（为审查建议）	未提及（但审查机关给出的理由是：认为征收民航发展基金不属于宪法规定的对私有财产的征收或者征用）	认定合宪
	民族学校教学语言文字规定	地方性法规	未提及	认为与宪法关于国家推广全国通用的普通话的规定及有关法律的规定不一致	认定与宪法规定不一致
	同命不同价	司法解释	公民提出审查建议	认为因计算标准不一致导致司法审判实践中出现不公平现象，与宪法有关精神不一致	与最高人民法院沟通，建议统一城乡人身损害赔偿标准
2021	民族学校教学语言文字规定	民族自治地方法规	国务院有关主管部门（为审查建议）	认为民族自治地方条例中的有关规定存在合宪性问题，不利于促进民族交往交流交融	与有关制定机关沟通，已废止有关法规
	强制亲子鉴定	地方性法规	公民提出审查建议	未提及（但审查机关给出的理由是：亲子关系涉及公民人格尊严、身份、隐私和家庭关系和谐稳定，属于公民基本权益，受宪法法律保护）	与有关制定机关沟通，已修改有关规定

续表

年份	案例	审查对象	提出主体	建议理由	处理结果
2022	废止有关收容教育法律规定和制度（2018年提出）	全国人大常委会决定和国务院行政法规	全国政协委员提出提案（为审查建议）	未提及	2019年，全国人大常委会作出废止的决定
	同命不同价（同2020年）	司法解释	公民提出审查建议	同2020年建议理由	修改有关司法解释，自2022年5月起，统一采用城镇居民标准计算
	民族学校教学语言文字规定（同2021年）	民族自治地方法规	国务院有关主管部门（为审查建议）	同2020年建议理由	与有关制定机关沟通，已废止有关法规
	强制亲子鉴定（同2021年）	地方性法规	公民提出审查建议	同2021年	与有关制定机关沟通，已修改有关规定
	异地用检	司法解释	公民提出审查建议	未提及	向制定机关提出研究意见，建议予以考虑
	扩大袭警案等惩治范围	地方公检法联合发文	未提及	未提及	通过衔接联动机制与有关方面沟通，制定机关发文停止执行有关文件
2023	异地用检（同2022年）	司法解释	公民提出审查建议	未提及	制定机关2023年9月出台新规定
	涉罪人员亲属权利受限	市辖区议事协调机构通告	公民提出审查建议	认为这样的限制措施实际上属于"连坐"性质，应予停止执行	督促有关机关对通告予以废止

资料来源：2020~2023年备案审查工作报告。

　　从表4可以看出，合宪性、涉宪性案例的主要提出者是公民。在中国，公民可以通过提出审查建议、信访等诸多方式积极维护自己的权利，有关部门在收到相关公民建议、信件后，也会依法履行职责，维护法治的统一和公民合法利益。

　　具体到这些合宪性、涉宪性案例中，以同命不同价以及强制亲子鉴定为例，这两个案例都是工作报告持续关注的。同命不同价案例是指在人身损害赔偿案件中，城镇居民与农村居民所收到的残疾赔偿金和死亡赔偿金，会因为依据的标准（城镇居民依据的是城镇居民人均可支配收入，而农村居民依据的是农村居民人均纯收入）不同而在某些地区有较为明显的差距。尽管人的生命是无价的，无法用金钱衡量，但当人身损害赔偿案件发生时，在同一案件中所有人获得的赔偿应当一致，与其居住地无关，这样才能体现宪法所提倡的平等精神。2020年全国人大常委会法工委第一次提及该审查案例时，解释了这种区别产生的原因，该规制制定时存在较大的城乡差距和居民生活水平差距。但随着社会的发展进步，这些差距在不断缩小，因此同一件人身损害赔偿案件中，同命不同价的规定理应取消。2022年的工作报告交代了该涉宪性审查案例的处理结果，"有关司法解释经修改后自2022年5月1起实施，残疾赔偿金、死亡赔偿金以及被扶养人生活费统一采用城镇居民标准计算"。①

　　对强制亲子鉴定的地方性法规进行合宪性审查则体现了国家对公民的人格尊严的保障。该案例于2021年工作报告中首次披露，有的地方性法规规定，有关行政机关为调查计划生育违法事实，可要求当事人进行亲子鉴定。这一规定明显对"公民的人格尊严、身份权、隐私权以及安宁权等公民基本权益"造成了影响。全国人大常委会负责审查的有关部门显然也意识到了该地方性法规对公民基本权益的侵害，通过与该法规的制定机关进行沟通，对该规定作了修改。尽管该案例在2021年已经了结，但2022年的工作

---

① 沈春耀：《全国人民代表大会常务委员会法制工作委员会关于2020年备案审查工作情况的报告》，《全国人民代表大会常务委员会公报》2021年第2期；沈春耀：《全国人民代表大会常务委员会法制工作委员会关于十三届全国人大以来暨2022年备案审查工作情况的报告》，《全国人民代表大会常务委员会公报》2023年第1期。

报告仍然引用了该案例，这一方面是因为 2022 年的工作报告还承担着对十三届全国人大以来所有备案审查工作的总体回顾，另一方面也说明该案例的典型性。① 随着国家治理现代化程度不断提升，国家对个人权利的保障也越来越细致。还是以强制亲子鉴定一案为例，其不仅对宪法所规定的公民权利造成了损害，也违反了民法典的有关规定。

法治是人权最有效的保障。2023 年备案审查工作报告披露了一起对涉罪人员亲属的权利进行限制的案例，某市辖区议事协调机构发布通告对涉罪人员亲属的权利进行限制，有公民认为这是"连坐"，全国人大常委会法工委对此通告进行了审查，并提出了"任何违法犯罪行为的法律责任都应当由违法犯罪行为人本人承担，而不能株连或者及于他人"这一现代法治的基本原则。通过对通告的合宪性进行审查，确保了"执法司法工作在法治轨道上规范推进"。②

五　备案审查制度运行中存在的问题及完善建议

为进一步规范公权力运行，保障人权，应从以下几个方面对备案审查制度进行完善。

一是备案审查有关立法尚不完备，人权保障功能未能充分体现。2019年 12 月，全国人大常委会委员长会议通过了《工作办法》，明确将合宪性审查列入审查标准，进一步推动了合宪性审查工作的可视化。③ 但《工作办

---

① 沈春耀：《全国人民代表大会常务委员会法制工作委员会关于 2021 年备案审查工作情况的报告》，《全国人民代表大会常务委员会公报》2022 年第 1 期；沈春耀：《全国人民代表大会常务委员会法制工作委员会关于十三届全国人大以来暨 2022 年备案审查工作情况的报告》，《全国人民代表大会常务委员会公报》2023 年第 1 期。

② 沈春耀：《全国人民代表大会常务委员会法制工作委员会关于 2023 年备案审查工作情况的报告》，中国人大网，http://www.npc.gov.cn/npc/c2/c30834/202312/t20231229_ 433996.html，最后访问日期：2024 年 1 月 1 日。

③ 在 2020 年以前的备案审查工作报告中，合宪性审查或宪法处于避而不谈的状态，自 2020 年备案审查工作报告首现"合宪性、涉宪性问题"案例起，合宪性审查成为每年备案审查工作报告的必要组成部分。梁鹰：《2020 年备案审查工作情况报告评述》，《中国法律评论》2021 年第 2 期。

法》存在因位阶低而影响效用发挥的问题，2023 年 12 月 29 日，全国人大常委会作出《全国人民代表大会常务委员会关于完善和加强备案审查制度的决定》，这份被称为"小备案审查法"的决定能更好地让全国人大常委会行使宪法、法律赋予的监督职权，解决《工作办法》位阶低的问题。① 但决定因其涵盖内容有限，仅能较为粗略地对备案审查工作进行规定。而备案审查特别是合宪性审查，作为保障宪法和法律实施、维护国家法治统一的重要制度，应当通过专门立法对其运行进行规定。2022 年第十三届全国人民代表大会第五次会议期间，有代表提出了制定备案审查法的提案，得到的答复是"将在立法法、监督法等相关法律修改工作中统筹考虑，进一步完善备案审查制度"。② 由此可见，备案审查专门立法尚未被列入全国人大及其常委会的立法工作计划之中。因此，较为可行的方案是先由全国人大常委会通过有关决定，待条件成熟再进行备案审查专门立法，让备案审查在法治的轨道上更为有效地运行。

二是通过备案审查保障人权的风气尚未完全形成，备案审查案例定期发布制度有待建立。自 2017 年发布首份备案审查工作报告以来，备案审查特别是合宪性审查开始成为媒体的高频词，学界形成了一股备案审查和合宪性审查研究的高潮，③ 公民通过踊跃提出审查建议积极参与其中。备案审查的全面开展，形成了大量案例，2020 年，全国人大常委会法工委法规备案审查室编著《规范性文件备案审查案例选编》一书，汇集四级人大常委会共 169 件案例。2022 年备案审查工作报告提出"探索建立备案审查案例指导制度"，并透露收集整理了地方人大常委会典型事例 139 件，作为工作交流材料。尽管案例的收集主要是为了"推动解决地方立法共性问题，统一审

---

① 《"小备案审查法"呼之欲出值得期待》，《法治日报》2023 年 9 月 19 日，第 6 版。

② 全国人大宪法和法律委员会：《全国人民代表大会宪法和法律委员会关于第十三届全国人民代表大会第五次会议主席团交付审议的代表提出的议案审议结果的报告》，《全国人大代表大会常务委员会公报》2023 年第 1 期。

③ 《备案审查理论研究和学科建设有关问题研究》，全国人大常委会法工委官网"备案审查工作研究"专栏，http：//www.npc.gov.cn/npc/c2/c30834/202306/t2023 0606_ 429894.html，最后访问日期：2023 年 12 月 14 日。

查标准和尺度",但从"保障人民群众通过备案审查制度依法提出意见、表达诉求,努力做到民有所呼、我有所应,切实维护人民根本利益"的角度来看,① 应当在收集的各级人大常委会案例中挑选与公民权益保障密切相关的典型案例,定期向公众公布,培养公民通过备案审查维护自身合法权益的能力。

三是审查案例的说法说理较弱,不利于备案审查决定公信力的形成。2022 年工作报告提出要提高备案审查工作质量,并强调要"强化审查说法说理"。审查决定作出特别是公布后,面临公众对该决定的价值评价,唯有充分的说法说理才能让公众信服该决定,并增强决定的透明度,维护法律权威和备案审查工作的公信力。说理作为法院裁判文书的重要组成部分,受到我国审判机关的高度重视,最高人民法院于 2018 年和 2021 年先后印发了《最高人民法院关于加强和规范裁判文书释法说理的指导意见》和《关于深入推进社会主义核心价值观融入裁判文书释法说理的指导意见》,以提高法院判决书的释法说理水平。通过对历年来备案审查报告中提及的案例进行研究可以看出,审查机关愈加重视案例说理。比如 2023 年工作报告提到了涉罪人员亲属权利受限一案,不仅说明了通告违反了宪法具体哪一章的规定,更强调了"不能株连或者及于他人"的现代法治原则。但碍于报告具有语言精练的要求,无法对所列举的全部案例进行充分说理,建议与典型案例发布制度相结合,对选取的案例进行充分说理。

---

① 沈春耀:《全国人民代表大会常务委员会法制工作委员会关于十三届全国人大以来暨 2022 年备案审查工作情况的报告》,《全国人民代表大会常务委员会公报》2023 年第 1 期。

B.8

农民参与乡村建设的民主权利保障*

刘 明**

摘 要： 乡村建设是乡村振兴和国家现代化建设的重要内容。在乡村建设的过程中，农民参与和自治是重要的实施机制。为了调动农民参与乡村建设的积极性和创造性，切实保障广大农民在乡村建设过程中的民主权利和主体性，国家乡村振兴局、中央组织部等部门于2023年1月联合印发《农民参与乡村建设指南（试行）》，要求各地在乡村建设的各个环节充分保障农民的知情权、参与权、监督权等方面的民主权利。

关键词： 乡村建设 民主权利 参与权 监督权

乡村建设应依靠农民，尊重农民意愿，不代替农民选择。政府主要承担引导和组织保障的职责，广大村民是参与主体和建设主体。在乡村建设过程中，引导农民的参与意愿、培养农民的参与能力、畅通农民的参与渠道是践行以人民为中心的发展理念的根本要求。为了响应党和政府关于调动农民参与积极性的要求并呼应广大农民的自身需求，各级政府和广大农村积极引导农民参与乡村建设，保障农民的知情权、参与权、监督权等方面的民主权利。然而，由于我国乡村存在"点多面广""发展不均衡"等方面的客观事实，某些乡村在保障农民参与乡村建设的民主权利方面仍存在一些需要改进的方面。

---

* 本报告为国家社科基金重大项目"中国人权实践弘扬和丰富全人类共同价值研究"（编号：22ZDA127）的阶段性成果。

** 刘明，南开大学人权研究中心，副教授，研究方向为人权理论与人权实践。

一 保障农民参与乡村建设的宏观政策支撑

乡村建设作为中国式现代化的主要内容之一，始终坚持以"人民为中心"的发展理念。这主要包括两个层面的含义，一是乡村建设是为了人民，使广大农民的物质生活水平和精神文化水平得到不断提升；二是乡村建设的主体是广大农民，要尊重农民意愿，激发农民的参与意识。在乡村建设的过程中，从政策和实践等方面积极引导农民参与，让农民切实成为家乡建设过程中的主人，有效推动了农民知情权、参与权、监督权等民主权利的保障，强化了民主权利在具体实践中的广度和深度。此外，在乡村建设过程中对农民民主权利的全过程保障，也是践行全过程人民民主的重要实践。

通过乡村建设提高广大农民的生活水平，缩小城乡二元差距，一直是党和国家极为重视的工作内容，在社会主义现代化建设中处于极为重要的位置。[1] 2022年5月，中共中央办公厅、国务院办公厅印发了《乡村建设行动实施方案》（以下简称《方案》），标志着乡村建设在全国层面进入一个新的推进阶段，并为2023年全年乃至未来几年的乡村建设提供了政策支撑和总体指导。在乡村建设的过程中，关于如何保障广大农民的主体性和民主权利，以及如何界定政府的职能和角色，《方案》进行了明确的规定。《方案》的"指导思想"部分便将"建立自下而上、村民自治、农民参与的实施机制"作为基本要求之一。《方案》的"工作原则"部分更是明确提到了"政府引导、农民参与"的具体要求，规定了政府在保障农民主体性和民主权利方面的具体职能和要求，"发挥政府在规划引导、政策支持、组织保障等方面作用，坚持为农民而建，尊重农民意愿，保障农民物质利益和民主权利，广泛依靠农民、教育引导农民、组织带动农民搞建设，不搞大包大揽、

---

[1] 李志星、汪来杰：《价值、制度、主体：乡村治理现代化的三重维度》，《中共云南省委党校学报》2024年第1期。

强迫命令，不代替农民选择"。

此外，《方案》在"创新乡村建设推进机制"部分规定了"完善农民参与乡村建设机制"的具体要求，为农民民主权利的保障提供了机制建设方面的政策保障。在此一部分，《方案》规定了以下几个方面的具体要求：其一，健全村民自治机制，通过完善"四议两公开"制度以及依托村民会议等措施，"引导农民全程参与乡村建设，保障农民的知情权、参与权、监督权"；其二，在项目的谋划环节、建设环节、监护环节，均规定了农民参与的具体要求和实现机制；其三，要求"完善农民参与乡村建设程序和方法"。

为了全面落实《乡村建设行动实施方案》中关于农民参与问题的相关规定，2023年1月，国家乡村振兴局、中央组织部等部门联合印发了《农民参与乡村建设指南（试行）》（以下简称《指南》），全面而系统地规定了农民参与乡村建设的机制和保障措施，以便进一步完善农民的参与机制和保障农民的民主权利。《指南》从"组织动员农民参与""引导农民参与村庄规划""带动农民实施建设""支持农民参与管护""强化农民参与保障"等环节规定了地方政府的职责。

《指南》在以下几个方面强调了农民在参与乡村建设中的民主权利。其一，《指南》的"总则"第一条将"完善农民参与机制，激发农民参与意愿，强化农民参与保障"作为制定《指南》的指导原则；"总则"第二条直接提到"全过程、全环节推动农民参与"，推动农民的"民主权利得到充分体现"。其二，《指南》要求"涉及村庄规划、建设、管护等乡村建设重要事项"，应"及时公开决议和实施结果"，并"让农民充分了解村庄建设政策和发展定位，了解参与路径和方式"，充分保障了村民的知情权。其三，《指南》明确提出"落实民事民议、民事民办、民事民管要求"，并要求"引导农民献计献策、共商共议，积极参与村庄规划"，充分保障农民在各个环节的参与权和表达权。其四，《指南》要求村庄规划向村民及时、长期公开，"让农民看得懂、记得住、好监督"，并要求村委就乡村建设项目的收支情况以及公共基础设施的监管

和经费来源等问题，及时向村民公开，充分保障村民的监督权和知情权。

　　为了充分落实《乡村建设行动实施方案》，2023 年全年，国家多部委印发了多项政策法规，并规定了保障农民参与的相关内容（见表 1）。2023 年 1 月印发了《中共中央　国务院关于做好 2023 年全面推进乡村振兴重点工作的意见》，要求健全村民自治机制，全面落实"四议两公开"制度。2023 年 2 月印发了《国家乡村振兴局关于落实党中央国务院 2023 年全面推进乡村振兴重点工作部署的实施意见》，要求"激发农民参与村级公共事务的积极性"。2023 年 7 月，农业农村部等部委联合印发《"我的家乡我建设"活动实施方案》，提出"引导农民献计献策、共商共议，积极参与村庄规划、建设、管护等乡村建设重要事项""支持村民参与农村公共设施管护"等要求。2023 年 7 月，农业农村部等部委联合印发《乡村振兴标准化行动方案》，要求"增强各类主体参与乡村振兴标准化行动的积极性、主动性"。2023 年 9 月，农业农村部等部委联合印发《关于修订〈"我的家乡我建设"活动实施方案〉的通知》，补充了"活动实施中不得违背农民意愿、搞强迫命令""坚决防止形式主义官僚主义"等方面的内容。

　　广大乡村有几亿农民，在乡村建设过程中充分保障农民的知情权、参与权和监督权，是有效践行全过程人民民主的重要实践活动。党的十八大以来，中国的民主发展进入新时期，中国共产党提出和发展了全过程人民民主，民主选举、民主协商、民主决策、民主管理、民主监督等各个民主环节实现协调有序推进。《方案》以及《指南》等国家层面的政策文件，规定了农民在涉及自身重大利益事项方面具有民主决策、民主协商、民主监督等方面的民主权利，并通过一系列的机制完善拓展农民参与乡村建设的途径，公民的意见表达渠道更加畅通，民主管理和监督更加便捷，推动了农民知情权、参与权、监督权和表达权的有效保障。

表 1　保障农民参与乡村建设的宏观政策

时间	重要文件	主要内容
2022 年 5 月	《乡村建设行动实施方案》	要求"完善农民参与乡村建设机制","激发农民主动参与意愿,保障农民参与决策","保障农民的知情权、参与权、监督权"
2023 年 1 月	《中共中央　国务院关于做好 2023 年全面推进乡村振兴重点工作的意见》	要求"健全党组织领导的村民自治机制,全面落实'四议两公开'制度"
2023 年 1 月	《农民参与乡村建设指南(试行)》	详细规定了农民参与乡村建设的原则、机制、具体措施等方面的内容。提出"组织动员农民参与""引导农民参与村庄规划""带动农民实施建设""支持农民参与管护""强化农民参与保障"等具体措施
2023 年 2 月	《国家乡村振兴局关于落实党中央国务院 2023 年全面推进乡村振兴重点工作部署的实施意见》	要求"激发农民参与村级公共事务的积极性","结合实际探索建立小微权力、村级事项、公共服务等各类清单,规范村级组织运行"
2023 年 7 月	《"我的家乡我建设"活动实施方案》	提出"引导农民献计献策、共商共议,积极参与村庄规划、建设、管护等乡村建设重要事项""组织农民参与村内入户路等小微项目建设""支持村民参与农村公共设施管护"等要求
2023 年 7 月	《乡村振兴标准化行动方案》	要求"增强各类主体参与乡村振兴标准化行动的积极性、主动性"
2023 年 9 月	《关于修订〈"我的家乡我建设"活动实施方案〉的通知》	补充了"坚守政策底线""活动实施中不得违背农民意愿、搞强迫命令""坚决防止形式主义官僚主义"等方面的内容

资料来源:笔者根据国内各大权威网站和权威文件公布的信息制作。

二　地方政府和乡村在保障农民民主权利方面的相关举措

自《方案》及《指南》发布以来,省级政府在 2013 年相继出台相关政策法规（见表 2）,以保障本省（自治区、直辖市）农民参与乡村建设的民

主权利。其中，山西省、四川省、湖南省等按照《指南》的具体条款颁布了以"农民参与乡村建设"为主题的"实施办法"或"实施细则"。如山西省于2023年5月印发了《山西省农民参与乡村建设实施办法（试行）》，要求各县乡在乡村建设过程中保障农民的参与权利，并规定了"建立农民参与激励机制""保障农民参与的具体措施"等方面的内容。湖南省则于2023年6月印发《湖南省农民参与乡村建设实施细则（试行）》，详细规定了农民参与乡村建设的原则和途径，包括"组织动员农民参与""引导农民参与村庄规划"等方面的内容。多数省份则在"乡村建设"或"乡村振兴"的相关主题文件中规定了保障农民参与权利的内容，如山东省在2023年5月印发《关于做好2023年全面推进乡村振兴重点工作的实施意见》，要求"坚持乡村振兴为农民而兴，发挥农民主体作用"，"充分调动群众的积极性主动性"。

表2　2023年部分省、自治区、直辖市的推进概要

省（自治区、直辖市）	时间	相关地方法规或政策文件	保障农民参与方面的内容
山西省	2023年5月	《山西省农民参与乡村建设实施办法（试行）》	要求各县乡在乡村建设过程中积极保障农民的参与权利，并规定了"建立农民参与激励机制""保障农民参与的具体措施"等方面的内容
四川省	2023年7月	《四川省农民参与乡村建设实施办法（试行）》	在"组织动员农民参与""带动农民实施建设""强化农民参与保障"等方面作出具体规定
贵州省	2023年4月	《贵州省乡村建设行动实施方案（2023—2025年）》	提出建立"自下而上、村民自治、农民参与"的实施机制，"保障农民的知情权、参与权、监督权"，"激发农民主动参与意愿，保障农民参与决策"
山东省	2023年5月	《关于做好2023年全面推进乡村振兴重点工作的实施意见》	要求"坚持乡村振兴为农民而兴，发挥农民主体作用"，"充分调动群众的积极性主动性"

省（自治区、直辖市）	时间	相关地方法规或政策文件	保障农民参与方面的内容
黑龙江省	2023 年 3 月	《2023 年省级乡村建设任务清单》	要求"推进修订完善《村规民约》，推动农村建立群众组织"
吉林省	2023 年 7 月	《吉林省美丽乡村建设实施方案》	要求"健全完善村规民约，充分发挥农民主体作用"
辽宁省	2023 年 1 月	《辽宁省推进乡村建设行动实施方案》	要求遵循"政府引导、农民参与"的工作原则，"尊重农民意愿，激发农民群众投身美丽家园建设内生动力，保障农民物质利益和民主权利"
北京市	2023 年 3 月	《关于做好 2023 年全面推进乡村振兴重点工作的实施方案》	要求"发挥农民主体作用，调动农民参与乡村振兴的积极性、主动性、创造性，积极鼓励和引导基层探索创新"
天津市	2023 年 5 月	《关于做好二〇二三年全面推进乡村振兴重点工作的实施意见》	要求"提升乡村治理效能"，"完善村务公开制度"，"充分调动农民参与乡村振兴的积极性、主动性、创造性"
河北省	2023 年 8 月	《河北省乡村建设行动实施方案》	要求"完善农民全程参与机制"，"保障农民的知情权、参与权和监督权"
内蒙古自治区	2023 年 5 月	《内蒙古自治区党委 自治区人民政府关于做好 2023 年全面推进乡村振兴重点工作的实施意见》	要求"坚持农牧民主体地位，切实尊重农牧民意愿和首创精神"，"健全党组织领导的村民自治机制，完善村规民约"
上海市	2023 年 3 月	《关于做好 2023 年度市级美丽乡村示范村创建工作的通知》	要求"激发农民群众参与示范村建设的主动性和能动性"
江苏省	2022 年 11 月	《江苏省乡村振兴促进条例》	要求"坚持尊重农民意愿"，"编制村庄规划，应当听取农民、其他利益相关方以及专家等方面的意见"
湖南省	2023 年 6 月	《湖南省农民参与乡村建设实施细则（试行）》	具体规定了农民参与乡村建设的原则和途径，包括"组织动员农民参与""引导农民参与村庄规划"等方面的内容

续表

省(自治区、直辖市)	时间	相关地方法规或政策文件	保障农民参与方面的内容
广东省	2023年2月	《关于实施"百县千镇万村高质量发展工程",促进城乡区域协调发展的决定》	要求"激发各类主体的积极性、主动性、创造性","充分尊重农民意愿,分类整治空心村"
广西壮族自治区	2023年5月	《关于做好2023年全面推进乡村振兴重点工作的实施意见》	要求"充分调动农民参与乡村振兴的积极性、主动性、创造性"
海南省	2023年1月	《海南省乡村建设行动实施方案》	要求"完善农民参与乡村建设机制","引导农民全程参与乡村建设,保障农民知情权、参与权、监督权"
云南省	2023年8月	《云南省乡村振兴责任制实施细则》	要求"组织动员农民群众共同参与乡村振兴,激活农民主体、乡村资源、社会力量三方动能"
甘肃省	2023年2月	《甘肃省乡村建设行动实施方案》	要求"组织农民开展议事、参与决策,充分听取村民意见","引导农民全程参与乡村建设,保障农民的知情权、参与权、监督权"
宁夏回族自治区	2023年9月	《宁夏回族自治区乡村振兴促进条例》	要求"组织动员村民参与乡村振兴工作","激发农民在乡村振兴中的内生动力,尊重农民意愿,保障农民权益,增强农民参与意识,完善农民参与机制,充分发挥农民主体作用"

资料来源:笔者根据各省级单位公布的政策文件制作。

部分市、县级单位也出台了相关政策措施,保障农民参与乡村建设的相关民主权利。如陕西省西咸新区在2023年制定并印发了《西咸新区乡村建设行动推进方案》《西咸新区乡村建设任务清单》等一系列重要文件,并成立了乡村建设工作组,在推进乡村建设的过程中,新区充分调动农民的主体性,让农民群众愿参与、会参与、能参与。农业农村部网站11月23日发布的一篇题为《西安:乡村建设怎么干,要让农民说了算》的报道提到,西咸新区基层工作部组织永乐镇和双赵村干部群众共计20余人召开了一场座谈会，围绕双赵村基础设施建设、产业发展等方面问题展开讨论，鼓励到场的村民代表为家乡建设建言献策。双赵村村民说，"过去，干部和村民之间信息不对称，互相不理解"，"这次和新区还有镇上、村上的干部面对面谈话，这些干部用咱村民听得懂、记得住的语言，就如何搞好乡村建设，与我们面对面交谈，认真倾听群众的呼声，干部做事顺了，村民心里也有底了"。① 吉林省四平市制定《四平市推进和美乡村人居环境"万村达标"创建行动实施方案》，充分发挥农民的主体性和参与积极性，评选推荐"整洁型"村庄 229 个，"宜居型"村庄 83 个，"生态型"村庄 15 个，评选创建"干净人家" 2.56 万户。②

在推进乡村建设的过程中，大部分村庄形成了保障农民参与的一系列制度或机制。首先，党组织领导下的村民自治制度是广大农民参与乡村建设的根本制度保障，《中华人民共和国宪法》第一百一十一条规定，"城市和农村按居民居住地区设立的居民委员会或者村民委员会是基层群众性自治组织"，村民自治是我国基层民主的重要内容。其次，在乡村建设的过程中，广大农村逐渐建立起了"四议两公开"制度。该制度源于河南省邓州市的"四议两公开"工作法，后来在全国推行，并被写进《方案》及《指南》中。"四议两公开"制度是一套推进村务公开、保障农民参与的工作机制，"四议"指的是村党支部会提议、村"两委"会商议、党员大会审议、村民代表会议或村民会议决议，"两公开"指的是决议公开、实施结果公开。"四议两公开"制度的推广实行有效保障了广大村民的知情权、参与权和监督权。最后，村民会议、村民议事会、村民代表会议、村民理事会、村民监事会、村民委员会、村务监督委员会等组织形式为广大农民参与乡村建设提供了机制保障和组织保障。

在宏观政策支持和一系列的制度保障下，各地继续在乡村建设过程中引

---

① 《西安：乡村建设怎么干，要让农民说了算》，农业农村部网站，2023 年 11 月 23 日，http：//www. moa. gov. cn/xw/qg/202311/t20231123_ 6441179. htm。
② 《四平市持续推进农村人居环境整治 描绘乡村振兴最美底色》，农业农村部网站，2023 年 12 月 13 日，http：//www. moa. gov. cn/xw/qg/202312/t20231213_ 6442736. htm。

导农民积极参与，保障农民的知情权、参与权、监督权等方面的民主权利。笔者在 2023 年 10 月对山东省淄博市张店区 Z 村（该村共有村民 596 户 1482 人，村"两委"成员 5 人，村民代表 36 人）进行了相关问题的调研，访谈了普通村民 5 人（A、B、C、D、E）以及村民代表 3 人（F、G、H）。在村务信息公开、邻里矛盾协调、村规约的制定和维护、村庄规划和基础设施建设等方面，该村积极保障农民的知情权、参与权、监督权等方面的民主权利。

首先，在村务信息的公开方面，该村一直倡导"做到大公开"，严格执行"党务、村务、财务"等"三务"公开制度，对村庄的"三资"管理、惠农政策落实、精准扶贫等事项进行公开宣传，对村里的财务列支、村庄规划等各类重大事项向村民全面公开，充分保障村民的知情权和监督权。被采访村民代表 G 说道："早些年份咱们百姓对村里的事基本不了解，现在这么一公开，大家心里都有数了。"该村每月召开党员会，组织村民党员参加，并商议村级事务；定期召开村民代表大会和村民会议，广泛征求村民意见，通过会议"听民声、解民忧、暖民心"，以广泛民主促进村庄建设和发展。被采访村民 A 说道："之前总以为村里的事主要是村里的干部来弄，现在每个人都可以说说自己的看法。"

其次，在邻里矛盾协调方面，该村成立了调解委员会，设立了矛盾调解室，由了解全村情况且有群众基础的老党员、村"两委"成员、网格员等组成调解队伍，通过深入了解情况和积极劝说，化解邻里、亲属之间的矛盾。按照规定配备法律顾问，向居民提供免费法律咨询，及时化解村里各类矛盾纠纷。通过积极调动村民自身的协调力量，依法及时化解家庭矛盾、邻里冲突，实现"小事不出村、大事不出镇"。村民依规自己协调和化解邻里之间矛盾，培育了民众的自治能力和参与能力。被采访村民 D 说道："邻居之间、亲戚之间时间长了难免会产生一些矛盾，不过大部分矛盾都是小问题，通过村里的协调和四邻八舍的劝说基本都能化解。"

再次，在村规约的制定和维护方面，该村充分调动全体村民的参与积极性。该村村规村约的制定过程经历了全体村民的公开讨论和表决，在涉及村庄和村民根本利益的"社会治安""消防安全""村民风俗""邻里关系""婚姻家庭"五个方面达成了"共识"。此外，该村也积极调动广大村民的积极性维护村规村约，树立和评选榜样和典范，评选"最美家庭""身边好人""好婆婆·好媳妇""道德模范"等。被采访村民代表 F 说道："咱们村的村规村约是大家伙自己制定的，大家也都比较积极地遵守。"

最后，在村庄规划和基础设施建设方面，该村充分调动广大村民的参与意愿，听取广大村民的意见。该村是集乡村旅游、特色餐饮、农贸集市于一体的经济发展模式，很多村庄规划和基础设施建设不仅给村民的生活带来了便利，而且能够带动村民的收入，因此，村民在村庄规划和基础设施建设方面的参与意愿比较强烈，村"两委"也充分调动村民在这方面的积极性，积极引导村民参与进来。在该村"垂钓中心建设""生态美食园项目""养老护理中心"等项目规划和基础设施建设过程中，广大村民积极参与，表达自己的意见。此外，经村民同意建立的"扶贫帮困爱心超市"，将 223 人纳入帮扶范围，让村民直接受益。被采访村民 B 说道："村里的很多项目直接涉及大家的利益，村里都会提前通知和发布信息，大家参与起来也比较积极。"

此外，笔者在对贵州省毕节市织金县 T 村调研时发现，该村在乡村建设的许多方面充分调动农民的参与积极性。如在人居环境建设过程中，该村成立了 7 个村民小组，共投放 14 个垃圾箱，配备 17 个保洁员，采取垃圾箱责任到人、村内路段责任到人、定期考核的方式，确保垃圾及时清理、垃圾箱及时运走；通过主动协调、走访入户、积极宣传，在全村 69 户开展"厕所革命"。在乡风文明建设方面，该村成立了红白理事会、道德评议会、村民议事会和禁毒禁赌会，引导群众认可的老党员、老干部、老教师、新乡贤加入"四会"治理，制定红白喜事章程，倡导"丧事简办、婚事新办、其他事不办"。

三　存在的问题与完善建议

近年来，随着国家和地方不断推进乡村振兴，尤其是随着国家不断在政策上为农民参与乡村建设提供支持，广大农民的参与意愿和参与能力得到了较大提升。不过，无论是乡村建设本身，还是农民参与乡村建设的实践活动，都是一个长期的过程，需要在长期的实践中不断改进和完善。此外，我国广大农村存在"发展不均衡""点多面广"等方面的客观事实，某些地区和乡村在推进农民参与乡村建设的过程中，难免存在某些问题，需要进一步采取有针对性的措施予以完善。

首先，在推动农民参与乡村建设的过程中，少数地区和少数乡村仍存在一定的形式主义和官僚主义。主要表现在以下几个方面：其一，在少数地区，"文件""会议"等方面的"留痕留迹"大于实际行动；其二，少数乡村在落实上级文件的过程中，存在某些违背农民意愿的现象；其三，在少数乡村，农民的参与意见流于形式，并未转化为实质性的决策内容。针对此类形式主义和官僚主义，建议进一步完善相关的监督机制和举报机制，尤其是赋予当事农民监督权。

其次，在部分地区和乡村，农民参与意愿和参与能力均有待提升。[①] 笔者从对贵州省毕节市织金县 T 村驻村干部何先生的某次访谈中得知，由于大多数决策、通知都需要以会议的形式落实，部分群众产生"厌"会的现象。村里需要留点"礼品"发给参会群众，否则部分群众就会不来。针对此类问题，建议优化工作流程，减少工作指标，让村干部从会议中解放出来。此外，某些村庄存在"空心化"的情况，年轻人大多外出求学、打工或者移居城镇，"留守村民"多数为中老年人，其整体文化水平和参与能力相对较低。针对此类情况，建议国家和地方进一步出台实质性的激励措施引

---

① 参考王婉飞《乡村振兴战略下我国乡村旅游可持续发展的村民参与研究》，浙江大学出版社，2023。

导大学生或在外乡贤回村参与乡村建设。

最后，"技术泛滥"现象给村民参与带来负担。某些地区和乡村为了"留痕留迹"，需要通过各类 App 等现代技术对村民进行登记、记录，而很多中老年人并不能熟悉运用现代技术，无形中给部分村民的参与带来了负担。访谈对象毕节市 T 村驻村干部何先生提到，民政、治安、司法等众多业务部门纷纷开发了 App，然后给乡镇定了下载量，乡镇又给村里定了任务量，导致村干部频繁上门给群众安装 App，"技术泛滥"无疑增加了乡村干部和农民的负担。针对此类情况，一是建议由省级政府组织，将各业务部门的功能进行有机整合，提高 App 利用率；二是建议在乡村建设的过程中减少不必要的技术运用，尤其是在部分农民没有智能手机或不会运用相关技术的情况下，应该防止"技术泛滥"。

B.9
国家反网络暴力新进展

周 伟 彭毛才旦*

摘 要: 2023 年,我国颁布《未成年人网络保护条例》和《关于依法惩治网络暴力违法犯罪的指导意见》等 7 件涉及反网络暴力的规范性文件,人民法院发布了若干典型案例,网信、公安等部门开展了多次专项执法行动,完善了网络暴力治理的制度建设,加强了网络信息服务提供者的预防、纠正和制止网络暴力能力,进一步加强了对公民的名誉权、肖像权、隐私权等权利的保护。但同时,也存在网络暴力治理的法律规制有待优化,国家机关协作执法专业能力建设有待加强等问题。建议制定反网络暴力的专项法律,提升反网络暴力的执法协作能力,强化建设良好网络生态环境的措施,有效降低网络暴力对个人权利的侵害。

关键词: 反网络暴力 网络治理 人权保障

2022 年党的二十大报告指出,"健全网络综合治理体系,推动形成良好网络生态",[①] 对加强反网络暴力提出新的要求。2023 年 7 月,全国网络安全和信息化工作会议在京召开,习近平总书记指出,要"坚持依法管网、依法办网、依法上网,坚持推动构建网络空间命运共同体",[②] 对推动网信

---

* 周伟,四川大学法学院教授,研究方向为宪法、人权法;彭毛才旦,西北民族大学法学院助教,研究方向为宪法学与行政法学。

[①] 习近平:《高举中国特色社会主义伟大旗帜 为全面建设社会主义现代化国家而团结奋斗——在中国共产党第二十次全国代表大会上的报告》,《人民日报》2022 年 10 月 26 日,第 1 版。

[②] 《习近平对网络安全和信息化工作作出重要指示》,人民网,2023 年 7 月 15 日,http://politics.people.com.cn/n1/2023/0715/c1024-40036490.html。

事业高质量发展提出了要求，为开展反网络暴力，保护公民隐私权、名誉权、个人信息权益等提供了指引。

一 2023年国家反网络暴力法律制度的新进展

（一）国家完善反网络暴力的法律规则体系建设

2023年，为巩固网络暴力治理成果，健全反网络暴力规则体系，国务院、最高人民法院、最高人民检察院等发布了系列规范性文件（见表1），完善反网络暴力的法律措施。2023年3月，国家互联网信息办公室公布《网信部门行政执法程序规定》（以下简称《行政执法程序规定》），全面修订了2017年《互联网信息内容管理行政执法程序规定》。《行政执法程序规定》明确了网信部门是反网络暴力的主管机关，规范了反网络暴力案件的行政执法、监督等事项，统一了严格公正文明执法的程序，为维护公民个人网络合法权益提供了法治保障。2023年4月，最高人民检察院印发《关于加强新时代检察机关网络法治工作的意见》（以下简称《检察机关网络法治工作的意见》），明确法律具体应用中的界限标准，规定要"依法严惩'网络暴力'等侵犯公民人身权利相关犯罪，深挖背后的产业链利益链，严厉打击'网络水军'造谣引流、舆情敲诈、刷量控评、有偿删帖等行为涉嫌的相关犯罪，协同整治'自媒体'造谣传谣、假冒仿冒、违规营利等突出问题，加强典型案例发布曝光，净化网络舆论环境"。这为加强新时代检察机关的反网络暴力工作提供了明确指引。

2023年7月5日，为加强"自媒体"管理，强化网站平台信息内容管理主体责任，中央网信办发布《关于加强"自媒体"管理的通知》（以下简称《"自媒体"管理的通知》），在规范"自媒体"行为与信息来源标注、加强信息真实性管理、完善谣言标签功能等多方面涉及反网络暴力信息的法律要点。7月7日，为加大网络暴力信息治理力度，营造良好的网络生态，国家互联网信息办公室公布了《网络暴力信息治理规定（征求意见稿）》

［以下简称《信息治理规定（征求意见稿）》］，向社会公开征求意见。《信息治理规定（征求意见稿）》在法律规范层面明确界定了网络暴力信息的法律概念，其"是指通过网络对个人集中发布的，侮辱谩骂、造谣诽谤、侵犯隐私，以及严重影响身心健康的道德绑架、贬低歧视、恶意揣测等违法和不良信息"，明确了国家网信部门是推动反网络暴力等法律法规实施的主管部门，负责统筹协调网络暴力信息治理和相关的监督管理工作。《信息治理规定（征求意见稿）》明确了网络信息服务提供者的主体责任，要求网络信息服务提供者建立完善的网络暴力信息治理机制，健全账户管理、信息发布审核、监测预警、举报救助、网络暴力信息处置等制度，还明确规定了网络信息服务提供者、网络机构、网络用户三方违反规定时的法律责任及其承担方式。2023 年 8 月，中央网信办印发《关于进一步加强网络侵权信息举报工作的指导意见》（以下简称《网络侵权信息举报工作的指导意见》），完善网络侵权信息举报程序处理机制，建立网络暴力信息举报快速处置通道，包括建立线上网络暴力信息举报专区，快速处置网络暴力信息，从严处置网络暴力信息的账号，强化与执法司法部门的协同治理，依法追究网络暴力实施者的法律责任，从源头上遏制网络暴力乱象。

2023 年 9 月，最高人民法院、最高人民检察院、公安部联合发布《关于依法惩治网络暴力违法犯罪的指导意见》（以下简称《惩治网络暴力违法犯罪的指导意见》）的司法解释文件，具体明确适用反网络暴力的违法犯罪行为的法律界限，主要内容如下。第一，明确罪名的适用标准。依法惩治网络暴力行为，分别适用诽谤罪、侮辱罪、侵犯公民个人信息罪、非法利用信息网络罪，以及拒不履行信息网络安全管理义务罪等罪名。第二，明确行政处罚标准。明确网络暴力尚不构成犯罪的承担法律责任，规定："实施网络侮辱、诽谤等网络暴力行为，尚不构成犯罪，符合治安管理处罚法等规定的，依法予以行政处罚。"第三，明确网络暴力犯罪从严、从重处罚的司法政策，切实矫正社会中存在的部分"法不责众"的错误法律认知。一是明确在侵犯公民个人信息罪、非法利用信息网络罪、拒不履行信息网络安全管理义务罪产生责任竞合时，依照处罚较重的规定定罪处罚。二是规定五种情形依法从重处罚："（1）针对未成年人、残疾人实施的；（2）组织'水军'、'打手'或者其他人员实施的；（3）编造'涉性'话题侵害他人人格尊严的；（4）利用'深度合成'等生成式人工智能技术发布违法信息的；（5）网络服务提供者发起、组织的。"第四，明确公诉标准，畅通诉讼程序，完善公益诉讼规则。首先，由于自诉人取证困难，以及公诉标准较为笼统，侮辱、诽谤刑事案件入罪门槛较高，导致网络暴力案件高发率与入刑率出现了较大差距。《惩治网络暴力违法犯罪的指导意见》采取"概括+列举"的方式明确了网络侮辱、诽谤犯罪的公诉标准。一方面，明确网络侮辱、诽谤犯罪适用公诉程序；另一方面，进一步细化规定，以便于实践操作，明确列举了适用公诉程序的四种情形。① 其次，进一步明确细化了网络侮辱、诽谤刑事案件的自诉转公诉程序，以及具体适用《刑法》第二百四十六条第二款关于实施侮辱、诽谤犯罪需要达到严重危害社会秩序和国家利益的法益侵害程度时才适用公诉程序的法律标准。

2023 年 10 月 16 日，国务院颁布《未成年人网络保护条例》（以下简称《网络保护条例》）。《网络保护条例》是根据《未成年人保护法》（2020 年修订）、《网络安全法》（2016 年颁布）、《个人信息保护法》（2021 年颁布）等法律制定的，其立法目的是营造有利于未成年人身心健康的网络环境，保障未成年人合法权益，规定了未成年人网络保护工作应当坚持中国共产党的领导，坚持以社会主义核心价值观为引领，坚持最有利于未成年人的原则，适应未成年人身心健康发展和网络空间的规律和特点，实行社会共治的原则。其明确了国家网信部门负责统筹协调未成年人网络保护工作，并依据职责做好未成年人网络保护工作。国家新闻出版、电影部门和国务院教育、电信、公安、民政、文化和旅游、卫生健康、市场监督管理、广播电视等有关部门依据各自职责做好未成年人网络保护工作。县级以上地方人民政府及其

---

① 周加海、喻海松、李振华：《〈关于依法惩治网络暴力违法犯罪的指导意见〉的理解与适用》，《中国应用法学》2023 年第 5 期。

有关部门依据各自职责做好未成年人网络保护工作，强化了保护未成年人免受网络欺凌的法律制度。

表1　2023年网络暴力治理的行政法规、规章、司法解释等规范性文件一览

制定机关	文件名称	时间
国务院	《未成年人网络保护条例》	2023-10-16
国家互联网信息办公室（中央网信办）	《网信部门行政执法程序规定》	2023-03-18
	《网络暴力信息治理规定（征求意见稿）》	2023-07-07
	《关于加强"自媒体"管理的通知》	2023-07-05
	《关于进一步加强网络侵权信息举报工作的指导意见》	2023-08-31
最高人民检察院	《关于加强新时代检察机关网络法治工作的意见》	2023-04-18
最高人民法院、最高人民检察院、公安部	《关于依法惩治网络暴力违法犯罪的指导意见》	2023-09-20

2023年9月，最高人民法院发布了七起依法惩治网络暴力违法犯罪的典型案例（见表2），为各地各级人民法院审理网络暴力案件提供了审判标准，也为判定网络平台、社会和个人违反网络暴力法律的界限提供了司法尺度。这些案例涉及网络上对个人的诽谤、侮辱等网络暴力的法律构成要件，承担侵犯公民个人信息罪的刑事责任，治安管理处罚的行政责任，以及人格权侵害禁令、公开道歉、消除不良影响等方式的民事责任等，加强了反网络暴力的司法能力建设。

表2　2023年最高人民法院发布的依法惩治网络暴力违法犯罪典型案例

案件名称	核心观点	保护权利类型
吴某某诽谤案	网上随意诽谤他人，社会影响恶劣的，依法应当适用公诉程序	名誉权、肖像权
常某一等侮辱案	网络侮辱造成被害人自杀，社会影响恶劣的，依法应当适用公诉程序	名誉权、肖像权

案件名称	核心观点	保护权利类型
王某某诉李某某侮辱案	网上侮辱他人,情节严重的,构成侮辱罪	隐私权、名誉权、肖像权
刘某某侵犯公民个人信息案	购买并通过信息网络发布个人信息,情节严重的,构成侵犯公民个人信息罪	肖像权
汤某某、何某网上"骂战"被行政处罚案	对尚不构成犯罪的网络暴力行为,依法予以治安管理处罚	名誉权
李某某申请人格权侵害禁令案	为避免合法权益受到难以弥补的损害,人民法院可以依法作出人格权侵害禁令	名誉权、隐私权
王某某等诉龚某名誉权纠纷案	为有效维护受害人合法权益,可以判令行为人通过公开道歉等方式消除不良影响	名誉权

资料来源:《依法惩治网络暴力违法犯罪典型案例》,《人民法院报》2023年9月26日,第3版。

（二）各地健全反网络暴力的法律规则

2023年,地方人大及其常委会通过制定、修改地方性法规(见表3),明确禁止网络暴力,倡导构建健康文明的网络环境。地方立法关于反网络暴力的特点表现在:一是针对网络用户倡导文明互动,要求拒绝网络暴力,不侮辱、诽谤他人,理性表达,自觉遵守网络文明规则;二是明确网信部门负责统筹协调未成年人网络保护工作,加强监督管理工作,提供健康安全的网络环境;三是要求任何组织或者个人,不得通过网络以文字、图片、音视频等形式,实施侮辱、诽谤、威胁或者恶意损害形象等网络欺凌行为。这些地方性法规,一方面,为各地落实法律、行政法规、规章等关于反网络暴力的规定提供了依据,另一方面,也结合各地实际情况明确了实施性规定。

表3 2023年地方性法规涉及反网络暴力规范一览

规范名称	具体条文	级别
《河源市文明行为促进条例》	第16条	设区的市地方性法规
《甘肃省平安建设条例》	第29条、第30条	省级地方性法规

续表

规范名称	具体条文	级别
《山西省未成年人保护条例》	第21条、第33条、第34条、第35条、第36条	省级地方性法规
《安徽省实施〈中华人民共和国预防未成年人犯罪法〉办法》	第6条、第13条	省级地方性法规
《唐山市预防未成年人犯罪条例》	第9条	设区的市地方性法规
《双鸭山市文明行为促进条例》	第16条	设区的市地方性法规
《怀化市文明行为促进条例》	第13条	设区的市地方性法规
《固原市文明行为促进条例》	第10条、第15条	设区的市地方性法规
《松原市网络文明建设条例》	第5条	设区的市地方性法规
《山西省平安建设条例》	第29条	省级地方性法规
《大厂回族自治县文明行为促进条例》	第9条、第15条、第23条、第24条	自治条例和单行条例
《山东省未成年人保护条例》（2023年修订）	第43条	省级地方性法规
《鸡西市文明行为促进条例》	第6条	设区的市地方性法规
《衡水市文明行为促进条例》	第17条	设区的市地方性法规
《秦皇岛市文明行为促进条例》	第17条	设区的市地方性法规
《扬州市文明行为促进条例》（2023年修正）	第20条、第30条	设区的市地方性法规
《北京市未成年人保护条例》（2023年修订）	第34条	省级地方性法规
《乐山市文明行为促进条例》	第16条	设区的市地方性法规
《大庆市文明行为促进条例》	第34条	设区的市地方性法规
《延安市文明行为促进条例》	第17条	设区的市地方性法规
《白山市文明行为促进条例》	第15条	设区的市地方性法规
《铁岭市文明行为促进条例》	第18条	设区的市地方性法规
《昭通市文明行为促进条例》	第16条	设区的市地方性法规
《阳江市文明行为促进条例》	第18条、第29条	设区的市地方性法规
《东莞市文明行为促进条例》	第20条	设区的市地方性法规

二　实施反网络暴力法律规定的实践进展

（一）网信机关开展反网络暴力的专项执法行动

2023 年中央网信办部署开展的多次"清朗"专项行动均涉及网络暴力的治理（见表 4），有效整治了网络舆论环境，维护了个人上网安全与合法权益。在地方，甘肃省网信办以"清朗"系列专项行动为抓手，先后开展了对网络暴力等的专项整治行动，全省关停违规网站 474 个，处置违规账号 610 个，依法约谈和警示相关责任人 1625 人。① 上海网信办探索采取多种措施整治网络暴力。一是建立"辟谣追责机制"，加大惩处力度。二是开展"清朗"专项行动，净化网络舆论环境。具体开展"清朗浦江·网络戾气整治"专项行动，从严重点打击"网络厕所"、"开盒挂人行为"、污名化特定群体、煽动地域对立等 7 个方面问题。三是完善举报渠道。指导上海互联网违法和不良信息举报中心加强举报入口建设，提高网民举报件处置效率等。②

表 4　2023 年中央网信办开展反网络暴力等专项行动

开展时间	活动名称
2023-04-28	关于开展"清朗·优化营商网络环境　保护企业合法权益"专项行动的通知
2023-06-27	关于开展"清朗·2023 年暑期未成年人网络环境整治"专项行动的通知
2023-07-18	关于开展"清朗·成都大运会网络环境整治"专项行动的通知
2023-08-28	关于开展"清朗·杭州亚运会和亚残运会网络环境整治"专项行动的通知
2023-11-17	关于开展"清朗·网络戾气整治"专项行动的通知

资料来源：国家互联网信息办公室网站，http：//www.cac.gov.cn/。

---

① 《甘肃省委网信办"四个一"工作法构建网络综合治理新格局》，甘肃省互联网信息办公室网站，2023 年 10 月 16 日，https：//www.gswxb.gov.cn/#/news? columnId = 1017&newsId = 8412。

② 《上海网信办：反网暴需要平台、网民、立法、监管等形成合力》，澎湃新闻，2023 年 12 月 21 日，https：//www.thepaper.cn/newsDetail_ forward_ 25736184。

（二）公安机关开展整治网络暴力执法行动

2023 年，公安机关针对网络暴力主要开展了两方面工作。一是开展"净网 2023"专项行动和夏季治安打击整治行动，发起打击网络暴力违法犯罪集群战役，针对人身攻击、造谣传谣、"人肉搜索"等突出网络暴力违法犯罪行为，以及幕后网暴"黑手""推手"，查处网暴"湖北武汉被撞小学生妈妈"案、"江苏无锡章某雇用网络水军网暴他人案"等一批社会关注度较高的案件。截至 2023 年 12 月 22 日，全国公安机关依托"夏季行动"和"净网 2023"专项行动，重拳打击整治造谣诽谤、侮辱谩骂等网络暴力违法犯罪行为，共查处网络暴力违法犯罪案件 110 起，刑事打击 112 人，行政处罚 96 人，批评教育 472 人，指导重点网站平台阻断删除涉及网络暴力信息 2.7 万条，禁言违规账号 500 余个。① 江苏省开展"净网 2023"行动，截至 2023 年 9 月 15 日，公安机关重点打击主要施暴者，依法查处恶意推波助澜者、教育警示起哄跟风者，共侦破"网络暴力"违法犯罪案件 11 起，打掉罪犯团伙 3 个。②

（三）检察机关依法惩治网络暴力犯罪行为

2023 年各地人民检察院"对在网上肆意造谣诽谤、谩骂侮辱、'人肉搜索'等涉嫌犯罪的，依法提起公诉，追究刑事责任，维护公民人格权益和网络秩序"。③ 2019 年至 2023 年 10 月，全国检察机关共批准逮捕涉嫌侮辱、诽谤罪的犯罪嫌疑人 213 人，起诉涉嫌侮辱、诽谤罪的被告人 415 人，批准

① 《公安部："净网 2023"专项行动，依法查处造谣传谣人员 6300 余名》，央广网，2023 年 12 月 22 日，https://law.cnr.cn/zfkx/20231222/t20231222_526531376.shtml。
② 《江苏"净网 2023"行动侦破涉网犯罪案件 2.3 万余起 亮出法治利剑 整治网络乱象》，江苏省互联网信息办公室网站，2023 年 9 月 15 日，https://www.jswx.gov.cn/zhengce/zhifa/202309/t20230915_3284740.shtml。
③ 应勇：《最高人民检察院工作报告——2024 年 3 月 8 日在第十四届全国人民代表大会第二次会议上》，最高人民检察院网站，2024 年 3 月 15 日，https://www.spp.gov.cn/spp/jcjgxxgc2024lh/202403/t20240315_650040.shtml。

逮捕涉嫌侵犯公民个人信息罪的犯罪嫌疑人 1.5 万余人，起诉涉嫌侵犯公民个人信息罪的被告人 3.6 万余人。截至 2023 年 6 月，全国检察机关共办理个人信息保护检察公益诉讼案件 1 万余件。① 人民检察院办理反网络暴力案件为社会提供了反网络暴力的法律指引，有利于保护个人免受网络暴力侵害。

（四）北京互联网法院等发布反网络暴力典型案例

2023 年 8 月，北京互联网法院发布了一批涉网络暴力典型案例（见表5），部分地方人民法院发布的典型案例中也涉及反网络暴力的典型案例，如江西省高级人民法院发布了十二起维护妇女儿童合法权益典型案例，其中"黄某诉项某名誉权纠纷案"涉及反网络暴力下的名誉权纠纷问题。② 这些案例统一了人民法院审理反网络暴力案件的司法尺度，增强了社会反网络暴力的法律意识。

表 5 2023 年北京互联网法院发布的涉反网络暴力典型案例

案件名称	核心观点	保护权利类型
王某与刘某网络侵权责任纠纷案	通过网络实施性骚扰应承担侵权责任	肖像权、名誉权、隐私权
刘某诉赵某网络侵权责任纠纷	朋友圈盗图冒充他人人设发送不良信息构成侵权	名誉权
刘某与孙某网络侵权责任纠纷案	"大 V"私信被骂后"挂人"泄愤被判侵权	名誉权、肖像权
施某诉胡某某网络侵权责任纠纷	公众人物遭网暴维权得到支持	名誉权
王某诉张某网络侵权责任纠纷	"网络大 V"转发不实文章恶意营销构成侵权	名誉权

---

① 《依法惩治网络暴力违法犯罪，检察机关如何发力?》，最高人民检察院网站，2023 年 10 月 6 日，https：//www.spp.gov.cn/zdgz/202310/t20231006_629762.shtml。

② 《江西法院维护妇女儿童合法权益典型案例》，江西政法网，2023 年 3 月 30 日，https：//www.thepaper.cn/newsDetail_forward_22508721。

续表

案件名称	核心观点	保护权利类型
赵某诉李某网络侵权责任纠纷	对辱骂他人信息设置转发抽奖加重侵权责任	名誉权
董某诉肖某网络侵权责任纠纷	对诉讼中持续侵权的行为人作出人格权侵害禁令	名誉权
谷某诉吴某、北京某公司网络侵权责任纠纷	网络服务提供者接到权利人有效通知后未及时采取必要措施应当承担侵权责任	名誉权

资料来源:《北京互联网法院涉网络暴力典型案例(2018~2023)》,网易网,2024 年 3 月 29 日,https://www.163.com/dy/article/IUEI9M1C0538RV5H.html。

三 反网络暴力社会共治存在的挑战与完善建议

(一)存在的主要问题

1.反网络暴力专门性法律规范缺位

专门性法律规范的缺位是网络暴力治理面临的首要困境。"我国现有法律法规尚未搭建起足够完善的网络暴力治理框架,网络暴力治理的法治路径存在制度规范疏漏、法治理念滞后与制度运行不畅等弊端,导致重大网络暴力风险问题无法得到有效遏制。"[①] 虽然在法律层面有《刑法》(2023 年修正)、《民法典》(2020 年颁布)等规范涉及网络暴力行为的规制,但是,相关法律规范较为分散,需要按照其行为类型以及标准等不同情形加以确定。同时,在《惩治网络暴力违法犯罪的指导意见》《"自媒体"管理的通知》等规范性文件发布的情况下,仍然需要回归相关法律的规定,我国目前缺乏专门性规制网络暴力行为的法律。此外,以部门规章和部门规范性文件等为主,立法位阶不高,难以实现对网络暴力行为的有效规制。亟待制定专门性的反网络暴力法,健全反网络暴力社会共治的法律规则。

---

① 刘艳红:《网络暴力治理的法治化转型及立法体系建构》,《法学研究》2023 年第 5 期。

2. 反网络暴力主体责任与协作能力有待加强

网络信息服务提供者在网络生态治理过程中发挥着重要的作用。网络信息服务提供者依托其技术优势，在网络暴力发生时相较于行政机关具有绝对的主动性。《信息治理规定（征求意见稿）》等规范性文件虽针对网络信息服务提供者提出了一系列技术治理义务，但是由于实际网络暴力的发生具有多样性，现有针对网络信息服务提供者的各项要求尚不足以充分发挥遏制网络暴力及减少恶劣影响的作用。特别是当前网络技术的迅猛发展，以及网络服务平台的多样性，导致现有的由网信办等部门发布的规范性文件对于网络信息服务提供者的要求难以追赶现实中网络技术的发展速度。此外，人民法院、人民检察院、网信部门、公安机关当前对于网络暴力的治理协作有待加强，网络暴力涉及多部门职权范围，难以单纯依靠某一部门实现治理，需要由相关执法、司法机关和网络平台等共同推进。

3. 反网络暴力执法专业能力建设有待加强

反网络暴力执法专业能力是影响网络暴力治理的重要因素。在网络暴力治理的法律制度完善的情况下，相关主管部门的执法专业能力建设成为网络暴力治理的有效推动因素。当前，网络技术迅猛发展，各种网络社交软件映入大众视野，方便了个人之间的信息交流，个人从各方接收海量的网络信息，在这一过程中难免滋生大量的网络暴力信息。相较于实践中多发的网络暴力信息，相关执法部门的执法专业能力建设还有待完善，相关工作人员对于《惩治网络暴力违法犯罪的指导意见》等文件的学习还有待加强。

（二）完善反网络暴力社会共治的建议

1. 制定专门的《反网络暴力法》

第十三届全国人民代表大会第五次会议期间，有人大代表提出制定《反网络暴力法》的议案。① 建议借鉴《反家庭暴力法》（2015 年颁布）、《反电

---

① 《全国人民代表大会监察和司法委员会关于第十三届全国人民代表大会第五次会议主席团交付审议的代表提出的议案审议结果的报告》，《中华人民共和国全国人民代表大会常务委员会公报》2022 年第 6 期。

信网络诈骗法》（2022 年颁布）等法律，在现有的最高人民法院、最高人民检察院以及国家互联网信息办公室等有关部门的实践经验基础上，将实践中行之有效的司法解释、部门规章和规范性文件上升为专门法律规定，制定专门的《反网络暴力法》。这有利于在一部专门性法律规范中实现民事、行政和刑事责任的有效衔接，在维持既有法律规范关系稳定性的基础上，实现跨部门法的系统化治理。特别是在立法的程序上，"单独立法能够在同一程序中集中考虑相关的技术措施和执法、司法制度的完善，避免在分散的法律中各自完善相关条款而造成的立法资源耗散、条款衔接不畅的问题"。① 在《反网络暴力法》中要明确网络暴力的法律定义、行为类型、适用范围等内容，为反网络暴力提供完善全面的法律制度保障。

2. 健全反网络暴力社会共治监管制度

一是强化网络信息服务提供者的主体责任。要赋予网络服务提供者一定的网络处置权限，明确网络服务提供者的责任。网络服务提供者具有天然上的技术优势，强化网络服务提供者的主体责任，可以从源头上遏制网络暴力的发生，也可以在网络暴力发生时和发生后采取措施减少恶劣影响。建议通过完善立法的方式，进一步强化网络服务提供者的主体责任。同时，在强化网络服务提供者主体责任的情形下，也要注意合理划分网络服务提供者与执法机关的责任。二是加强网信部门、公安部门等多方的联合协作执法，加强同网络服务提供者间的协同合作，提高反网络暴力执法的效率，形成覆盖事前、事中和事后的全链条网络监管体系，有效降低网络暴力的发生率。三是设立有效的反网络暴力治理部门。由于网络用户群体的广泛性与网络暴力形式的多样性与复杂性，建议在网信部门下设立有效的专门性反网络暴力治理部门，切实提高反网络暴力违法犯罪行为的专业能力。

3. 加强反网络暴力的执法队伍建设

一是加强反网络暴力治理的司法、执法队伍的专业知识培训。提高反网

---

① 梅梦索、郭旨龙：《依法推进网络暴力的系统治理》，《中国社会科学报》2023 年 5 月 31日，第 5 版。

络暴力的执法、司法能力，同时提高反网络暴力的执法、司法人员专业能力。二是建议执法、司法部门依法严厉惩治网络暴力案件，贯彻落实网络暴力从严处罚精神。三是加强宣传反网络暴力的法律知识，消除部分人认为的"法不责众"错误倾向。结合最高人民法院的典型案例等加强网络安全普法工作，增强全社会反网络暴力的法律观念与法律意识。

B.10
分性别统计制度对性别平等的促进[*]

张　晗[**]

摘　要： 分性别统计制度对促进性别平等、培养社会性别意识、推动全社会形成尊重和保障人权的良好氛围、积极履行国际人权义务具有重要意义。当前，我国的分性别统计制度取得了较大进展：在顶层规划上，分性别统计制度在中央和地方层面都更加受到重视，各地正积极探索分性别统计的制度创新；在工作机制上，分性别统计机制更加系统化、规范化，尤其是在多部门协调联动、统计工作的专业性和统计数据的公开性上更加凸显；在具体指标上，分性别统计指标逐步完善，并更具可量化性。然而，我国的分性别统计度还存在一定的缺陷和不足，仍需在未来进一步增强统计指标的全面性、健全统计工作机制、加强统计信息公开，真正发挥分性别统计制度对促进性别平等、尊重和保障人权、推动妇女全面发展的重要作用。

关键词： 分性别统计　人权　性别平等　妇女

分性别统计对促进性别平等、尊重和保障妇女权益具有重要作用。习近平总书记强调："要坚持男女平等基本国策，在出台法律、制定政策、编制规划、部署工作时充分考虑两性的现实差异和妇女的特殊利益。"[①] 只

---

[*] 本报告系 2023 年度重庆市社会科学规划博士项目"人民城市视角下重庆无障碍环境建设的效能评价及优化策略研究"（批准号：2023BS078）的阶段性成果。

[**] 张晗，法学博士，中共重庆市委党校（重庆行政学院）法学教研部讲师，研究方向为人权法学、法社会学。

[①] 中共中央党史和文献研究院编《习近平关于妇女儿童和妇联工作论述摘编》，中央文献出版社，2023，第 4 页。

有加强分性别统计工作，才能消除对妇女的歧视与偏见，打破有碍妇女发展的落后观念和陈规旧俗，让性别平等真正成为全社会共同遵循的行为规范和价值标准，推动全社会形成尊重和保障人权的良好氛围。

一 分性别统计的必要性及其对人权保障的意义

（一）观念层面：培养社会性别意识

分性别统计是从性别平等和妇女发展的视角出发，充分考虑到不同性别的现实差异和不同需求。而这种现实差异和不同需求是通过准确、科学、系统的统计资料和发展状况来呈现的，同时这些数据统计也是对国家促进男女平等目标完成情况进行的监测和评估。例如，2023 年深圳市以《2022 年深圳市社会性别统计报告》为名称，标注为"社会性别"；2024 年广东省以《广东省分性别统计报表制度》为名称，标注为"分性别"。二者均区别于一般的性别统计，不仅关注性别的生理特征，还关注其社会属性。然而，传统的统计只考虑男女两性的生理性别差异，这往往导致某些重要的统计指标被严重忽视。因此，分性别统计是在观念层面将性别问题作为主流纳入国家的大政方针，有助于培养社会性别意识，使国家、社会和公众更加关注性别平等和两性协调发展。

（二）内容层面：重点关注妇女权益

分性别统计不仅能印证"经济发展并不必然带来性别平等与妇女发展改善"，还体现出男女平等更需要坚定的政治承诺而不仅仅是巨大的财富。例如，在妇女健康指标层面，孕产妇死亡率、预期寿命、生殖健康与保健服务等指标无不包含了国家对妇女"生命安全""生命质量"的保护。在妇女教育指标层面，确立了教育领域性别平等的指标体系，蕴含国家推进教育领域性别平等的具体内容，包括机会平等、学习过程平等、结果平等以及工作机会和报酬等外部结果平等。其中既有定量指标，也有定性指标。再如，经

济指标是衡量和评价社会性别平等程度的核心指标，可以反映出妇女对经济资源和收益的控制程度，以及妇女在经济市场中的生存状态和社会地位。由此，分性别统计是从单一的、横向的男女两性扩展到纵向的不同阶段的男女两性的对比差异，重点关注妇女的社会属性和全面发展，更有利于实现尊重和保障妇女权益的重要目标。

（三）功能层面：纠正政策法律中的性别盲点

尊重和保障妇女权益，需要用"数字"去影响国家政策法律的制定，进而真正推动男女平等。在这个意义上，分性别统计的重要功能在于通过数据看到男女两性的角色差异，认清性别差异和影响性别差异的陈规陋习，矫正国家法律、政策、社会发展规划中的性别盲点和缺陷。同时，分性别统计可以为政府决策提供数据和实例，社会公众也可运用分性别数据和实例来反映其需求，监督国家政策的制定与实施，相关部门也可据此提供更精准的服务。例如，2023年国家统计局发布的《中国妇女发展纲要（2021—2030年）》［以下简称《妇女纲要（2021—2030年）》］统计监测报告显示，我国高等教育女生占比持续超过半数。但同时也能看出女性教育背后蕴含的风险，比如越来越多的女性追求高学历发展，但在求职时又不得不面对"学历过剩""文凭贬值"的困境。这就推动政府在科学的统计数据基础上对政策进行及时调整和反应，以充分满足不同时代妇女的教育需求。又如，2023年深圳市发布的社会性别统计报告显示，深圳基本医疗保险参保人员、基本养老保险参保人员、工伤保险参保人员、失业保险参保人员、住房公积金缴存人员等五个方面的男女性别比分别为127.47、132.09、137.97、141.30、144.24。这说明女性在享受这些保障方面与男性有较明显的差距，相关部门可以对未参保的女性进行有针对性的对接和服务，以保障更多女性享受到结果平等。

（四）国际层面：认真履行国际人权承诺

目前，分性别统计已成为一些国家官方统计体系的重要组成部分，为国际社会所普遍接受和应用。1995 年北京第四次世界妇女大会通过的《北京宣言》和《行动纲要》明确提出：各国要加强性别统计工作，把性别统计纳入国家统计体系，及时发布性别统计的数据和信息。《消除对妇女一切形式歧视公约》（以下简称《公约》）第 9 号一般性意见也指出：统计资料对于了解《公约》各缔约国妇女的真实情况是绝对必要的。① 中国作为《公约》《北京宣言》《行动纲要》《2030 年可持续发展议程》等国际公约或国际文件的缔约者和参与者，一方面，开展分性别统计是以实际行动回应国际承诺，积极履行国际人权义务的重要内容；另一方面，以分性别统计数据来体现我国在推动男女平等、促进两性协调发展方面所取得的成绩，最具说服力和可信度。

二　分性别统计制度的最新进展

鉴于分性别统计制度的重要性，我国的分性别统计制度在顶层规划、工作机制、统计指标等方面取得了较大进展，基本建立起一套比较完整、规范的制度体系，具体如下。

（一）分性别统计制度更加受到重视

我国在保障性别平等的过程中，制定了一系列针对性别统计的顶层规划、法律法规和政策，推动我国的分性别统计制度有法可依、有章可循。

1. 国家层面：分性别统计制度更加受到重视

在国家规划层面，《中华人民共和国国民经济和社会发展第十四个五年规划和 2035 年远景目标纲要》明确提出："落实法规政策性别平等评估机制，完善分性别统计制度。"这重申了"十二五"规划首次提出的

---

① 《消除对妇女一切形式歧视公约》第 9 号一般性意见"关于妇女状况的统计数据"规定："建议各缔约国竭尽全力确保其负责规划全国人口普查和其他社会及经济调查的国家统计部门编制的调查表，在绝对数字和百分比方面均按性别划分数据，以便有关使用者可获得有关其感兴趣的特定部门方面的妇女状况资料。"

"完善性别统计制度，改善妇女发展环境"，从"性别统计"到"分性别统计"体现了国家对男女平等理念在具体领域的举措，既发展了有针对性的妇女政策和措施，也对不同政策主体的性别意识、男女平等观念提出较高要求，有利于从根本上改变性别不平等状况。在法律层面，2022年修订的《中华人民共和国妇女权益保障法》第九条规定："国家建立健全妇女发展状况统计调查制度，完善性别统计监测指标体系，定期开展妇女发展状况和权益保障统计调查和分析，发布有关信息。"这是从法律层面强化国家和相关部门在妇女权益保障方面的责任，有利于从制度和机制上消除对妇女的歧视与偏见，提升我国妇女权益法律保障水平。在政策层面，《妇女纲要（2021—2030年）》在第四部分设立"监测评估"，并进一步提出更为明确、详细、具体的要求，① 推动分性别统计制度更具可操作性。

2. 地方层面：探索分性别统计制度创新

当前，分性别统计已在部分省级规划和妇女权益保障条例中得到明确规定（见表1）。例如，在地方规划中，《上海市妇女儿童发展"十四五"规划》提出，要完善分性别、分年龄统计制度，增强分性别、分年龄统计意识，将分性别、分年龄统计纳入常规统计和统计调查制度。在地方性法规上，《上海市妇女权益保障条例》也明确提出："建立健全妇女发展状况统计调查制度，完善性别统计监测指标体系……定期发布社会性别统计报告。"江苏省明确规定县级以上地方人民政府应当做好规划的组织实施、分性别的监测统计、评估督查工作。天津市也提出市和区人民政府应当建立性别统计制度。这从地方层面确立了分性别统计的重要性，规定了其具体内容，包括制度建设、指标体系、数据发布、监督评估等，进一步推动分性别统计制度落到实处。

---

① 具体要求：第一，加强监测评估制度建设，落实并逐步完善性别统计监测方案；第二，加强分性别统计监测制度化建设，同时对妇女发展缺项数据开展专项统计调查；第三，通过互联网和大数据，丰富分性别统计信息，提升监测评估工作能力和水平。

表 1   部分省级妇女权益保障条例的相关规定

文件名	具体条款	内容
《上海市妇女权益保障条例》	第九条	建立健全妇女发展状况统计调查制度,完善性别统计监测指标体系……定期发布社会性别统计报告
《江苏省妇女权益保障条例》	第一章总则第四条第二款	县级以上地方人民政府应当根据中国妇女发展纲要……做好规划的组织实施、分性别的监测统计、评估督查工作
《天津市妇女权益保障条例》	第一章总则第七条	市和区人民政府应当建立和完善科学监测、评估妇女发展状况的性别统计制度

资料来源:北大法宝。

此外,也有部分省市以实际行动积极探索分性别统计工作,以提升其科学性、专业性、有效性。例如,广东省致力于分性别统计创新,2018 年在全国率先建立省级分性别统计制度,制定涵盖 9 大领域 850 项能从社会性别视角直观反映妇女儿童发展现状的量化指标,发布了全国首个省级分性别统计报告。2023 年"广东分性别统计创新"在第四届联合国世界数据论坛上作为重要统计成果之一参展。2024 年发布《广东省分性别统计报表制度》,积极参与全国性别统计探索工作,努力打造分性别统计的"广东样板"。

(二)分性别统计机制更加规范

在工作机制方面,我国的分性别统计工作公正、规范,并且严格根据专业考量来确定统计数据的收集、处理、存储和公布,更加具有规范性、专业性。

1. 多部门协调联动

分性别统计工作涉及范围广,数据来源渠道多,难以由某一部门单独完成,多部门协调联动是必要举措。我国虽然没有单独的分性别统计机构,但在实践中建立了"中央—省—市—县"四级政府统计部门,形成了统计部门与其他部门的稳固合作关系。以 2023 年发布的深圳市社会性别统计报告为例,在统计工作上,市级各部门之间职责分工明确(见表 2),协调联动;在数据发布上,通过深圳市统计局、市妇儿工委和市性别平等促进办公室联合发布,增强部门之间的联动性。

表2 具体指标的责任单位

具体指标	负责部门
小学学龄儿童净入学率	市教育局
城镇非私营单位就业人员;R&D就业人员	市统计局
儿童福利机构集中供养儿童性别比	市民政局
残疾人康复机构服务户籍持证残疾人数	市残联
住院分娩率	市卫健委

资料来源:2023年发布的《2022年深圳市社会性别统计报告》。

2.统计工作更加专业

国家统计局每年定期召开妇女儿童统计部门工作会议,负责对相关部门进行业务培训,了解部门推动分性别统计工作的最新动态,尤其是加强对部门有关妇女儿童统计指标增减变动的审查。与此同时,大部分省市还举办了"省—市—县/区"妇女儿童发展规划监测统计培训班(见表3),使参训人员进一步明确和掌握妇女统计监测的工作目标、重点领域和具体任务,增强性别统计监测工作的科学性、专业性。2023年江苏省也明确指出,将加强性别统计监测工作培训,增强政府和统计人员的性别意识,积极推进江苏省建立性别统计监测制度和省市性别统计监测信息平台。

表3 2023年部分地区举办的妇女儿童发展规划监测统计培训班

时间	地区	培训形式	培训内容
2023-05	山东省	专题讲座、专业辅导、技术指导、现场直报	2022年度妇女儿童发展信息数据直报和验收工作
2023-05	呼伦贝尔市	专题辅导	年度妇女儿童状况综合统计报表填报流程及数据监测工作
2023-11	广东省	专题讲座	广东省妇女儿童发展规划指标体系及统计监测制度;分析各个指标的重要意义,演示统计监测系统网上操作运用方法
2023-06	酒泉市	专题讲座、专题培训	介绍两规划统计监测工作发展和监测体系,并对主要指标进行说明与解读

时间	地区	培训形式	培训内容
2023-12	汕头市	专题讲座	讲解市妇女儿童发展规划统计监测制度和指标体系,并现场答疑解惑
2024-01	海东市平安区	专题讲座	讲解统计监测工作的分工、流程、工作要求、统计法的相关规定

资料来源:地方政府网站新闻。

3.统计数据更加公开

在国家层面,我国建立了多层级数据发布平台,严格按照《统计法》《妇女权益保障法》的规定,定期开展全国性的妇女发展状况和权益保障统计调查与分析,并发布有关信息。在地方层面,多渠道、多种方式公开发布各省市的分性别统计报表制度,推动统计数据发布的制度化、常态化,从而提高数据的共享程度和社会知晓度。根据2024年国家统计局发布的各省市分性别统计报表制度,广东省分性别统计数据通过广东统计信息网发布,湖南省统计数据以统计监测报告的形式向社会公开发布,湖北省则由省统计局发布,海南省则通过统计公报、年鉴等方式公布。

(三)统计指标更加科学化、具体化

1995年联合国开发计划署发布了三个与分性别统计相关的发展指标,并得到国际社会的广泛认可:一是人文发展指数,包括预期寿命、受教育水平、经济发展水平三组数据;二是性别发展指数,关注男女两性在社会发展成就方面的不平等状况及变化;三是妇女权利指数,关注男女两性参与经济和政治生活的情况,着重反映妇女在发展领域中的权利享有状况。[1] 这三个维度的指标推动量化男女平等已成为国际惯例,我国也在此基础上将分性别统计指标设定得更为科学化、具体化。

---

[1] 刘中一:《从国际比较视角看我国性别统计创新》,《中华女子学院山东分院学报》2010年第4期。

1. 分性别统计指标逐步完善

妇女发展与性别平等项目指标反映了实现男女平等的方向和目标，也真实呈现出男女两性在各领域的发展程度、资源与机会获取状况。2006年，国务院办公厅印发《中国妇女发展纲要和中国儿童发展纲要性别统计重点指标目录》，主要从人口、婚姻与家庭、参与决策和管理、健康、教育、就业与社会保障、司法保护、其他等8个方面确定了分性别统计的重点指标，这是我国第一次以政府文件的形式对分性别统计工作明确制度建设。此前，《妇女纲要（2001—2010年）》确定了6个优先发展领域的主要指标，增加了"妇女与环境"。这表明国家把"环境"理解为影响性别平等与妇女发展的重要外部条件，包括生存环境、发展环境和自然环境，监测这些条件是否有利于推动性别平等与妇女发展。《妇女纲要（2011—2020年）》又增加了"社会保障"，指标从6个增加到了7个。社会保障水平直接关系到妇女群体能否平等享有改革发展成果，关系到妇女群众的获得感、幸福感、满足感。《妇女纲要（2021—2030年）》在7个指标的基础上又增加了"妇女与家庭建设"指标，强调通过家庭建设促进妇女发展和性别平等。分性别统计指标的增减变化意味着对妇女权益保障的重视，为女性发展赋予了新的时代内涵（不同年份妇女纲要提出的主要指标见表4）。同时，在具体领域再次重点强调分性别统计，例如，在妇女与经济方面，明确要重视对收入的分性别统计，动态掌握男女两性收入状况；在妇女与社会保障上，明确要加强社会保障、社会救助分性别统计。

表4　不同年份中国妇女发展纲要提出的主要指标

年份	主要指标							
2001	经济	参与决策和管理	教育	健康	法律	环境		
2011	健康	教育	经济	参与决策和管理	社会保障	环境	法律	
2021	健康	教育	经济	参与决策和管理	社会保障	家庭建设	环境	法律

资料来源：国务院妇女儿童工作委员会网站。

　　此外，各省、自治区、直辖市在《妇女纲要（2021—2030年）》主要指标基础上，提出了具有地方特色的指标。例如，江西省发布的统计指标有9个方面，增加了儿童与安全指标，意在强调安全对妇女儿童的重要意义。广东省则将参政议政和参与公共事务分别作为两个指标进行调查，凸显出对妇女政治权利的重视与保障。尤其是2023年深圳市发布的社会性别统计报告，从深圳市人口特征、婚姻及家庭状况、文化教育、就业、社会保障、卫生与健康、参政议政、参与公共事务、法律保护等9个领域反映男性和女性的发展状况（见表5）。其中部分指标具有创新性、时代性，更能及时反映妇女的当前状况。例如，在婚姻及家庭状况领域，新增房产户主调查指标，包括女性房产户主、户籍人口性别比；在文化教育领域，调查市文联所属12个协会会员及性别比，尤其是女性艺术家和运动员；在法律保护领域，详细统计女性法律工作者占比，明确指向妇女在法治建设中的重要作用。

表5　深圳市社会性别统计指标

主要指标	具体指标		
人口特征	人口规模	分区户籍人口	分年龄组户籍儿童
婚姻及家庭状况	结婚登记	房产户主	保障性住房在册轮候户
文化教育	艺术家和运动员	教育（各阶段女学生/女教师性别比）	中等、高等教育学生
就业	非私营单位	新增登记失业	规模以上工业企业R&D就业
社会保障	生育保险	救助站救助对象	最低生活保障金
卫生与健康	两癌筛查	孕产妇住院分娩率；婴幼儿死亡率	肥胖率；营养不良率；学生体质健康达标率
参政议政	中共党员；市党代会代表；政协委员	公务员	
参与公共事务	工会企业职工代表	居委会成员	业主委员会成员
法律保护	律师；公证员；人民陪审员；人民调解员；司法鉴定人员	婚姻家庭纠纷调解案件	

资料来源：2023年发布的《2022年深圳社会性别统计报告》。

2. 分性别统计指标更具可量化性

对男女两性生存状况、经济状况、社会地位的差距进行监测，指标量化是最好的监测评估方法。《妇女纲要（2021—2030年）》提出了8个妇女发展领域，并在发展指标项下明确了可量化指标（见表6）。例如，在健康层面，要求孕产妇死亡率下降到12/10万以下；在教育层面，要求高中阶段教育毛入学率达到并保持在92%以上；在经济层面，明确就业人员的女性比例保持在45%，高级专业技术人员中的女性比例达到40%；在参与决策和管理层面，要求村委会和居委会成员的女性比例分别达到30%和保持在50%左右；等等。这些可量化指标相对于定性指标，一方面可以监测和评估妇女发展目标的实现程度，另一方面可以避免地方各级政府在实现具体各项指标时缺乏可操作性和针对性，从而切实推动性别平等保障。

表6　《中国妇女发展纲要（2021—2030年）》发展指标和可量化指标

单位：个

指标	妇女与健康	妇女与教育	妇女与经济	妇女参与决策和管理	妇女与社会保障	妇女与家庭建设	妇女与环境	妇女与法律
发展指标	10	10	9	10	9	9	9	9
可量化指标	3	2	3	3	2	0	1	0

资料来源：《中国妇女发展纲要（2021—2030年）》。

在地方层面，以《深圳市妇女发展规划（2021—2030年）》为例，深圳市提出了妇女发展的8个发展领域和主要指标（见表7），其可量化指标相较之前更为明确、精准。例如，在健康领域规定了10个主要指标，其中8个指标都是可量化指标，明确提出妇女所要达到的健康标准；在参与决策和管理领域提出了9个主要指标，并详细划分妇女在各级政府、企事业单位、党校中青班中的比例；在法律领域，明确提出每个区设立1个以上家庭暴力庇护场所。这些目标与可量化指标在内容上与社会现实接轨，能及时反映当前的社会状况；在操作上，更便于政府用数据"说话"，制定更加符合妇女发展的政策措施。

表 7 　《深圳市妇女发展规划（2021—2030 年）》发展指标和可量化指标

单位：个

指标	妇女与健康	妇女与教育	妇女与经济	妇女参与决策和管理	妇女与社会保障	妇女与家庭建设	妇女与环境	妇女与法律
发展目标	10	4	5	9	5	5	4	4
可量化指标	8	1	3	3	0	5	3	1

资料来源：《深圳市妇女发展规划（2021—2030 年）》。

三　分性别统计制度面临的挑战与未来展望

性别平等是社会平等的重要基石，是社会文明的起点。分性别统计制度关系到我国性别平等政策的制定和实施，是贯彻男女平等基本国策的重要依据。当前，我国的分性别统计制度取得了较大成就，但仍需进一步完善。

（一）增强统计指标的全面性、科学性

虽然我国的分性别统计指标基本涵盖了男女两性在政治、经济、文化、社会权利等方面的发展内容，但整体而言，仍缺乏相对系统、专业、标准的统计指标划分，也未能及时回应当前的两性发展现状。2023 年江苏省统计局在答复《关于落实〈妇女权益保障法〉进一步健全完善性别统计监测制度的建议》时也指出，性别统计的内容和指标虽然逐年增多，但尚未覆盖经济社会的各个方面，亟须制定一套符合中国国情的相对统一的标准化监测体系。其一，自 2014 年起，中国每年定期向社会发布《中国妇女发展纲要》统计监测报告，但涉及残障妇女、老年妇女、困难妇女、家庭妇女等相关数据的搜集和评估不鲜明；分性别、分职业的收入状况、健康状况、受教育情况、就业结构，以及在反家庭暴力、妇女维权、提供法律援助等法律救济方面的统计数据不充分。其二，在具体指标上也不够细致。例如，缺乏女性劳动付出与经济资源的分享比例，女性人口的分布与参与社会管理的对

比性数据，妇女无酬的家务劳动及照料老人儿童的时间统计，妇女的经济贡献状况，妇女在劳工市场失业和再就业情况统计等。其他省市也没有及时更新统计指标和分类。其三，部分现有分性别数据已经跟不上时代要求，而一些重要的基础性数据长期缺乏。例如，缺乏新时代妇女科技人才比例、妇女参与科技创新的贡献率等，这就导致无法准确判断两性在科技领域的发展差距和监测评估。对此，要加强统计指标的科学性、全面性，增加对农村妇女、残障妇女、老年妇女、困难妇女等的信息统计，相关部门也要对妇女发展缺项数据开展专项统计调查，及时更新和完善具有性别敏感性的统计指标。

（二）健全分性别统计工作机制

一是加强各部门的协调配合，消除信息壁垒，推进分性别统计信息部门共享。2015 年国务院下发《促进大数据发展行动纲要》，明确指示要加快政府数据开放共享，推动资源整合。但相关部门协同配合不够，信息相互封闭，给统计工作的汇总、管理、共享带来协调上的困难，导致统计数据相互矛盾。

二是培养专业化的统计人才队伍。当前，我国单设分性别统计机构的部门较少，统计监测工作主要交由妇儿工委办公室或其他机构承担，并由兼职人员负责统计工作。而这些机构大多缺乏统计专业业务支撑，统计队伍不稳定，人员素质不一，统计力量薄弱，数据质量难以保证。由此，培养专业化的统计人才队伍是做好统计工作的重要前提。一方面，要对相应人员进行业务培训，并逐步建立起专业队伍，确保他们熟练掌握各项数据，从而制定科学的参数和表格；另一方面，可借助大数据平台构建分性别资料采集、发布和分析框架，改善分性别数据生产周期长、一些重要数据长期缺口的现状，从而使分性别统计数据能真实反映男女两性发展状况。

三是重视对统计数据的审核、更新、解读。当前，分性别统计资料的应用仅限于妇联系统或妇女问题研究机构，从性别角度研究社会问题尚未成为一种普遍应用的分析方法，各级统计人员也很少从性别角度分析和研究妇女发展问题，这在一定程度上导致了分性别统计对国家政策、社会意识、妇女发展影响力的弱化，也未能允分发挥统计分析应有的监督和纠正作用。因此，要提升分性别统计数据的分析和研究能力，重视对统计数据的审核、评估、更新、分析和解读，加强统计人员与研究人员的联动或合作，定期向社会发布年度分性别统计监测报告或专题报告，让统计数据真正发挥实效。

（三）加强分性别统计信息公开

虽然我国大部分省市以统计信息网或是"统计数据一览"等方式对外发布分性别统计数据，但仍有部分省市将其作为内部资料使用，不对外公布。比如，华东某省妇女儿童统计数据仅向省妇儿工委提供；华北某省的统计数据仅用于统计部门内部使用，根据需要才可以向省直属其他部门和社会提供或公开。这就导致分性别统计报告的社会知晓度仍然有限，分性别统计数据远不能满足社会需求。由此，统计部门应严格按照规定进一步完善分性别数据资料的公开和传播机制，定期开展妇女儿童发展状况的统计分析和资料编印工作，为各级政府推进分性别统计工作和补齐妇女发展短板弱项提供决策参考，让"数据"真正发挥改变世界的力量，推动新时代妇女全面发展。

B.11
专门学校建设对触法未成年人
矫治教育权益的保障

贡太雷 苏春景*

摘　要： 中国始终坚持对触法未成年人的教育、感化、挽救原则，坚持教育转化与矫治强化相结合、依法教育矫治与保障权益相结合的原则，构建既不同于司法监所又有别于普通学校的专门矫治教育保护体系，健全触法未成年人犯罪预防和权益保障的社会保护处分机制网络。建设专门学校，有助于稳步推进触法未成年人矫治教育权益保障，包括激活触法未成年人的家庭监护权益保障，深化触法未成年人的人身自由权益保障，改善触法未成年人的受教育权和就业促进权保障，增进触法未成年人的平等权与不受歧视权益保障。从未来看，加强专门学校建设，推进触法未成年人矫治教育权益保障科学化、法治化、体系化发展，是中国特殊群体权益保障的一项创新举措。

关键词： 专门学校　触法未成年人　权益保障创新　专门矫治教育保护

　　未成年人出现不良行为、严重不良行为、触法甚至犯罪的问题，依然是世界各国教育和司法关注的重点议题之一，为预防和干预青少年犯罪，各国都不断努力建立完善适合各自国情社情民情的专门教育体系和少年司法系统。在中国，针对一些失学失管处于违法犯罪边缘的触法未成年人，为了千

＊ 贡太雷，法学博士、教育学博士后，中央司法警官学院教授、司法人权研究中心主任，鲁东大学教育学博士生导师，西南政法大学公共管理硕士生导师。研究方向为司法与治理、监狱人权、特殊群体权益法治保障等；苏春景，教育学硕士，烟台理工学院教授、副校长，鲁东大学教育学博士生导师，问题青少年研究专家。

万家庭的和谐幸福和国家社会的安宁稳定，考虑未成年人的特殊身份和特殊生命历程，"教育、感化、挽救"六字理念始终是国家预防未成年人犯罪治理体制机制的柱石，这六字理念一直是预防未成年人犯罪制度设计、对触法未成年人开展矫治教育、促进其顺利回归社会机制的基本价值要求。这六字理念也正是我国完善罪错或触法未成年人的人权保障工作主线，通过专门矫治教育使其成为守法公民和社会有用之人，成为评价触法未成年人权益保障质量的标尺。

新中国成立初期的 20 世纪 50 年代，国家设立工读学校制度，1955 年由北京市率先试点。工读学校是教育、感化和挽救触法未成年人的主要场所，对这些特殊青少年顺利回归社会起到了积极的作用。进入 21 世纪，随着经济社会快速发展，未成年学生话语体系和行为特点发生显著变化，据最高检、最高法等官方公开数据看，未成年人触法犯罪仍存在低龄化、暴力化和团伙化三大主要特点，总体上未成年人毒品犯罪占比继续下降、校园欺凌和暴力犯罪的数量持续下降、未成年人严重暴力犯罪整体比例稳中有降，但个别未成年人触法犯罪表现极端且容易引起巨大社会负面舆情，未成年人涉及网络犯罪、性犯罪等开始成为新问题。值得注意的是，未成年人触法犯罪风险整体可控，尤其是近年来人们对保护未成年人立法、预防未成年人犯罪制度和触法未成年人矫治体系及其能力都有了更加科学的认知，积累了更丰富的治理经验。2019 年中共中央办公厅、国务院办公厅印发《关于加强专门学校建设和专门教育工作的意见》（以下简称《意见》）对专门教育工作和专门学校建设作出规定，一方面要求各地落实专门学校的管理、运行及保障机制，另一方面要求完善和提升对具有不良行为或触法未成年人坚持实施"教育、感化、挽救"的专门矫治教育体系和能力建设。

《意见》实施以来，触法未成年人矫治教育权益保障翻开新篇章。2020年通过的《刑法修正案（十一）》规定，对因不满十六周岁不予刑事处罚的罪错未成年人在必要的时候依法进行专门矫治教育，这是《意见》精神在立法上确立的直接展现。2021 年，新修订的《预防未成年人犯罪法》对专门学校的适用及程序以立法的形式进行确认，"收容教养"制度完成了历

史使命；教育部贯彻《意见》决策部署，依据新修订的《未成年人保护法》制定了《未成年人学校保护规定》，明确专门学校转处机制和未成年人权益学校保护机制等。2022年，触法未成年人的政府保护机制确立，"专门教育"首次被写进当年政府工作报告，专门教育与特殊教育、继续教育被一并纳入国民教育法定序列。建设好专门学校、构建专门矫治教育体系，成为党和国家以及家庭、学校和社会在未成年人犯罪治理问题上的共识。改善专门学校对触法未成年人犯罪治理中干预介入的法治保障机制，加强专门矫治教育在触法未成年人犯罪预防治理中的主导作用，扩大对青少年犯罪治理中专业人才的培养和使用，是我国人权事业在保障触法未成年人权益工作中的新发展新目标新任务。

一　2023年专门学校建设与触法未成年人治理的新进展

从国际治理趋势看，《联合国少年司法最低限度标准规则》（《北京规则》）和《联合国预防少年犯罪准则》（《利雅得准则》）等显示，各国保障触法未成年人权益预防其犯罪，都强调最有利于未成年人原则，不断完善少年司法理念，突出创新触法未成年人矫治教育体系机制和能力建设，不断探索非司法化专业机构和社会化矫治帮扶制度，除了对极端恶性、严重危害社会的犯罪未成年人依法采取监禁刑罚制裁外，不断健全预防触法未成年人犯罪的科学化、法治化和系统化的刑事替代保护措施，创新更加有利于其回归学校、家庭和社会的矫治教育防控机制。

我国总结工读学校预防未成年人犯罪的理论和实践，创新专门学校建设，优化教育和司法以及其他未成年人保护机制协同，坚持教育转化与矫治强化相结合、依法教育矫治与保障权益相结合的原则，构建既不同于司法监所又有别于普通学校的专门矫治教育体系，健全预防触法未成年人犯罪和权益保障的社会保护处分机制网络，帮助处于违法犯罪边缘的未成年人重新回归学校、回归家庭、回归社会，成为遵纪守法的公民和对社会有用的人才。

推进专门学校建设，有利于完善触法未成年人犯罪预防治理体系；提升专门矫治教育工作质量，有利于提升触法未成年人社会回归治理能力；专门学校和专门矫治教育充分保障触法未成年人权益，为社会和谐稳定和特定群体人权保障作出了不可替代的重要贡献。

（一）创新触法未成年人治理理念

建设专门学校构建触法未成年人教育保护理念。运用教育保护处分的思维方式，保障触法未成年人矫治教育权益，预防和干预其犯罪已成共识。在2023年的全国两会上，多地多名人大代表不约而同建议建设好专门学校和专门矫治教育，如"加快罪错未成年专门学校建设"（浙江团的尚海红代表），"强化专门学校建设，落实罪错未成年人教育矫治"（云南团的黄美媚代表），"检察机关应加快建立专门学校工作衔接机制，协同有关部门将更多的罪错未成年人送入专门学校开展矫治教育"（广东团的李楚源代表）等。2023年6月，中办、国办印发《关于构建优质均衡的基本公共教育服务体系的意见》，规定义务教育阶段专门学校建设和对不良行为未成年学生开展教育矫治。2023年9月27日，广东省第十四届人民代表大会常务委员会第五次会议通过修订的《广东省预防未成年人犯罪条例》。海南省在2023年同步建成覆盖全省的4所专门学校，实现全省专门学校建设零的突破。从知网文献收录看，2023年有超过70篇学术论文集中讨论专门学校和专门教育这个极小众的课题，其中有7篇硕博士学位论文直接聚焦专门学校研究，《中国青年社会科学》杂志以每期两篇专稿的频率来推展专门学校建设和专门矫治教育工作的最新动态。专门学校建设在2023年引发全社会公共话语和公共制度对触法未成年人治理议题的密集关注。

（二）健全触法未成年人治理主体

专门学校构成我国触法未成年人犯罪治理体系中最重要的制度主体。专门学校解决了针对触法未成年人处分"一关了之"或"一放了之"的问题，过去义务教育受"国家福利主义"迁就、教育内在应有的"惩戒"功能失

灵，一些问题青少年逐渐变得"家庭管不了、学校不敢管"，极易变成触法未成年人，被司法机关"抓了放、放了抓"，直至"长大了"被判处刑罚。建设专门学校推进青少年犯罪预防前移，通过专门矫治教育对触法未成年人的特殊保护处分，减少潜在未成年人犯罪，运用教育"软权力"的专门学校填补避免触法未成年人临界司法的社会保护权威主体。调查显示，各地人民检察机关在办理未成年人案件时，积极建立与专门学校的工作衔接机制，协同有关部门共将2159名触法未成年人送入专门学校，使触法未成年人在专门学校和专门矫治教育中获得了切实可靠的权益保护，起到了有效预防犯罪的积极作用。①

教育部正加紧制定《专门教育与专门矫治教育工作实施办法（试行）》，加快专门学校的建设步伐，截至2023年底，据教育部和最高人民检察院第九厅公布的数据分析，全国建立和改造超过124所专门学校，在校生超过8100人（女生约占16%），离校学生超过4200人（女生约占15%），在校教职工超过3100人，其中专任教师超过2200人（女性专任教师占专任教师总数的46%以上），生师比约2.28∶1。全国31个省份中仅7个省份还没有官方公布的专门学校建制，② 一些未设校的省份往往运用普通中小学、民办学校或三校③来变通开展触法未成年人专门矫治教育工作，河北省虽没有1家独立的公办专门学校，但石家庄市司法局早在2002年通过政府公共服务项目建立"石家庄少年保护中心"，至今运行22年，民办的河北某学校做着触法未成年人专门教育工作。专门学校在数量整体分布上呈现东部和

① 参见《检察日报·未来周刊》在2023年9月21日以《救助那些走在"悬崖边"的孩子》为题的报道，该文特别刊发贵州铜仁、四川宣汉两地检察机关助力专门矫治教育质量高、效果好的生动探索。参见《被送进"专门学校"的涉罪未成年，后来怎样了?》，网易网，https：//www.163.com/dy/article/HKJEISTK051481US.html。
② 2022年教育部官方统计数据显示，还有9个省份没有设置独立专门学校，2023年海南省和福建省都新增运行了专门学校，前者根据该省2022年底的要求在2023建成运行4所专门学校，后者在2023年底正式运行全省第一所专门学校。
③ 三校是指中等职业教育学校，包括职业高级中学（职高）、中等专业学校（中专）和技工学校（技校）。学生在校主要学习专业技能，也学习文化课程，毕业后可胜任工作岗位，其学历与普通高中等同。

西南省份较多、中部省份次之、西北省份发展较滞后的态势，而且个别省份的专门学校已经探索出具有服务区域的专门矫治教育特色的模式。

（三）优化触法未成年人治理机制

专门学校优化触法未成年人转处制度，保障触法未成年人矫治教育权益。建设专门学校需要优化专门教育和司法之间的转处机制，加强专门学校和公安、检察、审判、司法行政等机构的合作互动，在执法司法强力管控机制暂时"褪去后"，专门学校专门矫治教育机制亟须最大程度保障触法未成年人权益，同时实现未成年人犯罪防控。"警—校"合作、"检—校"合作、社会观护、社区矫正等机制和专门学校合作不断加快推进，警送入校、检送入校、矫治教育管理联动、矫治教育效果评估等机制不断探索创新。

专门学校制度，本质是特殊的触法未成年人监护制度，摆脱惩罚理念的窠臼，强调教育保护，摒弃司法封闭监管，采取国家监护职责和亲权关爱的非制裁性的保护管束措施，创新监护权范畴内的"教育保护"，健全触法未成年人矫治教育权益保护分级处遇机制，实现未成年人犯罪预防治理相关法律制度体系的逻辑自洽。一方面，建构准司法化的专门矫治教育决定程序，设定弹性化的专门矫治教育期限。[1] 遵循最有利于未成年人成长的原则，强调矫治教育主体、内容和方式多元化设计。[2] 细化专门学校入学条件、扩大接受管教范围，赋予专门学校和其他部门联合教育惩戒权，防止专门学校和专门矫治教育失能或异化。[3] 推动专门教育委员会评估制度司法化。[4] 在专门矫治教育中贯彻触法未成年人分类评估机制、刑行衔接机制，做好分流救济程序前置、执行衔接多元主体双向流转，依法保障罪错行为未

---

[1] 参见郑博文《专门矫治教育制度研究》，硕士学位论文，西南科技大学，2023。
[2] 参见王雅薇《专门矫治教育的多元构建》，硕士学位论文，赣南师范学院，2023。
[3] 参见曲显合、李炜《广西罪错未成年人适用专门教育的难题与破解》，《广西教育》2023年第2期。
[4] 参见李海《未成年人专门学校教育历史、现状与未来发展思考》，《司法警官职业教育研究》2023年第1期。

成年人权益等。① 另一方面，各地实践不断优化转处衔接机制。2023 年 4 月，夏津县被确定为山东省检察机关附条件不起诉观护帮教规范化、实效化试点单位，坚持对触法未成年人既要"管"更要"帮"，探索形成"一规范统领、四模式跟进、两个突出提质"附条件不起诉观护帮教新机制。② 江西、海南、上海等地优化完善专门学校学生入学、离校评估制度，③ 尝试建立科学规范可操作的入学（离校）和专门矫治教育转处等评估机制，既依法矫治又健全教育保护，实现专门学校和专门矫治教育所应有的特殊地位与目标功能。

（四）增强触法未成年人回归质效

专门学校的建设增强了触法未成年人回归学校、家庭和社会的矫治教育保护效能。这种国家特殊监护制度，区别于未成年人司法机制，在重构触法未成年人良善社会关系网络，促进触法未成年人回归方面有着独一无二的制

---

① 参见陈小彪、柳佳炜《论未成年人专门矫治教育的刑行衔接——基于罪错未成年人教育矫治之体系建构》，《中国青年社会科学》2023 年第 2 期；高维俭《专门教育制度的基本原理及完善策略》，《人民检察》2023 年第 22 期。

② 夏津县人民检察院结合《中华人民共和国刑事诉讼法》《人民检察院刑事诉讼规则》《人民检察院办理未成年人刑事案件的规定》《未成年人刑事检察工作指引（试行）》等法律、司法解释的相关规定，细化《中华人民共和国刑事诉讼法》第四百七十五条、第四百七十六条未成年犯罪嫌疑人在考验期内接受监督和教育、矫治的相关规定，制定了《夏津县人民检察院附条件不起诉考察帮教工作规范（试行）》。参见《向涉罪未成年人精准投送"帮教套餐"——山东省德州市夏津县人民检察院探索形成附条件不起诉观护帮教新机制》，《民主与法制时报》2023 年 9 月 15 日，第 2 版。

③ 参见江勇《专门教育指导委员会职能优化研究》，《中国青年社会科学》2023 年第 3 期；《规范评估 促进交流 推动上海专门教育发展——上海市专门教育研究与评估中心工作介绍》，"上海专门教育"微信公众号，2023 年 12 月 27 日，https：//mp. weixin. qq. com/s？__biz＝MzkzMjYyNDk3OA＝＝&mid＝2247483702&idx＝1&sn＝369e2cd2f356f4b9d4719bab41756688&chksm＝c259ae0bf52e271ddfc5dbe29309751420affc829d5b52ec12c53c5892e387c695b73634c762&mpshare＝1&scene＝23&srcid＝0712b8lpE0GwyZUfAD78hX1Z&sharer_ shareinfo＝cb365bcdb439a71c9134e932f2db6024&sharer_ shareinfo_ first＝cb365bcdb439a71c9134e932f2db6024#rd；《海南省教育厅等十部门印发〈关于加强专门学校建设和专门教育工作的实施意见〉的通知》（2022 年 3 月 22 日），海南省人民政府网站，https：//www. hainan. gov. cn/data/zfgb/2023/06/10293/。

度优势。专门学校对触法未成年人开展专门教育，通过专门机构、采取非处罚性的特别教育处遇措施，重在实现"临界预防"、发挥"及时挽救"效用，① 据最高检 2023 年公布的信息，近五年，检察机关对未成年人犯罪作出附条件不起诉决定 7.1 万人，其中，超过 97% 的人走上正途。山东淄博某学校是 2020 年新设的专门学校，截至 2023 年 3 月，该校在两年多的办学时间里完成结业离校学生 865 名，其中 788 名学生回归学校正常学习，26 名学生参军入伍，48 名学生就业创业，学生教育转化率达 96.65%，家长满意率达 98% 以上。上海浦东新区某学校②实现了 400 多名学生从"三校生"到"大学生"的转变，其中 2020~2023 年三校生高考录取率皆为 100%。中国政法大学研究团队在 2019~2022 年考察了全国 22 所专门学校，发现违法犯罪未成年人的平均"转化"成功率在 90% 以上。专门学校以"赋权增能"的专门矫治教育为抓手，保障触法未成年人发展权益，促进其顺利回归，是成功的制度实践。

二　专门学校建设中对触法未成年人矫治教育权益的保障

在保障触法未成年人矫治教育权益、健全和改善预防未成年人犯罪治理体系和治理效能的制度创新上，专门学校建设和专门矫治教育工作日益得到国家和社会的认可。2023 年 2 月最高检公布的信息③显示，国家对于触法未成年人采取更加科学规范高效的保护和防控政策措施，对一般触法未成年人

---

① 参见焦菲菲、冷凌《罪错行为分级下专门矫治教育的探究与完善》，《预防青少年犯罪研究》2023 年第 5 期。

② 该校始办于 1979 年，1999 年开始设立中等职业教育，2010 年后开设三校生高考班，为学生创设更加平等广阔的发展空间。

③ 参见《2022 年全国检察机关主要办案数据》，最高人民检察院网站，2023 年 3 月 7 日，https：//www.spp.gov.cn/spp/xwfbh/wsfbt/202303/t20230307_606553.shtml#1。2022 年检察机关共批准逮捕未成年犯罪嫌疑人 1.5 万人，不批捕 3.4 万人；起诉未成年犯罪嫌疑人 2.8 万人，不起诉 4.1 万人，附条件不起诉 2.6 万人。对不予核准追诉的低龄未成年人恶性犯罪案件，一律督促送专门学校进行矫治教育。

依法少捕、慎诉，对不起诉的严重触法未成年人一律督促其在专门学校里接受专门矫治教育，对依法核准起诉的恶性触法未成年人采取刑事司法处置，这充分实现了对触法未成年人的分类处置和合法权益保护。2023 年 6 月，中办、国办印发《关于构建优质均衡的基本公共教育服务体系的意见》，2023 年 9 月 20 日国务院通过《未成年人网络保护条例》，2023 年 10 月 24 日第十四届全国人大常委会第六次会议表决通过《中华人民共和国爱国主义教育法》①，这些政策、法规和法律都明确指出建设专门学校，专门学校展现了推进触法未成年人矫治教育和权益保护的力度、温度、深度和广度。

（一）激活触法未成年人的家庭监护权益保障

建设专门学校保障触法未成年人矫治教育权益，首先体现为补偿了触法未成年人的家庭监护能力，在强化专门矫治教育的同时，不断完善家庭教育督导机制，保障触法未成年人远离犯罪，也促进未成年人得到更好的家庭权益保障。未成年人触法的原因有很多，失能的家庭教育是毋庸置疑的首要原因。随着国家经济发展、社会转型，家庭的结构和功能发生急剧变迁，独子化或少子化带来了家庭成员核心化原子化趋势，家庭与家庭之间、家庭成员之间的合作频度不断降低，通过家庭教育开展道德伦理、生活技能和价值塑造成为"奢侈的副业"，家庭教育往往被功利化市场化的私性教育替代，②未成年人应有的无价的家庭教育成为有价格的知识与技能的商品买卖。一些落后的粗暴的甚至错误的家庭教育理念方式更易增加未成年人犯错、越轨甚至触法的可能。失能的家庭教育会使父母监护能力下降，这容易导致未成年人厌学、逃学甚至辍学，加上受到社会不良因素影响，16 岁左右处于青春期的未成年学生更容易触法。建设专门学校，开展触法未成年人矫治教育，

---

① 《未成年人网络保护条例》和《中华人民共和国爱国主义教育法》都自 2024 年 1 月 1 日起实施。

② 自国家教育"双减"政策实施以来，2023 年 12 月教育部办公厅等四部门又联合发布《关于进一步规范义务教育课后服务有关工作的通知》，进一步规范完善市场化的中小学生教育服务，优化国家基础教育培养方式和质量。

旨在弥补家庭教育监护能力的不足，保障未成年人健康成长，避免触法未成年人直接受司法管控后可能造成难以修复的困境。

实践中专门学校和专门矫治教育对家庭监护增压赋能。2023年，贵州省毕节市人民检察院制定《关于开展加强专门学校规范化建设专项工作的实施方案》，联合民政、教育、妇联等部门建立对涉案未成年人开展家庭教育指导的机制，发出督促监护令、家庭教育指导令，用检察监督压实家庭教育责任。① 四川省人民检察院主动探索建立检察机关与专门学校的工作衔接机制，将触法未成年人的家长纳入由检察机关干警主导的帮教小组，激发家长监护能力，共同制订有效的帮教计划，建立定期入校巡查机制等，取得较好效果。② 北京市密云区人民法院开展家庭教育问题分级评估，坚持因人因案建立家庭教育指导档案，联合区妇联、团区委组建回访团，持续关注触法未成年人的家庭教育情况，2019~2023年，被密云法院判处缓刑、管制、罚金及免予刑事处罚的在校生复学率达100%。③ 吉林省镇赉县人民检察院前移矫治端口，联络家庭，采取专门矫治教育措施，以督促触法未成年人家庭监护为前提，④ 依据《家庭教育促进法》，针对不同家庭制作了《督促监护令》，督促父母履行法定职责，净化触法未成年人成长环境，促进未成年人重返学校。

（二）深化触法未成年人的人身自由权益保障

专门学校和专门矫治教育在最大程度上保障了触法未成年人的人身自由权益。首先，专门学校的专门矫治教育理念严格摒弃了"监禁化"机制，仍然采取寄宿制学校管理模式。其次，专门学校采取的是贯穿素质加技能的特殊的基础教育机制，虽然增加了相应的法治和纪律、行为养成、技能学习

---

① 参见《法治阳光　呵护成长——毕节市检察机关创新推动未成年人检察工作高质量发展》，《法制生活报》2023年6月26日，第5版。
② 参见《为罪错未成年人回归社会铺路搭桥》，《法治日报》2023年6月1日，第5版。
③ 参见《对话少年法庭法官：我们如何挽回罪错少年？》，"知道news"微信公众号，2024年3月24日，https://mp.weixin.qq.com/s/EouaKs4qYUb2v8RBWBRHng。
④ 参见《多管齐下矫治教育罪错未成年人》，"中共镇赉县委政法委员会"微信公众号，2023年5月15日，https://mp.weixin.qq.com/s/_EdkPsIOxztvnzpooHvGvw。

教育等，但主导管理性质仍是基础教育。再次，专门学校采取专门矫治教育评估制度，对触法未成年人矫治教育转化效果开展动态分类转处，对其回归家庭、转回普通学校坚持科学开放规范化的处置原则。最后，专门学校在采取闭环教育管理模式的同时，积极和校外专业资源合作开展丰富多样的实践教育，这对促进触法未成年人教育转化回归具有积极意义。当前专门学校和专门矫治教育仍存在"污名化"和"标签化"的困扰，家庭和社会对其偏见和成见仍需被去除。① 为保障触法未成年人矫治教育权益，专门学校依法对触法未成年人采取与普通学校和有问题的家庭相对隔离的教育保护处分，触法未成年人在专门学校接受的依然是完整开放特色的社会化国民教育，其人身自由权益得到最充分的保障。

上海专门教育已形成专门学校的教育价值和教育特色，切实保障触法未成年人的人身自由权益。一方面努力完善专门学校入学和离校评估机制，打通专门学校入（离）校通道；另一方面致力打造开放特色的专门教育内容和方式，形成科学有效的矫治教育方法。2022年该市教委正式出台国内首个地方评估规范文件——《上海市专门教育入（离）校评估办法》，2023年该市专门教育研究与评估中心受各区教育局委托，对12个区91名行为不良学生开展专门学校入学评估，对3个区6名学生开展非毕业离校评估，并形成评估报告。上海市崇明区某学校坚持专门教育、托管教育、职业教育和校外教育四位一体，拓展教育功能；坚持以"适切课程，助力学生健康成长"为课程理念；学校开设五子棋、中式面点、乒乓球、音乐、乡土布艺等社团，借助团体教育功能提升人际交往能力，保障触法未成年人的自由权益。上海市嘉定区某学校的嘉定区未成年人法治教育中心承担全区中小学法治宣传教育和未成年人观护教育工作，2023年，学校又开发了未成年人保护教育网络平台，所有教师和驻校干警被区教育局聘请为全区未成年人学校保护监察员，学校及其专门教育更加开放自由。

---

① 参见滕洪昌、辛佳娜、盛翰文、石越《少年家长对专门学校的态度误区及引导》，《预防青少年犯罪研究》2023年第2期；石军、鲁国花《回归"学校与教育属性"：专门学校文化发展的历史、问题与改进路径》，《中国青年社会科学》2023年第2期。

（三）完善触法未成年人的受教育权和就业促进权保障

建设专门学校，提高教育矫治工作效能，既保障了触法未成年人享受正常的受教育权，又保障了触法未成年人获得发展技能后的就业促进权。从近五年最高检和最高法公布的未成年司法数据趋势来看，触法未成年人数量仍处于严厉态势，低龄触法未成年人数量在触法未成年人中的占比呈上升趋势。从严重入罪的未成年人信息分析看，过早辍学、没有技能、接触社会不良人群、加入违法犯罪团伙等因素成为触法的高风险源。为此，建设专门学校保护触法未成年人权益，保障其受教育权，帮助其完成正常学业，促进其获得生存和发展的技能，是打造高质量的专业矫治教育体系的可靠路径。

全国各地专门学校的专门矫治教育内容基本可归为三个模块：道德法律纪律的养成教育模块、学科知识文化的基础教育模块、未来从业技能的职业教育模块。综合了三个模块的专门教育过程是专门学校保障触法未成年人的受教育权和就业促进权的基础。各地专门学校因地制宜开展三个模块的特色教育实践并取得明显成效[①]：江苏南京多所专门学校，除义务教育文化课之外，还开设心理健康辅导、德育法治教育、烹饪、汽车、美容等课程，以素质教育理念激发特殊学生自信心，进而有一技之长，促进其更好回归社会。贵州省黔南州某学校探索"学分制"管理方式，综合触法未成年人身心健康、行为规范、学业素养、实践能力等，结合其在校期间成绩、情感、态度等，开展综合研判和结业评估，实行动态管理。专门学校在专门矫治教育机制中坚持最大限度地发挥教育、感化和挽救功能，实现"以教代刑"，保障触法未成年人受教育权和就业促进权，以及更好实现回归家庭、学校和社会的权益。上海市推动全市 10 所专门学校在一般的专门教育基础上全面衔接中等职业学校层次技能教育，保障触法未成年人可以在专门学校自由学习融入社会的基本从业技能。徐汇区某专门学校坚守"改变从爱开始"的关爱教育理念，成立心理咨询调适基地，关注人的合理需求、幸福体验、心理健

---

① 参见《以教代刑　专门学校挽救罪错少年》，《瞭望》2023 年第 20 期。

康和人生价值，帮助学生重塑自尊心、自信心、向善心和学校归属感；优化课堂教学过程，做好缓解厌学、释放抵触情绪、矫治不良习惯等工作；建成钟表维修、眼镜技术、传媒、非线性编辑等职业实训室，培养各种从业技能。河南郑州某中学是省级示范专门学校，该校创设"八化"专门矫治教育路径①，全面保障触法未成年人教育权和就业促进权。事实上，以"赋能""复权"为制度优势保障触法未成年人权益的专门矫治教育保护实践，正成为专门学校建设和可持续发展的核心竞争力。

（四）增进触法未成年人的平等权与不受歧视权益保障

社会不平等和歧视，导致个体感受孤立和焦虑，这是诱发个体违法犯罪的主要因素。我国宪法明确规定，人人平等与不受歧视是公民的基本权利。这项权益在特殊群体的人权保障中显得格外重要，对触法未成年人自然也不例外。建设专门学校，不断保障触法未成年人享受复学、就业平等权和人格尊严不受歧视，这也是专门矫治教育质量不断提高的基本要求和保障。

建设专门学校和开展专门教育的法律规范文件，成为增进触法未成年人平等权和不受歧视权益的首要保障。2022年，国家法律规范层面加强了相关配套制度保障，5月24日最高人民法院、最高人民检察院、公安部、司法部联合制定并于5月30日起施行《关于未成年人犯罪记录封存的实施办法》。该办法旨在有效保护未成年人的隐私权、受教育权和就业权等合法权益，解决触法未成年人因犯罪记录失密造成的就业难、入学难问题。通过设定因工作原因获知未成年人封存信息的司法机关、教育行政部门、未成年人所在学校、社区等组织及其工作人员、诉讼参与人、社会调查员、合适成年人等承担保密的法律责任，更好地帮助触法未成年人受到平等对待、顺利回归社会，避免其可能再次触法而导致教育、感化、挽救的全部努力归零。2023年，新增的地方制度设计也强调建设专门学校要加强对触法未成年人

---

① 郑州该中学专门矫治教育模式的"八化"为：转化教育精准化、养成教育准军事化、劳动教育生活化、德育活动项目化、特色教育课程化、评价方式多元化、家庭教育网格化和教师队伍专业化。

矫治教育权益的平等保护。海南省在专门学校和专门教育制度中对触法未成年人矫治教育权益保障作出了一系列规定。① 广东省在新修订的《广东省预防未成年人犯罪条例》中增加地方治理中触法未成年人矫治教育权益保护创新机制，如法治基地、网络保护等。② 这些新制度增进了依法保障触法未成年人优先权利和最大利益保护原则。

各地专门学校在实践中依法履行对触法未成年人平等、非歧视的制度保护职责。北京市西城区某中学在 2023 年收录的触法未成年人是 8 名初三学生，除依法保障他们的学籍留在原学校和正常开展义务教育阶段课程外，另设陶艺、汽车模拟驾驶、蔬菜种植等特色课程，根据每名学生的成绩、性格、经历等制定"一人一案"的矫治教育方案。贵州省石阡县人民检察院在 2023 年成立"小茶苗"工作室，派干警到专门学校开展观护帮教，倡导教育部门联合专门教育评估委员会成员单位制定《教育矫治未成年人后续跟踪帮教实施办法》，将当地专门教育工作纳入平安建设考核体系，督导专门学校对结业学生实行跟踪回访，协同相关部门为接受专门

---

① 参见 2023 年 8 月 3 日发布的《海南省专门学校管理办法（试行）（征求意见稿）》，2022 年 3 月 22 日海南省教育厅等十个部门印发的《关于加强专门学校建设和专门教育工作的实施意见》，2021 年 11 月 1 日海南省修订实施的《海南省未成年人保护和预防犯罪规定》。权益保障规定主要有：学生在专门学校教育经历实行记录封存，不纳入个人档案，由专门学校保存三年；除按照国家有关规定外，不得向任何单位和个人提供；有关单位和部门在复学、升学、就业等方面，不得歧视有专门学校学习经历的学生；任何组织和个人不得歧视、体罚、虐待未成年学生；专门学校学生转学的学籍保护制度；家长看望的权利和义务等机制；依法接受专门矫治教育和教育转化效果定期评估；离校学生接受跟踪帮扶，实现复学、升学、就业等社会生活权益等。

② 参见广东省第十四届人民代表大会常务委员会第五次会议于 2023 年 9 月 27 日修订通过并于 2023 年 11 月 1 日起施行的《广东省预防未成年人犯罪条例》。主要权益规定有：接受专门教育、专门矫治教育、社区矫正、社会观护，被采取戒毒措施，刑满释放的未成年人，在复学、升学、就业等方面依法享有与其他未成年人同等的权利，任何单位和个人不得歧视。父母或者其他监护人不得以恐吓、遗弃等方式教育未成年人，不得对未成年人实施家庭暴力、让未成年人目睹家庭暴力。父母或者其他监护人不得强迫、放任未成年人辍学务工、务农、经商，不得强迫、放任未成年人卖艺、乞讨或者从事违法活动。该条例还创新了一些地方治理机制，如社工帮扶介入专门教育、在青少年法治教育基地开展法治教育、加强心理健康教育和未成年人心理辅导隐私保护、防止校园欺凌预防和干预机制以及网络保护机制等。

矫治教育并结业的触法未成年人在就业、就学权益保障上提供帮助，促进其正常回归社会。

<h1 style="text-align:center">三　未来展望</h1>

未成年人出现罪错行为，是由轻及重、逐渐演变的过程，当最佳的矫治教育时机错失或者科学的干预措施未被采取时，部分未成年人触法后就可能升级为严重犯罪。自 2010 以来，从全国总体情况看，未成年人犯罪仍呈上升趋势，2023 年，全国检察机关受理审查起诉未成年人犯罪 9.7 万人，其中不满 16 周岁未成年人犯罪约 1 万人，[①] 反思未成年人触法态势，加强未成年人罪错分级干预矫治，提高专门学校和专门矫治教育体量与质量，开展科学、法治、系统的精准专业化的专门矫治教育，最大限度保障触法未成年人权益，促进其改过自新、回归社会，将成为今后一段时间的必然选择。

借鉴 2023 年云南凤庆县人民检察院针对涉罪未成年人的"六个一"精准普法经验[②]，建设专门学校保障触法未成年人矫治教育权益的未来发展趋势和展望在于：做好办学和教育从理念到制度再到效能的全面提质升级，加强办学和教育的主体、内容、方式与路径的科学化法治化体系化建设，强化触法未成年人进（出）专门学校和接受专门矫治教育的全过程权益保障的法律监督。

---

① 其中盗窃、强奸、抢劫、聚众斗殴、寻衅滋事等传统 5 类犯罪占比仍近六成，未成年人涉黑恶和涉毒犯罪整体下降，涉严重暴力犯罪基本持平，涉网络和性的犯罪逐渐增多。检察机关坚持教育、感化、挽救方针，坚持教育为主、惩罚为辅原则，在宽严相济政策中充分发挥附条件不起诉预防矫治功能，依法附条件不起诉 3.1 万人，适用率超过三分之一。

② 涉罪未成年人普法的"六个一"，即一份社会调查报告、一次法治训诫、一份认罪认罚具结书、一次亲职教育、一份犯罪记录封存决定书和一次跟踪回访。参见《六个一，做好涉罪未成年人"一站式"精准普法》，"凤庆检察"微信公众号，2023 年 5 月 26 日，https：//mp.weixin.qq.com/s/yzr2YnY5LDMi7XGQR6yMUA。

（一）实施理念：推进触法未成年人矫治教育权益保障科学化

选取以"专业教育论坛"为代表的小型跨区域样本①、以上海市为代表的发达地区样本②和以贵州省毕节市为代表的西部地区样本③等三份关于专门学校建设和专门矫治教育工作的全国典型样本进行分析，落实专门学校和专门矫治教育的理念，推进触法未成年人矫治教育权益保障科学化，至少要做好以下三点。

第一，进一步坚持专门学校具有国民教育性质的认知不动摇，严格做到教育机制主导但接受司法执法机制辅助。

第二，进一步坚持专门矫治教育贯彻教育、感化和挽救原则的根本认知不动摇，严格遵循教育规律开展矫治教育，依法开展强制管理，目的在于保障专门学校的教育秩序。

---

① 2023 年 10 月 27 日，由山东省彩虹伞法律援助与研究中心、烟台华夏文化促进会和淄博某专门学校共同发起，来自山东、湖南、河北 8 家从事专门教育的单位形成联盟，创办"专门教育公益论坛"，首届专门教育公益论坛在淄博某专门学校举办，主题为"新时代专门教育的新挑战理论研讨会"。会议达成的初步共识有：如何科学定位专门学校性质和专门教育形象，避免专门学校"污名化"和专门教育"标签化"；如何发挥专门学校教育特色功能和构建专门教育效能评估科学体系；如何做好专门学校和专门矫治教育与普通学校教育和家庭教育以及司法执法监督之间的科学衔接。

② 上海市开展相应专门教育已有 60 多年的历史，自《意见》颁布以来，上海市域专门学校建设发展已颇有规模初具模式意义。据不完全的官方统计，截至 2023 年，在全国 31 个省份中，上海市专门学校有 12 所，数量上仅次于贵州省，位居全国第二，离校学生数和在校学生数都位居全国前三，专门学校教职工人数和专任教师人数都名列全国榜首。2023 年 12 月 29 日，上海专门教育工作会议在浦东某专门学校召开，会议制定《上海市专门教育研究与评估中心五年规划（2024—2028 年）》，其内容主要包括推进新时期专门教育理论研究、健全完善专门教育评估工作、推动上海市专门教育体系建设、推动长三角一体化高质量发展、打造上海市专门学校示范品牌等。

③ 贵州省拥有省级层面上最多的专门学校，超过 30 所，2023 年该省试点全面推进域内专门学校建设和深化区域专门矫治教育质量改革，毕节市检察机关综合发力、能动履职推进专门学校建设，用法治温度护航未成年人健康成长。积极探索罪错未成年人分级矫治，设立专门学校观护基地，借力数智跑道，建立"守未联盟"云体系平台，入驻公安、民政、教育等十部门，打破法治教育资源地域限制，实现共享融合；以问题导向指引检察履职，着力解决专门学校管理体系不健全、教育矫治力度不足、配套措施缺位、协作联动不畅等突出问题。

第三，进一步贯彻专门矫治教育赋能赋权的功能，保障触法未成年人权利，通过专门矫治教育转化使其成为有用之才，顺利回归家庭、学校和社会。

值得注意的是，鉴于当今未成年人触法行为的低龄化趋势、心理问题与行为问题交织、网络对未成年人的负面影响认知及其防控等新情况，亟须提升专门教育工作的专业化，不断拓展专门教育的内涵，将最新的教育学、心理学、教学理论等应用于实践，建立科学的专门矫治教育工作体系，保障失学失管、触法未成年人的权益，使其重新回归正常学校生活，这样才能真正打造专门学校教育特色与品牌，并为特殊群体的人权事业发展与社会的和谐稳定作出重要贡献。

（二）健全制度：推进触法未成年人矫治教育权益保障法治化

落实理念离不开健全制度，建设专门学校和构建专门教育体系，保障触法未成年人权益，亟须健全制度，推进专门学校权力配置和专门矫治教育机制法治化建设。

第一，完善专门学校设立规程。从法律层面明晰专门学校和专门矫治教育在罪错未成年人分级管理中的地位和功能。

第二，加强专门矫治教育主体及其衔接机制的法治保障。规范专门学校的教育主管机关与公检法司各部门的职责权限；健全专门教育指导委员会的议事规程和评估依据，将决定程序的行政化转变为司法化，或增设决定程序中的听证程序；完善"警送生""检送生"以及家庭、学校申请生的入学规范。

第三，规范专门矫治教育管理过程机制。明确转化效果评估机制；明确触法未成年人离校评估、离校后权益保障机制；明确专门学校及专门矫治教育中约束性措施的具体内容；明确寄宿制和"闭环管理"的目的、限度及具体措施；明确教师和相关部门工作人员的具体管理操作机制。

第四，加快未成年人警务队伍建设。将未成年人警务从成人警务活动中分离出来，组建未成年人警务的专业性队伍，制定专门性的办案规范，以提升教育、挽救触法未成年人的效果。

第五，完善检察监督全覆盖制度。在专门学校和专门矫治教育全过程中建立有针对性的法律监督机制，既要依法保障专门学校开展矫治教育，又要依法保障触法未成年人权益。

（三）提升质效：推进触法未成年人矫治教育权益保障体系化

触法未成年人权益保护是一项主体多元、内容丰富、过程复杂、方式多样的系统社会工程。建设高质量专门学校、构建高水平矫治教育体系、提升触法未成年人矫治教育权益保障效能，务必要推进触法未成年人矫治教育权益保障机制体系化建设——不断健全以教育行政部门主管、公检法司部门积极协助、专业社会组织和志愿者共同参与的触法未成年人专门矫治教育工作体系。

首先，完善政府购买服务方式，吸收专业化的社会力量。专门教育指导委员会在个案中将对触法未成年人进行的事先、事中和事后的调查评估工作委托给专业的社会机构。

其次，加强专业队伍和社会力量结合。专门学校和专门教育工作应发挥对触法未成年人在价值观塑造、技能训练、就业促进等领域或环节中的社会资源介入作用。在专门矫治教育实践基地或者在离校后社会帮教基地，可组建"专业化+社会化"的帮教工作力量，促进触法未成年人在回归社会后可以有至少一种谋生的社会技能。引入专业社会组织力量弥补当地专门学校中专门矫治教育队伍专业师资的不足，尤其是在心理、法治和人文的专业教育领域。

再次，推进家庭教育在触法未成年人专门矫治教育中的优势介入。一方面，公检法司专门机构针对失能的家庭教育，要对"问题家庭"和"问题家长"开展专项督导，培训和指导家长开展亲职教育，发挥家庭亲情监护效能。另一方面，在专门学校开展专门矫治教育期间，促进触法未成年人配合学校依法开展亲情会见和家庭帮教。

最后，鼓励社会力量以项目方式参加触法未成年人专门矫治教育权益保障。推动专门学校借助社会资源开展触法未成年人专门矫治教育品牌化，可持续打造特色鲜明的专门矫治教育品牌，健全政府对品牌化运营的项目给予政策支持与奖励的制度。

21世纪是一个人才国际竞争更加激烈的时代，未成年人是一个国家最重要的潜在资源。在完善触法未成年人司法、教育、回归和发展议题上，各国基于自身政治、经济、法律、社会、文化的发展基础和条件积极创新治理实践。我国始终坚持对触法未成年人的教育、感化、挽救原则，建成独立的机构化的专门学校，构建科学法治系统专业的专门矫治教育网络，坚持触法未成年人权益保障目标，激发包含矫治因素的教育力量，既有利于帮助触法未成年人成为社会有用之才，又有利于推进特殊群体人权保障事业发展。

安宁疗护对公民"全生命周期"
人格尊严的保障*

马 原 王嘉蔚**

摘 要： 安宁疗护是推进医疗卫生领域现代化建设的重要一环，通过尊重自然人在生命的最后的选择权，避免过度医疗带来的痛苦，是保障公民生命末期生命尊严的重要形式。2023 年，中国继续推进安宁疗护服务建设，不断完善安宁疗护服务供给，优化安宁疗护运行机制，完善质量管理制度，取得显著成效。与此同时，实践中存在的技术困境、伦理争议与法律风险使安宁疗护的应用与推广面临挑战。在未来发展建设中，应从完善疼痛管理过程、探索知情同意基础上的生前预嘱制度与完善相关配套制度等方面入手，发展完善安宁疗护服务，增进保障公民"全周期"生命质量与尊严。

关键词： 安宁疗护 全生命过程 人格尊严 临终关怀

随着我国经济社会持续健康发展，人民对全过程生命质量的要求不断提高，安宁疗护作为一种关照个人生命历程最终阶段的医疗服务，已成为推进医疗卫生领域现代化的重要一环，是保障公民健康权与人格尊严的重要体现。在上述社会与政策背景下，本报告回顾了安宁疗护服务在我国的发展历程，总结了 2023 年中国安宁疗护政策与实践的新进展，并结合安宁疗护在

* 本报告为国家社会科学基金一般项目"异地就医门诊结算服务区域协同治理及政策评估研究"（21BGL236）阶段性成果。

** 马原，南开大学周恩来政府管理学院行政管理系副教授，南开大学人权研究中心研究员，研究方向为公共政策；王嘉蔚，南开大学周恩来政府管理学院本科生。

实践推广中存在的技术风险、伦理风险与法律风险，归纳我国安宁疗护服务未来的发展方向。

一　安宁疗护的人权保障意义

安宁疗护（Hospice Care，End-of-Life Care）是一种关注患者身体、精神、心理健康，改善患有危及生命的疾病或遭受与疾病有关的严重痛苦的患者及其家人生活质量的方法，通过早期识别、正确评估、治疗疼痛及其他生理、心理和精神问题来预防和减轻患者痛苦。[①] 根据世界卫生组织的定义，安宁疗护是指针对治愈性治疗已无可能的生命终末期患者进行积极照护，以控制疼痛、缓减不适，改善生活质量的措施。[②] 安宁疗护是一种能够提高生命质量，帮助患者舒适、安详、有尊严离世的人性化服务。2014 年，世界卫生大会提出死亡质量是不可忽略的人权之一，194 个国家承诺将安宁疗护服务列为卫生系统重点工作。安宁疗护的出现与推广是国家和社会进步的标志，标志着人格尊严权从“生存的尊严”向“死亡的尊严”延伸，对人的主体性的关注决定了安宁疗护对我国人权保障的重大意义。

（一）安宁疗护是维护生命尊严的必然要求

在我国国内法层面，《中华人民共和国民法典》第九百九十条所确认的“自然人享有基于人身自由、人格尊严产生的其他人格权益”和第一千零二条规定的“自然人的生命安全和生命尊严受法律保护”为安宁疗护服务提供了成文法和法理上的正当性依据。

人格权是指以主体依法固有的人格利益为客体，以维护和实现人格平等、人格尊严、人身自由为目的的权利，[③] 其中人格尊严是指公民基于自己

① World Health Organization，“Palliative Care Fact Sheet，” 2020-08-05，https：//www.who.int/news-room/factsheets/detail/palliative-care.

② WHO，“WHO Definition of Palliative Care，” *British Medical Journal*，Vol. 349，2016.

③ 王利明：《人格权法》（第二版），中国人民大学出版社，2016，第 8 页。

所处的社会环境、地位、声望、工作环境、家庭关系等各种客观条件而对自己和他人的人格价值和社会价值的认识和尊重,[①] 是人格权的重要内容。生命尊严是人格尊严的前提和基础,在人格尊严中占据着主体的位置,是人格尊严的具体展开。在理论上,生命尊严包括两层含义:一是维护生命存续的质量;二是维护生命终结的质量,其实质为自然人有权选择有尊严的生存,也有权选择有尊严的死亡。[②] 安宁疗护的核心在于在患者确定已进入生命终末期时,避免使患者承受痛苦的过度医疗,避免对身体再进行不必要的侵害,为生命末期病人提供人文关怀照护,使其社会需求、心理需求、生理需求得到满足,使其有尊严、无痛苦、安宁、舒适、圆满地离开人世,从不计代价延长生命长度到关照患者的生命质量。

(二)安宁疗护是尊重生命自主权的重要体现

安宁疗护是自然人支配自己生命利益的体现。我国法律规定医生须履行紧急救治义务仅存在于两种情况:一是在就诊的急危患者或其家属已明确要求对患者施以急救时,医生应立即对患者进行急救,而不得无故拒绝或拖延,即此时的紧急救治义务主要表现为一种强制缔约义务;[③] 二是就诊患者生命垂危,而医生一时又不能取得患者或者其近亲属意见时,医生应当基于其职责或推定的患者同意,在履行了相关批准程序后,立即对患者实施急救。[④] 但以上两种情况并未包含由患者及其家属明确要求放弃维生治疗转向缓和治疗的情况。在实践中,当自然人处于生命末期,身患无法治愈性疾病或预期生命不足六个月时,他们有权选择享受更高质量的剩余生命,而非痛苦地、不惜一切代价地延长生命。一味进行无意义的维生治疗,会给患者带来不必要的生理痛苦,同时也会使患者临终前的生活处于情绪低落、生活质量较低的状况。安宁疗护尊重患者选择生存或死亡的权利,属于尊重患者的

[①] 王利明、杨立新、姚辉编著《人格权法》,法律出版社,1997,第35页。

[②] 王利明、程啸:《中国民法典释评·人格权编》,中国人民大学出版社,2020,第153~158页。

[③] 《中华人民共和国医师法》,2021年8月20日,https://www.gov.cn/xinwen/2021-08/20/content_5632496.htm,2023年11月28日访问。

[④] 王胜明主编《中华人民共和国侵权责任法释义》,法律出版社,2013。

生命自主权（Self-Determination）和医疗选择权。从人权视角出发，安宁疗护的出现允许生命终末期患者在知情的基础上行使医疗选择权，规避过度医疗带来的痛苦，对患者决定面对死亡的方式具有至关重要的意义，展现了对患者自主意愿的尊重和保护。例如我国发布的《安宁疗护实践指南（试行）》中有关心理支持和人文关怀的部分明确写道："……尊重患者的意愿做出决策，让其保持乐观顺应的态度度过生命终期，从而舒适、安详、有尊严离世。"

（三）安宁疗护是提升生命质量的有效方案

安宁疗护是减轻生命终末期患者生理痛苦，提升生命质量的客观要求。在相关理论研究中，安宁疗护与备受争议的"安乐死"存在放弃治愈的相似之处。但是在概念内核方面，"安乐死"注重解除患者病痛从而追求最终的死亡结果，而安宁疗护则更注重临终时"生"的状态和质量。从这一角度而言，安宁疗护是人们的关注点从死亡结果到死亡过程的转向、从临终患者的生命长度到生命质量的转向，在道德与伦理上更易被大众接受。

安宁疗护概念自提出以来就服务于人本身，其初衷在于从个人层面缓解病痛所导致的痛苦，从社会层面改变传统医学观念造成的医疗资源浪费，推动医疗体系关注病人生命的全过程。通过安宁疗护建设，关注临终群体的尊严，是我国推动"全生命周期"公民权利保障的重要组成部分。

二　2023年我国安宁疗护政策与实践的新进展

（一）扩大安宁疗护服务供给

2023年以来，我国安宁疗护服务供给的目标在医疗健康政策议程中的优先级显著提升。"以社区和居家安宁疗护为基础，机构为补充，综合连续、机构和居家相衔接的安宁疗护服务体系"正在逐步完善，具体措施如下。

1. 增加安宁疗护机构与床位数量

例如北京市在 2023 年通过新建、改扩建、转型发展等方式，加强康复医院、护理院（中心、站）和安宁疗护机构建设，[①] 在 2023 年初预计新增安宁疗护中心 6 家、增加床位 200 张。[②]

2. 医疗机构逐步将安宁疗护措施融入住院医疗护理服务

部分省市鼓励医疗资源丰富地区的部分二级医院转型，鼓励有条件的医院设立安宁疗护科或病区，在社区卫生服务中心（站）和乡镇卫生院等基层医疗卫生机构开展安宁疗护服务，扩大安宁疗护等接续性医疗服务供给。[③] 一些省市将安宁疗护病区建设纳入政策议程，例如浙江省计划在 2027 年各市至少建有 1 个市级医院安宁疗护病区；每个县（市、区）至少建有 1 个县级医院安宁疗护病区；50% 以上乡镇卫生院（社区卫生服务中心）提供安宁疗护服务。[④]

3. 发展依托养老机构的安宁疗护服务

福建省将发展安宁疗护服务纳入《"十四五"国民健康规划实施方案》，

① 《关于印发北京市关于进一步推进医养结合发展的实施方案的通知》，北京市卫生健康委员会网站，2023 年 9 月 1 日，http：//wjw.beijing.gov.cn/zwgk_ 20040/ylws/202309/t20230914_ 3259102.html，2023 年 10 月 12 日访问。

② 《关于做好安宁疗护中心和老年护理中心转型建设工作的通知》，2023 年 5 月 12 日，北京市卫生健康委员会网站，https：//wjw.beijing.gov.cn/zwgk_ 20040/ylws/202305/t20230512_ 3101894.html，2023 年 12 月 5 日访问；《北京市人民政府办公厅关于印发北京市 2023 年办好重要民生实事项目分工方案的通知》（京政办发〔2023〕1 号），北京市人民政府网站，2023 年 1 月 20 日，https：//www.beijing.gov.cn/zhengce/zfwj/202301/t20230120_ 2906798.html，2023 年 12 月 5 日访问。

③ 《关于印发辽宁省紧密型城市医疗集团建设试点工作方案的通知》，辽宁省人民政府网站，2023 年 6 月 16 日，https：//www.ln.gov.cn/web/zwgkx/lnsrmzfgb/2023n/qk/2023n_ dssq/bmwj/202308071046 1361212/index.shtml，2023 年 12 月 7 日访问；《重庆市提升医养结合和老年健康服务能力行动方案（2023—2027 年）》，重庆市人民政府网站，2023 年 12 月 4 日，http：//admin.cq.gov.cn/zwgk/zfxxgkzl/fdzdgknr/zdmsxx/yl/zyzc/202312/t20231204_ 12647808.html，2023 年 12 月 7 日访问；《山东省卫生健康委员会关于印发山东省"十四五"医疗卫生服务体系规划的通知》，山东省卫生健康委员会网站，2022 年 12 月 14 日，http：//www.shandong.gov.cn/art/2022/12/14/art_ 307620_ 10333793.html，2023 年 12 月 7 日访问。

④ 《浙江省全省域开展安宁疗护工作实施方案（征求意见稿）的公告》，浙江省卫生健康委员会网站，2023 年 5 月 23 日，https：//wsjkw.zj.gov.cn/art/2023/5/23/art_ 1229123474_ 5115681.html，2023 年 12 月 5 日访问。

建设省级安宁疗护培训基地，力争到2025年全省养老机构护理型床位占比达60%以上。推动社区（乡镇）医养结合服务设施建设，重点为失能、慢性病、高龄、残疾等老年人提供以诊治、康复护理、安宁疗护为主，兼顾日常生活照料的医养结合服务。[1] 构建以安宁疗护科室（病区、病房）及安宁疗护中心为主体、基层医疗机构病床服务与居家上门服务为基础、其他医疗机构安宁疗护适宜服务为补充的发展格局。[2]

（二）优化安宁疗护运行机制

2023年，我国各地逐步优化安宁疗护运行机制，促进安宁疗护服务的全过程发展，构建价格合理、服务规范、全域覆盖、城乡兼顾的安宁疗护服务体系，更好满足更多安宁疗护服务需求。逐步完善在分级诊疗基础上的场所建设，形成医疗机构、社区和居家、医养结合、"互联网+安宁疗护"等多种安宁疗护模式，为后续安宁疗护的创新与发展奠定了实践基础、积累了宝贵的经验。

1. 将安宁疗护作为接续性医疗服务纳入常态化医疗服务体系的政策议程

扩大老年护理、安宁疗护等接续性服务供给，推进老年健康服务规范化和老年友善医疗机构建设，建立健全养老机构和社区卫生服务机构对口关系，加强日常诊疗、健康监测、转诊等工作，[3] 鼓励拓展康复医疗、医养结合、安宁疗护等服务功能，提升社会服务效能，推进康复医

---

① 《福建省人民政府办公厅关于印发福建省政府贯彻落实"十四五"国民健康规划实施方案的通知》，福建省人民政府网站，2023年1月3日，http：//www.fujian.gov.cn/zwgk/zfxxgk/szfwj/jgzz/kjwwzcwj/202301/t20230103_6086370.htm，2023年12月7日访问。
② 《湖南省人民政府办公厅关于印发建设安宁疗护试点省工作方案的通知》，湖南省人民政府网站，2023年11月16日，http：//www.hunan.gov.cn/szf/hnzb_18/2023/202321/szfbgtwj_98720_88_1qqcuhkgvehermhkrrgnckumddvqssemgdhcscguemrbsvtvegftmrskmsnbgghgvhucfpghprhcrhgbnnc/202311/t20231116_32406359.html，2023年12月5日访问。
③ 《关于印发2023年北京市基层医疗卫生服务能力提升工作计划的通知》，北京市卫生健康委员会网站，2022年8月23日，http：//wjw.beijing.gov.cn/zwgk_20040/ylws/202308/t2023082 4_3229744.html，2023年10月12日访问。

院、护理院、安宁疗护中心等接续性医疗机构建设。① 推进紧密型医疗联合体建设。在城市网格化布局建设由盟市级医院、城市区级医院、社区卫生服务机构、护理院、专业康复机构、安宁疗护机构等组成的医疗联合体。② 鼓励社会力量举办规模化、连锁化的康复医院、护理院（站）、安宁疗护中心。③

2. 探索居家—社区—机构联动的安宁疗护服务供给模式

例如探索建立医务社工与社区对接机制，联合开展医养结合、安宁疗护、慢病管理等服务。④ 优化社区卫生服务机构与养老机构、社区托养机构签约服务。开展居家和医疗、养老机构相衔接的安宁疗护服务。⑤ 探索依托家庭医生开展安宁疗护服务，鼓励乡镇卫生院和社区卫生服务中心根据服务能力和群众需求，按照相关诊疗规范开展符合相应资质要求的服务项目，拓展康复、医养结合、安宁疗护、智能辅助诊疗等服务功能。对行动不便、失能失智的老年人、残疾人等确有需求的人群，要结合实际提供上门治疗、随

---

① 《天津市人民政府办公厅关于印发天津市进一步深化改革促进乡村医疗卫生体系健康发展实施方案的通知》，天津市人民政府网站，2023 年 10 月 25 日，https：//www.tj.gov.cn/zwgk/szfwj/tjsrmzfbgt/202310/t20231025_ 6439728.html，2023 年 12 月 7 日访问；《内蒙古自治区产品、工程和服务质量提升行动方案（2023—2025 年）》，内蒙古自治区市场监督管理局网站，2023 年 3 月 30 日，http：//amr.nmg.gov.cn/zw/wjfb/202304/t20230421_ 2299740.html，2023 年 12 月 7 日访问。

② 《内蒙古自治区人民政府办公厅关于印发进一步完善医疗卫生服务体系实施方案的通知》，内蒙古自治区人民政府网站，2023 年 9 月 28 日，https：//www.nmg.gov.cn/zwgk/zfgb/2023n/202320/202311/t20231119_ 2412835.html，2023 年 12 月 7 日访问。

③ 《河北省人民政府办公厅印发关于进一步完善医疗卫生服务体系的实施方案的通知》，河北省人民政府网站，2023 年 5 月 5 日，http：//www.hebei.gov.cn/columns/6d6aa46b - cbc6 - 4cef - 9d76 - 8801c07bfee0/202308/19/87d93414 - 0fa4 - 4c75 - 9eb1 - 96afc88eedcd.html，2023 年 12 月 7 日访问。

④ 《关于印发〈首都社会工作专业人才队伍建设行动计划（2023 年—2025 年）〉的通知》，北京市民政局网站，2023 年 5 月 12 日，https：//mzj.beijing.gov.cn/art/2023/5/23/art_ 9366_ 27246.html，2023 年 12 月 5 日访问。

⑤ 《上海市人民政府办公厅关于印发〈进一步提升本市社区卫生服务能力的实施方案〉的通知》，上海市卫生健康委员会网站，2023 年 5 月 11 日，https：//wsjkw.sh.gov.cn/sh1/20230511/d298eb97cff14c8c93184e3bdf9d4d18.html，2023 年 12 月 7 日访问。

访管理、康复、护理、安宁疗护、健康指导及家庭病床等服务。① 依托有条件的社区卫生服务中心、乡镇卫生院支持居家安宁疗护发展。② 北京市通过"一对一""一对多""分区包片"的形式，指导各区及相关医疗机构提升安宁疗护服务能力，加大服务供给，推动全市安宁疗护科学有序发展，③ 同时在 2023 年确定北京医院、北京协和医院两家医院作为北京市安宁疗护指导中心，选定海淀医院等 14 家医疗机构作为示范基地，蒲黄榆社区卫生服务中心等 10 家社区卫生服务中心为示范中心，引领全市安宁疗护工作开展，推动安宁疗护医疗资源向基层下沉。《辽宁省贯彻落实"十四五"健康老龄化规划实施方案》要求建立健全医院、基层医疗卫生机构和家庭相衔接的安宁疗护工作机制和转诊流程。

3. 确定安宁疗护收费定价标准

深圳市创新采取阶段阶梯减额的方法，将安宁疗护服务项目细分为急性治疗、急性康复、重症康复、康复医疗、医疗偿付、临终等环节。一些地区探索对安宁疗护、医疗康复等需要长期住院治疗且日均费用较稳定的疾病实行按床日付费。④

（三）完善安宁疗护质量管理制度

世界卫生组织 2021 年最新研究报告指出，必须从患者接受安宁疗护服务时即启动服务质量监测评价，定期采用科学的评价方法、依托评价指标获取详细

---

① 《关于印发辽宁省关于推进家庭医生签约服务高质量发展实施方案的通知》，辽宁省人民政府网站，2023 年 8 月 1 日，https：//www. ln. gov. cn/web/zwgkx/lnsrmzfgb/2023n/zk/zk7/bmwj/20230801151624711954/index. shtml，2023 年 12 月 7 日访问。
② 《海南省人民政府关于印发海南省老龄事业发展和养老服务体系三年行动计划（2023—2025）的通知》，海南省人民政府网站，2022 年 12 月 23 日，https：//www. hainan. gov. cn/hainan/szfwj/202301/5fbb455cac17478bac4d877a1e11399f. shtml，2023 年 12 月 7 日访问。
③ 《北京市卫生健康委员会关于"分区包片"指导安宁疗护发展的通知》，北京市卫生健康委员会网站，2023 年 4 月 17 日，https：//wjw. beijing. gov. cn/zwgk_20040/ylws/202304/t20230420_3061453. html，2023 年 12 月 5 日访问。
④ 《关于加快推进医养结合高质量发展的实施意见》，江苏省卫生健康委员会网站，2023 年 7 月 31 日，http：//wjw. jiangsu. gov. cn/art/2023/7/31/art_49499_10967341. html，2023 年 12 月 7 日访问。

可靠的数据,分析不同阶段安宁疗护服务的投入、过程和结果状况,调整资源分配与各项照护事宜的优先顺序来支持和完善安宁疗护服务计划。[①] 按照这一要求,国家和上海相关政策文件中均明确提出要进行客观的质量和效果评价。

1. 加强对安宁疗护服务提供者的资质审核

《北京市社区老年健康服务规范》(2023年版)规定,开展安宁疗护服务,相关社区卫生服务中心应具有开展安宁疗护服务的临终关怀科、疼痛科等相关诊疗科目资质,并具备家庭病床、巡诊等服务方式。[②]

2. 细化安宁疗护服务的执行规范

2023年,我国制定了多维度安宁疗护标准,中国抗癌协会安宁疗护专委会发布了《CACA安宁疗护技术指南》《安宁疗护病房管理规范》《安宁疗护舒适照护标准》《儿童安宁疗护病房标准》等安宁疗护标准,从病情评估、疾病管理、疾痛舒缓、精神抚慰、患属安宁等方面,对如何逐级展开安宁疗护工作进行指导。发布《中国肿瘤整合诊治技术指南》(《CACA指南》)安宁疗护技术篇,将评、扶、控、护、生的整合理念贯穿始终,全面构建和整合安宁疗护服务体系。在地方层面,黑龙江省《安宁疗护服务规范》首次明确了全省安宁疗护的服务范围、服务形式、服务流程、设施配置、药物使用、标准界定等一系列准则,构建了全省安宁疗护服务总体框架,为全省百姓的生命尊严提供了制度保障。[③] 此外,辽宁省和重庆市也通过发布五年计划的方式,规划逐步健全安宁疗护服务涉及的止痛、麻醉等药物配备和监管制度,[④] 建

---

① World Health Organization, *Assessing the Development of Palliative Care Worldwide: A Set of Actionable Indicators*, Geneva: World Health Organization, 2021.

② 《北京市卫生健康委员会关于印发北京市社区老年健康服务规范(2023年版)的通知》(京卫老龄〔2020〕13号),北京市卫生健康委员会网站,2023年11月2日,https://wjw. beijing. gov. cn/zwg k_ 20040/ylws/202311/t20231109_ 3298414. html,2023年12月5日访问。

③ 《黑龙江省地方标准——安宁疗护服务规范》,黑龙江省卫生健康委员会网站,2023年2月7日,http://wsjkw. hlj. gov. cn/wsjkw/c109105/202302/c00_ 31525885. shtml,2023年12月5日访问。

④ 《辽宁省贯彻落实"十四五"健康老龄化规划实施方案》,辽宁省人民政府网站,2023年7月9日,https://www. ln. gov. cn/web/zwgkx/lnsrmzfgb/2023n/zk/zk5/bmwj/20230706102926 34267/index. shtml,2023年12月7日访问。

立安宁疗护监督评估和质量评价机制。①

3.完善安宁疗护团队建设

2023 年,我国加强了安宁疗护人才队伍建设,初步形成了涵盖医学、护理学、心理学、社会工作等多领域的专家团队;培养适应交叉学科工作模式的安宁疗护专业人才,持续开展各项专业培训,不断提升从业人员专业技术水平。

综上所述,安宁疗护作为健康中国战略的一项重要内容,作为提高人民全生命过程质量的重要环节,越来越受到中央和地方的关注。越来越多的政策文件及法律法规的出台为安宁疗护提供了合法性保障,也从官方角度认可了安宁疗护对公民权利的保障。国家卫生健康委员会不断规范安宁疗护服务,总结试点经验,稳妥有序推进安宁疗护工作,协调推动完善安宁疗护服务收费和医保支持政策,计划在 2025 年建立覆盖试点地区全域、城乡兼顾的安宁疗护服务体系(各试点地区名单见表1)。

表 1 三批全国安宁疗护试点地区

	第一批	第二批	第三批
地区	北京市海淀区 吉林省长春市 上海市普陀区 河南省洛阳市 四川省德阳市	一、安宁疗护试点省(区、市) 上海市 二、安宁疗护试点市(区) 北京市:西城区、东城区、朝阳区 河北省:邢台市、石家庄市、唐山市、邯郸市 山西省:太原市、长治市 内蒙古自治区:包头市、巴彦淖尔市、呼伦贝尔市 辽宁省:沈阳市 吉林省:吉林市、白城市、通化市 黑龙江省:鹤岗市、黑河市 江苏省:南京市、常州市、连云港市 浙江省:温州市、嘉兴市	一、安宁疗护试点省(区、市) 北京市、浙江省、湖南省 二、安宁疗护试点市(区) 天津市:南开区、蓟州区 河北省:承德市、廊坊市、沧州市 山西省:晋城市、阳泉市 内蒙古自治区:呼和浩特市、兴安盟、鄂尔多斯市 辽宁省:大连市 吉林省:松原市 黑龙江省:双鸭山市、齐齐哈尔市、大庆市 江苏省:苏州市、无锡市、南通市 安徽省:铜陵市、淮南市、宿州市

① 《关于印发〈重庆市提升医养结合和老年健康服务能力行动方案(2023—2027 年)〉的通知》,重庆市卫生健康委员会网站,2023 年 11 月 30 日,http://wsjkw.cq.gov.cn/zwgk_242/wsjklymsxx/jkfw_266458/zcwj_266459/202311/t20231130_12634668_wap.html,2023 年 12 月 5 日访问。

续表

	第一批	第二批	第三批
地区	北京市海淀区 吉林省长春市 上海市普陀区 河南省洛阳市 四川省德阳市	安徽省:蚌埠市、滁州市、淮北市 福建省:福州市、漳州市 江西省:赣州市、抚州市、萍乡市、吉安市 山东省:淄博市、聊城市、菏泽市 河南省:郑州市、鹤壁市、濮阳市、商丘市 湖北省:孝感市、荆州市、十堰市、随州市 湖南省:长沙市、株洲市、益阳市 广东省:深圳市、东莞市、汕头市、中山市 广西壮族自治区:钦州市 海南省:海口市 重庆市:北碚区、九龙坡区、石柱县 四川省:成都市、攀枝花市、自贡市 贵州省:贵阳市、六盘水市 云南省:昆明市 陕西省:宝鸡市、咸阳市、铜川市 甘肃省:兰州市、白银市、金昌市 青海省:海东市 宁夏回族自治区:中卫市 新疆维吾尔自治区:乌鲁木齐市、哈密市	福建省:龙岩市 江西省:九江市、景德镇市、鹰潭市 山东省:济南市、青岛市、日照市 河南省:新乡市、周口市 湖北省:襄阳市、宜昌市、恩施土家族苗族自治州 广东省:广州市、珠海市 广西壮族自治区:南宁市、桂林市 海南省:三亚市 重庆市:丰都县 四川省:泸州市、绵阳市、眉山市、雅安市 贵州省:遵义市、黔东南苗族侗族自治州、黔南布依族苗族自治州 云南省:楚雄彝族自治州、红河哈尼族彝族州、保山市 陕西省:渭南市、汉中市 甘肃省:酒泉市、庆阳市 青海省:西宁市 宁夏回族自治区:银川市、石嘴山市、固原市 新疆维吾尔自治区:克拉玛依市、昌吉回族自治州 新疆生产建设兵团:第一师、第六师

资料来源:国家卫生健康委员会网站。

三 安宁疗护服务发展的风险与对策

(一)发展安宁疗护服务面临的风险

1.疼痛管理的"双重效应":安宁疗护的技术挑战

安宁疗护的首要目标在于对疼痛症状的有效控制,然而舒缓疼痛和避免药物滥用之间合理标准的认定高度依赖医生的专业裁量。目前,在安宁疗护

中所使用的止痛药主要是口服阿片类药物，中度及中度疼痛改善的主要是吗啡类药物。在临床实践中，高质量的安宁疗护要求医生对患者尤其是临终（死亡前一周左右）患者的疼痛情况进行全面的、动态的评估，在权衡病人各项生理指标的基础上进行个体化用药。2007年卫生部发布的《麻醉药品临床应用指导原则》和2011年卫生部发布的《癌症疼痛诊疗规范》（2011年版）也明确指出，阿片类药物的使用存在明显的个体差异，无理想标准用药剂量，应当根据患者的病情给予足够剂量药物。镇痛药物在减轻患者病痛的同时也存在一定的副作用，临终患者因为其自身的情况常伴发有其他症状，如呼吸困难、器官衰竭等，过度甚至频繁使用镇痛药物可能会影响甚至加重临终患者的病情，此即镇痛药物的"双重效应"。在临终患者的用药护理方面，容易产生"不伤害"的无危害原则和缓解痛苦的恩惠原则的利益冲突的情况。与此同时，临终病人的镇痛需求高度受限于毒麻药品使用的严格管理制度。在我国，麻醉类药品的临床应用面临一系列规范性文件，如《中华人民共和国药品管理法》和《麻醉药品和精神药品管理条例》等制度约束和较为严格的程序限制。因此，如何对患者进行全面的疼痛评估，建立明确的用药标准，保障医护人员的权益，成为安宁疗护面临的重要技术挑战。

2. 生命长度还是生命质量：安宁疗护的伦理争议

医学的基本目标是"改善需要医疗的人的生命质量"，[①] 安宁疗护服务是人们摆脱技术理性和技术生存的合理手段，也能满足社会的客观发展与临终患者的主观需求。选择安宁疗护前，患者已经接受了一系列相应检查和治愈措施，但在生命的最后阶段，安宁疗护对于患者的意义在于缓解疾病带来的身体负面症状，自己可以在疗护过程中得到疼痛控制、减轻不适症状，实现临终患者生命尊严。然而在我国目前情况下，在解除患者痛苦和挽救生命两种义务产生冲突时，医生更加偏向延长生命。同时，安宁疗护的伦理困境也和我国医疗决策的家庭主义传统密切相关。在成员面临生

---

① 翟晓梅、邱仁宗主编《生命伦理学导论》，清华大学出版社，2020，第76页。

老病死等问题时，家庭成员不仅会帮助照顾、尽力协助治疗，并且会积极承担起家庭成员在医疗协商和决策方面的职责。一般家庭成员会成为临终患者的医疗决策代理人，其选择权的范围包括但不限于所采取的维持生命的手段、是否进行器官捐献等重大事项。由于我国医疗行业普遍缺少对患者自主权的重视，较大的医疗决定都是出自家庭的意见而非患者自身的意愿。医疗决策中的家庭协商，导致作为健康人的家属往往站在自己的立场解释患者的最佳权益，忽视了患者的实际想法。人们普遍认为，当家庭成员生病的时候，家人要在其身边照顾，并且要尽自己最大的努力和一切可能为家庭成员延长存活时间。

3. 如何判断"知情同意"：安宁疗护的法律风险

安宁疗护"知情同意"的逻辑前提与患者意思表示受限的现实之间的冲突，导致安宁疗护服务面临法律风险。在当前国内安宁疗护实践中，确认和保障患者的医疗选择权与生命自主权受到多重因素的影响，在实际推广时难度较大。首先是如何确定拥有自主决定权的患者范围。在保障患者的生命自主权时，患者的意识是否清醒、获得的信息是否全面、自身是否具有作出理性决定的能力成为划定拥有自主决定权患者范围的关键。在患者因病情严重而持久性昏迷或是丧失意识，被家属隐瞒病情，或属于未成年人、精神疾病患者等无法独立作出理性选择的情况下，行使"知情同意"基础上的生命自主权均受到较为严格的限制。其次是如何确定具有告知必要的信息范围。在保障患者知情权时，为了使患者所做决定最大限度地符合其自身意志和利益，医生应当准确、完整地向其传达病情及治疗方案的相关信息。选取信息时应遵循信息"实质性"标准，即若信息会对患者的判断和决定产生"实质性"影响，如使患者放弃治疗或选择其他治疗手段，则说明此信息有披露必要。但实践难点在于，当前对于"实质信息"的标准尚不明确，对患者有限生命支配权的保障工作仅依靠医生主观判断，缺乏客观规范，导致在实际开展过程中易产生不同地区、不同医院甚至不同医生的不同判断，患者不能在全面了解自身健康状况、医疗收益、医疗风险等因素的基础上，作出使自身利益最大化的决定。

（二）发展安宁疗护服务的对策和建议

1. 完善安宁疗护的过程性规范

为避免、减少安宁疗护疼痛管理对患者身体健康的潜在风险，未来应在技术层面不断优化安宁疗护的过程规范，使医护人员能够根据患者疾病特点以及生理、心理和社会需求等，为患者提供全程的医学照顾、病情观察、协助治疗、健康指导、人文关怀等身心护理服务。同时，鼓励医疗机构开展医护联合查房和多学科合作，定期参加医护联席会议，加强医嘱处理、治疗执行的沟通。在临终使用镇痛镇静药物的诊疗流程中，医疗机构应做好麻醉药品和第一类精神药品的采购、验收、储存、调配、使用、回收等环节全过程管理。在给予镇痛药物控制疼痛时，可以参考 WHO 提倡的三阶梯止痛原则：在起初疼痛较轻时，可给予非阿片类止痛药，同时根据需要可加用辅助治疗药物；随着病情发展，疼痛加剧，可调整镇痛药物，在原来非阿片类止痛药物的基础上，加用弱阿片类药物；到后期疼痛剧烈时，改用强阿片类镇痛药。首先要根据患者的病情发展按需给药，然后在整个用药过程中，注意观察患者生命体征变化情况，在临终过程中持续给予镇痛镇静药物，直到患者生命结束再撤下，帮助患者安详、无痛、平静地走完生命历程。

2. 探索基于"知情同意"的生前预嘱制度

2017 年《国家卫生计生委关于印发安宁疗护中心基本标准和管理规范（试行）的通知》中提到，应当"构建和病人良好互动的机制"。医生、患者、家属三方应在充分告知的基础上，共同决定最有利于患者的医护模式。为实现"知情同意"前提下的安宁疗护，未来可以考虑逐步探索完善公民生前预嘱制度，使安宁疗护服务的法律关系更加清晰、确定。《民法典》中确认了"生命尊严"，也为生前预嘱制度的建立预留了法律和制度空间。生前预嘱（Advance Directives，Living Will）是指患者本人在其健康和完全清醒的状态下自愿签署的指示性文件，指明在其疾病处于不可治愈的终末期时需不需要或需要哪种医疗护理。生前预嘱的前提是医院—病人—家属三方的充分沟通。在这一过程中，需要由病人或家属签署知情同意书，告知相关的病情、给药意义、可能出现的风险后果、不给予药物的结果、可供选择的方案等，内容还应包括医方建议的原因（减少痛苦、无有效救治措施等）及患方考虑因素（患者本人意愿无痛、家属不愿患者再继续承受痛苦等），由患方慎重考虑后作出决定并签署知情同意书。给药前必须与患者或家属沟通，告知给予镇痛镇静药物的利弊和风险、可供选择的方案及带来的收益，由患方作出最终决定。通过将告知患者真实病情逐渐规范化，在保障患者选择末期生命照护方式的生存权、生命自主权和医疗选择权的同时，为医生基于专业知识的裁量提供必要空间。

3. 完善安宁疗护服务配套制度

安宁疗护服务的推广与普及需要配套制度的支持。安宁疗护在我国的进一步发展需要不断完善支持政策。例如在支付政策方面，未来需要构建安宁疗护服务的价格体系，探索安宁疗护的合理支付制度，同时加大财政资金支持。在资源配置方面，应当建立流畅高效的分级诊疗与转诊机制，在有条件的社区卫生服务中心和乡镇卫生院设立安宁疗护病床，建立覆盖试点地区全域、城乡兼顾的安宁疗护服务体系。在服务效果的反馈方面，应探索完善安宁疗护服务的质量评价标准，通过患者、机构、社会等多元主体的共同参与，推动安宁疗护服务不断优化。

B.13
无障碍环境权利保障的新进展

孟庆涛　闫乃鑫*

摘　要： 无障碍环境权利保障关乎国家人权与现代化发展。近年来，中国在设施建设无障碍、信息交流无障碍和社会服务无障碍等方面均取得了新进展：无障碍环境改造不断推进，无障碍设施得到有效管护；无障碍阅读积极落实，无障碍 App 改造成果喜人；家庭改造、政务办事、交通运输、医疗卫生等各方面的无障碍社会服务不断优化便捷。然而，现有无障碍环境建设尚存在亟待解决的难点问题，主要是建设不平衡不充分、建设监督与评估机制有待完善、建设认知与重视程度不高、建设与数字化衔接不畅。未来应当着重在制度、认知、实践三个层面推动，强化部门的协同与监督，突出社会组织的力量，推动无障碍信息技术的开放共享。

关键词： 无障碍环境　人权保障　设施建设　信息交流　社会服务

　　无障碍环境是社会生活环境的有机组成部分，涉及家庭改造、政务办事、交通运输、医疗卫生等多个方面，与人们的生活息息相关。无障碍环境权利保障水平是衡量一个国家文明程度和社会现代化程度的重要标志，保障无障碍环境权利是国家尊重和保障人权的应有之义。

　　改革开放以来，我国的无障碍环境法治保障力度不断加大。1989 年，

---

* 孟庆涛，法学博士、博士后，西南政法大学人权研究院教授、博士生导师，研究方向为人权法学、人权话语与人权公共政策；闫乃鑫，西南政法大学人权研究院（人权学院）博士研究生，研究方向为人权话语。

建设部、民政部、中国残疾人联合会颁布实施了《方便残疾人使用的城市道路和建筑物设计规范（试行）》。2010 年，住房和城乡建设部（以下简称住建部）发布国家标准《无障碍设施施工验收及维护规范》①（2022 年就局部修订向社会公开征求意见）。2012 年，住建部发布国家标准《无障碍设计规范》②（2023 年就局部修订向社会公开征求意见）。同年，国务院颁布了中国第一部以无障碍环境建设为内容的专门性行政法规《无障碍环境建设条例》。2022 年，住建部发布国家标准《建设与市政工程无障碍通用规范》③，同时废止早前关于无障碍工程建设的强制性条文。为有效应对人口老龄化问题，适应数字技术的创新发展趋势，满足人民群众对美好生活的向往特别是对无障碍环境权利保障提出的更高要求，经过三次审议修改，2023 年 6 月 28 日第十四届全国人民代表大会常务委员会第三次会议通过了《中华人民共和国无障碍环境建设法》（以下简称《无障碍环境建设法》）。这是我国首部就无障碍环境建设制定的专门性法律，"以推动建设惠及全体社会成员的无障碍环境为目标，建立健全我国无障碍环境建设法律制度，为无障碍环境建设提供法治保障"。④

在逐步被纳入法治化和国家整体发展规划的进程中，中国无障碍环境权利保障水平稳步提升。自 2009 年始，中国先后制定了四期国家人权行动计划，特别是自 2016 年开始，国家人权行动计划实现了与国家整体发展规划的同步，人权行动计划在国家层面的统一性、协调性进一步增强。加强无障碍环境权利保障，在四期国家人权行动计划中均有所体现：国家在无障碍环境权利保障方面的人权承诺与要求进一步明确，其中要求细则从"推动"到"加快"再到"全面推进"，重要程度不断提高，保障对象不断扩大，建

---

① 《无障碍设施施工验收及维护规范》，编号：GB 50642-2011。其中，第 3.1.12、3.1.14、3.14.8、3.15.8 条为强制性条文，必须严格执行。
② 《无障碍设计规范》，编号：GB 50763-2012。其中，第 3.7.3（3、5）、4.4.5、6.2.4（5）、6.2.7（4）、8.1.4 条（款）为强制性条文，必须严格执行。
③ 《建筑与市政工程无障碍通用规范》，编号：GB 55019-2021。
④ 何毅亭：《关于〈中华人民共和国无障碍环境建设法（草案）〉的说明》，《全国人民代表大会常务委员会公报》2023 年第 5 号，第 511 页。

设范围不断拓展。①

总的来看，截至 2023 年，经过三十多年的发展，从设施建设到环境建设，从技术标准到法律法规，从信息交流到社会服务，中国无障碍事业持续发展，社会融合有序推进。面向未来，我们需要秉承在发展中推进人权、在保障人权中促进发展的理念，为共建共享一个无障碍社会而努力。

一 无障碍环境权利保障的发展现状

2023 年，围绕《无障碍环境建设法》和国家人权行动计划，我国在设施建设无障碍、信息交流无障碍和社会服务无障碍等方面均取得了较大进步，无障碍环境权利保障力度进一步加大，保障水平进一步提高。

（一）无障碍设施建设稳步提升

无障碍设施建设关系到残障人群和老年人的生活品质，国家推动无障碍环境建设与适老化改造相结合，各地方单位有序落实"电梯加装"工作，打造健康舒适、多元包容的无障碍环境。据测算，我国有 8500 多万名残疾人，预计"十四五"时期，60 岁及以上老年人口总量将突破 3 亿人，占总人口的比例将超过 20%，进入中度老龄化阶段；2035 年前后，60 岁及以上老年人口将突破 4 亿人，占总人口的比例将超过 30%，进入重度老龄化阶段。② 为适应老龄化形势，《无障碍环境建设法》第四条规定了"无障碍环境建设应当与适老化改造相结合"的基本原则，第二十二条对老旧小区加装电梯作出了针对性规定。政府则聚焦"老旧小区加装电梯"难点问题，将老旧小区既有多层住宅加装电梯作为解决人民群众"急难愁盼"问题的

① 参见《中国无障碍环境发展报告（2021）》，凌亢主编《无障碍环境蓝皮书：中国无障碍环境发展报告（2021）》，社会科学文献出版社，2021，第 14 页。
② 参见《"十四五"残疾人保障和发展规划》（国发〔2021〕10 号），2021 年 7 月 8 日；《国家卫生健康委员会 2022 年 9 月 20 日新闻发布会 介绍党的十八大以来老龄工作进展与成效》，2022 年 9 月 20 日，http://www.nhc.gov.cn/xwzb/webcontroller.do? titleSeq=11480&gecstype=1；《"十四五"健康老龄化规划》（国卫老龄发〔2022〕4 号），2022 年 2 月 7 日。

重要突破口，"进一步明确加装范围，发挥各方面作用以及充分兼顾居民不同利益诉求，不断增强制度规定的针对性、可操作性、有效性"。① 各省级单位陆续出台相关政策文件，并取得显著实施成果，见表1。

表1 2023年度各省级单位既有住宅加装电梯基本情况统计

省(自治区、直辖市)	相关单位与文件	相关成果
北京	北京市住建委等4部门共同编制《北京市既有多层住宅加装电梯操作指引(试行)》(京建发〔2023〕306号)	2022年以来，北京市老楼加装电梯已开工2280余部，完工1130余部 2023年老楼加装电梯完工任务也已提前完成，目前全市已完成加装665部
上海	上海市住建委和房管局印发《关于进一步加强既有多层住宅加装电梯代建单位管理的通知》(沪建房管联〔2023〕388号) 上海市人民政府公布《上海市电梯安全管理办法》(沪府令76号)	2020年以来，上海在三年内累计完成加装电梯4176部(2020年完工294部、2021年完工1579部、2022年完工2303部) 2023~2025年，上海计划完成加装电梯9000部，每年加装3000部。截至2022年底，上海已累计完工并投入运行4397部
重庆	重庆市政府办公厅印发《重庆市既有住宅增设电梯管理办法》(渝府办发〔2023〕70号)	截至2021年，全市老旧小区已完成加装电梯2129部 截至2022年11月，全市已累计加装电梯3878部 截至2023年，以老旧小区改造为抓手，加装电梯4000余部
湖北	湖北省住建厅下发《关于落实〈无障碍环境建设法〉推进老旧小区加装电梯工作的通知》 湖北省政府办公厅印发《关于推进养老服务体系建设的实施方案》(鄂政办发〔2023〕3号)	2021年度湖北全省城镇老旧小区改造共完成加装电梯377部 2022年上半年，全省加装电梯207部 2023年1至8月，湖北全省已完成加装电梯639部，正在安装电梯634部，计划到年底还将完成869部。全省预计加装电梯2142部

① 石宏：《全面贯彻实施〈无障碍环境建设法〉共建"有爱无碍"的社会环境》，《残疾人研究》2023年第3期，第17页。

续表

省(自治区、直辖市)	相关单位与文件	相关成果
湖南	湖南省工程建设项目审批制度改革工作领导小组办公室印发《湖南省既有住宅加装电梯项目审批工作指南》(湘工改办〔2023〕2号) 湖南省住建厅修订印发《湖南省城镇老旧小区改造项目实施方案编制大纲》《湖南省城镇老旧小区改造项目实施方案审核要点》(湘建城函〔2023〕40号)	2022年上半年,长沙市既有多层住宅加装电梯完成813部 截至2023年5月,湖南全省既有住宅累计加装电梯8861部
河北	河北省住建厅等6部门联合印发《关于我省既有住宅加装电梯工作的指导意见》(冀建房市〔2022〕13号) 石家庄市住建局等8部门印发《石家庄市既有住宅加装电梯实施细则》(石住建规〔2023〕2号)	2021年以来,廊坊市为既有住宅加装电梯105部
浙江	金华市政府办公室印发《金华市既有住宅加装电梯工作实施意见》(金政办发〔2023〕29号) 诸暨市政府办公室发布《关于既有住宅加装电梯工作的实施意见》(诸政办发〔2022〕57号) 宁波市政府办公厅印发《宁波市既有住宅加装电梯管理办法》(甬政办发〔2022〕70号) 嘉兴市政府办公室印发《嘉兴市既有住宅加装电梯实施意见》(嘉政办发〔2022〕22号)	其中,杭州总量突破5000部、绍兴总量突破900部、温州总量突破700部,2023年全省计划完成1500部的加装电梯目标 至2023年6月底,浙江省累计完成既有住宅加装电梯8000余部,居全国前列
江西	江西省住建厅等5部门印发《关于进一步加大力度推进既有住宅加装电梯工作的通知》(赣建房〔2022〕12号)	截至2023年9月底,赣州市全市共受理既有住宅加装电梯957部,建成投用581部,2023年新增建成159部 截至2022年12月底,江西全省既有住宅加装电梯累计完成审批3920部,正在施工1291部,完成加装1954部;2022年全年累计完成审批1064部,完成加装909部

续表

省（自治区、直辖市）	相关单位与文件	相关成果
江苏	江苏省住建厅编制《既有多层住宅加装电梯通用图则》（苏 TZJ01-2022） 江苏省城镇老旧小区改造工作领导小组办公室印发《关于加快推进老旧小区加装电梯有关工作的通知》（苏旧改〔2022〕1号）	2021~2022年，江苏全省共开展加装电梯5904部，其中已建成投入使用2402部 2023年1~5月，江苏全省各地结合改造加装电梯1750部，总计开展加装电梯数量比去年同期增加593部 截至2023年5月底，江苏全省开展加装电梯4322部，其中建成投入使用598部，正在施工1152部，其余2572部正在开展群众意见征求、手续办理工作

资料来源：各省住建厅网站内检索及相关问题答复函，未列出的省级行政单位是由于相关规范出台时间不在本报告时间限定范围。

    无障碍环境建设监督对于提升建设品质具有重要作用，国家依法加强无障碍环境建设监督，评价重点逐渐从"有没有"的基本问题转向"好不好"的可持续发展问题，保障无障碍环境权利更好实现。经过多年努力，我国建设了庞大的无障碍环境网络，无障碍设施的合规率达到80%以上，但实际体验感和普及率相对较低。[①] 当前，我国加大对无障碍环境的后续维护和监督力度，特别是针对无障碍设施"重建设轻管护"的突出问题，《无障碍环境建设法》明确对无障碍设施维护、管理、监督等过程作出规定，强化保障措施，加大管理力度。图1展示了2012~2022年全国开展无障碍环境建设检查与无障碍培训综合情况。司法实践中无障碍环境建设的监督力度也不断加大，"2019年至2023年9月，全国检察机关共办理无障碍环境建设领域公益诉讼案件7526件，其中行政公益诉讼案件7497件，民事公益诉讼案件29件；诉前磋商结案919件，发出诉前检察建议5574件，提起诉讼73件"[②]。

[①] 参见中国消费者协会、中国残疾人联合会《2017年百城无障碍设施调查体验报告》，2017年12月14日，https://p.cca.cn/ueditor/files/2017 - 12 - 14/418bbb15 - d5b2 - 4efe - bcf4 - b9220 b0bc8bc.pdf；江苏省消费者保护委员会、残疾人联合会《江苏省无障碍设施体验式调查项目报告》，2017年11月27日，http://js315ccn.com/html/news/detail_ 2017_ 11/27/63988.shtml。

[②] 《三部门联合发布典型案例 公益诉讼助推无障碍环境建设》，《人民日报》2023年11月14日，第6版。

图 1　2012～2022 年全国开展无障碍环境建设检查与无障碍培训综合情况

资料来源：中国残疾人联合会 2012～2022 年残疾人事业发展统计公报。

（二）无障碍信息交流加快发展

信息通信技术的快速发展给大多数人带来了诸多便利，但一旦无障碍环境建设滞后，则易导致那些出于年龄、身体条件、学习能力等原因不便利用信息通信技术的群体陷入"数字困境"，可能难以享受到数字红利，甚至会遭遇利用障碍。《无障碍环境建设法》针对老年人、残疾人等在日常信息交流中遇到的需求痛点，结合信息技术快速更迭的特点，保证立法的前瞻性，增设对食品药品说明书、移动互联网应用程序和智能终端设备等的无障碍要求。[1]

其中，比较突出的热点问题是"标签、说明书及教材的字体管理"。[2]"我国目前有盲人 1731 万，而且由于各种眼疾、事故灾害、老年视力减退、糖尿病患者等后发性伤残失明者，每年还以 40 万人逐年增加。"[3] 视力上的

---

[1]　参见王莉《〈无障碍环境建设法〉推动信息无障碍发展步入快车道》，中国残疾人联合会编《〈无障碍环境建设法〉专家解读文集》，华夏出版社，2023，第 153 页。

[2]　《以法治护航，让生活无"碍"——聚焦新出台的无障碍环境建设法看点》，2023 年 6 月 29 日，http://www.news.cn/legal/2023-06/29/c_ 1129723584. htm。

[3]　石宏：《全面贯彻实施〈无障碍环境建设法〉共建"有爱无碍"的社会环境》，《残疾人研究》2023 年第 3 期，第 17 页。

障碍导致视障人士无法自主地获取产品包装信息，特别是直接涉及人民群众生命安全的药品使用说明。《无障碍环境建设法》第三十七条从明确政府相关部门义务的角度出发，针对性解决药品的说明书问题。例如，最高检针对药品说明书"字小如蚁"影响用药安全问题，积极推动药品说明书的"无障碍"改造。"最高人民检察院第八检察厅举行药品说明书适老化无障碍改造检察公益诉讼专案进展评估会。会上展示了多种老年人常用药，用手机扫描药盒上的药品追溯码，简单操作便可实现药品说明书内容语音播报，还能切换大号字体。"① 《无障碍环境建设法》颁布当天，国家药监局公开发布《药品说明书适老化改革试点工作方案（征求意见稿）》《药品说明书（简化版）编写指南（征求意见稿）》《电子药品说明书（完整版）格式要求（征求意见稿）》，于 10 月 31 日正式公布了《药品说明书适老化及无障碍改革试点工作方案》。②

"与生活密切相关的网站、App 及智能终端无障碍改造"是信息无障碍工作长久以来持续关注的重点。《无障碍环境建设法》一方面通过强制性规定强化相关主体特别是政府部门的责任，另一方面通过鼓励性规定促进有关问题的解决。"目前已有 800 多个政府单位完成信息无障碍服务平台的建设，实现无障碍功能的网站数量达 3 万多个。"③ 工信部指出，目前我国已有"1924 家老年人常用网站和 App、超 1.4 亿台智能手机和智能电视完成适老化改造升级"。④ 针对老年人在使用 App 过程中遇到的常见问题（见图 2），相关社会组织和企业积极探索改进措施。2022 年 12 月 8 日，中国消费者协会发布《适老化 App 消费监督评测项目研究报告》。报告显示，"共有 79 款 App 达标率在 75% 及以上，占比 76%；20 款 App 达标率在 60% ～

---

① 《老年人友好！药品说明书大字、语音版上线》，《检察日报》2023 年 10 月 23 日，第 4 版。
② 《国家药监局关于发布药品说明书适老化及无障碍改革试点工作方案的公告》，2023 年 10 月 31 日，https：//www.nmpa.gov.cn/xxgk/ggtg/ypggtg/ypqtggtg/20231031153424162.html。
③ 中国信息通信研究院：《信息无障碍白皮书（2022 年）》，2022 年 5 月，http：//www.caict.ac.cn/kxyj/qwfb/bps/202205/t20220518_401483.htm。
④ 《国新办举行前三季度工业和信息化发展情况新闻发布会》，2023 年 10 月 20 日，http：//www.scio.gov.cn/live/2023/32811/index.html。

75%之间"。① 在智能终端方面，国产手机厂商不论是硬件还是系统，基本适配了"无障碍功能"，如放大字体、语音助手、文本提示、远程协助等，部分型号产品通过了国家 A 级项目标准要求。

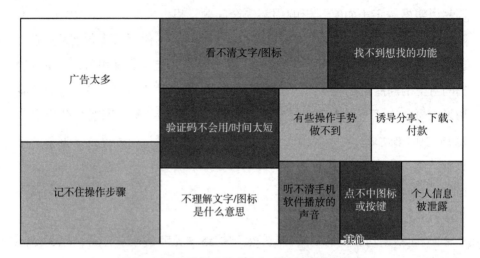

图 2　App 无障碍改造中老年人最常遇到的问题

资料来源：腾讯 CDC 2021 年适老化调研问卷：最近一年，您使用手机软件碰到过哪些问题，样本量：N＝1074。参见 CAICT 中国信通院、腾讯研究院、腾讯 CDC《移动互联网应用适老化研究与实践》，2022 年 1 月，https：//research. tencent. com/report？id＝qKk。

（三）无障碍社会服务不断优化

"无障碍社会服务是指针对有无障碍需求的人群提供消除障碍的相关性服务"，② 涉及医疗健康、诉讼仲裁、公共交通、文旅体育、应急避难、导盲犬服务等各类服务的优化升级。《无障碍环境建设法》第四章专章十一条覆盖全场景的无障碍社会服务，新增应急避难场所的义务性规定，完善残疾人使用服务犬的内容。2023 年，我国家庭无障碍改造工作持续取得进展，

---

① 中国消费者协会：《适老化 App 消费监督评测项目研究报告》，2022 年 12 月 8 日，https：//www. cca. org. cn/jmxf/detail/30541. html。

② 杨立雄：《发展无障碍社会服务，提升无障碍体验》，中国残疾人联合会编《〈无障碍环境建设法〉专家解读文集》，华夏出版社，2023，第 189 页。

截至 6 月 30 日，全国共完成家改 64.28 万户。① 在数字化的助力下，各地政府将政务服务搬到线上，津心办、渝快办、粤省事、浙里办、三晋通等一体化政府平台涌现，治理效率明显提升，公共服务可及性大幅提高。各地不断优化医疗流程，改善残障人士的就医体验，包括设立快速通道、预约挂号、药事配送、住院管理、专业导医、租借轮椅等无障碍服务。"截至今年 7 月底，已建设无障碍通道、厕位、车位的高速公路服务区（含停车区）在全国的占比分别达到 96.5%、99.1% 和 96.2%……已累计新增和更新低地板、低入口城市公共汽电车超过 2.1 万辆，完成近 1.1 万个城市公共汽电车站台适老化改造，45 个开通运营地铁的城市 5000 余座车站已实现地铁上下车无障碍渡板全配备……累计 28 个城市开通城市轨道交通爱心预约乘车服务，近 130 个城市开通电话预约出租车服务，主要网约车平台已在近 300 个城市上线'一键叫车'服务。"②

二　无障碍环境权利保障的难点问题

我国近年来无障碍环境建设发展迅速、成果喜人，无障碍环境权利保障水平不断提高，但同中国式现代化、人权发展道路以及广大人民群众需求相比，仍有不小差距。在现有的情况下，中国无障碍环境建设亟待解决以下四个方面的难点问题。

（一）无障碍环境建设不平衡不充分

不平衡的问题主要体现在：第一，地域发展不平衡。无障碍环境建设水平受经济水平影响，往往是经济发达区域有较充足的资金、较先进的技术、

---

① 中国残联维权部：《中国残联关于进一步提高困难重度残疾人家庭无障碍改造工作质量的通知》，2023 年 8 月 30 日，https：//www.cdpf.org.cn/zwgk/zcwj/wjfb/afce08fa1ac54d458c0184573b22bf86.htm。

② 《推动无障碍环境建设从"有没有"向"优不优"转变》，《法治日报》2023 年 9 月 12 日，第 6 版。

较完备的方案支撑起整体性的无障碍环境建设，各地区间的差距导致明显的"短板效应"。第二，城乡发展不平衡。量大面广的农村区域建设难度大、建设成本高、建设进度慢，普及率远低于城市区域。以广州为例，在《广州市 2022 年无障碍环境满意度调查报告》中，城区满意度普遍在 80% 以上，而郊县满意度则普遍在 60% 左右。[①] 第三，项目发展不平衡。无障碍环境建设往往集中在一些"看得到"的项目，如盲道改造、加装电梯、公厕改造等，而对一些"难以看到"的不便如坡度高差、栏杆扶手、呼救设备、地面防滑等重视不够。类似的无障碍环境建设重视局部而轻视整体，重视单体而轻视衔接，尚未将无障碍环境建设理念内化于细小之处。

不充分的问题主要体现在：第一，服务可及性不足。"无障碍环境不仅仅是可访问性，它体现了实体和虚拟环境中的可访问性，以及产品、方案和服务的可取得性和可用性。"[②] 我国现有无障碍环境建设存量设施已经非常庞大，然而却没有完全消化，低使用率反映为治理上的资源占用。无障碍环境建设不单要考虑是否达到设计标准，还要考虑到可访问性、可取得性，让残障群体认识、了解、获取这些信息，使设施充分发挥其功能。虽然公共领域的服务已有相当的水准，但仍有大量需求群体很难走出家门这第一道关卡，[③] 大多情况下仍然依靠自己。第二，专业设施供给不足。无障碍环境建设不是为了"特殊化"，而是为了需求人群能够无障碍地融入社会中。无障碍环境建设是围绕人的"居、行、医、养、学、业、娱"全场景赋能的体系，然而在特殊学校、托养中心、康复中心、社区活动室、就业培训等数量上，目前仍然存在较大缺口。

---

① 参见《广州 2022 年无障碍环境满意度调查报告出炉　盲道满意度靠后》，《羊城晚报》2023 年 2 月 22 日，第 9 版。

② 《无障碍环境与〈残疾人权利公约〉及其任择议定书的现况》，文号：A/74/146，联合国第七十四届会议秘书长的报告，2019 年 7 月 11 日。

③ 与其他人群相比，残障人士及老年人 85% 以上的活动集中在社区，对社区生活圈的无障碍出行和服务，包括社会就医与康复、社区商业、社区公园等需求迫切。参见傅一程、张若冰、卓伟德、刘堃《"全生活场景"理念下的无障碍城市规划体系构建与建设指引——以深圳市为例》，《城市规划学刊》2022 年第 7 期，第 161 页。

（二）无障碍环境建设监督与评估机制有待完善

无障碍环境建设监督与评估机制不完善主要表现在：第一，法律落地落实有待加强。"全国共出台了 761 个省、地、县级无障碍环境建设与管理法规、政府令和规范性文件。"[①] 但密集的规范主要针对的是"热点"问题，被列入绩效考核的项目才会得到重视和关注。而新出台的法律对相关内容的规定较为笼统，配套的细则尚未出台，灰色模糊地带往往被忽视。第二，责任主体界定不清晰。无障碍环境建设同时牵扯到住建部、国家卫健委、交通运输部、工信部等多个主管部门，"作为复杂的系统工程，无障碍环境建设不是某一个部门的责任，它不仅几乎涉及每一个行政部门，而且依赖于建立联动融合、集约高效的政府负责体制"。[②] 无障碍建设的法律责任是《无障碍环境建设法》立法的亮点，该法对监督机制与惩罚标准都作了具体规定。然而，在具体落实上主体责任依旧没有压实，缺少协同机制，相互推诿情况时有发生。例如，出现维护不力现象时，究竟需要承担民事责任[③]还是行政责任，在民事上是侵权责任还是责任竞合，目前都尚无定论。第三，存在重建设、轻管理、缺保障、少监督的现象。现有所暴露出来的很大一部分无障碍环境建设问题都源自初始设计与后期维护的不合理。以加装电梯为例，这不仅仅是一栋电梯的建设工程问题，还会涉及住房公积金配套、特种设备检查、电力水管线路改变、土地出让金缴纳等综合治理问题。很多无障碍环境建设没有专业领域的细分标准，建设质量自然参差不齐，可能还会引发后续治理问题。

① 中国残疾人联合会：《2022 年残疾人事业发展统计公报》，2023 年 4 月 6 日，https：//www. cdpf. org. cn/zwgk/zccx/tjgb/4d0dbde4ece7414f95e5dfa4873f3cb9. htm？ eqid = 98ad59f000 378cc50000000664577d7b。
② 孙计领：《〈无障碍环境建设法〉的进步、贡献和制度创新》，中国残疾人联合会编《〈无障碍环境建设法〉专家解读文集》，华夏出版社，2023，第 240 页。
③ 关于通过民事权利构建无障碍环境权利保障，参见胡波《无障碍环境权的私法建构》，张万洪主编《残障权利研究》（第 5 卷第 1 期），社会科学文献出版社，2018，第 83~106 页。

（三）无障碍环境建设认知与重视程度还不够高

社会大众对无障碍环境建设认知不够深入，容易将无障碍同弱势群体过度关联，却没有意识到无障碍对每个人的潜在价值。这种固化认知忽视了无障碍环境建设的通用价值，进而影响大众对无障碍环境建设的重视程度。虽然在学术讨论中，人权话语从"残废"到"残疾"再到"残障"体现出了残障理念的演进，[①] 关于无障碍的理解也有社会模式、普同模式、权利模式、可行能力模式的价值放大趋势，[②] 但现实中仍有很多人认为无障碍是一种"慈善"或"爱心"，甚至认为其挤占了本就紧张的公共资源，以至于使用无障碍设施的往往不是需求群体。从 2023 年微信指数趋势也可以看出，"无障碍"关键词的搜索频率呈现周期性变化，只有在残障相关主题日（如助残日、盲人节、爱眼日等）会有较多内容和关注。"本质上，无障碍就是消除人民群众共建共享各方面发展成果的障碍，推动共享发展和人权事业发展，确保人民依法真实享受平等的人权。"[③] 整个社会应该形成基本共识，即无障碍环境建设实际上是考虑到所有人的需求，普惠中国的每一个公民的权益。

（四）无障碍环境建设与数字化衔接尚有不畅

"加快数字化发展、建设数字中国……是培育新发展动能，激发新发展活力，弥合数字鸿沟，加快推进国家治理体系和治理能力现代化，促进人的全面发展和社会全面进步的必然选择。"[④] 然而，数字化信息化技术在某些

---

① 参见张万洪、丁鹏《从残废到残障：新时代中国残障事业话语的转变》，《人权》2018 年第 3 期。
② 参见王阳、孙计领、陈功《无障碍的概念和相关问题研究》，《人口与发展》2023 年第 4 期。
③ 孙计领、白先春：《中国无障碍环境数字化发展报告（2022）》，凌亢主编《无障碍环境蓝皮书：中国无障碍环境发展报告（2022）》，社会科学文献出版社，2023，第 26 页。
④ 中央网络安全和信息化委员会：《"十四五"国家信息化规划》，2021 年 12 月 28 日，https：//www.gov.cn/xinwen/2021-12/28/content_ 5664872. htm。

情景下，正在悄无声息地剥夺或限制弱势群体的某些权利。中国社会科学院社会发展战略研究院的调查发现，在网络中被骗过的被访老年人比例为17.25%，其中医疗保健和理财金融是两个"重灾区"。[①] 在促进信息无障碍建设的过程中，很多互联网网站和App"不好用"，无障碍改造只是简单放大字体和增大声音，增加功能却没有增加便利，或是牺牲某些功能，或者是增加学习成本。再如各种公共服务机构和银行柜台，减少人工岗位似乎成为一种趋势，半强迫性质要求线上办理或转接到机器人客服，这种不提供自主选择的渠道变相减损了弱势群体的某些权利。数字化助力信息交流无障碍环境建设，不仅是指增加数字权利，更重要的是激发弱势群体的内生动力，提升其参与社会活动的积极性与便捷性，从而赋能个体，否则只会人为制造障碍。[②] 另外，有些在数字化浪潮中掘金的企业因为在细分领域的无障碍服务平台商业价值较低，把"数字弱势群体"排除在目标客户之外，不但未能扫除环境障碍，反而加剧了环境障碍。

三　提升无障碍环境权利保障水平的建议

《无障碍环境建设法》的实施充分体现了"以人民为中心"的人权发展理念，表明我国无障碍环境保障法律制度越发完善。然而，徒法不能以自行，我们需要为该法的实施营造良好的社会环境和舆论氛围，将文本上的法律转化为实践上的行动，推动新时代无障碍环境权利保障取得更大发展。

（一）细化无障碍环境规范，强化协同与监督机制

随着《无障碍环境建设法》的出台，中国无障碍环境建设法律体系基本构建完成，随之而来的将是对应各地方具体情况、具体领域、具体项目的

---

① 《社科院发布：〈后疫情时代的互联网适老化研究〉报告》，2023年2月1日，https://www.linkolder.com/article/15182506。

② 参见沈费伟、曹子薇《从数字鸿沟到数字包容：老年人参与数字乡村建设的策略选择》，《西北农林科技大学学报》（社会科学版）2023年第1期，第25页。

配套的相关规章制度与规范性文件，有条不紊地进行无障碍环境权利保障的贯彻落实。无障碍环境权利保障不是一种公益行为，而是一种基本权益，需要国家、社会和个人多主体共同努力，持续推进和落实。无障碍环境建设相关工作内容涉及多个管理部门，应当由建设单位牵头组建联合会议制度，有效组织土地规划、财政补贴、城市治理、交通线路、医疗保健等主体，统筹无障碍规范的落地。充分发挥高校科研机构、智库单位的智力优势，[①] 专项研究，加快制定具体细分类别的标准化、通用化文件，为无障碍环境建设提供技术支撑（例如，无障碍标识中关于触觉和听觉的标识存在碎片化现象，相关规划、施工、管理、评价的标准也处于空缺状态）。[②] 当然，考虑到法律的稳定性，细化规范也并非一蹴而就，法院应当考虑出台配套的司法解释，经由适当目的解释提升无障碍环境建设的可操作性，内化于现有规范体系。

无障碍环境建设的评估和检查同样重要。优秀的制度唯有经过实践的检验才能体现其应有价值，"把尊重和保障人权贯穿立法、执法、司法、守法各个环节，努力让人民群众在每一项法律制度、每一个执法决定、每一宗司法案件中都感受到公平正义"[③]，为实现每个人的自由全面发展打牢地基。充分发挥公益检察在有效促进无障碍环境权利保障方面的作用，继续深化探索检察公益诉讼模式，"案件范围从出行无障碍到无障碍环境，办案方式从个案探索到专项行动，办案形态从被动受理到能动履职，治理目标从完善协同到优化设计"，[④] 督促无障碍环境建设责任主体合法有效履责。鉴于具体情况的复杂性，为提高公益诉讼的严肃性与严谨性，建议由县级以上残联作

① 《"无障碍信息传播与人权保障"研讨会在京召开》，2023年12月5日，http://www.zgjx.cn/2023-12/05/c_1310753704.htm。
② 参见贾巍杨《无障碍标识标准体系建设与发展路径研究》，中国残疾人联合会编《〈无障碍环境建设法〉专家解读文集》，华夏出版社，2023，第226页。
③ 蒋建国：《提炼中国人权传奇性故事的现代化标识》，2023年12月20日，https://www.humanrights.cn/2023/12/21/bfe0851ff0a043fcb8514d321274a91f.html。
④ 参见邱景辉《无障碍环境建设检察公益诉讼回顾与展望》，凌亢主编《无障碍环境蓝皮书：中国无障碍环境发展报告（2022）》，社会科学文献出版社，2023，第230~239页。

为检察机关之外的民事公益诉讼主体，协助检察机关提出建议，提高检察建议的匹配度、专业性以及可操作性。① 健全无障碍认证与评测制度，吸纳相关人才，同时引入第三方评估机构，及时发现问题并提出专业整改意见。加强行业机构、监管部门与司法机关的联系和配合，形成无障碍环境建设的安全体系，在治理中协同配合行动，对相关事件、相关人员做到及时准确的救济保障。

（二）推广无障碍通用价值，突出社会组织的力量

《残疾人权利公约》第 2 号一般性意见指出："无障碍性不仅应当在平等和不歧视的背景下予以看待，而且还应该被看作是社会投资的一种方式和可持续发展议程的一个组成部分。"② 从生命周期来看，人在短暂一生中都会有或长或短的一段时间处于"行动不便"状态，而人人都将是无障碍环境权利保障的受益者。无障碍环境权利并不是残疾人的特权，而是所有障碍人群的平权，是全体社会成员的人权。城市化进程中，无障碍环境权利在人权保障中的重要性越发凸显，成为一种参与、实现绝大多数行为和权利的前提条件。近年来，伴随无障碍概念的宣传以及人权理念的深入，我国无障碍环境文化氛围逐渐形成，无障碍环境的通用性价值不断得到推广，越来越多的人关注到无障碍环境权利保障问题。建议经常性开展宣传教育和技术性培训，正确认识无障碍并非某种专属福利，抵制对无障碍环境的矮化、歧视以及对其内涵与外延的窄化。充分认识人权与无障碍的关系，强化无障碍环境权利保障话语的普惠性、通用性。

应更加重视工商业与人权的关系，社会组织无形的力量甚至可能发挥主力作用。这里的社会组织不仅包括服从市场的企业，还包括非营利目的团体，后者往往对相关领域有着较深的了解以及较强的动员能力。在合作框架

---

① 参见陈敦、郎晓彤《数字时代残疾人无障碍金融服务获取权法律保障研究》，《残疾人研究》2023 年第 4 期，第 42 页。

② 《〈残疾人权利公约〉第 2 号一般性意见（2014）》，文号：CRPD/C/GC/2，残疾人权利委员会第十一届会议，2014 年 5 月 22 日。

下，企业主动承担无障碍环境建设的社会责任，不仅可以借助市场的力量补充无障碍权利保障的细微之处，而且有利于企业形象的正面宣传。例如，各种图形、滑块、拼图验证方式仍是无障碍环境建设的"拦路虎"，各平台可增补短信、语音等多元化验证方式予以解决。在此领域，国家可以通过补贴方式拓展无障碍产品市场，激发市场主体的创新活力，变被动规制为主动投资。推动无障碍社会组织（不限于残疾人群体）的发展，推动团体自律功用的发挥，有利于缓解国家治理的压力。加快相关大学专业人才培养和智库建设，则可以为无障碍环境权利保障提供人才与智力支撑。

（三）坚持以人民为中心的服务理念，推动开放共享无障碍信息技术

在数字时代，无障碍环境权的保障不仅仅是残障群体消除障碍、平等参与社会生活的前提条件，更为在数字时代充分伸张和肯定残障群体的人格尊严提供了难得的契机。① 以人民为中心的服务理念，意味着"始终把人民对美好生活的向往作为奋斗目标，把反映人民愿望、体现人民利益、维护人民权利、增进人民福祉贯彻在人权事业发展的全过程各方面，不断提高尊重和保障人民各项基本权利的水平，切实增强人民的获得感、幸福感、安全感"。② 当前，信息革命深刻改变着我们的生活、生产方式，同时也在形塑我们对无障碍环境权利的思考方式。国家可以通过制度建设和具体举措，消弭残障群体技术边缘化趋势，例如，鼓励市场研发、生产、应用和推广相关无障碍终端设备，吸纳更多不同种类的无障碍需求群体，让无障碍设计从替代决策转变为参与决策；保留公共领域的人工服务（例如，目前全国 32 个省级医保信息平台均已支持"医保码线下激活"功能，最新版本医保电子凭证中心已上线"亲情账户线下绑定"功能③）；为需求人群提供优先待遇，

---

① 参见李静《论残障人信息无障碍权：数字时代下的理论重构》，《中外法学》2023 年第 3 期，第 832 页。
② 蒋建国：《弘扬和践行当代中国人权观》，《求是》2023 年第 19 期，第 53~54 页。
③ 参见《中国人民银行、国家医保局、中国残疾人联合会答网民关于"面瘫患者、失能老人等因无法'刷脸'办事受阻"的留言》，2023 年 12 月 15 日，https://www.gov.cn/hudong/202312/content_ 6919583. htm。

让残障者获得更多选择渠道的机会和对生活信息的掌握。"国家要以谦抑包容的姿态尊重老年群体慢节奏的生活方式，对于老年人'数字断联'的权利要履行消极义务。"[1]

随着信息技术的高速发展和推进，我国无障碍技术也逐步呈现开放共享的趋势。《无障碍环境建设法》是顶层的法律框架，需要开源数字技术赋能，为助力无障碍环境权利保障提供强劲动力。信息技术的开源共享既是对庞大无障碍市场领域的积极探索，也是技术创新主体承担社会责任的体现，更能够促进技术碰撞和更新。实践中，无障碍标准规范的翻译共享、无障碍技术的开放共享实践不断出现，如腾讯翻译 W3C 无障碍组件、天籁 AI 音频技术等。未来无障碍技术的开放共享将是大势所趋，信息技术赋能无障碍环境权利的潜力将被逐步激发。更加人性化、便利化地敦促执行相关互联网产品和服务的无障碍改造进度，设置等级对无障碍供给侧进行优化，将是推动开放共享无障碍信息技术的重要任务。例如，饿了么提出并倡导"专利＋代码"交付模式，为通过技术普惠帮助残障群体共享数字福利做出了重要探索。支付宝推出语音输入付款金额、声纹极速付款、划一划核身、语音播报等功能，解决视障用户在使用移动支付时输入信息难、感知支付结果难等痛点。[2]

综上，无障碍环境权利保障与中国人权发展息息相关，涉及社会方方面面的细微之处。为达成"全链条无障碍设施建设，全要素无障碍信息交流，全场景无障碍社会服务"的目标，我们需要共同努力、共同参与、共同建设。

---

[1] 朱颖、万红：《数字鸿沟背景下老年人数字化生活权的权利证成和法治保障——基于哈勒尔权利证成的视角》，《合肥工业大学学报》（社会科学版）2022 年第 4 期，第 18 页。

[2] 《支付宝升级无障碍支付获"上海市数字技术革新奖"》，2023 年 12 月 8 日，https：//m. jrj. com. cn/madapter/finance/2023/12/08162338710932. shtml。

B.14
数字经济建设中的生存权
和发展权保障*

齐延平　朱家豪**

摘　要：　数字经济的建设成果与新兴增长点在 2023 年持续涌现，共同构成了新时代生存权、发展权保障的基本背景。数字经济凭借庞大体量和辐射效应覆盖了生存权、发展权的广泛权域，有效缓解了生存权的结构性保障困难，提升了公民物质和文化生活质量。面对数字经济实践中存在的个人信息不当使用、弱势群体权利空间受限、深度参与者面临技术控制等权利保障问题，各方均进行了积极回应。总的来看，从源头上增强数字经济发展普惠性，使之与公众福祉密切耦合是权利保障的关键。对于严重的权利失序，应通过国家依法干预进行矫正，而常态化的生存权和发展权保障有赖于多方参与的柔性治理。

关键词：　数字经济　数字普惠　柔性治理　生存权　发展权

生存权和发展权是首要的基本人权，[①]　不论环境如何变化，更充分地保障公民生存权、发展权都是不变的主题。2023 年，我国数字经济业态更加

---

* 本报告为国家社科基金重大项目"互联网平台的社会影响及治理路径研究"
（21&ZD195）、国家社科基金重点项目"自动化行政中算法决策的法律控制"
（21AFX004）的阶段性成果。

** 齐延平，法学博士，北京理工大学法学院讲席教授、博士生导师，研究方向为人权法学、
数字法学；朱家豪，北京理工大学法学院博士研究生。

① 参见《坚定不移走中国人权发展道路　更好推动我国人权事业发展》，《人民日报》2022 年
2 月 27 日，第 1 版。

繁荣，而数字产业的多元化、数字技术应用的快速迭代离不开扎实的数字经济基本盘。经过多年发展，目前我国数字经济规模稳居世界第二，[①] 数字元素渗透到公众生活的方方面面。在这种背景下，及时审视数字经济发展过程中生存权和发展权保障情况的动态变化，总结权利保障经验，反思权利保障不足，对实现公民的基本人权具有重要的意义。

一 数字经济建设提升生存权和发展权保障整体水平

数字经济促进了国内整体经济发展，提升了可分配资源总量，畅通了公众获得资源的途径，极大助力了公民生存权、发展权整体水平的提升。数字经济以其庞大的体量和可观的增速创造了良好的经济环境，显著提升了公众的生活体验和物质水平。同时，数字经济发展催生的自媒体平台、元宇宙空间等业态大大拓展了公众获取信息的通道，满足了公众精神层面的发展需要。归纳数字经济给公民生存权、发展权带来的正向影响，有助于积累数字化人权保障经验，有效回应公民基本人权在新时代的新诉求。

（一）数字经济发展全面覆盖生存权、发展权涉及领域

数字经济"发展速度之快、辐射范围之广、影响程度之深前所未有"，[②] 数字经济已成为塑造社会风貌的重要因素。据统计，我国数字经济占 GDP 的比重已达 41.5%。[③] 2023 年，中国数字经济规模体量有望超过 60 万亿元，增速超过 25%。[④] 数字经济的影响力得益于它的虚实同构能力，即它不仅借助网络平台介入公众生活，还通过庞大的物联网体系与现实充分连接。2022

---

① 参见《我国数字经济规模稳居世界第二多部门推进加快建设》，《经济参考报》2023 年 4 月 4 日，第 2 版。
② 习近平：《不断做强做优做大我国数字经济》，《求是》2022 年第 2 期。
③ 《中国数字经济发展研究报告（2023 年）》，2023 年 4 月，中国信息通信研究院网站，http://www.caict.ac.cn/kxyj/qwfb/bps/202304/t20230427_419051.htm。
④ 《2023 世界物联网大会在京召开》，《北京日报》2023 年 11 月 21 日，第 2 版。

年底，我国已成为全球首个"物联"数超过"人联"数的国家，移动物联网终端规模达到 18.45 亿户。① 截至 2023 年 6 月，国内三家基础电信企业发展蜂窝物联网终端用户 21.23 亿户，② 国内市场上监测到的各类活跃 App 数量达 260 万款。③ 这意味着公众的物质生活和精神生活已与数字经济实现了深度绑定。

除了规模庞大，数字经济的辐射效应也是其能全面影响公众生存权和发展权的重要因素。数字技术具有高固定成本和低边际成本特征，这意味着一旦某一事项的数字化完成，其便会以接近于零的复制成本快速扩展。④ 而我国目前良好的数字经济基础、可观的数字经济建设速度使数字经济的辐射效应更为突出。目前，我国的产业数字化可覆盖到《国民经济行业分类》中的 91 个大类、1256 个小类，⑤ 覆盖率超过 90%。个人信息、数据、算法使数字经济的发展成果可以个性化地适配到具有不同需求的群体。在这种情形下，易于被传统规模化经济所忽视的少数群体得以更充分地参与到社会活动中，共享社会发展的红利。

（二）数字经济建设巩固生存权保障屏障

生命、财产、劳动、社会保障、接受教育是与生存权相关的重要因素。⑥ 其中，包括生命体的维护、有尊严和安全生活在内的最低生活水准权

---

① 《数字中国发展报告（2022 年）》，2023 年 4 月，国家互联网信息办公室网站，http：//www. cac. gov. cn/rootimages/uploadimg/1686402331296991/1686402331296991. pdf？eqid=c21233 820013a6860000000364842735。
② 《第 52 次中国互联网络发展状况统计报告》，2023 年 8 月，中国互联网络信息中心网站，https：//www. cnnic. net. cn/NMediaFile/2023/0908/MAIN1694151 810549M3LV0UWOAV. pdf。
③ 《2023 年上半年互联网和相关服务业运行情况》，2023 年 7 月 31 日，工信部网站，https：//wap. miit. gov. cn/gxsj/tjfx/hlw/art/2023/art_ 1e078242dee140cb99d46ecc070e7717. html。
④ 参见荆文君、孙宝文《数字经济促进经济高质量发展：一个理论分析框架》，《经济学家》2019 年第 2 期。
⑤ 《国家统计局副局长鲜祖德解读〈数字经济及其核心产业统计分类（2021）〉》，2021 年 6 月 3 日，国家统计局网站，https：//www. stats. gov. cn/sj/sjjd/202302/t20230206_ 1901777. html。
⑥ 参见徐显明《生存权论》，《中国社会科学》1992 年第 5 期。

是生存权的核心内容。① 作为数字经济建设的重要成果，公众生活水准不断提升，"体面地生存的权利"得到了进一步的巩固。在数字技术的加持下，既有的生存权保障措施在实施方式、惠及人数等方面实现了升级，从而更有效地巩固了生存权保障成果。

数字经济创造了大量就业机会，近年来新职业就业形态劳动者已近1亿人，且数量持续增加，成为公民就业机会的重要来源。② 有研究指出，2022年微信数字生态创造超5000万个就业机会，预计到2025年我国工业互联网核心产业人才缺口数量将达到254万人左右。③ 数字经济不仅带来了就业机会总量的提升，还丰富了就业岗位类型，使公众获得了更大的选择空间。从人社部公布的职业分类来看，数字经济发展创造了多种新类型就业岗位，如数据安全工程技术人员、数字化解决方案设计师、数字孪生应用技术员等。④

数字经济建设扭转了部分群体生存权结构性保障困难的局面，拓宽了不同群体提升生活水准的渠道。例如在传统经济形态中，家庭生活中承担更多生育责任的一方往往会因此而影响就业水平与收入。而数字经济通过缓解家庭流动性约束、扩大居民社会网络等渠道有效缓解了居民收入不平等问题。⑤ 再如，残疾人在传统就业环境中往往处于边缘地位，而数字经济中的非接触式沟通模式能借助赛博屏障遮蔽残疾人身体缺陷。据中国残联统计，"通过网络实现就业的残疾人主要集中在信息技术和软件服务、电商服务等行业，在各电商平台实现网络创业的残疾人已超过20万人"。⑥

---

① 参见汪进元《论生存权的保护领域和实现途径》，《法学评论》2010年第5期。
② 参见《新职业开辟就业新空间》，《人民日报》2022年12月1日，第8版。
③ 《数字职业提供就业新空间》，《人民日报》2023年5月26日，第19版。
④ 参见《新职业开辟就业新空间》，《人民日报》2022年12月1日，第8版。
⑤ 参见易行健等《数字经济是否显著促进了共同富裕：基于收入不平等视角的微观证据》，《计量经济学报》2023年第3期。
⑥ 《残疾人"云端"逐梦！》，《华夏时报》2022年9月15日，第1版。

（三）数字经济建设提升发展权保障水平

数字经济的发展显著提升了城乡居民生活环境的便利性，使公众更充分地享受到发展的红利。《提升全民数字素养与技能行动纲要》提出了多种数字普惠措施，其中包括提高智慧社区建设应用水平，提升智能安防、智能停车设施便捷易用性等。同时，基于数字经济广泛赋能与高边际效应的特点，乡村生活质量也得到了较为明显的提升。《中共中央　国务院关于做好2023年全面推进乡村振兴重点工作的意见》提出要促进数字经济成果普惠，鼓励有条件的地区开展新能源汽车和绿色智能家电下乡，深入实施数字乡村发展行动，推动数字化应用场景研发推广。

除了改善人民生活条件外，数字经济还优化了公众的出行条件，增强了人员流通与交流的积极性。交通作为公众参与经济生活的重要途径，在很大程度上决定着公众对生活的满意度。2023年，交通运输部印发《关于推进公路数字化转型加快智慧公路建设发展的意见》，该意见计划构建智慧路网监测调度体系，通过数智技术的综合应用精准实现出行规划、路网调度，进一步提升公众出行的安全与便利程度。同时，共享经济、智慧商圈等多样化的数字经济形式进一步提升了公众跨区域流动的意愿，共同为公众营造了良好的数字生活环境。

数字经济在使公众更充分享受社会发展带来的物质生活水平提升的同时，也使公众可以更充分地享受文化进步带来的成果。有研究指出，"数字化发展水平每提升1个单位，将会促进我国居民文化消费规模扩大0.2173个单位"。[①] 2023年上半年，我国的在线旅行预订、网络文学、网络音乐用户规模增长均在3000万人以上。[②] 在数字经济发展过程中，公众不仅是文化发展的享受者，也是文化发展的推动者。有调研显示，抖音、微博、快手

---

① 丁萍：《数字化发展对我国居民文化消费的提振效应——基于数字化不同细分维度的比较分析》，《商业经济研究》2023年第11期。
② 参见《第52次中国互联网络发展状况统计报告》，2023年8月，中国互联网络信息中心网站，https://www.cnnic.net.cn/NMediaFile/2023/0908/MAIN1694151810549M3LV0UWOAV.pdf。

的月活跃用户规模分别达到 7.43 亿、4.85 亿、4.57 亿。[①] 基于平台的自媒体传播具有极高的社会互动性，这在很大程度上提升了公民参与、享受社会文化生活的内生动力。

二 数字经济建设中的生存权和发展权保障风险与实践应对

数字经济带来了公民生存权和发展权水平的整体提升，但这并不能冲抵其带来的风险。2023 年是数字经济新业态涌现的一年，也是数字经济发展进入深水区的重要一年，相应的，数字经济发展中的矛盾也持续显现。其中既包括传统生存权和发展权在新情势下的保障失灵问题，也包括数字经济带来的新型生存权和发展权失衡问题。针对这些问题，有关方面进行了积极应对，并在一般公众、数字弱势群体、数字经济深度参与者权利保障方面取得了一定成效。

（一）数字经济建设中一般公众的权利风险及实践应对

公民生存权、发展权的实现在很大程度上依赖于对客观信息的获取，但是与数字经济相伴生的线上信息操控行为却造成了信息的失真。在最高人民法院 2023 年 3 月发布的典型案例中，法院将以提供信息操控服务为目的的"负面压制"条款认定为无效，并指出"负面压制"的实质是掩饰部分公众本可以获取的信息，影响公众对事物的客观和全面的认知，从而影响消费者权益和网络空间秩序。[②] 该判决促进了信息流通生态的优化，保障了公众参与数字经济活动的基础性权益。

[①] 《QuestMobile2023 中国移动互联网秋季大报告》，2023 年 10 月 31 日，QuestMobile 网站，https：//www.questmobile.com.cn/research/report/1719277873330753538。

[②] "负面压制"是指通过算法技术等手段人为干预搜索结果排名，以实现正面前置、负面后置。参见《网络消费典型案例》，2023 年 3 月 15 日，最高人民法院网站，https：//www.court.gov.cn/zixun/xiangqing/393481.html。

提供必要的个人信息是公众参与数字经济活动的前提条件，但随之而来的个人信息泄露与滥用则可能使信息主体的财产权、名誉权乃至生命健康权面临威胁。2022 年底至 2023 年，最高人民法院通过发布系列指导案例的方式明确了多种不当使用个人信息的情形。例如第 193 号案例指出，"家庭住址被非法曝光、泄露将对公民个人及其家人的人身安全、财产安全造成重大隐患"。① 第 194 号案例指出，即便是对于已公开的信息，违背其公开目的或明显改变其用途，也可危及个人的人身或财产安全。② 指导案例进一步明确了个人信息使用的边界，避免了公众在数字经济活动中遭受更严重的权利侵害。

此外，电信诈骗也是数字经济发展中严重损害公民权利的行为。近年来，有关部门对电信诈骗活动采取了有力措施，2023 年最高人民检察院工作报告显示，过去五年来起诉利用网络实施诈骗、赌博等犯罪 71.9 万人，年均上升 43.3%。③ 同年，最高人民法院工作报告显示，过去五年来审结电信网络诈骗及关联犯罪案件达 22.6 万件。④ 同时，有调查显示，电信诈骗的手段也趋于复杂化、智能化，AI 换脸和拟声技术已被应用于诈骗中。⑤ 对此，各级国家机关积极干预，通过反诈预警等手段显著降低了诈骗案件发案率。⑥

（二）数字经济建设中弱势群体的权利风险及实践应对

弱势群体的生存权和发展权一直是权利保障的重要命题。在数字经济建

---

① 参见《指导性案例 193 号：闻巍等侵犯公民个人信息案》，2022 年 12 月 28 日，最高人民法院网站，https：//www. court. gov. cn/shenpan/xiangqing/384421. html。
② 参见《指导性案例 194 号：熊昌恒等侵犯公民个人信息案》，2022 年 12 月 28 日，最高人民法院网站，https：//www. court. gov. cn/shenpan/xiangqing/384431. html。
③ 《最高人民检察院工作报告》，2022 年 3 月 17 日，最高人民检察院网站，https：//www. spp. gov. cn/spp/tt/202303/t20230317_ 608765. shtml。
④ 《最高人民法院工作报告（全文）》，2022 年 3 月 8 日，最高人民法院网站，https：//www. court. gov. cn/zixun-xiangqing-349601. html。
⑤ 参见《双"法"齐下破解 AI 诈骗难题》，《科技日报》2023 年 6 月 2 日，第 5 版。
⑥ 参见《拟推联合惩戒电信诈骗分级执法在即》，《北京商报》2023 年 11 月 14 日，第 2 版。

设过程中，部分弱势群体的地位得到了自然补强，例如多元化的在线社交软件在一定程度上破除了残疾人的社交障碍。但同时，受制于自身的固有条件与劣势地位，数字技术的广泛应用也使部分弱势群体的权利空间进一步受到挤压。在数字经济快速发展的背景下，各方采取了一系列措施避免弱势群体与社会脱嵌。

数字技术的介入使社会生活的变动性增强，相较于一般大众，本就缺乏可行能力的弱势群体应对这种变动的能力更弱，因此其生存权和发展权也就更容易受到影响。同时，原本针对弱势群体的权利保障措施若不及时因应数字经济建设，则也难以发挥预期作用。例如，业界普遍认为，技能匮乏阻碍了相对低收入群体对金融产品与服务的可得性。[①] 针对这种问题，2023 年《国务院关于推进普惠金融高质量发展的实施意见》指出，在继续推动数字金融普惠产品发展的基础上提升其易用性，进而对低收入人口等群体进行数字金融产品使用培训，保证更多群体能借助数字金融实现自身经济能力的进一步提升。

老年人是传统权利保障中的重要群体，数字经济的发展进一步凸显了老年人的认知劣势。数字经济的发展方案更贴合青少年等"数字原住民"的习惯，客观现实的隔离与心理排斥强化了数字化进程对老年人的环境挤出效应。[②] 如果不通过外界干预扭转这种劣势，则老年人的数字化生存环境会进一步恶化。相比于使用政策手段解决数字经济发展中的老年人权利保障困境，基于市场供需关系的权利保障措施更高效且更具可持续性。目前，已有数字企业开始探索"银发经济"的发展蓝海。有研究指出，目前的适老化家电市场需求侧大于供给侧，约九成人选择居家养老，这种趋势推动了家用电器的适老化改造。[③]

---

① 参见《数字普惠金融助微扶弱：数字非万能场景仍必须》，《金融时报》2022 年 7 月 21 日，第 9 版。

② 参见刘奕、李晓娜《数字时代老年数字鸿沟何以跨越》，《东南学术》2022 年第 5 期。

③ 参见《2023 银发人群消费趋势洞察报告》，2023 年 4 月 18 日，亿邦智库网站，https：//www.ebrun.com/20230418/516147.shtml？eb＝search_chan_pcol_content。

（三）数字经济建设中深度参与者的权利风险及实践应对

相比于一般公民与弱势群体，数字经济的深度参与者具有主动参与和拥有较高认知能力的特征。但是在深层次的参与中，数字技术的支配力度增大，技术主导者相较普通参与者具有显著优势地位，这给后者带来了权利侵害风险。随着数字经济建设的持续推进，深度参与者的数量将持续增长，亟待各方回应的权利保障问题也不断显现。

数字经济打破了时空限制，促进了就业的灵活性，催生了零工经济。零工经济可以实现劳动力的临时性按需匹配，这使劳动者看似脱离了工厂等实体环境的限制，但算法却对其进行了更隐蔽、更强势的控制。① 例如，资方可能通过竞赛算法使劳动者为了获得就业机会而加剧竞争，并通过激励算法使之为了获得更高的报酬而自觉增加工作强度。② 在这种背景下，传统工业经济的劳动保障范式往往难以奏效。针对这种现象，人力资源和社会保障部于 2023 年 12 月发布《关于加强零工市场规范化建设的通知》以推动零工市场规范化建设，具体保障措施将持续完善。

此外，数字经济的持续发展还将带来更多深度参与场景，这些新兴场景对公民发展权的影响具有高度的不确定性。工信部等五部门联合印发的《元宇宙产业创新发展三年行动计划（2023—2025 年）》指出，元宇宙"是数字经济与实体经济融合的高级形态"，计划到 2025 年使元宇宙成为数字经济的重要增长极。但元宇宙的应用可能带来道德性失范、经济性失范和安全性失范的弊端。③ 类似的，通用人工智能也是数字经济的重要增长极，但从目前已普及的语言交互类通用型人工智能来看，它可能使人在长期依赖中产生诚信风险、认知偏差等现实问题。④ 2023 年 1 月《互联网信息服务深

---

① 参见刘成斌、刘露《就业场域下农民工短期行为取向的社会形塑》，《学海》2023 年第 3 期。
② 参见李猛《人工智能时代的社会公正风险：何种社会？哪些风险?》，《治理研究》2023 年第 3 期。
③ 参见张钦昱《元宇宙的规则之治》，《东方法学》2022 年第 2 期。
④ 参见许源源、陈智《新一代人工智能技术社会化应用的脆弱性风险及其韧性治理研究——以 ChatGPT 为例》，《电子政务》2023 年第 9 期。

度合成管理规定》正式施行，其对人脸生成、合成人声等都进行了明确约束。紧密追踪数字经济发展动向，妥善保障深度参与者的基础性权益，将是伴随数字经济发展的长期议题。

三 数字经济建设中生存权和发展权保障的多元化路径

数字经济建设在整体上提升了公民的生存权和发展权保障水平，也在不同领域给参与其中的各类群体带来了权利危机。为使数字经济建设紧扣提升公众福祉主题，有必要总结其中的权利风险与权利保障实践经验，从而归纳出具有可行性和高效性的权利保障路径，以实现数字经济与公民生存权和发展权保障的同步发展。

（一）数字经济均衡发展是保障权利公平的关键

公民生存权和发展权的保障有两个维度：第一是保障人人都能享有一定的生存权和发展权，这一维度的核心问题是权利是否得到了保障；第二是要确保不同个体的权利水平大致相当，这一维度的核心问题是权利保障是否公平。在数字经济建设过程中，对强势权利主体的资源倾斜与对弱势权利主体的忽视会进一步扩大两者的权利地位差异，从而扩展侵权的滋生空间。数字经济建设的过程也是资源分配的过程，公平的经济建设本身就是推动公民生存权和发展权的重要措施。

首先，数字经济发展要注意数字技术控制者与使用者的差异，对处于弱势的使用者进行倾斜保护。在数字经济结构中，平台也发挥着不可替代的作用，诸多经济活动需要依附于具有庞大用户群体的数字平台。但不可忽略的是，商业数字平台是逐利导向的，在带来正面社会效应的同时，也可能因垄断等行为造成权利分配不公。例如数据垄断可能造成数据劳动者的成果被无偿占有、数据公共空间的不当收费等。[①] 目前，数字经济发展规划政策多数

---

① 参见程恩富、余晓爽《数字经济时代的数据垄断与掠夺路径分析》，《理论月刊》2023 年第 9 期。

指向提升数字经济发展速度。这对于元宇宙、通用人工智能发展初期来说是必要的。但同时也应注意引导数字经济向权利普惠的方向发展，在发展之初将生存权和发展权的平衡与同步保障纳入规划范畴。

其次，数字经济建设应注意受众群体的差异，对弱势群体进行适当倾斜。有研究指出，数字经济发展有效提升了农民工收入，发挥了减贫效应，但这种效应是不均质的，"数字经济红利更有助于缓解大城市拥有初中及以上学历农民工和高数字素养农民工的相对贫困，并表现出明显的群体数字鸿沟"。① 因此，在数字经济建设中实现快速发展与公平发展的同频并进，充分发挥数字经济的辐射效应和长尾效应，是保证权利保障效果最大化、避免产生新的权利不均问题的良方，从而使不同群体能共享数字经济发展成果。

（二）国家权力直接介入是解决权利失序的有效手段

数字经济的建设过程本身也是社会生活数字化的过程，其中，数字技术与人的意志相耦合，逐渐成为影响权利分配格局的重要力量。数字权利、数字宰制和智能利维坦等概念的出现深刻体现了公民权利与数字权利之间的差距。在这种条件下，公民作为独立个体被裹挟，基于平等协商的权利失范矫正方式在效率与效果上越来越难以奏效。此时，国家以第三方身份介入，便能平衡公民生存权、发展权的保障格局，进而形成系统化、长效化的公民权利保障机制。

宏观规划与一体统筹是数字经济建设中国家履行对生存权和发展权的保障义务的重要方法。强调国家对生存权和发展权的保障义务，从面上提升国家对生存权和发展权的组织义务、规范义务、保障义务是数字经济建设中不容忽视的问题。2023 年《数字中国建设整体布局规划》明确提出将数字中国建设工作情况作为对有关党政领导干部考核评价的参考，这意味着国家权力在数字经济建设中将扮演更加积极主动的角色。同年 10 月国家数据局正

---

① 李梦娜、周云波、王梓印：《数字经济能否缓解农民工相对贫困——基于城市规模视角》，《中国农村经济》2023 年第 9 期。

式揭牌，这意味着数字经济发展的专业化、规范化程度将进一步提升。其中，国家层面的数字数据资源协调与管理、数据安全与发展的平衡将使数字社会更加普惠便捷、数字地域鸿沟逐渐缩小。[①]

其次，针对具体的生存权、发展权保障失序问题，国家机关也应根据权利价值位阶进行阶梯式介入。对于侵犯公民重要生存权和发展权的行为，国家机关宜通过刑事责任配置的方式进行干预；对于侵犯公民一般生存权和发展权的行为，国家机关宜通过行政手段进行直接矫正。除了刑事追责与行政规制外，检察机关也逐渐介入民事纠纷，降低公众寻求权利保护的诉讼成本。据统计，全国检察机关 2022 年共立案办理个人信息保护公益诉讼案件6000 余件。[②]"刑事追责—行政规制—民事公益诉讼"的立体权利保障框架逐渐形成，体现了数智化背景下国家对公民权利保障的积极态度。总之，在数字经济建设中，公民由于数字资源匮乏而处于弱势地位，此时，强调国家以更优势方介入的必要性就更为充分。

（三）多方参与的柔性治理是权利保障的长效机制

数字经济的快速发展有赖于数字企业的创造力，其中，国家权力的介入可能对数字经济活力产生双向影响。一方面，政策、土地、税收方面的优惠措施能有效助力数字产业增长；另一方面，审批、监督、惩戒措施则会为数字经济发展降温。基于数字技术应用的不确定性，高速发展的数字经济可能使公民的生存权、发展权保障处于风险中，但过早、过严的刚性规制措施则会抑制数字经济的创造性。因此，在数字经济的发展期，对待新技术宜首选柔性而非刚性措施，在控制数字经济对公民生存权、发展权的影响广度与深度的同时，最大限度地保持数字经济的活力。

国家主导的柔性治理措施兼具前瞻性、公平性，对后续公民权利保障动向具有预告作用。国家的柔性介入能为数字企业提供发展导向，柔性治理不

---

① 参见庄子银《组建国家数据局带来的新变化》，《人民论坛》2023 年第 17 期。

② 《深化个人信息保护检察公益诉讼》，《检察日报》2023 年 3 月 31 日，第 1 版。

同于刚性治理，前者在表达基本规制态度的同时也为是否应进行直接规制、如何进行规制等问题保留了观察和商谈的余地。同时，国家对公民生存权、发展权等基本权利具有保护义务，这种保护义务决定了其具有超越权利竞争方的地位，能更为公平地调和权利冲突。数字经济发展迅速、迭代频繁的特点注定了权利保障措施的动态性，而国家主导的柔性治理作为介于刚性治理与放任发展之间的中间手段，宜成为一种常态化的权利保障模式。

数字企业自身的能动性也是保障公民生存权和发展权的重要因素。在市场推动与政策激励下，数字企业可以成为弱势群体权利保障的重要推动者。数字企业往往能有效利用长尾效应，老年人、残疾人等小众群体的需求可以成为企业的利润增长点。此外，数字企业对侵权行为的主动抵御也能有效助力公民生存权和发展权保障。例如支付宝的人工智能系统已能自动识别数十种诈骗手法，通过 10 毫秒级别的判别识别风险交易。[①] 相比于传统侵权行为，数字经济场景中的侵权行为具有场景化强、技术化强的特点。企业依托自身业务开展的侵权防控较事后的行政、司法行为更高效。因此，通过柔性治理的方式使企业承担一定的先期权利保障义务也是因应数字经济特征的权利保障手段。

---

① 参见《反制电信诈骗需要构筑"全链式"技术防线》，《科技日报》2023 年 1 月 6 日，第 5 版。

B.15
数字政府建设助力公民的权利保障

化国宇 包佳涵*

摘　要： 2023 年，中央和地方持续完善数字政府建设相关法律法规，各地出台本地建设规划，通过加强数字化基础设施建设、构建高效透明安全的数字政务、推动数字政府无障碍建设弥合"数字鸿沟"，积极回应当前人民群众对数字政府与数字权利保障的新期待新需求。在取得一系列新成效新进展的同时，数字政府建设还存在不足。一部分突出问题和人民群众急难愁盼问题还未完全解决，公民权利保障能力和水平尚有提升空间。我国需要进一步完善与数字政府建设相匹配的公民权利保障法律依据，推动数字包容进程以保障数字弱势群体的公民权利，同时要加强对公共数据的全方位安全防护以防范数据泄露风险。

关键词： 数字政府　公民权利　数字包容　数据安全

随着互联网与大数据时代的到来，"数字技术正以新理念、新业态、新模式全面融入人类经济、政治、文化、社会、生态文明建设各领域和全过程，给人类生产生活带来广泛而深刻的影响"。① 党的十八大以来，习近平总书记多次对"数字中国"建设作出重要部署，党的二十大报告也将"数字中国"建设作为"加快构建新发展格局，着力推动高质量发展"的重要举措之一，这表明"数字中国"建设已经成为实现"中国式现代化"、满足人民群众日益

* 化国宇，法学博士，中国人民公安大学法学院副教授、博士生导师，研究方向为人权法学、理论法学；包佳涵，中国人民公安大学法学院法学理论专业博士研究生。

① 《习近平向 2021 年世界互联网大会乌镇峰会致贺信》，2021 年 9 月 26 日，中国政府网，https://www.gov.cn/xinwen/2021-09-26/content_ 5639378.htm。

增长的美好生活需要的重大战略。数字政府作为"数字中国"的重要组成部分，通过推动党的领导手段和政府治理手段的数字化转型，已经成为推动国家治理体系和治理能力现代化、丰富公民权利实现形式多样化的有力支撑。

一　国家和地方部署规划

2023年全国人民代表大会及其常务委员会、国务院制定、修改《中华人民共和国立法法》《中华人民共和国无障碍环境建设法》《未成年人网络保护条例》等与数字政府建设相关的法律和行政法规共8部，分别围绕加强新兴领域立法，加大无障碍环境建设、海洋环境保护、粮食安全保障、航空器飞行安全、私募投资基金规范管理、未成年人上网安全等领域数字支持保障力度作出规定，夯实建设数字政府、保障公民权利的法治基础。2023年地方各级人民代表大会及其常务委员会聚焦数字营商环境优化、数字化生态资源保护、文旅资源和红色资源的数字化管理、数字交通运输等领域颁布制定数字政府建设相关法规120部（见图1），积极推动数字经济、数字政务、数字生态、数字文旅、数字教育、数字健康等领域的高品质转型和多样化升级，极大丰富

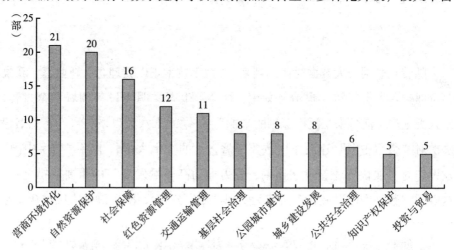

**图1　2023年颁布制定的数字政府建设与公民权利保障相关地方性法规的
主要类别和数量统计**

资料来源：国家法律法规数据库。

了数字生活的应用场景，开创了数字时代政务服务和公民权利保障新局面。

2023 年，全国各省（区、市）在政府工作报告中提出本地数字政府建设发展规划，在更宽领域更深层次推进"一网通办""一网统管""一网协同""一网共享"。各地不断完善"苏服办""智桂通""随申办""海易办""山东通""甘快办""蒙速办""湘易办""渝快办""数跑龙江"等政务服务和公共服务平台，深入推进贸易、交通、医疗、就业、教育、养老、助残、抚幼等重点领域数字化服务普惠应用，不断创新数字时代保障公民权利新模式，提高人民群众的获得感、幸福感、满意度。

其一，打造更智能高效的政务服务模式，持续提升数字化服务效能。比如，安徽、宁夏、江西、新疆等省（区）提出加快打造"一网通办""一件事一次办""跨省通办"升级版，优化"12345"政务服务便民热线，"推动互联网+教育、+医疗健康、+城乡供水等加快提质增效"，① 让人民群众更多地享受数字便利。陕西、海南等省份提出要顺应数字化改革趋势，以推动政府数字化转型和职能转变为重点，"优化全省政务云网基础设施，强化政务数据资源管理体系、网络安全防护体系建设"，② 打造"效能政府"，提升新时代政府机关服务效能和群众满意度。湖南、吉林、辽宁、云南、西藏等省（区）提出要以持续优化营商环境为抓手，推动数字化政务服务改革提质增效，不断提高政务服务便捷度和满意度。

其二，加快城市数字化转型升级，推动宜居、韧性、智慧城市建设。2023 年，重庆、四川、山东、河北、山西、广西等省（区、市）提出，要牢牢把握"高质量发展"总要求，全面强化数据赋能，加强数字政府建设，提高城市规划、建设、治理水平，打造宜居、韧性、智慧城市，不断提高人民群众的获得感、安全感、幸福感、满足感。其中，四川省提出要加快推进

① 《2023 年宁夏回族自治区政府工作报告——2023 年 1 月 13 日在宁夏回族自治区第十三届人民代表大会第一次会议上》，2023 年 1 月 19 日，宁夏回族自治区人民政府网站，https：//www. nx. gov. cn/zwxx_ 11337/nxyw/202301/t20230119_ 3924419. html。

② 《陕西省 2023 年政府工作报告——2023 年 1 月 12 日在陕西省第十四届人民代表大会第一次会议上》，2023 年 1 月 19 日，陕西省人民政府网站，http：//www. shaanxi. gov. cn/zfxxgk/zfgzbg/szfgzbg/202301/t20230119_ 2272466. html。

数字政府建设，深化"跨省通办"改革，实现"川渝'免证办'"；着力打造"数字孪生"城市建设品牌，"推动城市全要素数字化和虚拟化、全状态实时化和可视化、城市运行管理协同化智能化，实现物理城市与数字城市协同交互、平行运转"。① 山东省提出要"高标准打造'一网统揽'综合慧治平台"，打造"24 小时不打烊的网上政府、掌上政府"，② 建设宜居、韧性、智慧城市，全面增强山东半岛城市群竞争力。

其三，提升数字社会治理智能化精准化普惠化水平，引领建设共治共享的数字社会。2023 年，北京市提出"加快建设全球数字经济标杆城市"，"系统推进新一代数字集群专网、边缘计算体系等新型基础设施建设，加强数据中心优化提升和算力中心统筹布局，新增 5G 基站 1 万个以上，推进 6G 技术研发，夯实数字经济发展底座"。③ 上海市部署规划建设"具有世界影响力的国际数字之都"，持续"深化生活数字化转型"，"驱动生产方式、生活方式和治理方式变革"，着力消除"数字鸿沟"，④ 打造线上线下泛在可及的政务服务体系，提升不同群体数字生活的体验感和满意度。广东省提出要"纵深推进粤港澳大湾区、深圳先行示范区建设，高水平建设横琴、前海、南沙三大平台"，⑤ 全面推进数字公共服务普惠化、数字生活智能化、数字社会治理精准化、数字资源共享安全化，打造全球数字化水平最高的湾区。

---

① 《2023 年四川省人民政府工作报告——2023 年 1 月 11 日在四川省第十四届人民代表大会第一次会议上》，2023 年 1 月 20 日，四川省人民政府网站，https：//www.sc.gov.cn/10462/c105962/2023/1/20/00ade04b7fa54c5f81e1e9b895eb7f3e.shtml。

② 《政府工作报告——2023 年 1 月 13 日在山东省第十四届人民代表大会第一次会议上》，2023 年 1 月 21 日，山东省人民政府网站，http：//www.shandong.gov.cn/art/2023/1/21/art_97902_572982.html。

③ 《政府工作报告——二〇二三年一月十五日在北京市第十六届人民代表大会第一次会议上》，2023 年 1 月 28 日，北京市人民政府网站，https：//www.beijing.gov.cn/gongkai/jihua/zfgzbg/202301/t20230128_2907344.html。

④ 《龚正市长在上海市第十六届人民代表大会第一次会议的政府工作报告（2023 年）》，2023 年 1 月 17 日，上海市人民政府网站，https：//www.shanghai.gov.cn/nw12336/20230117/b511b08dd4e54a13bc592fed41ce2510.html。

⑤ 《政府工作报告——2023 年 1 月 12 日在广东省第十四届人民代表大会第一次会议上》，2023 年 1 月 18 日，广东省人民政府网站，http：//www.gd.gov.cn/gdywdt/gdyw/content/post_4083230.html。

二 加强数字化基础设施建设

2023 年 2 月，中共中央、国务院印发《数字中国建设整体布局规划》（以下简称《规划》），从党和国家事业发展全局和战略高度，强调夯实"数字基础设施"对于加快"数字中国"建设的基础性和重要性。《规划》要求通过"加强传统基础设施数字化、智能化改造""加快 5G 网络与千兆光网协同建设，深入推进 IPv6 规模部署和应用""系统优化算力基础设施"等举措"打通数字基础设施大动脉"，① 全面推进数字技术与经济、政治、文化、社会、生态文明建设"五位一体"深度融合，强化数字技术创新体系和数字安全屏障"两大能力"，为我国政府提升政务服务、生活服务数字化水平提供了顶层设计和政策支撑。

优化传统数字化基础设施。根据第 52 次《中国互联网络发展状况统计报告》，"截至 2023 年 6 月，我国网民规模达 10.79 亿人，互联网普及率达76.4%"（见图 2），② 即时通信、网络视频、网络支付、网络购物、搜索引擎、网络直播、网络游戏、网络文学、网络外卖、网约车和在线旅游预订用户规模大幅增长，互联网深刻影响和改变着人民群众衣食住行用的基本模式和实现路径。近年来，我国持续优化互联网服务获得感、体验感，协同推进城乡地区互联网普及率稳步提高（见图 3），不断丰富和优化互联网基础资源和应用资源。截至 2023 年 6 月，我国互联网宽带接入端口数总量达 11.1亿个，光缆线路总长度达 6196 万公里，各类域名、IPv4 地址、移动电话基站总量分别达到 3024 万、39207 万、1129 万个，各类网站和可监测活跃App 总量分别达到 383 万个、260 万个，数字惠民服务扎实推进。

发展新型数字化基础设施。2023 年，我国 5G 基站累计达到 293.7 万

---

① 《中共中央 国务院印发〈数字中国建设整体布局规划〉》，2023 年 2 月 27 日，中国政府网，https：//www.gov.cn/xinwen/2023-02/27/content_ 5743484.htm。

② 《10.79 亿网民如何共享美好数字生活？——透视第 52 次〈中国互联网络发展状况统计报告〉》，2023 年 8 月 29 日，国家互联网信息办公室网站，http：//www.cac.gov.cn/2023-08/29/c_ 1694965940144802.htm。

图2　2021年6月至2023年6月我国网民规模和互联网普及率统计

资料来源：第52次《中国互联网络发展状况统计报告》。

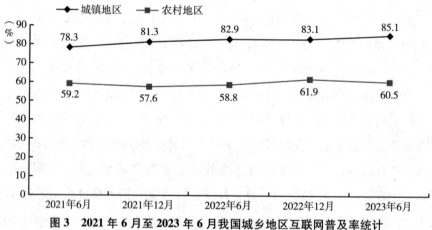

图3　2021年6月至2023年6月我国城乡地区互联网普及率统计

资料来源：第52次《中国互联网络发展状况统计报告》。

个，5G共建共享基站超过173万个，5G行业虚拟专网建设超过1.6万个，5G应用深刻融入60个国民经济大类，① 实现"5G+"工业、医疗、交通、

---

① 《网民突破10.79亿人、千行百业"触网"数字经济为中国注入蓬勃动能》，2023年8月30日，国家互联网信息办公室网站，http://www.cac.gov.cn/2023-08/30/c_1695052264 832531.htm。

科教等重点领域互联网融合发展，推动传统行业的数字化转型。2023年，我国统筹数字化基础设施建设区域协同均衡发展，部署强化数字乡村建设，"农村宽带接入用户数超过1.9亿，5G网络基本实现乡镇级以上区域和有条件的行政村覆盖"，① 充分实现巩固脱贫攻坚成果与乡村治理数字化有效衔接，有力推进数字乡村全面振兴。截至2023年底，海南省、广西壮族自治区已在全国率先实现所有行政村千兆光纤、5G网络通达率100%。2023年，我国以8个国家算力枢纽、10个国家数据中心集群为抓手，全面、深入、立体推进"东数西算"工程、"云网强基"运动，加快建设全国一体化算力网，全面增强中小城市网络基础设施承载能力和服务能力，提升全国数字化基础设施服务水平，弥合区域"数字鸿沟"。② 四川省、重庆市、贵州省、甘肃省、内蒙古自治区、宁夏回族自治区等省（区、市）加快建设"东数西算"工程国家枢纽节点，深入开展各级政府、各类企业数字化赋能专项行动，推动政务服务、生活服务数字化转型升级。同时，依托新型数字化基础设施，不断丰富更新城市管理、公共安全、交通运输、金融、能源、生态农业、文旅科教、医疗健康等领域数字生活场景，让人民群众畅享"数智"美好生活。截至2023年6月，我国公民"使用过个人可穿戴设备上网、智能家居设备上网、车联网设备上网的比例分别为22.5%、21.4%和16.8%"③，人民群众数字生活幸福指数和丰富程度有效提升。

三 构建高效透明安全的数字政务

发展高效协同的数字政务，提升公民权利保障效度。《规划》指出，要

---

① 《五部门印发〈2023年数字乡村发展工作要点〉》，2023年4月13日，中国政府网，https://www.gov.cn/lianbo/2023-04/13/content_5751294.htm?。

② 《两部门：深入实施"东数西算"工程，加快推动全国一体化算力网建设》，2024年1月5日，澎湃网，https://www.thepaper.cn/newsDetail_forward_25911426。

③ 《10.79亿网民如何共享美好数字生活？——透视第52次中国互联网络发展状况统计报告〉》，2023年8月29日，国家互联网信息办公室网站，http://www.cac.gov.cn/2023-08/29/c_1694965940144802.htm。

"发展高效协同的数字政务","提升数字化服务水平,加快推进'一件事一次办'",① 持续丰富政务服务的内涵和外延,更好地满足人民群众美好生活需要。2023 年,各省(区、市)着力打造高效协同的数字政府,推动更多事项"一网通办""全省通办""跨省通办",让人民群众更加实际地享受数字便利。2023 年,上海市持续做好政务服务"一网通办"品牌,推动政务服务各类事项集成化办理;本年度政务服务总门户累计接入服务事项 3588 项、累计办理服务事项 2.97 亿件,网办率达 84%。2023 年,"'渝快办'实现政务服务事项全覆盖,行政许可实现全面清单化管理、99% 事项'最多跑一次',企业开办时间由 34 天缩短至 1 个工作日,工程建设项目全流程审批时限压缩 50% 以上",② 政务服务标准化、规范化、便利化水平持续提高,充分提升了企业和群众的获得感、满意度。

让政务运行更加公开透明,保障公民知情权、监督权和表达权。《法治政府建设实施纲要(2021—2025 年)》专章强调"健全行政权力制约和监督体系,促进行政权力规范透明运行",其中指出,要"全面主动落实政务公开","加强公开制度化、标准化、信息化建设,提高政务公开能力和水平","加强对行政执法制约和监督","在依法保护国家安全、商业秘密、自然人隐私和个人信息的同时,推进政府和公共服务机构数据开放共享,优先推动民生保障、公共服务、市场监管等领域政府数据向社会有序开放"。③ 2023 年,全国各级人民政府运用数字技术推动公共服务和行政执法的决策、执行、管理、结果等进一步公开,积极回应社会关切,提升政府数字化履职公信力,切实保障人民群众对公共服务和行政执法的知情权、监督权和表达权。2023 年 12 月 7 日,清华大学发布了《2023 年网上政府创新发展报告》

---

① 《中共中央 国务院印发〈数字中国建设整体布局规划〉》,2023 年 2 月 27 日,中国政府网,https://www.gov.cn/xinwen/2023-02/27/content_5743484.htm。

② 《重庆市人民政府工作报告——2023 年 1 月 13 日在重庆市第六届人民代表大会第一次会议上》,2023 年 1 月 20 日,重庆市人民政府网站,https://wap.cq.gov.cn/zwgk/zfxxgkml/zfgzbg/202301/t20230120_11529181.html。

③ 《中共中央 国务院印发〈法治政府建设实施纲要(2021—2025 年)〉》,2021 年 8 月 11 日,中国政府网,https://www.gov.cn/zhengce/2021-08/11/content_5630802.htm。

（以下简称《报告》）。《报告》指出，多数政府部门不断加强资金信息、食品药品、生态环境、公共企事业单位等深度信息公开，扩大政府信息公开范围。一些地方政府全方位、多角度整合汇聚政策文件，构建统一政策文件库，实现多维度分类、多维度查询等功能。一些政府部门积极探索利用人工智能、自然语言处理等技术，通过知识抽取、知识加工、知识表示和知识应用，构建知识库和知识图谱，向公众提供智能化问答、智能化搜索等服务。《报告》评估结果显示，商务部、国家税务总局、国家市场监督管理总局等15家部委网站，广东、贵州、四川等15家省（区）政府网站，北京、上海、重庆等3家直辖市政府网站，深圳、青岛、厦门等3家计划单列市政府网站，广州、济南、西安等10家省会城市政府网站，佛山、无锡、郴州等30家地市政府网站和30家区县政府网站表现突出，进入领先政府网站序列。[1]

强化数据安全保障公民个人信息权。近年来，我国各级人民代表大会和人民政府愈来愈注重完善公共服务数据安全和个人信息权利保障配套制度，不断加大对国家数据安全和公民个人信息权益的保障力度。《中华人民共和国网络安全法》《中华人民共和国数据安全法》《中华人民共和国个人信息保护法》等法律法规的出台，基本勾勒出我国数据安全和个人信息权利保障法治框架，标志着政务数据安全和个人信息权利保障制度的基本建成。2023年3月16日，国务院新闻办公室发布《新时代的中国网络法治建设》白皮书并指出，进入新时代以来，我国持续提升数据安全保护监管能力，通过建立安全监测体系、实施分类分级管理等手段，强化工业互联网、车联网、5G应用等领域的数据安全执法。[2] 同年9月，国家信息中心发布《数字政府网络安全合规性指引》并提出数字政府运营工作中的数据安全、个人信息安全合规技术框架，[3] 针对数字政府网络安全规划、建设、运行过程

---

[1] 《清华大学发布〈2023年网上政府创新发展报告〉》，2023年12月8日，清华大学公共管理学院网站，https://www.sppm.tsinghua.edu.cn/info/1004/9350.htm。

[2] 《〈新时代的中国网络法治建设〉白皮书（全文）》，2023年3月16日，国务院新闻办公室网站，http://www.scio.gov.cn/zfbps/zfbps_2279/202303/t20230320_709278.html。

[3] 《数字政府网络安全合规性指引》，2023年9月8日，国家信息中心网站，http://www.sic.gov.cn/sic/93/552/622/0908/12087_pc.html。

中面临的各类问题提出全面实用的合规性指引，进一步筑牢网络安全、数据安全屏障，维护国家网络安全、数据安全，保障公民个人信息权益。

四 推动数字政府无障碍建设弥合"数字鸿沟"

2023年，国务院多部门颁布出台《关于加快生活服务数字化赋能的指导意见》《促进数字技术适老化高质量发展工作方案》等政策文件，多措并举开展"智慧助老""智慧助残"行动，推动与老年人、残疾人生活密切相关的高频服务事项的移动应用改造和智能化终端产品研发，加快构建全民数字素养和技能发展培育体系，稳步提升老年人数字素养和数字技能水平，切实解决老年人运用智能技术困难等实际问题，进一步弥合"数字鸿沟"。

截至2023年10月20日，我国已有1924家老年人常用网站和App、超1.4亿台智能手机和智能电视完成适老化改造升级，信息无障碍建设持续推进。工业和信息化部将进一步推进移动互联网应用服务能力提升，制定出台数字技术适老化有关行动计划，推动5G、人工智能、大数据等信息技术深度赋能信息无障碍，为老年人用网提供更便捷的服务。同时，还将持续推进垃圾信息治理、"断卡行动"、12381预警、一证通查等，切实维护人民群众合法权益。①

针对残疾人、老年人等特定群体权益保护难题，2019年至2023年9月，全国检察机关共办理无障碍环境建设领域公益诉讼案件7526件，其中行政公益诉讼案件7497件，民事公益诉讼案件29件，切实以公益诉讼之名，保障残疾人、老年人等特定群体权益，守护人民群众美好生活，得到了地方党委和政府以及广大人民群众的高度认可和广泛支持。② 在检

---

① 《我国超1.4亿台智能手机和智能电视完成适老化改造升级》，2023年10月20日，中国政府网，https：//www.gov.cn/lianbo/bumen/202310/content_ 6910609.htm。

② 《最高检：2019年至今年9月办理无障碍环境建设公益诉讼案件7526件》，2023年11月13日，中国日报网，http：//cn.chinadaily.com.cn/a/202311/13/WS6551ae07a310d5acd876e8d0.html？ivk_ sa=1023197a。

察机关的推动下，行政机关在建立信息共享机制、加强无障碍设施建设监管职能衔接的同时，把新建项目的无障碍环境影响评价列为必备事项。①

全国各地"智慧助老""智慧助残"行动持续迭代，以数字化改革提升老年人、残疾人的获得感、幸福感，涌现出一大批数字无障碍建设的先进案例。上海市运用数字技术打造"无障碍之城"，协同"高德地图"推出轮椅导航功能，帮助残障人士、需要坐轮椅的老年群体和推婴儿车的年轻父母快速寻找辅助器具并保障顺利通行。研发"车来了""Be My Eye"等助残App，丰富拓展无障碍数字化应用场景和服务，为听障、视障群体提供公共交通信息支持和实时语音视频帮助。浙江省聚焦困难残疾人帮扶以及残疾人出行、康养、就业等重点环节，推出"无障碍地图"应用场景并在杭州市富阳区试点运行。残疾人群体可以通过"浙里办"App实时体验当前地点三维动态实景（见图4），精准定位附近无障碍生活设施，规划安全出行，为残疾人群体日常生活提供更多便利。

图4 "无障碍一张图"应用场景

资料来源：《"智慧助残"持续迭代 浙江以数字化改革提升残疾人获得感幸福感》，2022年12月5日，浙江省人民政府网站，https：//www.zj.gov.cn/art/2022/12/5/art_ 1229603977_ 59983845.html。

———————————

① 《助力"无碍"建设 公益保护"有爱"》，2023年11月16日，最高人民检察院网站，https：//www.spp.gov.cn/spp/zdgz/202311/t20231116_ 634050.shtml。

五　未来趋势展望

2023 年 4 月 27 日，国家互联网信息办公室发布的《数字中国发展报告（2022 年）》通过分析我国 31 个省（自治区、直辖市）18 岁至 70 岁网民关于数字中国发展的 10 万余条有效建议发现，"便捷""生活""数据"等已经成为人民群众美好数字需要的最热关键词（见图 5）。人民群众普遍期待"完善政府数据联通并简化网上办理流程，加强各级政府信息公开和政策发布的权威性、一致性和便民性，增加对数字素养和技能的培训指导，在数字化建设中更加重视老年人群体和农村偏远地区"。①

图 5　数字中国发展建议关键词

资料来源：《数字中国发展报告（2022 年）》，https：//www.cac.gov.cn/ rootimages/uploadimg/1686402331296991/1686402331296991.pdf？eqid = 8ed6b42a000 20686000000066481bca7&wd =&eqid=e8e7c6150073b118000000002657567f6。

"十四五"以来，党中央、国务院从全面实现国家治理体系和治理能力现代化全局出发，深入推进数字政府治理理念和治理模式创新，进一步提升

---

① 《国家互联网信息办公室发布〈数字中国发展报告（2022 年）〉》，2023 年 5 月 23 日，国家互联网信息办公室网站，http：//www.cac.gov.cn/2023-05/22/c_ 1686402318492248.htm。

政府履职数字化、决策科学化、治理精准化、服务高效化，引领驱动经济社会高质量发展和数字化转型，更好保障数字时代公民各项权利。但仍需注意到，数字政府建设突出问题和人民群众"急难愁盼"问题还未完全解决，公民权利保障能力和水平尚有提升空间。

（一）完善数字政府建设中公民权利保障的法律依据

当前，我国基本形成以《宪法》《立法法》为引领，《网络安全法》《数据安全法》《个人信息保护法》等法律为框架，各类行政法规、部门规章和地方性法规中有关数字政府建设与公民权利保障具体条款为内容的较为完善的法治保障体系，但在数字技术使用规范、数字化行政执法规范、相对人权利保障等方面仍存在立法滞后或者粗疏的问题。从中央到地方的立法情况看，"我国对数字政府的建立，总体上仍然处于技术先行的状态，而规范建设是局部的、零散的，还远没有全面系统地明确规则、引入规范"，[1] 难以满足加强数字政府建设、提升公民权利保障的法律制度需求。伴随着技术滥用和数字权力扩张现象的出现，不仅新兴数字权利难以获得有效确认和保障，一些传统的民主权利也可能遭遇某种"反噬效应"。[2] 因此，建议系统研判数字时代公民权利面临的风险问题和解决路径，有计划、有目标地补充、细化公民权利保障的法律依据，进一步健全完善数字政府建设与公民权利保障法治体系，让人民群众更有保障地享受数字化发展红利。

（二）更加重视数字政府建设过程中的"数字包容"问题

在"互联网+政务服务"背景下，"数字技术开始重塑政务架构，形成新型的数字治理模式"，数字对公民权利产生了实质性影响。[3] 一方面，政务领域的数字化变革丰富和拓展了各类办事渠道，为公民获取政务信息、参与国家和社会治理、履行监督权力提供了更多便利，充分保障了公民数字生

① 余凌云：《数字政府的法治建构》，《中国社会科学院大学学报》2022年第1期。
② 马长山：《数字公民的身份确认及权利保障》，《法学研究》2023年第4期。
③ 参见马长山《数字公民的身份确认及权利保障》，《法学研究》2023年第4期。

活的参与感、体验感、获得感，实现"数字赋权"。另一方面，数字技术的可异化性、发展不平衡性，以及"技术中立"外观下暗藏的对数字弱势群体的歧视和不公正待遇，造成了部分公民的"权利流失"和"权利萎缩"；他们因年龄、教育、残障、收入、失业、地理位置、文化和语言等因素在使用互联网设备、掌握数字技能和享受数字资源等方面受到各种限制，无法成为"数字公民"。因此，建议各级政府积极开展数字技能和素养培训，均衡布局数字基础设施建设，充分保障有能力、有意愿成为"数字公民"的群体享受平等的数字接入权。在大力推进数字政府建设的同时，应当保留必要的线下政务服务窗口，不断优化提升线下政务服务质量，确保老年人、残疾人等数字弱势群体能够便捷地享受到数字政府服务，实现真正意义上的"数字无障碍""信息无障碍"。

（三）防范公共数据安全面临的风险隐患

公共数据是指政务部门和公共服务机构收集和产生的各类数据。"数据"不仅是数字政府建设和运行的关键因素，也是人民群众企盼数字政务服务优化的重要方面。《中华人民共和国国民经济和社会发展第十四个五年规划和2035年远景目标纲要》专章强调"提高数字政府建设水平"，并将"加强公共数据开放共享"作为优化政府治理流程和模式、不断提高决策科学性和服务效率的重点任务。根据《数字中国发展报告（2022年）》，公共数据开放共享对于加强数字政府建设、充分保障公民知情权等方面意义重大。但同时我们也应看到，公共数据"与国家数据安全密切相关，颗粒度较细的公共数据也往往涉及民众的各类隐私"，①"共享开放环节复杂、数据流动频繁，数据泄露等风险比较突出"。② 2023年9月，上海市一家政务信息系统技术服务公司被行政处罚。该公司违规将政务数据置于互联网进行测

---

① 《数字政府建设：数据共享与数字共治》，2022年7月29日，中国政府网，https://www.gov.cn/xinwen/2022-07/29/content_ 5703413. htm。

② 《致广大而尽精微——习近平总书记指引数字政府建设述评》，2023年11月21日，国家互联网信息办公室网站，http://www.cac.gov.cn/2023-11/21/c_ 17021397471 83873. htm。

试期间，相关存储端存在高危漏洞，导致大量公民数据泄露，以致成为境外不法分子窃取政务数据的"供应链"入口，相关公民个人信息在境外黑客论坛被披露兜售，[①] 严重侵害了公民个人信息权益。因此，政府应当加强对公共数据的全方位安全防护，构筑完善的公共数据全生命周期安全防护体系。进一步落实数据存储传输加密、数据水印等安全防护措施，强化数据安全监测评估、监督管理和应急处置等工作，落实数据安全、网络安全监管部门责任和主体责任，严厉打击侵害数据安全和公民个人信息类违法犯罪活动，全面提升保障公共数据安全和公民个人信息权益的能力和水平。

---

① 《公民个人信息遭境外披露兜售，上海市一政务信息系统技术服务公司被行政处罚》，2023 年 9 月 16 日，中青在线，http://news.cyol.com/gb/articles/2023-09/16/content_3nZgaetz9P.html。

B.16
网络空间中的未成年人保护

张建文　程艳丽*

摘　要：　未成年人权利保护是我国人权事业发展的重要内容。近年来，我国未成年人权利保护理念、制度和政策都在不断发展和完善，在诸多方面取得重大成就。随着互联网技术的进步，我国未成年人网络保护有了新进展，但也面临一些新风险和新挑战。应立足中国实际情况，积极调动国家、社会和市场多方力量形成保护合力，形成一个完整的未成年人网络保护闭环，为未成年人创造一个更加安全、健康的网络环境。

关键词：　网络空间　未成年人保护　保护闭环

2023 年，我国互联网基础设施建设迈出了坚实的步伐，随着政府对数字化发展的高度重视和大力推动，数字资源的应用日益丰富，涵盖了教育、医疗、娱乐、社交等各个领域，为人们的日常生活和工作提供了极大的便利。然而，互联网技术的发展也带来了一系列前所未有的挑战，尤其是对于未成年人保护工作而言。保障网络空间中未成年人的安全与健康成长，以及使他们免受不良信息和网络欺凌的伤害，已成为社会普遍关注的问题。网络空间中的不良信息对未成年人的身心健康和全面发展构成严重威胁，这一现象不仅令人深感忧虑，同时也凸显出在数字时代加强未成年人保护工作的迫切性和重要性。

---

* 张建文，法学博士，西南政法大学教授、博士生导师，研究方向为人权法学、人格权法、个人信息保护法；程艳丽，西南政法大学人权研究院博士研究生，成都理工大学文法学院讲师，研究方向为人权法学、人格权法、个人信息保护法。

一　未成年人在网络空间面临的风险

（一）网络空间中的未成年人基本情况

在数字化日益盛行的当下，未成年人已逐渐演变成网络世界中的核心群体。未成年网民不仅规模庞大、网络普及率高，而且接触和使用网络的年龄也越来越小。更重要的是，网络已经深度融入未成年人的日常生活，成为他们学习、娱乐和社交的重要工具，对他们的成长和发展产生了深远影响。

1. 未成年人网民规模庞大，网络普及率高

第 52 次《中国互联网络发展状况统计报告》显示，截至 2023 年 6 月，我国网民规模达 10.79 亿人，较 2022 年 12 月增长 1109 万人，互联网普及率达 76.4%，较 2022 年 12 月提升 0.8 个百分点。在网民构成中，10 岁以下网民占比 3.8%，他们作为数字时代的"萌芽"，正在通过互联网开启对世界的初步认知。10~19 岁网民占比 13.9%，他们是"数字原住民"，熟练地在网络空间中学习、娱乐和社交。19 岁及以下网民整体占比接近 17.7%，约 1.91 亿人。[①]《中国未成年人互联网运用报告（2023）》显示，受访问的未成年人全部在近半年内有过上网行为，未成年人互联网普及率几乎饱和，显著高于全国互联网普及率（75.6%）。[②] 未成年网民庞大的规模和趋于饱和的网络使用普及率，揭示了未成年人在数字时代的重要地位。

2. 未成年人触网呈现明显低龄化趋势

多项调查显示，大多数未成年人在小学甚至更早就开始使用互联网，年龄越小，这一比例越高。例如，《全国未成年人互联网使用情况研究报告》显示，小学生在上小学前首次使用互联网的比例达到 28.2%，初中、高中、

[①] 《第 52 次〈中国互联网络发展状况统计报告〉》，2023 年 8 月 23 日，中国互联网络信息中心网站，https://www.cnnic.net.cn/n4/2023/0828/c88-10829.html。

[②] 季伟民、王惠荣：《努力建设有益于未成年人健康成长的友好互联网世界》，方勇等主编《青少年蓝皮书：中国未成年人互联网运用报告（2023）》，社会科学文献出版社，2023。

人权蓝皮书

中等职业教育学生在上小学前接触互联网的比例都在 20% 左右。① 此外，《中国未成年人互联网运用报告（2022）》显示，10 岁之前开始触网的未成年人占比 44.6%，较上年降低 22 个百分点；10 岁以后开始触网的未成年人比例高达 38.3%，较上年提高 25 个百分点。② 以上数据充分表明，未成年人在互联网使用方面呈现出年龄越来越小的趋势，这对他们的成长、教育和社会化过程都产生了深远的影响。

3. 互联网已经成为未成年网民学习、娱乐、社交的重要工具

互联网已经深度融入未成年人的生活，成为他们学习、娱乐和社交的必备工具。在学习领域，互联网为未成年人打开了知识的大门，提供了丰富的学习资源和便捷的学习工具。据统计，高达 88.9% 的未成年网民在 2022 年前半年经常利用互联网进行学习，他们借助在线课程、教育应用和学术网站等手段，广泛汲取知识和信息，助推个人成长。在娱乐方面，互联网为未成年人呈现了一个多姿多彩的世界。他们通过观看电影、聆听音乐、玩游戏等方式尽情享受休闲时光。具体数据显示，经常在网上观看视频的未成年网民比例为 38.7%，而经常在网上听音乐的更是高达 63.0%。同时，47.6% 的未成年人经常在网上浏览短视频，16.7% 的未成年人则选择观看直播。在社交方面，互联网为未成年人提供了广泛的社交网络和便捷的沟通工具。他们通过社交媒体、即时通信和在线社区等平台，与同学、朋友和家人保持紧密联系，分享生活点滴和兴趣爱好。数据显示，53.4% 的未成年网民经常在网上聊天，而使用社交网站、微博和论坛的比例较往年也有所上升。③

（二）网络空间中未成年人面临的风险

数字技术的日新月异，为未成年人揭示了一个充满无限可能的新世界，

---

① 《全国未成年人互联网使用情况研究报告》，2022 年 12 月 1 日，中国互联网络信息中心网站，https：//www.cnnic.net.cn/n4/2022/1201/c116-10690.html。
② 季为民、孙芳：《营造清朗网络空间生态，确保未成年人健康安全用网》，方勇等主编《青少年蓝皮书：中国未成年人互联网运用报告（2022）》，社会科学文献出版社，2022。
③ 参见《全国未成年人互联网使用情况研究报告》，2022 年 12 月 1 日，中国互联网络信息中心网站，https：//www.cnnic.net.cn/n4/2022/1201/c116-10690.html。

给予他们在学习、交流和娱乐等领域前所未有的便利。但正如阳光之下必有阴影，数字技术的进步同样带来了一系列新风险。

1. 网络欺凌

网络欺凌是指利用互联网或移动设备等数字平台，对未成年人实施恶意、无端的言语或行为攻击，导致他们在网络环境中遭受威胁、恐吓或权益被侵犯。这种行为形式多样，包括但不限于公开羞辱、恶意评论、私密威胁，甚至是更为恶劣的网络暴力行为。

网络空间中未成年人面临网络欺凌风险的原因是多方面的。首先，互联网的匿名性使一些人更容易在网络空间中表现出恶意行为。其次，网络信息的多样性导致一些不良信息难以被过滤和监管，未成年人可能会接触到这些信息并受到误导。最后，部分未成年人由于网络安全意识薄弱和自我保护能力不足，更容易成为欺凌的对象。

网络欺凌会对未成年人的心理健康产生负面影响。遭受网络欺凌的未成年人可能会感到沮丧、无助和自我怀疑，这种负面情绪可能会导致他们产生自卑心理，甚至出现抑郁症状。[①] 网络欺凌也会影响未成年人的学习和生活。在遭受欺凌的情况下，未成年人可能会过度关注负面反馈，无法专注于学习或正常的社交活动。此外，网络欺凌可能会导致他们的人际关系恶化，使他们感到孤立和无助。

2. 不良信息

不良信息是指那些违背社会道德规范和法律法规，具有潜在能力对人们的思想和行为造成负面影响的内容。在网络空间，这类信息呈现多样化形式，涵盖暴力、色情、赌博、毒品、恶意软件等。这些信息不仅具有有害性，还常常隐藏诱惑和误导，易于对未成年人产生心理和行为上的双重伤害。[②] 长期暴露于此类信息环境下，未成年人的心理健康会受到严重威胁。同时，未成年人的行为也会受到不良信息的影响，表现为攻击性增强、过早

---

① 李静：《青少年网络欺凌问题与防范对策》，《中国青年研究》2009 年第 8 期。
② 张振锋：《网络不良信息对未成年人犯罪的影响》，《预防青少年犯罪研究》2017 年第 1 期。

涉及恋爱关系、逃避学业等，这些都会严重扰乱他们的日常学习和生活秩序。更为深远的是，不良信息经常传播扭曲的价值观和人生观，有可能导致未成年人价值观的根本改变，进而影响他们未来的人生选择和发展轨迹。

互联网的特性极大地加快了不良信息的传播速度、扩展了传播范围。社交媒体、短视频等平台在方便人们生活的同时，也为不良信息的快速传播提供了渠道。这些平台具有高度的互动性和用户黏性，使不良信息能够在短时间内迅速扩散，并对更多未成年人造成影响。

3. 隐私泄露

隐私泄露，即未经许可的个人信息被不当获取、公开或利用，从而造成个人隐私权被侵犯的情况。在网络空间中，隐私泄露形式多样且后果严重，如个人身份详情、地理位置、通信记录以及网络行为等内容均可能遭到非法获取和滥用。随着互联网及移动设备的普及，未成年人能轻易接触到各类社交媒体、游戏和应用软件等数字平台。这些平台在运行过程中通常需要收集和存储大量的用户个人信息，涵盖姓名、年龄、住址、电话号码、电子邮箱以及兴趣爱好等诸多方面。这些信息一旦落入不法分子之手或被恶意软件所窃取，将极有可能被用于实施各种非法活动，进而对未成年人的安全与隐私构成严重威胁。

隐私泄露的主要原因在于未成年人对网络安全的认识不足，这导致他们可能在不自觉的情况下在社交媒体、游戏等数字平台上泄露了过多的个人信息。同时，技术的漏洞和黑客的恶意攻击也构成了隐私泄露的重要途径。这些黑客会利用网站和应用中的安全缺陷，入侵系统并盗取用户数据。另外，不良商家和非法分子采用非法手段获取未成年人信息，进而进行信息贩卖或实施其他违法犯罪行为，这也是导致隐私泄露的一个不容忽视的因素。[1]

4. 网络成瘾

网络成瘾指在无成瘾物质作用下的上网行为冲动失控，表现为过度使用

---

[1] 佟丽华：《未成年人网络保护中的身份确认与隐私保护》，《中国青年社会科学》2019年第6期。

互联网而导致个体出现明显的社会、心理功能损害。① 网络成瘾已成为数字时代未成年人面临的一项严峻挑战。造成这一现象的主要原因有三：首先，为了逃避现实中的压力，如学业、家庭或社交方面的重压，许多未成年人选择将网络作为他们的避难所；其次，他们被网络所提供的刺激和快感所吸引，尤其是网络游戏和社交媒体带来的即时满足感；最后，家庭教育的不足也是一个不可忽视的因素，由于缺乏自律和正确的价值观引导，未成年人更容易陷入网络成瘾的旋涡。

网络成瘾会给未成年人带来广泛而深远的危害。长时间的网络使用可能严重影响他们的身心健康，导致睡眠和饮食的不规律，进而诱发各种身体健康问题。同时，网络成瘾常常导致未成年人对学业失去兴趣，成绩逐渐下滑，甚至可能出现逃学、辍学的严重后果。此外，沉迷于网络世界会使未成年人忽视与家人和朋友的交流，导致人际关系逐渐疏远，社交技能也会因此下降。

5. 网络诈骗和盗窃

网络诈骗形式多样且难以察觉，涵盖虚假广告、钓鱼网站以及恶意软件等多种方式。由于未成年人通常缺乏丰富的生活经验和敏锐的辨识能力，他们往往成为诈骗者的首选目标。例如，在社交媒体平台上，他们可能会遇到假扮明星或亲友的诈骗者，在不知不觉中泄露个人信息或财产。

网络盗窃则主要涉及账号和密码的非法盗用，以及个人信息的窃取。考虑到未成年人经常深度使用各种在线服务和应用，比如社交媒体、游戏等平台，一旦他们的账号安全保护存在漏洞，就非常容易成为账号被盗用的目标。这种盗用行为不仅可能直接导致财产损失，更严重的是，可能对未成年人的社交关系和声誉造成无法挽回的伤害。

二 在网络空间保护未成年人权益的新进展

随着我国互联网技术的迅速发展，未成年人保护面临新的形势。为适应

---

① 林绚晖、阎巩固：《大学生上网行为及网络成瘾探讨》，《中国心理卫生杂志》2001年第4期。

形势需要，我国在立法、行政、司法三个层面均采取了积极的行动。2023年，我国在以下方面取得了显著的进展。

（一）立法层面

2021年6月1日，新修订的《未成年人保护法》正式施行，其中专门增设了"网络保护"一章，进一步完善了我国数字时代的未成年人保护机制。时隔两年，国务院在2023年10月6日公布了《未成年人网络保护条例》（以下简称《条例》），自2024年1月1日起实施。《条例》共七章，除总则、法律责任和附则外，包括网络素养促进、网络信息内容规范、个人信息网络保护、网络沉迷防治等制度性规定，覆盖了未成年人网络保护的重要领域。[①]《条例》不仅是落实未成年人保护法的重要举措，体现了党和国家对未成年人网络保护工作的高度重视，也对国际社会探索数字时代未成年人网络保护机制具有重大启示意义。[②]

针对未成年人易受到网络欺凌的问题，《条例》规定网络产品和服务提供者应当建立健全网络欺凌行为的预警预防、识别监测和处置机制，设置便利未成年人及其监护人保存记录、行使通知权利的功能、渠道，提供便利未成年人自我保护的网络欺凌信息防护选项。

针对未成年人易受违法和不良信息侵害的问题，《条例》依据网络信息内容生态治理的框架，制定了科学规范。鼓励和支持制作、复制、发布、传播有利于未成年人健康成长的网络信息，同时要求加强对可能危害未成年人身心健康或诱导其产生不良行为的信息的管理。此外，《条例》还明确了网络产品和服务提供者在发现这些信息时应采取的处置措施和报告义务，以确保未成年人的网络安全和身心健康得到有效保障。

针对未成年人的个人信息保护，《条例》在《个人信息保护法》和《未

---

① 《林维：迈向中国式现代化的未成年人网络保护》，2023年10月25日，国家互联网信息办公室网站，https://www.cac.gov.cn/2023-10/25/c_1699890653370857.htm。

② 《佟丽华：创新发展数字时代未成年人网络保护新机制》，2023年10月25日，国家互联网信息办公室网站，https://www.cac.gov.cn/2023-10/25/c_1699890653365503.htm。

成年人保护法》的基础上，进一步要求构建对于未成年人的特殊保护机制，以更加有效地保护未成年人的个人信息。具体而言，《条例》明确了网络服务提供者收集未成年人真实身份信息的要求，规定了监护人的监护职责，强化了对未成年人私密信息的保护等重要规则。此外，《条例》还对不同法律文件中关于未成年人个人信息保护的规定进行了体系化和衔接性的处理，以构建更加严密的保护网，确保未成年人的个人信息得到充分保护。

为了防治未成年人网络成瘾，《条例》规定了多项措施。首先，加强学校、教师和监护人等多元主体的参与，建立健全预防和干预机制。其次，要求平台建立健全防沉迷制度。同时，明确国家有关部门的工作职责，构建多方联动、齐抓共治的体系和机制。此外，明确网络素养培育的相关要求，强化家庭和学校的教育监督，以推动实现标本兼治的网络沉迷防范效果。

针对网络诈骗和盗窃行为，《条例》强调了网络平台的责任，要求其加强未成年人的网络安全教育，提高他们的防范意识，并建立完善的防诈骗和防盗机制，加强网络安全监测和预警。同时，《条例》也鼓励未成年人增强自我保护意识，避免泄露个人信息和轻信陌生人。对于发现的网络诈骗和盗窃行为，应及时向公安机关报告，网络平台也应积极配合调查并依法处理违法犯罪行为。

（二）行政层面

在网络空间中，保护未成年人免受网络风险的影响是一项艰巨的任务，而行政力量在这一过程中发挥着不可或缺的作用。在网络空间中，平台企业可能因追求利润而偏离公益目标，导致缺乏动力去发现和制止违法行为。相比之下，行政主体受到公法和正当程序的约束，更能体现公益性、公开性、透明度和责任度，充分维护弱势群体和大众的权益。[①]

1. 制定发展规范，优化数字化发展环境

2023年2月，中共中央、国务院印发了《数字中国建设整体布局规划》

[①] 马丽：《网络交易平台治理研究》，博士学位论文，中共中央党校（国家行政学院），2019。

（以下简称《规划》），并发出通知，要求各地区各部门结合实际认真贯彻落实。《规划》指出，建设数字中国是数字时代推进中国式现代化的重要引擎，是构筑国家竞争新优势的有力支撑。加快数字中国建设，对全面建设社会主义现代化国家、全面推进中华民族伟大复兴具有重要意义和深远影响。在优化数字化发展环境方面，《规划》要求完善法律法规体系，加强立法统筹协调，研究制定数字领域立法规划，及时按程序调整不适应数字化发展的法律制度。构建技术标准体系，编制数字化标准工作指南，加快制定修订各行业数字化转型、产业交叉融合发展等应用标准。①

2. 推动"未成年人模式"全范围覆盖

积极推动"未成年人模式"覆盖范围由 App 扩大到应用商店、移动智能终端，实现软硬件三方联动，并方便用户一键进入模式，为未成年人营造安全健康的网络环境。② 2023 年 8 月 2 日，国家网信办公布《移动互联网未成年人模式建设指南（征求意见稿）》（以下简称《征求意见稿》）。《征求意见稿》要求推动"青少年模式"升级为"未成年人模式"，并扩大其覆盖范围，从 App 拓展至应用商店和移动智能终端，以实现软硬件的三方联动。在手机、平板电脑等应用终端开启"未成年人模式"后，所有相关App 将自动启动该模式。此外，针对不同年龄段的应用终端和 App，提出了分龄原则，旨在合理限制未成年人在使用网络产品和服务中的单次及单日累计消费数额。同时，禁止向未成年人提供与其民事行为能力不符的付费服务，从而为他们营造一个安全健康的网络环境。

3. 净化网络空间，深入开展网络生态治理

2023 年，我国互联网信息管理监督部门在保护未成年人网络安全方面持续发力，取得了显著的成效。从年初开始便启动了一系列专项行动，如"清朗·2023 年春节网络环境整治"，严管网络欺凌、网络沉迷等问题，加大对未成年人的保护力度。在接下来的几个月中，国家网信办持续推动网络

---

① 《中共中央国务院印发〈数字中国建设整体布局规划〉》，《人民日报》2023 年 2 月 28 日，第 1 版。
② 《〈移动互联网未成年人模式建设指南〉（征求意见稿）》，国家网信办 2023 年 8 月 2 日公布。

环境的改善，查处违法违规典型问题并督促网站平台落实网暴治理主体责任，有效遏制了网络上的不良行为，为未成年人提供了更加安全的网络环境。暑期时，国家网信办特别关注未成年人网络环境，开展了"清朗·2023年暑期未成年人网络环境整治"专项行动并曝光典型处置案例，树立了榜样并促使其他网站平台自觉遵守相关规定。此外，国家网信办还依法查处了多个危害未成年人身心健康和破坏网络生态的违法案件，维护了网络空间的秩序和安全，为未成年人提供了更加健康、安全的网络环境。相关内容见表1。

表1 2023年度国家网信办互联网内容管理工作（未成年人保护相关）情况

时间	行动/活动	具体情况
1月18日	启动"清朗·2023年春节网络环境整治"专项行动	严管网络欺凌、网络沉迷等问题，加大未成年人保护力度
2月15日	第六届"中国青年好网民"优秀故事揭晓	展现青少年积极向上的人生观、价值观，营造风清气正的网络空间
3月1日	深入开展"清朗·2023年春节网络环境整治"专项行动，查处一批违法违规典型案例	有效遏制网络乱象在春节期间反弹反复的势头，及时发现处置一些网络生态新问题新苗头
3月6日	多家网站平台发布防网暴指南手册和网暴治理情况	持续督促网站平台切实落实网暴治理主体责任，定期发布网暴防治情况，及时曝光典型案例
3月28日	2023年"清朗"系列专项行动新闻发布会	整治暑期未成年人网络环境为2023年国家网信办重点开展的9项专项活动之一
5月8日	网信部门工作组进驻某直播平台	针对该平台存在的色情、低俗等严重生态问题，进驻平台开展为期1个月的集中整改督导
7月31日	聚焦违法违规加大执法力度	聚焦重点、综合施策，依法查处网上各类违法违规行为
8月29日	"清朗·2023年暑期未成年人网络环境整治"专项行动曝光第一批典型处置案例	聚焦未成年人较为活跃的网站平台、产品功能和位置板块，及时发现处置危害未成年人身心健康的突出问题，有力遏制一些乱象隐形变异、反弹反复，为未成年人营造健康向上的网络环境

续表

时间	行动/活动	具体情况
9 月 13 日	网信部门依法查处某即时通信软件危害未成年人身心健康违法案件	针对该软件平台"小世界"板块存在大量色情等违法信息,危害未成年人身心健康问题,国家网信办指导广东省网信办,依法约谈该软件公司相关负责人
10 月 30 日	网信部门依法查处某智能搜索App、某游戏娱乐直播软件破坏网络生态违法案件	两家平台未遵守相关管理要求,搜索结果呈现大量淫秽色情信息,并向用户推荐色情低俗关键词,责令两家平台立即全面深入整改,严肃处理相关责任人

资料来源:国家互联网信息办公室官网。

(三)司法层面

司法主体肩负着维护法律权威性和公正性的责任,对于网络空间中的未成年人保护至关重要。通过司法程序,对网络空间中侵害未成年人的罪行进行调查、审判和制裁,以确保未成年人的权益得到充分的尊重和保障。此外,司法主体的存在以及刑罚的严厉性也起到了对犯罪的震慑作用。2023 年,我国司法主体在网络空间中的未成年人保护工作新进展主要体现在以下两个方面。

1. 司法解释明确了隔空猥亵犯罪治理规范

2023 年 5 月 25 日,最高人民法院和最高人民检察院联合发布了《关于办理强奸、猥亵未成年人刑事案件适用法律若干问题的解释》,其中第九条规定,胁迫、诱骗未成年人通过网络视频聊天或者发送视频、照片等方式,暴露身体隐私部位或者实施淫秽行为,符合刑法第二百三十七条规定的,以强制猥亵罪或者猥亵儿童罪定罪处罚。这意味着,"两高"司法解释明确了隔空猥亵将以强制猥亵罪或猥亵儿童罪定罪论处,隔空猥亵已明确入罪。

2. 指导性案例和典型案例推动网络空间犯罪诉源治理

通过发布一系列指导性案例和典型案例(见表 2),推动网络空间犯罪诉源治理,增强未成年人网络保护合力。首先,第四十三批指导性案例中的"未成年人网络民事权益综合司法保护案"体现了以司法保护推动网络空间诉源治理的实践。该案例为增强未成年人网络保护合力提供了有力指导,有助于为未成年人提供更加全面的法律保护。其次,大数据赋能未成年人检察监督典型案例体现了我国司法机关在数字中国建设方面严格贯彻落实党中央的重要指示精神。通过运用大数据技术,对校车安全、强制报告制度落实、事实无人抚养儿童监护以及校园周边环境进行监督,实现了未检一体化履职和融合履职,更加主动融入其他"五大保护",强化诉源治理,推动新时代未成年人检察工作高质量发展。此外,新兴业态治理未成年人保护检察公益诉讼典型案例展示了我国司法机关在保护未成年人免受新兴业态潜在危害方面的决心和行动。通过对影院、电竞酒店、盲盒市场以及密室剧本杀等新兴业态的监管职责进行行政公益诉讼,总结了典型经验,为各地开展相关工作提供了借鉴。最后,检察机关加强未成年人网络保护综合履职典型案例展示了检察机关在打击网络犯罪、预防网络沉迷、保护个人信息安全等方面的综合履职能力。这些案例涉及网络诈骗、网络沉迷、网络性侵未成年人犯罪以及个人信息安全等方面,为未成年人提供了更加全面的网络保护。

表 2　2023 年度最高人民检察院发布的网络空间中未成年人保护相关的指导性/典型案例

时间	案例类型	案例名称	案例概况
2 月 24 日	第四十三批指导性案例	未成年人网络民事权益综合司法保护案(检例第 174 号)	以司法保护推动网络空间诉源治理,增强未成年人网络保护合力
2 月 2 日	大数据赋能未成年人检察监督典型案例	校车安全监管职责大数据监督案 强制报告制度落实大数据监督案 事实无人抚养儿童监护大数据监督案 整治校园周边违规设置不适宜未成年人活动场所大数据监督案 整治校园周边噪声污染大数据监督案	继续贯彻落实党中央关于数字中国建设的重要指示精神,强化大数据战略思维,以大数据推进未检一体化履职和融合履职,更加主动融入其他"五大保护",强化诉源治理,实现新时代未成年人检察工作高质量发展

续表

时间	案例类型	案例名称	案例概况
2月25日	新兴业态治理未成年人保护检察公益诉讼典型案例	影院监管职责行政公益诉讼案 电竞酒店监管职责行政公益诉讼案 盲盒市场监管职责行政公益诉讼案 密室剧本杀监管职责行政公益诉讼案	总结推广各地开展新兴业态治理未成年人保护检察公益诉讼的典型经验
5月31日	检察机关加强未成年人网络保护综合履职典型案例	孙某某帮助信息网络犯罪活动案 高某某盗窃案 朱某某强奸、猥亵儿童、强制猥亵案 隋某某猥亵、强奸、敲诈勒索、制作、贩卖、传播淫秽物品牟利案 冯某隐私权保护案 肖某某、邓某某侵犯公民个人信息案	惩治网络诈骗 预防网络沉迷 打击网络性侵未成年人犯罪 疏堵结合，治罪治理并重 依法支持未成年人维权 多措并举保护未成年人个人信息安全

资料来源：最高人民检察院工作信息发布。

三　未来趋势展望

2023年国务院通过的《未成年人网络保护条例》明确提出，"国家网信部门负责统筹协调未成年人网络保护工作"，"有关社会组织、基层群众性自治组织，协助有关部门做好未成年人网络保护工作"，"网络产品和服务提供者等要履行未成年人网络保护义务，承担社会责任"，"学校、家庭应当教育引导未成年人参加有益身心健康的活动"，多方面协作，以形成未成年人网络保护合力。

（一）完善未成年人网络保护的法治体系

法律是保障网络空间中未成年人各项权利得以实现的基础和依据。一是立法方面，完善立法是保护未成年人的重要基石，这一点在《未成年人保护法》中得到了充分体现。该法对防治未成年人欺凌、预防网络性侵害以及未成年人网络隐私保护等关键议题进行了明确规定，为保护未成年人权益提供了坚实的法律支撑。为了在数字时代进一步强化对未成年人的保护，《未成年人网络保护条例》对网络保护机制的构建提出了新的期望。该条例的实施将有助于建立更为完善的未成年人网络保护体系，有效防止未成年人受到网络不良信息的侵害，为他们在网络空间中健康成长保驾护航。积极推进《未成年人保护法》和《未成年人网络保护条例》的实施，是当前和未来一段时间内的核心任务。为确保这两部法律法规得到有效执行，需要从加强普法宣传、建立监督机制、强化跨部门合作等多方面共同努力。二是执法方面，建立专门机构统筹规划管理也是必要的措施。《未成年人网络保护条例》第三条规定，"国家网信部门负责统筹协调未成年人网络保护工作"。这意味着，国家网信部门应该承担起对未成年人网络保护的监管和管理职责，统筹协调各相关部门之间的工作，形成合力。同时，积极制定相应的政策和规则，以确保未成年人在使用互联网时的安全和健康。通过加大执法力度，有效打击网络欺凌、不良信息传播等违法行为，为未成年人提供更加安全的网络环境。三是司法方面，为保障网络空间中的未成年人权利提供法律援助。涉及未成年人案件，体现儿童利益最大化原则的裁判导向，积极引导社会大众构建和谐、文明、法治的网络空间。对于网络空间中违反法律法规的行为，应该依法严惩，以形成有效的犯罪震慑作用。

（二）积极发挥社会力量构建保护屏障

社会力量在网络空间中的未成年人保护中发挥着不可或缺的作用。一是未成年人保护组织方面，不仅可以进行社会监督，还可以参与社会救援。鼓励和促进儿童保护组织及热心网民对网络中有害内容进行线上举报，是未成年人接触到网络有害内容阶段的重要补救措施。未成年人遭遇网络不良信息后，可能会受到心理上的伤害，社会组织可以提供法律援助，帮助受害者获得必要的法律支持，维护自己的权益。需要注意的是，社会组织提供心理救

助时，应该遵循保密原则，尊重受害者的隐私和权益，不得公开其个人信息。二是学校方面，作为学生学习和成长的重要场所，学校有责任为学生提供安全的网络环境，防止接入有害信息。同时，学校也是重要的教育宣传平台，可以对学生的上网行为进行监督和管理，禁止学生访问不良网站和参与不良活动。三是家庭方面，父母要及时了解孩子的生活和学习状况，关注孩子的网络活动，发现异常情况及时进行干预和引导。同时，父母要提升自身网络素养，增强网络安全意识，了解网络安全的基本知识和技能，以更好地保护孩子免受网络不良信息的侵害。

（三）依托市场形成保护闭环

网络空间中的未成年人保护闭环是一个系统性的工程，只有通过广泛的市场参与和支持，才能有效地整合和协调各方资源和力量，形成保护闭环。一方面，要求企业为未成年人网络安全提供技术支持。鼓励企业积极承担社会责任，采取有效的措施推动"青少年模式""未成年人模式"的开发与普及，确保青少年在使用互联网时得到应有的保护。另一方面，随着互联网行业的发展，标准化建设已经成为促进行业发展和规范市场秩序的必要手段之一。作为技术和创新的驱动者，互联网企业在行业标准化建设中发挥着至关重要的作用。鼓励互联网企业牵头制定完善行业标准，不仅有利于行业的规范和健康发展，还可以提高互联网企业的核心竞争力和市场地位。

B.17
2023年中国人权合作与交流的进展

罗艳华*

摘 要： 2023年中国的国际人权合作与交流主要在联合国、国际论坛和双边三个层面展开，均取得了重大进展。联合国层面的国际人权合作主要表现在中国与联合国人权理事会、联合国人权高专、联合国人权特别机制和联合国人权条约机制的合作，均在常规合作的基础上有所推进。国际论坛层面的合作与交流表现在官方和社会组织均主办了形式多样的论坛活动，进行了广泛的国际人权交流。在双边层面，双边人权对话和磋商的频次远超以往，出访交流和应邀来访等双边交流活动也效果显著。

关键词： 国际人权合作 国际人权交流 联合国 国际论坛 双边人权对话与磋商

2023年，中国政府和民间在联合国、国际论坛和双边三个层面开展了积极而又形式多样的国际人权合作与交流，促进了中国人权理念和主张的国际传播，也推动了各方之间的相互理解与合作。

一 联合国层面的人权合作与交流

（一）中国与联合国人权理事会的合作与交流

中国与联合国人权理事会保持着建设性的合作关系。2023年中国处于

---

* 罗艳华，法学博士，北京大学国际关系学院教授，中国人权研究会常务理事，研究方向为人权与国际关系、国际关系史、非传统安全等。

联合国人权理事会理事国第五任期（2021~2023 年）。作为联合国人权理事会的现任理事国，中国认真履行自己的义务，积极参加人权理事会的历次会议和各项工作。10 月 10 日，中国在第 78 届联合国大会上成功连任人权理事会成员，任期自 2024 年至 2026 年。

1. 中国积极参加联合国人权理事会的国别人权审议工作

2023 年中国参加了对捷克、阿根廷、加蓬、加纳、秘鲁、危地马拉、贝宁、韩国、瑞典、巴基斯坦、法国、汤加、罗马尼亚、马里、博茨瓦纳、巴哈马、文莱、卢森堡、巴巴多斯、黑山、土库曼斯坦、布基纳法索、佛得角、哥伦比亚、乌兹别克斯坦、图瓦卢、德国、吉布提、加拿大、孟加拉国等国的国别人权审议和核可工作。①

2. 中国参与提交的决议草案在联合国人权理事会获得通过

7 月 14 日，联合国人权理事会第 53 届会议再次通过中国提交的"发展对享有所有人权的贡献"决议。决议重申发展对享有所有人权具有重要贡献，呼吁各方在疫后复苏进程中以新思路应对落实 2030 年议程中的新挑战，通过强化全球可持续发展伙伴关系，切实加强国际合作，在高质量发展中促进和保障人权和基本自由。②

10 月 12 日，联合国人权理事会第 54 届会议以协商一致方式通过中国和玻利维亚、埃及、巴基斯坦、南非等国共同提交的消除不平等背景下促进和保护经社文权利决议。决议获得了发展中国家的广泛支持，80 个国家加入共同提案国。③

3. 中国在联合国人权理事会代表其他观点相近国家发言，表达共同立场

2023 年，中国在联合国人权理事会第 52、53、54 届会议上多次代表众

---

① Human Rights Council Universal Periodic Review（Fourth Cycle），联合国网站，https：//uprmeetings. ohchr. org/SiteAssets/Pages/default/Calendar% 20of% 20the% 204th% 20cycle% 20% 282022-2027%29. docx。

② 《联合国人权理事会再次通过中国提交的"发展对享有所有人权的贡献"决议》，中国政府网，https：//www. gov. cn/yaowen/liebiao/202307/content_ 6892009. htm。

③ 《联合国人权理事会一致通过中国主提的经社文权利决议》，《光明日报》2023 年 10 月 14 日，第 8 版。

多观点相近的国家发言，在人权问题上表达共同立场。例如，3 月 29 日，中国常驻联合国日内瓦办事处和瑞士其他国际组织代表陈旭大使在联合国人权理事会第 52 届会议代表巴西、南非等近 80 个国家就《维也纳宣言和行动纲领》通过 30 周年作共同发言。共同发言强调："首先要统筹兼顾。《宣言》明确强调各类人权拥有平等地位，人权是普遍、不可分割、相互依存和相互联系的，经济社会文化权利、公民政治权利以及发展权应予以同等重视、平衡推进，应消除在促进和保护人权方面的不平衡现象。其次要重视发展。当前全球性挑战凸显促进可持续发展的重要性。《宣言》重申发展权是一项不可剥夺的权利。国际社会应重振《宣言》精神，坚持以人民为中心，倾听发展中国家呼声，消除不平等，推动实现高质量发展、包容性发展和公平发展。最后要对话合作。《宣言》明确要求加强对话和国际合作，各方应在平等、团结和相互尊重的基础上开展人权交流与合作。"①

4. 中国积极参加联合国人权理事会会议

2023 年，中国积极参加联合国人权理事会会议。例如，2 月 28 日陈旭大使出席联合国人权理事会第 52 届会议纪念《发展权利宣言》通过 35 周年高级别会议并发言指出："我们欢迎人权理事会举行纪念《发展权利宣言》通过 35 周年高级别会议。同时，我们要看到全球范围内落实发展权仍然任重道远。发展权作为一项不可剥夺的基本人权仍然没有受到应有的重视。单边制裁措施对实现发展权产生了严重的消极影响，多边人权机构长期以来对发展权的投入也严重不足。我们希望各方，包括人权理事会、人权高专办等联合国人权机制在内，进一步加大对发展权的重视，以此次会议为契机，以实际行动落实在《宣言》中的重要承诺。中方愿同各国一道为此努力。"②

---

① 《中国代表近 80 国在人权理事会呼吁加强国际合作推动高质量发展》，光明网，https：//m. gmw. cn/2023-03/30/content_ 1303324740. htm。

② 《陈旭大使在人权理事会第 52 届会议纪念〈发展权利宣言〉通过 35 周年高级别会议上的发言》，中国常驻联合国日内瓦办事处和瑞士其他国际组织代表团网站，http：//geneva. china-mission. gov. cn/dbtxwx/202303/t20230301_ 11033149. htm。

（二）中国与联合国人权高专的合作与交流

中国与联合国人权高专保持着建设性合作关系。2023 年中国代表多次与人权高专进行互动对话，阐明立场。例如，10 月 17 日，陈旭大使就人权高专加强疫后复苏背景下促进和保护经社文权利、消除不平等工作愿景报告举行互动对话时发言指出："我代表玻利维亚、埃及、巴基斯坦、南非和中国组成的经社文权利和消除不平等决议核心小组发言。我们欢迎人权高专就加强经社文权利提交专题报告。当前经社文权利没有能够得到同等的关注，这进一步加剧不平等。人权不分高低先后，不应厚此薄彼。各方应在平等和相互尊重基础上开展建设性对话合作，平衡推进包括经社文权利在内的各项人权。联合国要以解决问题为出发点，纠正经社文权利投入长期低于公民政治权利的历史不公。人权理事会和人权高专办应作出表率。各国均应切实负起责任。为此，核心小组将再次提出经社文权利决议草案，愿同各方一道，重申对促进和保护所有人权的坚定承诺，以周年纪念为契机，搁置分歧、凝聚共识。"[①]

（三）中国与联合国人权特别机制的合作与交流

中国与联合国人权特别程序保持着建设性的合作关系。2023 年中国代表与联合国特别程序的专家进行了多次互动对话。例如，10 月 17 日，陈旭大使在联合国人权理事会第 54 届会议与享有安全饮用水和卫生设施特别报告员互动对话时发言指出："中方注意到特别报告员提交的报告，欢迎报告员关注恢复水生生态系统对人权的重要性，重视报告员对系统性有毒污染行为定罪追责的建议。中国愿积极推进相关领域的国际交流合作，特别是支持发展中国家加强水治理能力建设。"[②] 中方呼吁特别报告员敦促日方停止排海行为。

另外，中国鼓励中国专家参与联合国人权特别机制的工作。10 月 13

[①] 《陈旭大使就人权高专加强疫后复苏背景下促进和保护经社文权利、消除不平等工作愿景报告举行互动对话的发言》，中国人权网，https：//www. humanrights. cn/html/gjjl/1/6/2023/1017/71930. html。

[②] 《陈旭大使在人权理事会第 54 届会议与享有安全饮用水和卫生设施特别报告员互动对话时的发言》，中国人权网，https：//www. humanrights. cn/html/gjjl/1/6/2023/1017/71929. html。

日，联合国人权理事会第 54 届会议任命中国人权学者陆海娜担任联合国人权理事会妇女和女童歧视问题工作组专家。陆海娜成为联合国人权理事会特别程序现任唯一中国籍专家，也是 1967 年联合国人权理事会特别程序设立以来第二位当选的中国籍专家。①

（四）中国与联合国人权条约机制的合作与交流

1. 接受国际人权条约机构的履约审议

2 月 15~16 日，中国代表团在瑞士日内瓦参加了《经济、社会及文化权利国际公约》第三次履约审议。陈旭大使率由外交部、中央统战部、最高人民法院、教育部、国家民委、公安部、民政部、文化和旅游部、人力资源和社会保障部、国家卫生健康委、国家宗教局、国家疾控局、国务院新闻办、国务院妇儿工委等 14 家单位组成的中国代表团出席，香港、澳门特别行政区代表作为中国代表团成员参加。经济、社会和文化权利委员会专家肯定了中国实现全面脱贫，认真接受履行公约审议，注意到中国制定《民法典》，调整完善生育政策，批准强迫劳动两公约等方面的进展。中国代表团本着实事求是的态度，逐一答复委员会专家所提问题，介绍中国政府所做努力，通过翔实数据和具体案例增进委员会专家的理解。②

5 月 12 日，中国代表团在瑞士日内瓦就中国执行《消除对妇女一切形式歧视公约》第九次定期报告情况接受联合国消除对妇女歧视委员会审议。中国代表团团长、国务院妇女儿童工作委员会副主任黄晓薇率领由中央政府、香港特区政府、澳门特区政府代表组成的代表团出席审议。中央政府代表团成员来自 16 个负责促进妇女发展与权益保障的主要部门和单位。审议过程中，消除对妇女歧视委员会专家对中国妇女事业发展成就及履约情况予以肯定，注意到中国实施《反家庭暴力法》，颁布《民法典》，修订《妇女

---

① 《中国人权学者陆海娜当选联合国人权理事会特别程序专家》，中国新闻网，https://www.chinanews.com.cn/gj/2023/10-13/10093802.shtml。
② 《中国参加〈经济、社会及文化权利国际公约〉第三次履约审议》，中国常驻联合国日内瓦办事处和瑞士其他国际组织代表团网站，http://geneva.china-mission.gov.cn/dbtxwx/202302/t20230216_11026143.htm。

权益保障法》，制定新一周期十年妇女发展纲要，全面回应了妇女发展新需求等，并就其所关心的事项提出问题。代表团本着实事求是的态度逐一认真答复委员会专家所提的问题，全面介绍了中国政府履约工作，并通过翔实数据和具体案例等让委员会专家深入了解真实、立体、全面的中国。①

2.鼓励并推荐国内专家到国际人权条约机构任职

2023 年共有 4 位中国专家在国际人权条约机构任职。具体情况见表 1。

表 1　2023 年中国专家在国际人权条约机构的任职情况

姓名	任职的联合国人权条约机构	担任职务	本届任期到期时间	现任职是否为连任
沈永祥	经济、社会和文化权利委员会	委员	2024-12-31	否
李燕端(女)	消除种族歧视委员会	主席	2024-01-19	是
夏杰(女)	消除对妇女歧视委员会	委员	2024-12-31	否
柳华文	禁止酷刑委员会	委员	2025-12-31	是

资料来源：根据联合国相关机构的材料整理而成，具体参见联合国网站的如下网页：Membership of the Committee on Economic, Social and Cultural Rights, http://www.ohchr.org/EN/HRBodies/CESCR/Pages/Membership.aspx；Membership of the Committee on the Elimination of Racial Discrimination, http://www.ohchr.org/EN/HRBodies/CERD/Pages/Membership.aspx；Membership of the Committee on the Elimination of Discrimination against Women, http://www.ohchr.org/EN/HRBodies/CEDAW/Pages/Membership.aspx；Membership of the Committee against Torture, http://www.ohchr.org/EN/HRBodies/CAT/Pages/Membership.aspx.

二　国际论坛层面的人权交流

国际论坛层面的人权交流主要包括官方主办的国际人权论坛及相关交流活动和中国社会组织主办的国际论坛活动。

（一）官方主办的国际人权论坛及相关交流活动

1.主办全球人权治理高端论坛

6 月 14~15 日，由国务院新闻办公室、外交部和国家国际发展合作署

---

① 《中国参加〈消除对妇女一切形式歧视公约〉第九次履约审议》，中国妇女网，http://www.cnwomen.com.cn/2023/05/13/99273064.html。

共同主办的全球人权治理高端论坛在北京举行，论坛以"平等、合作、发展：《维也纳宣言和行动纲领》通过30周年与全球人权治理"为主题，来自近百个国家和包括联合国机构在内的国际组织的300余名中外嘉宾出席论坛。本次论坛设有"国际合作与全球人权治理""全球发展倡议与发展权的实现""全球安全倡议与人权保障""联合国人权机制与全球人权治理""数字时代的人权保障"等5个分论坛。国家主席习近平向全球人权治理高端论坛致贺信指出："我们主张以安全守护人权，尊重各国主权和领土完整，同走和平发展道路，践行全球安全倡议，为实现人权创造安宁的环境；以发展促进人权，践行全球发展倡议，提高发展的包容性、普惠性和可持续性，以各具特色的现代化之路保障各国人民公平享有人权；以合作推进人权，相互尊重，平等相待，践行全球文明倡议，加强文明交流互鉴，通过对话凝聚共识，共同推动人权文明发展进步。……中国愿同国际社会一道，践行《维也纳宣言和行动纲领》精神，推动全球人权治理朝着更加公平公正合理包容的方向发展，推动构建人类命运共同体，共建更加美好的世界。"①

2. 举办《习近平关于尊重和保障人权论述摘编》多语种版本发行的交流研讨会

7月28日，《习近平关于尊重和保障人权论述摘编》（俄汉对照）全球首发式暨"全球治理的人类智慧"交流研讨会在《俄罗斯报》媒体中心成功举办。活动由中央编译出版社主办，《俄罗斯报》等联合承办，以线上、线下方式举行。俄罗斯学界、媒体界、华人华侨团体、高校师生等100多人与会。②

9月24日，由中国外文局、中国驻巴西大使馆主办，外文出版社、中国驻里约热内卢总领事馆、中国外文局美洲传播中心（北京周报社）承办

---

① 《习近平向全球人权治理高端论坛致贺信》，中共中央党校网站，https://www.ccps.gov.cn/xtt/202306/t20230614_ 158269. shtml。

② 《〈习近平关于尊重和保障人权论述摘编〉（俄汉对照）全球首发式暨"全球治理的人类智慧"交流研讨会在俄罗斯成功举办》，中国日报网，http：//cn. chinadaily. com. cn/a/202307/28/WS64c3c5a9a3109d7585e4704b. html。

的《习近平关于尊重和保障人权论述摘编》葡文版首发式暨"丰富人类文明多样性推进世界人权事业发展"交流研讨会在巴西里约热内卢举行。巴西政界、学术界、文化界等各界代表约100人参加了活动。①

9月27日，由中国外文局主办的《习近平关于尊重和保障人权论述摘编》阿拉伯文版首发式暨"以合作促发展 以发展促人权"交流研讨会在埃及首都开罗举行。②

11月22日，《习近平关于尊重和保障人权论述摘编》（西汉对照）全球首发式暨"全球治理的人类智慧"交流研讨会在西班牙首都马德里成功举办。来自政治、经济、文化等领域的50余位中西专家、学者、协会负责人、友华人士出席会议。③

3. 在联合国举办主题活动和主题边会

5月10日，中国常驻联合国日内瓦办事处和瑞士其他国际组织代表团与墨西哥、丹麦、肯尼亚等世界妇女大会主办国常驻日内瓦代表团、联合国妇女协会以及"普遍权利组织"在联合国日内瓦总部共同举行"性别平等和妇女赋权：推动妇女走在时代前列"主题活动。50余国常驻代表和高级外交官、联合国人权高专办、消除对妇女歧视委员会、妇女署、人口基金以及非政府组织代表等100余人参加了此次活动。④

10月11日，中国常驻联合国代表团在联合国总部与不结盟运动协调局共同举办以发展权为主题的边会。80多个国家常驻联合国代表、副代表和联合国官员与会并踊跃发言。⑤

---

① 资料来源于中国外文局官方微博，https：//weibo.com/1730412172/Nkhy35jRF。

② 《〈习近平关于尊重和保障人权论述摘编〉阿拉伯文版首发式在开罗举行》，央视网，https：//news.cctv.com/2023/09/29/ARTImUz39BULwdnuDB7nkitu230929.shtml。

③ 《〈习近平关于尊重和保障人权论述摘编〉（西汉对照）全球首发式在马德里举办》，中国政府网，https：//www.gov.cn/yaowen/liebiao/202311/content_6916705.htm。

④ 《"性别平等和妇女赋权：推动妇女走在时代前列"主题活动在日内瓦举行》，新华网，http：//www.xinhuanet.com/2023-05/11/c_1129606063.htm。

⑤ 《中国代表呼吁在发展中促进保护人权》，中国政府网，https：//www.gov.cn/yaowen/liebiao/202310/content_6908675.htm。

（二）中国社会组织主办的论坛活动

2023年，中国社会组织表现活跃，组织了丰富多彩的论坛活动。

1. 在联合国人权理事会会议期间主办主题丰富的边会

2023年，中国社会组织积极参加了联合国人权理事会第52、53、54届会议，参会期间主办了主题多样的边会，就多方面的人权问题发出了中国社会组织的声音（见表2）。

表2　中国社会组织在联合国人权理事会会议期间主办边会情况

时间、地点	边会名称	主办方	边会内容
3月7日（联合国人权理事会第52届会议期间），日内瓦	"加强人权保障，共促全球发展：民间组织的作用"主题边会	国际交流促进会日内瓦大爱基金会等	多个国际组织和非政府组织代表参加边会，各方就推动中外文明交流互鉴、保障发展权和文化权等问题进行了深入交流
3月9日（联合国人权理事会第52届会议期间），日内瓦	"中国的人权理念与实践"主题边会	中国人权研究会	专家学者就中国人权道路、涉藏议题、涉疆议题、恐怖主义与人权保障问题发表了看法
3月13日（联合国人权理事会第52届会议期间），日内瓦	"可持续发展视角下的女性赋能"边会	重庆市亦格社会发展促进中心、西南政法大学人权研究院和中国人权研究会	参会学者就性别平等、妇女赋能、中国新修订的《妇女权益保障法》、女性工作权、妇女组织等问题表达了自己的观点
3月23~24日（联合国人权理事会第52届会议期间），日内瓦万国宫	"新时代的少数民族权利保障"主题边会	中国少数民族对外交流协会	来自多个机构的中外专家学者以线上线下相结合的方式围绕少数民族权利保障问题展开研讨
7月3日（联合国人权理事会第53届会议期间），日内瓦万国宫	"中国的人权理念与实践"主题边会	中国人权研究会	与会专家就中国人权教育、新疆妇女权益、西藏活佛转世制度与宗教信仰自由、中国式现代化与中国人权事业发展、所谓"强迫劳动"的涉疆谎言、新疆的语言文字保护与发展、西藏地方和祖国关系的历史真相等话题介绍了情况

续表

时间、地点	边会名称	主办方	边会内容
7月14日(联合国人权理事会第53届会议期间),日内瓦	"《维也纳宣言和行动纲领》三十年:中国探索与经验"主题边会	中国人权研究会	与会专家学者就宣言和行动纲领的中国实践、生存权与发展权理念、人权国际合作、少数群体权利保障、脱贫攻坚对保护人权的意义、中国人权教育发展等议题进行了深入研讨
9月19日(联合国人权理事会第54届会议期间),日内瓦	"共建'一带一路'与世界人权事业发展"主题边会	中国人权发展基金会	专家学者介绍了"一带一路"倡议实施10年来对全球发展和人权进步作出的贡献
9月19日(联合国人权理事会第54届会议期间),日内瓦	"发展权视角下保障食物主权的社区动议"主题边会	中国国际交流促进会、英国锡克教人权组织	与会嘉宾就保障粮食安全、解决贫困问题、促进人权发展交流经验
9月20日(联合国人权理事会第54届会议期间),日内瓦	"科技发展与人权保障"主题边会	中国人权研究会主办,北京理工大学科技人权研究中心承办	各领域专家学者围绕智能科技时代人权保障的新理念、新发展进行了广泛研讨交流
9月27日(联合国人权理事会第54届会议期间),日内瓦	"和平发展与人权保障"边会	重庆市亦格社会发展促进中心、中国人权研究会及西南政法大学人权研究院	专家学者在边会上作了主旨发言,瑞士、法国、德国、伊朗、西班牙、葡萄牙、巴基斯坦、也门等10余国近40位国际组织、非政府组织及研究机构代表出席会议
10月5日(联合国人权理事会第54届会议期间),武汉	"2023工商业与人权前沿论坛"暨联合国人权理事会第54届会议边会	中国人权研究会指导,武汉大学人权研究院与多家国家人权教育与培训基地联合召开	会议以线上线下结合方式举行,海内外约150名专家学者聚焦"商业向善:工商业与人权的最新发展与中国实践"主题展开研讨。会议期间发布了《工商业与人权手册》新书
10月6日(联合国人权理事会第54届会议期间),日内瓦万国宫	"中国防治网络欺凌问题的实践"主题边会	中国网络社会组织联合会、北京青少年法律援助与研究中心	这是中国网络行业社会组织以及儿童保护专业社会组织第一次在联合国人权理事会上共同组织边会,会议介绍了国际社会防治儿童网络欺凌的最新动态、中国在防治儿童网络欺凌方面最新的立法、行业协会的作用、平台企业所做

时间、地点	边会名称	主办方	边会内容
			出的努力以及来自中国儿童的声音。主办方还发表了呼吁联合国加强数字时代儿童权利保护的全球倡议

资料来源:《中国代表团参加联合国人权理事会第52届会议》,中国人权网,https://www.humanrights.cn/html/special/20230227/;《中国代表团参加联合国人权理事会第53届会议》,中国人权网,https://www.humanrights.cn/html/special/20230630/;《中国代表团参加联合国人权理事会第54届会议》,中国人权网,https://www.humanrights.cn/html/special/20230915/;《专家学者共话"科技发展与人权保障"》,中国新闻网,https://www.chinanews.com.cn/gj/2023/09-21/10081889.shtml;《专家呼吁关注全球粮食安全与人权保障》,中国新闻网,https://www.chinanews.com.cn/gj/2023/09-20/10081177.shtml;《中国社会组织在联合国成功举办未成年人网络保护问题边会》,中青在线,http://news.cyol.com/gb/articles/2023-10/06/content_Q46vzECjPn.html。

2. 主办内容广泛的国际人权研讨会和人权论坛

2023年,中国社会组织还主办了内容丰富、形式多样的人权研讨会和人权论坛。主要会议情况见表3。

表3 2023年中国社会组织主办人权研讨会情况

时间、地点	会议名称	主办方	会议情况
3月28日,北京	"中国西藏教育现代化和受教育权保障"国际研讨会	中国人权研究会、中国西藏文化保护与发展协会、中国藏学研究中心共同主办,中国藏学研究中心承办	研讨会以线下线上相结合方式举行,来自国内外的有关专家学者60余人参会。专家学者围绕西藏教育问题,从多角度展开交流研讨
3月31日,北京	"共创平等未来:性别平等法律政策"专题研讨会	全国妇联、联合国妇女署中国办公室、联合国人口基金驻华代表处	来自国际劳工组织、世界卫生组织、人口基金、粮农组织、开发计划署、儿基会、工业发展组织、妇女署、人居署、国际移民组织等10个联合国驻华机构,以及中组部、中宣部、中央统战部、全国人大社建委、最高人民法院、外交部、教育部、国家民委、公安部、民政部、司法部、人力资源和社会保障部、国家卫生健康委、国家统计局、国家疾控局、国务院妇儿工委办公室、全国妇联等17家中方单位的代表约80人参会

续表

时间、地点	会议名称	主办方	会议情况
9月12日，北京	2023·中国—中亚人权发展论坛	中国人权发展基金会主办，中国外文局中东欧与中南亚传播中心（人民画报社）承办	来自中国、哈萨克斯坦、吉尔吉斯斯坦、塔吉克斯坦、土库曼斯坦、乌兹别克斯坦等国家的专家学者、媒体智库和青年代表围绕"共建'一带一路'、促进人权发展"主题进行交流探讨。本次论坛还发布了《中国—中亚人权发展青年倡议》
9月20日，意大利罗马	2023·中欧人权研讨会	中国人权研究会与意大利罗马大学共同主办，西南政法大学人权研究院和意大利中意经济文化交流中心承办	会议聚焦"现代化与人权文明多样性"，来自中国、意大利、希腊、英国、美国、德国、荷兰、西班牙、瑞士、奥地利、保加利亚、捷克、挪威、波兰、葡萄牙、塞尔维亚等国的人权领域专家学者、政府官员、议会议员、政党与社会组织代表等130余人以线上与线下结合的方式研讨交流
9月26日，北京	"环境、发展与人权：现代化进程中的海洋生态保护"国际研讨会	中国人权发展基金会、中国海洋发展基金会和中国外文局共同主办，当代中国与世界研究院、中国外文局西欧与非洲传播中心（今日中国杂志社）承办，北京外交人员服务局协办	来自中国、英国、巴西、马来西亚等20多个国家的150多名政要、专家学者等齐聚一堂，聚焦现代化进程中的海洋生态保护展开研讨
10月31日，北京	2023·中德人权发展论坛	中国人权发展基金会、德国弗里德里希·艾伯特基金会	来自中德两国的专家学者围绕"国际发展合作与人权保障"进行交流
12月5日，北京	"纪念《世界人权宣言》发表75周年"国际研讨会	中国人权发展基金会	中外与会嘉宾围绕《世界人权宣言》精神、全球人权治理面临的问题挑战、新时代中国保障人权的成就经验等方面进行了深入研讨

资料来源：《"中国西藏教育现代化和受教育权保障"国际研讨会在京举办》，西藏在线，https：//www.tibetol.cn/html/zixun/xgbd/2023/0329/58555.html；《"共创平等未来：性别平等法律政策专题研讨会"在京举行》，中国妇女网，http：//www.cnwomen.com.cn/2023/04/02/99270274.html；《2023·中国—中亚人权发展论坛举行发布〈中国—中亚人权发展青年倡议〉》，中国新闻网，https：//www.chinanews.com.cn/gn/2023/09-12/10076721.shtml；《"2023·中欧人权研讨会"在罗马举行》，中国人权网，https：//www.humanrights.cn/html/2023/6_0921/71743.html；《20余国专家探讨海洋生态保护，倡议携手推动海洋生态可持续发展》，新京报网，https：//www.bjnews.com.cn/detail/16957 33730169942.html；《求同存异共话发展合作"2023·中德人权发展论坛"在北京举办》，中国新闻网，https：//www.chinanews.com.cn/gj/2023/10-31/10104015.shtml；《王毅出席"纪念〈世界人权宣言〉发表75周年"国际研讨会开幕式》，《人民日报》2023年12月6日，第3版。

三　双边层面的人权合作与交流

（一）双边人权对话与磋商

中国在2023年开展了多次双边人权对话和人权磋商及交流活动，双边人权对话和磋商的频次远超以往。人权对话与磋商的对象不仅包括西方发达国家，也包括众多的发展中国家。具体情况见表4。

表4　2023年中国举行双边人权对话与磋商情况

时间	人权对话与磋商名称	人权对话与磋商情况
2月17日	中国与欧盟举行第38次人权对话	中国外交部国际司副司长孙磊与欧盟对外行动署亚太总司副总司长帕姆帕罗尼在比利时布鲁塞尔共同主持第38次中国欧盟人权对话。这是中欧双方时隔三年再次就人权问题展开对话。中央统战部、最高人民法院、公安部、国务院妇儿工委以及欧盟基本权利机构、欧盟人权问题特别代表办公室、欧盟委员会社会事务总司、欧盟委员会国际伙伴关系总司等部门代表参加。欧盟各成员国代表作为观察员列席
5月24日	中国与摩洛哥举行人权事务磋商	中国外交部人权事务特别代表杨晓坤同摩洛哥外交部全球问题司司长沙高里共同主持中摩人权事务磋商，就各自人权理念和人权事业进展、多边人权工作等深入交换意见
5月29日	中国与吉尔吉斯斯坦举行人权事务磋商	中国外交部人权事务特别代表杨晓坤同吉尔吉斯斯坦外交部国际组织司司长穆卡舍夫共同主持中吉人权事务磋商，就各自人权理念、人权事业进展、多边人权工作等交换意见
6月30日	中国与墨西哥举行首次人权对话	中国外交部人权事务特别代表杨晓坤同墨西哥外交部人权和民主司司长巴利纳斯共同主持中墨首次人权对话。此间，全国政协常委、民族和宗教委员会副主任，中国人权研究会常务副会长蒋建国在京会见了墨西哥外交部人权和民主司司长巴利纳斯先生一行。双方就中墨人权理念、人权发展实践、人权领域智库间交流合作等议题深入交换了意见
7月4日	中国与瑞士举行第12次人权对话	中国外交部人权事务特别代表杨晓坤与瑞士联邦外交部和平与人权司副司长勒芙在瑞士伯尔尼共同主持第12次中国与瑞士人权对话。中央统战部、司法部和瑞士联邦内政部、司法总局、经济事务国秘处等部门代表参加

续表

时间	人权对话与磋商名称	人权对话与磋商情况
7月6~7日	中国与埃及、阿盟举行人权磋商交流	中国外交部人权事务特别代表杨晓坤在埃及同埃外交部人权事务部长助理巴格里举行人权磋商,并同阿拉伯国家联盟秘书处人权司司长穆尼尔举行交流,就各自人权理念、人权事业进展、多边人权工作等交换意见
7月9日	中国与卡塔尔举行人权磋商	中国外交部人权事务特别代表杨晓坤在卡塔尔多哈同卡外交部人权司司长图尔基举行人权磋商,就各自人权理念、人权事业进展、多边人权工作等交换意见
8月17日	中国与马来西亚举行人权磋商	中国外交部人权事务特别代表杨晓坤在马来西亚布城同马外交部多边事务副秘书长钟运来共同主持人权磋商,就各自人权理念、人权事业进展、多边人权工作等交换意见。杨还走访了马来西亚人权委员会
8月21~22日	中国与印尼、东盟举行人权交流	中国外交部人权事务特别代表杨晓坤在雅加达同印尼外交部人权与人道主义事务司司长哈比布举行人权磋商,同东盟秘书处人类发展局局长罗德拉举行交流,就各自人权理念、国际人权合作等交换意见。杨还走访了印尼战略与国际问题研究中心
8月24日	中国与越南举行人权磋商	中国外交部人权事务特别代表杨晓坤在河内同越南外交部国际组织司副司长阮武明共同主持人权磋商,就各自人权理念、人权事业进展、多边人权工作等交换意见。杨还走访了胡志明国家政治学院人权研究院
12月12日	中俄举行人权事务磋商	中国与俄罗斯在北京举行人权事务磋商,中国外交部人权事务特别代表杨晓坤同俄罗斯外交部人道主义合作与人权局局长兼人权、民主和法治问题全权代表卢基扬采夫共同主持。双方就多边人权领域共同关心的问题交换了意见

资料来源:中国外交部网站。具体网址:《中国欧盟举行第38次人权对话》,http://www1. fmprc. gov. cn/web/wjb_ 673085/zzjg_ 673183/gjs_ 673893/xwlb_ 673895/202302/t20230218_ 11027025. shtml;《中国与摩洛哥举行人权事务磋商》,https://www. mfa. gov. cn/web/wjdt_ 674879/sjxw_ 674887/202305/t20230525_ 11083655. shtml;《中国与吉尔吉斯斯坦举行人权事务磋商》,https://www. mfa. gov. cn/web/wjdt_ 674879/sjxw_ 674887/202305/t20230529_ 11085421. shtml;《中国与墨西哥举行首次人权对话》,https://www. mfa. gov. cn/web/wjdt_ 674879/sjxw_ 674887/202306/t20230630_ 11106361. shtml;《中国与瑞士举行第12次人权对话》,https://www. mfa. gov. cn/web/wjdt_ 674887/sjxw_ 674887/202307/t20230706_ 11109073. shtml;《中国与埃及、阿盟举行人权磋商交流》,https://www. mfa. gov. cn/web/wjdt_ 674879/sjxw_ 674887/202307/t20230707_ 11109834. shtml;《中国与卡塔尔举行人权磋商》,https://www. mfa. gov. cn/web/wjdt_ 674879/sjxw_ 674887/202307/t20230710_ 11110671. shtml;《中国与马来西亚举行人权磋商》,https://www. mfa. gov. cn/web/wjdt_ 674879/sjxw_ 674887/202308/t20230818_ 11128987. shtml;《中国与印尼、东盟举行人权交流》,https://www. mfa. gov. cn/web/wjdt_ 674879/sjxw_ 674887/202308/t20230824_ 11132294. shtml;《中国与越南举行人权磋商》,https://www. mfa. gov. cn/web/wjdt_ 674879/sjxw_ 674887/202308/t20230825_ 11132869. shtml;《中俄举行人权事务磋商》,https://www. mfa. gov. cn/web/wjdt_ 674879/sjxw_ 674887/202312/t20231213_ 11201323. shtml。

此外，中国还进行了其他一些双边人权交流活动，如 11 月 6 日第六届中美残疾人事务协调会①在北京举行。中美双方代表团团长举行了会谈，就促进双边残疾人事务交流和加强国际合作等交换了意见。两国代表围绕残疾人教育、就业和无障碍环境建设议题进行了深入交流与互动。美国代表团还赴山东考察了残疾人服务机构、就业项目和无障碍设施。②

（二）中国人权研究会出访交流

9 月 18~21 日，中国人权研究会会长白玛赤林率中国人权研究会代表团访问意大利。白玛赤林会长会见了意大利众议院外委会主席特雷蒙蒂、意大利国际事务研究院院长费罗奇，在米兰会见意中协会主席阿佐丽娜、伦巴第大区政府秘书长卡塔内奥等人士。双方就中西方人权观的异同进行探讨交流，增进了对彼此人权发展道路的理解，表达了在人权领域开展进一步交流合作的强烈意愿。③

（三）中方邀请外国使节和青年代表团参访新疆和重庆

7 月 31 日至 8 月 4 日，应中国外交部邀请，多米尼克、缅甸、伊朗等 25 国驻华使节参访新疆乌鲁木齐市、喀什地区和阿克苏地区，与当地各族居民深入交流，实地感受新疆经济社会发展。④

9 月 6~10 日，受中国人权发展基金会、中国外文局等单位邀请，中亚五国青年代表团一行 20 人赴渝进行为期 5 天的参访活动，围绕交通出行、社区治理、人居环境整治、乡村振兴、生态文明建设等方面实地体验，感受

---

① 中美残疾人事务协调会是中美残疾人领域政府间对话平台，首届会议于 2015 年 4 月在华盛顿召开。

② 《第六届中美残疾人事务协调会在京举行》，《人民日报》2023 年 11 月 7 日，第 3 版。

③ 《中国人权研究会代表团访问意大利》，中国新闻网，https：//www.chinanews.com.cn/gn/2023/09-22/10082066.shtml。

④ 《25 国驻华使节参访新疆纪事》，中国政府网，https：//www.gov.cn/yaowen/liebiao/202308/content_ 6896851.htm。

中国人权事业发展取得的成就。①

　　综上所述，2023 年中国在联合国、国际论坛和双边三个层面开展的国际人权合作与交流均取得了重大进展。联合国层面的国际人权合作在常规合作的基础上有所推进，在国际论坛层面进行了广泛的国际人权交流，在双边层面的人权对话和磋商的频次远超以往，出访交流和应邀来访等双边交流活动效果显著，促进了中国人权理念和主张的国际传播，也推动了各方之间的相互理解与合作。

---

① 《中亚五国青年代表实地感受中国人权理念与实践》，中国新闻网，https：//www. chinanews. com. cn/gn/2023/09-10/10075260. shtml。

B.18
2023年国家人权立法分析报告*

班文战**

摘　要： 2023年，全国人大及其常委会通过健全国内立法，为人权的立法保障提供了更为坚实的立法制度基础；全国人大常委会和国务院开展了开创性的涉外立法工作，明确了我国发展人权国际交流与合作、保护在国外的我国公民合法权益的法律根据；全国人大常委会和国务院还在经济、民生、生态环境保护、国家安全、社会治理等领域采取了一系列立法措施，进一步加强了对残疾人、老年人、儿童等特定群体成员的权利以及若干具体人权的立法保障。

关键词： 人权　立法制度　涉外立法　特定群体成员权利

　　2023年是全面贯彻党的二十大精神的开局之年，也是十四届全国人大常委会和新一届政府依法履职的第一年。一年中，全国人大及其常委会和国务院在法律、经济、民生、生态环境保护、国家安全、社会治理、涉外等领域采取了一系列关涉人权尊重和保障的立法措施。本报告将简要梳理我国2023年人权相关立法的基本情况，并重点说明若干比较重要的立法活动对人权的影响。

---

　* 本报告是中国人权研究会资助的2014年度"人权的立法保障研究"课题项目的阶段性成果。
　** 班文战，法学硕士，中国政法大学人权研究院教授，研究方向为国际人权法、人权国内保障和人权教育。

一 2023年国家人权立法的基本情况

（一）全国人大及其常委会2023年人权立法的基本情况

2023年，全国人大及其常委会在人权立法方面继续发挥主导作用。一年中，全国人大修改了1部法律，全国人大常委会制定了6部法律，修订了4部法律，修改了3部法律，通过了5项有关法律问题的决定①，审议了其他6部法律草案和6部法律修订草案。② 在各项立法工作中，修改《立法法》、制定《对外关系法》和《无障碍环境建设法》、修订《行政复议法》和通过《关于完善和加强备案审查制度的决定》等工作对人权的影响最为广泛，制定《爱国主义教育法》、修订《反间谍法》和《海洋环境保护法》、修改《民事诉讼法》《慈善法》《刑法》等工作与人权的尊重和保障也有关联（详见表1）。③此外，对农村集体经济组织法、学前教育法、学位法、突发事件应对管理法草案以及传染病防治法、国境卫生检疫法、治安管理处罚法、保守国家秘密法修订草案的审议工作都与人权的尊重和保障直接相关。④

---

① 不包括2023年6月28日通过的《关于设立全国人民代表大会常务委员会代表工作委员会的决定》和同年10月24日通过的《关于授权国务院提前下达部分新增地方政府债务限额的决定》。

② 根据2023年第二号至第七号和2024年第一号《中华人民共和国全国人民代表大会常务委员会公报》（以下简称《全国人大常委会公报》）统计。

③ 全国人大常委会2023年开展的其他法律文件的制定、修订和修改工作包括：（1）制定《青藏高原生态保护法》（2023年4月26日通过并公布，同年9月1日起施行）；（2）制定《外国国家豁免法》（2023年9月1日通过并公布，2024年1月1日起施行）；（3）制定《粮食安全保障法》（2023年12月29日通过并公布，2024年6月1日起施行）；（4）修订《公司法》（2023年12月29日通过并公布，2024年7月1日起施行）；（5）作出《关于军队战时调整适用〈中华人民共和国刑事诉讼法〉部分规定的决定》（2023年2月23日通过，2月25日起施行）；（6）作出《关于设立全国生态日的决定》（2023年6月28日通过）；（7）作出《关于延长授权国务院在粤港澳大湾区内地九市开展香港法律执业者和澳门执业律师取得内地执业资质和从事律师职业试点工作期限的决定》（2023年9月1日通过）；（8）作出《关于授权澳门特别行政区对广东省珠海市拱北口岸东南侧相关陆地和海域实施管辖的决定》（2023年12月29日通过）。

④ 全国人大常委会2023年审议的其他法律草案或修订草案包括增值税法草案、关税法草案、矿产资源法修订草案和文物保护法修订草案。

表 1 全国人大及其常委会 2023 年人权立法的基本情况（不含草案审议情况）

法律名称(简称)	立法机关	立法形式	通过与公布时间	开始实施时间
立法法	全国人大	修改	2023-03-13	2023-03-15
无障碍环境建设法	全国人大常委会	制定	2023-06-28	2023-09-01
对外关系法	同上	制定	2023-06-28	2023-07-01
爱国主义教育法	同上	制定	2023-10-24	2024-01-01
反间谍法	同上	修订	2023-04-26	2023-07-01
行政复议法	同上	修订	2023-09-01	2024-01-01
海洋环境保护法	同上	修订	2023-10-24	2024-01-01
民事诉讼法	同上	修改	2023-09-01	2024-01-01
慈善法	同上	修改	2023-12-29	2024-09-05
刑法	同上	修改	2023-12-29	2024-03-01
关于完善和加强备案审查制度的决定	同上	通过	2023-12-29	2023-12-29

资料来源：根据 2023 年第二号至第七号和 2024 年第一号《全国人大常委会公报》发布的文件统计整理。

（二）国务院2023年人权立法的基本情况

2023 年，国务院的人权立法工作继续取得重要进展。一年中，国务院制定了 9 部条例（含与中央军事委员会共同发布的 1 部条例），修订了 2 部条例和 1 项规定，废止了 1 项办法和 1 项规定，修改了 17 部行政法规和 2 项决定，提请全国人大常委会审议了 6 部法律草案、4 部法律修订草案、1 部法律修正草案和 1 项决定草案。[①] 在各项行政立法工作中，制定《未成年人网络保护条例》和《领事保护与协助条例》对人权的影响最为广泛，制定《人体器官捐献和移植条例》《煤矿安全生产条例》《社会保险经办条例》与人权保障也有直接关系（详见表2）。[②] 此外，国

---

① 根据 2023 年第 4 号至第 35 号和 2024 年第 1 号至第 6 号《中华人民共和国国务院公报》（以下简称《国务院公报》）统计。

② 国务院 2023 年开展的其他行政立法工作包括：（1）与中央军事委员会共同制定《无人驾驶航空器飞行管理暂行条例》（2023 年 5 月 31 日公布，2024 年 1 月 1 日起施行）；（2）制定《私募投资基金监督管理条例》（2023 年 6 月 16 日通过，7 月 3 日公布，9 月 1 日起施行）；（3）制定《非银行支付机构监督管理条例》（2023 年 11 月 24 日通过，（转下页注）

务院提请全国人大常委会审议学前教育法、学位法、外国国家豁免法、突发事件应对管理法草案以及治安管理处罚法、国境卫生检疫法、行政复议法修订草案的工作对这些人权相关草案的审议工作发挥了重要促进作用。

表 2 国务院 2023 年人权立法基本情况 （不含提请审议草案情况）

法规名称(简称)	立法机关	立法形式	通过时间	公布时间	开始实施时间
领事保护与协助条例	国务院	制定	2023-06-29	2023-07-09	2023-09-01
社会保险经办条例	同上	制定	2023-07-21	2023-08-16	2023-12-01
未成年人网络保护条例	同上	制定	2022-09-20	2023-10-16	2024-01-01
人体器官捐献和移植条例	同上	制定	2023-10-20	2023-12-04	2024-05-01 *
煤矿安全生产条例	同上	制定	2023-12-18	2024-01-24	2024-05-01 **

注：* 2007 年《人体器官移植条例》同时废止；** 2000 年《煤矿安全监察条例》和 2005 年《国务院关于预防煤矿生产安全事故的特别规定》同时废止。

资料来源：根据 2023 年第 4 号至第 35 号和 2024 年第 1 号至第 6 号《国务院公报》发布的文件统计整理。

二 健全尊重和保障人权的立法制度

人权的立法保障是人权法治保障的首要环节，是人权国内保障的基

（接上页注②）12 月 9 日公布，2024 年 5 月 1 日起施行）；（4）制定《档案法实施条例》（2023 年 12 月 29 日通过，2024 年 1 月 12 日公布，2024 年 3 月 1 日起施行）；（5）修订《征兵工作条例》（2023 年 4 月 1 日公布，5 月 1 日起施行）；（6）修订《商用密码管理条例》（2023 年 4 月 14 日通过，4 月 27 日公布，7 月 1 日起施行）；（7）修订《国务院关于经营者集中申报标准的规定》（2023 年 12 月 29 日通过，2024 年 1 月 22 日公布并开始施行）；（8）废止《国务院关于股份有限公司境外募集股份及上市的特别规定》（2023 年 2 月 14 日决定）；（9）废止《产品质量监督试行办法》（2023 年 7 月 20 日决定）；（10）修改 14 部行政法规的部分条款（2023 年 7 月 20 日决定）；（11）修改《中华人民共和国专利法实施细则》（2023 年 11 月 3 日通过，12 月 11 日公布，2024 年 1 月 20 日起施行）；（12）修改 1 部行政法规和 2 个国务院决定的部分条款（2023 年 12 月 18 日通过，2024 年 1 月 13 日公布并开始施行）；（13）修改《消耗臭氧层物质管理条例》（2023 年 12 月 18 日通过，12 月 29 日公布，2024 年 3 月 1 日起施行）。

础途径，是许多国家的宪法对本国有权机关提出的明确要求，也是许多普遍性和区域性国际人权公约为缔约国设定的重要义务。实践表明，一国人权立法保障的措施和效果直接取决于该国立法制度的构成和运行，与该国立法的目的、任务、原则、根据、主体、权限、程序等因素均有直接而密切的联系。2023年，全国人大及其常委会分别采取了健全我国立法制度的立法措施，为加强人权的立法保障提供了更为坚实的立法制度基础。

（一）修改《立法法》，健全尊重和保障人权的立法制度

新中国成立后颁布的历部宪法以及改革开放后通过的数部法律分别规定了国家机关的立法权限。① 2000年3月15日，九届全国人大三次会议通过《立法法》，系统规定了立法的原则、权限、程序以及适用和备案规则，并在若干条款中专门作出了有利于公民权益保护的规定，② 与现行宪法和其他相关法律的相关条款一起构建了有助于尊重和保障人权的立法制度。2015年3月15日，十二届全国人大三次会议对《立法法》作了部分修改，从立法的目的、原则、权限、程序和备案审查等方面充实和细化了有助于加强人权立法保障的措施。③ 为深入贯彻落实党的十八大以来确立的全面推进依法治国、完善中国特色社会主义法治体系、建设社会主义法治国家等战略目标和重大部署，十四届全国人大一次会议于2023年3月13日决定对《立法法》再作

① 参见1954年《宪法》第22、27、31、70条；1975年《宪法》第17~18条；1978年《宪法》第22、25、39条；1982年《宪法》第62、67、89~90、100、116条；1979年《地方各级人民代表大会和地方各级人民政府组织法》（2022年最新修正）第10、49、74条；1979年《全国人民代表大会组织法》（2021年修正）第5、25、37~39条；1982年《国务院组织法》第3、5、10条；1984年《民族区域自治法》（2001年修正）第19条；1987年《全国人民代表大会常务委员会议事规则》（2022年最新修正）第23、26、27、49、51条；2006年《各级人民代表大会常务委员会监督法》第28~33条。
② 参见修正前的《立法法》第6、8、9、84条。
③ 参见班文战《2015年人权立法分析报告》，李君如主编《中国人权事业发展报告No.6（2016）》，社会科学文献出版社，2016，第240~242页。

修改，① 进一步充实完善了立法的指导思想、原则、权限、程序以及备案审查制度，还增加了关于法律清理的规定。②

从人权保障的角度来看，新修改的《立法法》把"尊重和保障人权"增列为我国中央和地方国家机关一切立法活动的指导思想和原则之一，③ 充分体现了党中央确立的在新时代"加强人权法治保障"的重要方针，④ 对加强人权的立法保障具有最为直接、广泛和重要的指导和促进作用。与此同时，新修改的《立法法》进一步确立了"坚持以……'三个代表'重要思想、科学发展观、习近平新时代中国特色社会主义思想为指导""贯彻新发展理念""符合宪法的规定、原则和精神""坚持和发展全过程人民民主""保障和促进社会公平正义""倡导和弘扬社会主义核心价值观""铸牢中华民族共同体意识""推动社会主义精神文明建设""引导、推动、规范、保障相关改革"等一系列立法指导思想和原则，⑤ 要求全国人大及其常委会"根据宪法规定"行使国家立法权，允许全国人大授权全国人大常委会制定相关法律，⑥ 确定了"科学立法、民主立法、依法立法"的工作方针、"加强重点领域、新兴领域、涉外领域立法"的工作要求以及"根据维护法制统一的原则和改革

① 关于再次修改《立法法》的意义和过程，参见《关于〈中华人民共和国立法法（修正草案）〉的说明》（第一、二部分），2023年3月5日；《第十四届全国人民代表大会宪法和法律委员会关于〈中华人民共和国立法法（修正草案）〉审议结果的报告》，2023年3月8日；《第十四届全国人民代表大会宪法和法律委员会关于〈全国人民代表大会关于修改〈中华人民共和国立法法〉的决定（草案）〉修改意见的报告》，2023年3月9日。以上均载《全国人大常委会公报》2023年第三号，第235~243页。

② 关于《立法法》再次修改的内容，参见《全国人民代表大会关于修改〈中华人民共和国立法法〉的决定》，2023年3月13日，载《全国人大常委会公报》2023年第三号，第215~220页。

③ 参见新修改的《立法法》第6条第1款。

④ 关于党中央确立的在新时代"加强人权法治保障"的重要方针和原则，参见习近平《决胜全面建成小康社会　夺取新时代中国特色社会主义伟大胜利——在中国共产党第十九次全国代表大会上的报告》，2017年10月18日，第六部分第3段；《中共中央关于坚持和完善中国特色社会主义制度　推进国家治理体系和治理能力现代化若干重大问题的决定》，2019年10月31日，第四部分第4段；《法治中国建设规划（2020—2025年）》，2021年1月，第一部分第6段。

⑤ 参见新修改的《立法法》第3~6、8~9条和修改前的《立法法》第3~5条。

⑥ 参见新修改的《立法法》第10条和修改前的《立法法》第7条。

发展的需要"进行法律清理的工作任务,① 强化了对法律案的合宪性和合法性审查措施,② 充实、明确、细化了备案审查的机构、对象、程序和工作机制,③ 规定了中央和地方国家机关的基层立法联系点的设立和作用,④ 适当调整和扩充了地方立法的权限范围,⑤ 补充规定了国家监察委员会制定监察法规的权限。⑥ 上述内容或者直接体现了尊重和保障人权的要求,或者与尊重和保障人权密切相关,都可以发挥促进和加强人权立法保障的积极作用。

（二）完善备案审查制度,加强尊重和保障人权的立法监督措施

由有关国家机关对法规、规章、司法解释和其他规范性文件的合宪性和合法性问题进行备案审查,并对不符合宪法和法律的备案文件予以改变或撤销,是国家立法制度的重要组成部分,对人权立法保障的实践和效果具有直接而重要的影响。与前述我国立法制度的总体构建和完善工作相适应,我国的备案审查制度通过《立法法》以及其他相关法律的制定和修改得以构建和改进。为贯彻落实党中央关于在新时代加强备案审查工作的部署和要求,十四届全国人大常委会七次会议于 2023 年 12 月 29 日通过《关于完善和加强备案审查制度的决定》,⑦ 对全国人大常委会备案审查工作的指导思想、原则、目标、范围、程序、方式、内容、重点、结果、机制和其他相关问题做了比较系统和细致的规定,并对全国人大常委会负责的法律、法规、规

---

① 参见新修改的《立法法》第 55~56 条和修改前的《立法法》第 52 条。
② 参见新修改的《立法法》第 23、36、58、110、112 条和修改前的《立法法》第 20、33、54、99 条。
③ 参见新修改的《立法法》第 109~112、115~116 条和修改前的《立法法》第 98~100 条。
④ 参见新修改的《立法法》第 70、90 条。
⑤ 把"环境保护"改为"生态文明建设",增列"基层治理"。参见新修改的《立法法》第 81 条第 1 款、第 93 条第 3 款和修改前的《立法法》第 72 条第 2 款、第 82 条第 3 款。
⑥ 参见新修改的《立法法》第 118 条。
⑦ 关于《关于完善和加强备案审查制度的决定》出台的意义和过程,参见《关于〈全国人民代表大会常务委员会关于完善和加强备案审查制度的决定（草案）〉的说明》（第一、二部分）,2023 年 12 月 25 日;《全国人民代表大会宪法和法律委员会关于〈全国人民代表大会常务委员会关于完善和加强备案审查制度的决定（草案）〉审议结果的报告》,2023 年 12 月 29 日。以上均载《全国人大常委会公报》2024 年第一号,第 101~107 页。

章、司法解释和其他规范性文件的集中清理工作提出了进一步的要求。

从人权保障的角度来看,《关于完善和加强备案审查制度的决定》根据《宪法》和新修改的《立法法》的相关规定,按照党中央确定的"有件必备、有备必审、有错必纠"的工作要求,把"保护公民……合法权益"作为备案审查工作的一项目标,把涉及"人民群众切身利益"的法规和司法解释作为专项审查的对象,把"是否超越权限,减损公民、法人和其他组织权利或者增加其义务""是否符合宪法规定、宪法原则和宪法精神""是否符合党中央的重大决策部署和国家重大改革方向""是否违反上位法规定""是否违反法定程序""采取的措施与其目的是否符合比例原则"作为审查的重点内容,把"涉及……社会公共利益……的法规、规章、司法解释和其他规范性文件"作为集中清理的对象,把"践行全过程人民民主"作为备案审查工作的理念。[①] 上述规定适用于《立法法》规定的除军事法规和规章之外的所有法规、规章、司法解释和其他规范性文件,[②] 比较充分地体现了尊重和保障人权的要求,对于全国人大常委会及时改变、撤销和清理不符合人权要求的规范性文件具有重要的促进作用。

三　加强涉外领域中的人权立法保障

从人权立法保障的基础来看,一国人权立法保障的实践不仅取决于该国国内立法制度的构成和运行,而且受到该国开展对外交往、参与国际事务的相关制度和实践的直接影响。从人权立法保障的对象来看,一国人权立法保障的实践不仅体现为保障位于本国境内的本国国民、外国国民和无国籍人的人权,而且体现为保障位于国外的本国国民的人权。2023 年,全国人大常委会和国务院分别采取了开创性的涉外立法措施,在涉外领域的人权立法保障方面取得了突破性进展。

---

① 参见《关于完善和加强备案审查制度的决定》第一、八、十一、十二、十五项。
② 参见《关于完善和加强备案审查制度的决定》第二项。

（一）制定《对外关系法》，明确我国发展人权国际交流与合作的法律基础

新中国成立后，在第一部宪法中确立了"平等、互利、互相尊重主权和领土完整"的外交关系原则和"为世界和平和人类进步的崇高目的而努力"的国际事务方针，[①] 并据此开展对外交往、参与国际事务。改革开放以来，特别是党的十八大以来，我国恪守维护世界和平、促进共同发展的外交政策宗旨，坚持和平共处五项原则、对外开放基本国策、独立自主和平外交政策、互利共赢开放战略和对外和平发展道路，广泛深入开展同各国的友好合作，维护国际公平正义和以联合国为核心的国际体系，推动建设新型国际关系，推动构建人类命运共同体，积极参与引领全球治理体系改革和建设，促进世界和平与发展。[②] 在人权领域，我国积极参与国际人权事务和全球人权治理，主动参与创设国际人权规则和机制，积极促进全球人权法治建设，广泛开展国际人权交流与合作，认真承担并履行国际人权法律义务，努力推

---

① 参见 1954 年《宪法》序言第 6 段。

② 关于党和国家的外交方针、政策、原则和立场，参见胡锦涛《坚定不移沿着中国特色社会主义道路前进　为全面建成小康社会而奋斗——在中国共产党第十八次全国代表大会上的报告》，2012 年 11 月 8 日，第十一部分；习近平《决胜全面建成小康社会　夺取新时代中国特色社会主义伟大胜利——在中国共产党第十九次全国代表大会上的报告》，2017 年 10 月 18 日，第十二部分；习近平《高举中国特色社会主义伟大旗帜　为全面建设社会主义现代化国家而团结奋斗——在中国共产党第二十次全国代表大会上的报告》，2022 年 10 月 16 日，第十四部分；《中共中央关于坚持和完善中国特色社会主义制度　推进国家治理体系和治理能力现代化若干重大问题的决定》，2019 年 10 月 31 日，第十三部分。关于新中国成立后的外交实践，参见《中共中央关于党的百年奋斗重大成就和历史经验的决议》，2021 年 11 月 11 日，第二部分第 5 段、第三部分第 12 段和第四部分第 58~61 段。另见国务院新闻办公室发布的下述白皮书的相关部分：《中国的和平发展道路》，2005 年 12 月 22 日，第一部分第 9 段；《中国的法治建设》，2008 年 2 月 28 日，第八部分；《中国的对外援助》，2011 年 4 月 21 日；《中国的和平发展》，2011 年 9 月 6 日，第二部分第 17~18 段和第三部分；《新时代的中国与世界》，2019 年 9 月 27 日，第二、三、四部分；《中国军队参加联合国维和行动 30 年》，2020 年 9 月 18 日；《中国的生物多样性保护》，2021 年 10 月 8 日，第四部分；《中国应对气候变化的政策与行动》，2021 年 10 月 27 日，第四部分；《共建"一带一路"：构建人类命运共同体的重大实践》，2023 年 10 月 10 日。

动世界人权事业发展进步。① 与我国不断发展的对外关系理念、政策、方针和实践相比，我国的对外关系立法长期处于滞后状态，仅有几部关于外交领域具体问题的单行法律。② 为贯彻落实党中央关于在新时代发展对外关系的路线、方针和政策，适应深化对外开放、发展对外关系、促进对外交往、加强涉外法治工作的要求，十四届全国人大常委会三次会议于 2023 年 6 月 28 日通过《对外关系法》，③ 对我国发展对外关系的指导思想、基本原则、职权、目标、任务和保障作了比较系统的规定。

作为我国首部基础性和综合性的涉外法律，《对外关系法》为我国全面发展对外交往提供了明确的法律依据，对于我国发展人权领域的国际交流与合作、促进人权的国内立法保障也有十分重要的意义。首先，该法以法律形式确立了我国发展对外关系的指导思想，明确了坚持独立自主的和平外交政策、坚持和平共处五项原则、坚持和平发展道路、坚持对外开放基本国策、奉行互利共赢开放战略、遵守联合国宪章宗旨和原则、维护世界和平与安全、促进全球共同发展、推动构建新型国际关系、坚持中国共产党的集中统一领导、鼓励积极开展民间对外友好交流合作等发展对外关系的基本原则，规定了中央和国家机关、驻外外交机构以及省、自治区、直辖市及其政府的对外关系职权，规定了我国发展对外关系的目标、任务、法律制度以及保障的体系、机制和措施，④ 为我

---

① 参见国务院新闻办公室发布的下述白皮书的相关部分：《中国的人权状况》，1991 年 11 月 1 日，第十部分；《中国人权法治化保障的新进展》，2017 年 12 月 15 日，第六部分；《改革开放 40 年中国人权事业的发展进步》，2018 年 12 月 12 日，前言第 10 段和第七部分；《为人民谋幸福：新中国人权事业发展 70 年》，2019 年 9 月 22 日，前言第 4 段和第七、八部分；《中国共产党尊重和保障人权的伟大实践》，2021 年 6 月 24 日，第六、七部分。
② 包括 1986 年《外交特权与豁免条例》、1990 年《领事特权与豁免条例》、1990 年《缔结条约程序法》、2000 年《引渡法》、2009 年《驻外外交人员法》、2018 年《国际刑事司法协助法》、2021 年《反外国制裁法》和 2021 年《陆地国界法》。
③ 关于《对外关系法》制定的意义和过程，参见《关于〈中华人民共和国对外关系法（草案）〉的说明》（第一、二部分），2022 年 10 月 27 日；《全国人民代表大会宪法和法律委员会关于〈中华人民共和国对外关系法（草案）〉审议结果的报告》，2023 年 6 月 28 日；《全国人民代表大会宪法和法律委员会关于〈中华人民共和国对外关系法（草案二次审议稿）〉修改意见的报告》，2023 年 6 月 28 日。以上均载《全国人大常委会公报》2023 年第五号，第 522~527 页。
④ 参见《对外关系法》第 3~5、7、9~44 条。

国发展人权领域的国际交流与合作奠定了一般性的法律基础。其次，该法规定我国"尊重和保障人权，坚持人权的普遍性原则同本国实际相结合，促进人权全面协调发展，在平等和相互尊重的基础上开展人权领域国际交流与合作，推动国际人权事业健康发展"，① 明确了我国发展人权领域的国际交流与合作的立场、目标和任务；其确定的发展对外关系的其他许多目标和任务②及其规定的推进执法、司法领域国际合作的对外关系制度③同样有助于我国加强人权领域的国际交流与合作。再次，该法规定了我国缔结、参加、实施和适用条约和协定以及善意履行条约和协定义务的根据和准则，④ 明确了我国参与国际人权规则制定、承担并履行国际人权义务、加强保障人权的国内立法和其他措施的法律基础。最后，该法规定国家采取必要措施保护我国公民在海外的安全和正当权益，⑤ 有助于加强对位于国外的我国公民的人权的立法保障。

（二）制定《领事保护与协助条例》，加强对在国外的我国公民的权益保护

新中国成立后颁布的四部宪法都把（国外）华侨的正当权利确定为公民的基本权利，规定了国家保护华侨正当权益的职责，⑥ 现行宪法还规定了国务院保护华侨正当权益的职权，⑦ 2009 年通过的《驻外外交人员法》也

---

① 参见《对外关系法》第 22 条。
② 如参与全球治理体系改革和建设，维护以联合国为核心的国际体系，维护以国际法为基础的国际秩序，维护以联合国宪章宗旨和原则为基础的国际关系基本准则，参与国际规则制定，维护国际和平与安全，促进经济、社会、环境协调可持续发展和人的全面发展，弘扬全人类共同价值，推动不同文明交流对话，积极参与全球环境气候治理，推动国际发展合作，开展国际人道主义合作和援助，开展教育、科技、文化、卫生、体育、社会、生态、军事、安全、法治等领域交流合作等，参见《对外关系法》第 18~21、23~25、27~28 条。
③ 参见《对外关系法》第 39 条。
④ 参见《对外关系法》第 30~31 条。
⑤ 参见《对外关系法》第 37 条。
⑥ 参见 1954 年《宪法》第 98 条、1975 年《宪法》第 27 条、1978 年《宪法》第 54 条、1982 年《宪法》第 50 条。1978 年《宪法》第 54 条同时规定国家保护侨眷的正当权利和利益。
⑦ 参见 1982 年《宪法》第 89 条。

规定了驻外外交人员维护我国公民在国外的正当权益的职责。① 党的十八大以后，维护我国公民在海外的正当权益被确立为全面推进依法治国和建设法治中国的重要任务。② 如前所述，因应新时代要求制定的《对外关系法》对保护我国公民在海外的安全和正当权益作出了原则规定。基于同样的时代背景，2023 年 6 月 29 日国务院第 9 次常务会议通过《领事保护与协助条例》，对我国驻外使馆、领馆等代表机构（该条例中称为"驻外外交机构"）依法维护在国外的我国公民、法人、非法人组织的正当权益以及为其提供协助（该条例中称为"领事保护与协助"）的职责、根据、措施、程序和保障等问题作了比较系统和细致的规定。

作为我国首部专门规范领事保护与协助活动的行政法规，《领事保护与协助条例》确立了维护在国外的我国公民、法人、非法人组织正当权益的立法目的，明确了提供领事保护与协助的具体情形、根据、途径、方式、措施，规定了国家对领事保护与协助的支持保障以及国务院及其有关部门和地方政府指导、协调、参与领事保护与协助工作的职责、机制和措施。根据该条例的规定，在国外的我国公民、法人和非法人组织需要领事保护与协助的情形主要包括因涉嫌违法犯罪被驻在国采取相关措施，在驻在国参与诉讼，因驻在国发生重大突发事件致使人身财产安全受到威胁，与中介机构、旅游经营者、运输机构等产生纠纷，需要获得驻在国当地法律服务、翻译、医疗、殡葬等方面的帮助。③ 就在国外的我国公民而言，其需要领事保护与协助的情形还包括需要监护但生活处于无人照料状态，基本生活保障出现困难，下落不明，因治安刑事案件、自然灾害、意外事故等受伤或死亡。④ 对于在上述情形之下的在国外的我国公民、法人和非法人组织，我国驻外外交机构应当应其请求或者主动采取相关保护或协助措施，包括向驻在国有关部

---

① 参见《驻外外交人员法》第 5 条。
② 参见《中共中央关于全面推进依法治国若干重大问题的决定》，2014 年 10 月 23 日，第七部分第 20 段；《法治中国建设规划（2020—2025 年）》，2021 年 1 月，第八部分第 6 段。
③ 参见《领事保护与协助条例》第 9~10、15~17 条。
④ 参见《领事保护与协助条例》第 11~14 条。

门了解核实情况，要求驻在国主管部门依法公正妥善及时处理有关事宜，敦促驻在国或要求其有关部门保障我国公民、法人和非法人组织的诉讼权利，保护其人身财产安全，给予被限制人身自由的我国公民人道主义待遇和公正待遇，对因故受伤的我国公民开展紧急救助和医疗救治。① 除要求驻在国及其有关部门采取相关措施外，我国驻外外交机构还应当视情形需要，为在国外的我国公民、法人和非法人组织提供维护其正当权益的渠道、建议以及其他必要的信息和协助。② 在我国公民、法人和非法人组织的人身财产安全因驻在国发生重大突发事件受到威胁的情形下，外交部和驻外外交机构在必要时还应当联系、协调国内有关部门和地方政府提供协助。③ 从领事保护与协助的对象、情形和措施来看，领事保护与协助工作直接关涉在国外的我国公民的生命权、人身自由权、人身安全权、人道待遇权、公正审判权、适当生活水准权和财产权的尊重、保护和实现。由此可见，《领事保护与协助条例》对于促进和加强在国外的我国公民的人权保障具有十分重要的作用。

四　加强对特定群体成员人权的立法保障

新中国成立以来，高度重视对妇女、儿童、残疾人、老年人和少数民族成员等特定群体成员的权益保障。2023 年，全国人大常委会和国务院分别制定了专门性的法律和条例，进一步加强了对残疾人、老年人和儿童的人权的立法保障。

（一）制定《无障碍环境建设法》，加强对残疾人和老年人人权的立法保障

自主、安全、便利地进出建筑物和其他物质环境，使用公共设施和公共交通工具，获取、利用和分享信息，获得并享用公共设施和服务，是残疾

---

① 参见《领事保护与协助条例》第 8~11、13~15 条。
② 参见《领事保护与协助条例》第 12~13、16~17 条。
③ 参见《领事保护与协助条例》第 15 条。

人、老年人和其他有此需要的人对无障碍环境建设的基本要求,是其独立、平等并充分参与和融入社会生活、共享经济社会发展成果、充分和平等实现各项人权的重要条件,推进无障碍环境建设则是国家的重要义务和责任。① 1990 年以来,我国先后在数部法律中对残疾人和老年人的无障碍环境建设问题作出了相关规定,② 还制定了一部专门促进无障碍环境建设的行政法规。③ 与此同时,我国制定和实施了大量综合性和专门性的发展残疾人事业、保障残疾人权益的政策文件,在残疾人无障碍环境建设方面不断取得进展。④ 为健全无障碍环境建设的法律制度,适应残疾人、老年人和其他社会成员对无障碍环境建设日益增长的需求,十四届全国人大常委会三次会议于 2023 年 6 月 28 日通过《无障碍环境建设法》,⑤ 对无障碍环境建设的工作原则、体制机制、建设要求、保障措施、监督管理和法律责任作了系统规定,为残疾人、老年人和其他有需要的人平等、充分、便捷地参与和融入社会生活奠定了更为坚实的法律基础。

与此前制定的关于无障碍环境建设的几部法律法规相比,《无障碍环境建设法》主要在以下四个方面发展了无障碍环境建设的法律规范,进而有助于促进残疾人、老年人和其他社会成员的人权保障。首先,在保障对象方

---

① 参见《残疾人权利公约》第 9 条、《无障碍环境建设条例》第 1~2 条和《无障碍环境建设法》第 1~2 条关于无障碍(环境建设)的含义、意义以及国家的相关义务和责任的一般性规定。

② 参见 1990 年《残疾人保障法》第 4、46 条;2008 年《残疾人保障法》第 52~58、66 条;2012 年《老年人权益保障法》第 64~65 条;2016 年《公共文化服务保障法》第 17 条;2017 年《公共图书馆法》第 34 条。

③ 即 2012 年《无障碍环境建设条例》。

④ 参见国务院新闻办公室《平等、参与、共享:新中国残疾人权益保障 70 年》,2019 年 7 月 25 日,第一、二、七部分。

⑤ 关于《无障碍环境建设法》制定的意义和过程,参见《关于〈中华人民共和国无障碍环境建设法(草案)〉的说明》(第一部分),2022 年 10 月 27 日;《全国人民代表大会宪法和法律委员会关于〈中华人民共和国无障碍环境建设法(草案)〉修改情况的汇报》,2023 年 4 月 24 日;《全国人民代表大会宪法和法律委员会关于〈中华人民共和国无障碍环境建设法(草案)〉审议结果的报告》,2023 年 6 月 26 日;《全国人民代表大会宪法和法律委员会关于〈中华人民共和国无障碍环境建设法(草案三次审议稿)〉修改意见的报告》,2023 年 6 月 28 日。以上均载《全国人大常委会公报》2023 年第五号,第 510~517 页。

面，该法把残疾人和老年人并列作为重点保障对象，同时规定有无障碍需求的其他人可以享受无障碍环境便利，[①] 在突出重点保障对象的同时把受益主体扩展至所有有需求的人，使残疾人、老年人和其他所有有需求的人都能享受全部无障碍环境建设的成果和利益。同时，该法确立了"统筹城镇和农村发展，逐步缩小城乡无障碍环境建设的差距"的原则，加大了农村无障碍环境建设的力度，使农村地区的残疾人、老年人和其他有需求的人能够更好地享受无障碍环境建设的成果和利益。[②] 其次，在建设内容和要求方面，该法扩展和细化了设施建设、信息交流和公共服务这三类无障碍环境建设的内容，提高了无障碍环境建设的标准和要求，使残疾人、老年人和其他有需求的人可以享受更为广泛、细致和优质的无障碍便利。[③] 再次，在建设主体和体制机制方面，该法确立了以中国共产党为领导、以政府为主导、以工程单位为主体、由社会组织和公众广泛参与的"全社会共建共治共享"的无障碍环境建设体制，明确了国家、政府、司法机关、政府部门、企事业单位、公共服务场所、公共服务和法律服务机构、仲裁机构、法律援助机构、医疗卫生机构、社会组织和有关个人的无障碍环境建设职责，建立或规定了经费保障、标准构建、认证评测、人才培养、监督检查、考核评价、评估公示、投诉举报、公益诉讼等制度或机制，极大地扩展和充实了无障碍环境建设的保障机制。[④] 最后，在法律责任方面，该法扩大了违法责任的主体和范围，加大了对违法行为的处罚力度。[⑤]

---

① 参见《无障碍环境建设法》第1~2条。相比之下，《残疾人保障法》把残疾人作为唯一保障对象，《无障碍环境建设条例》把保障对象模糊地扩展至残疾人之外的"等社会成员"，《老年人权益保障法》在有限范围内规定了老年人的无障碍设施和居住环境，《公共图书馆法》也只在有限范围内规定了适合"老年人、残疾人等群体"需要的文献信息、无障碍设施设备和服务。参见《无障碍环境建设条例》第1~2条；《老年人权益保障法》第64~65条；《公共图书馆法》第34条第2款。

② 参见《无障碍环境建设法》第5、18、24条和《无障碍环境建设条例》第9、11、14条。

③ 参见《无障碍环境建设法》第12~16、18~25、27、29~49条；《残疾人保障法》第53~57条；《无障碍环境建设条例》第9~15、19~30条。

④ 参见《无障碍环境建设法》第3、6~11、13~20、22、25、29~63条；《残疾人保障法》第52~57条；《无障碍环境建设条例》第4、8、12、18~30条。

⑤ 参见《无障碍环境建设法》第64~71条；《残疾人保障法》第66条；《无障碍环境建设条例》第31~34条。

（二）制定《未成年人网络保护条例》，加强对儿童人权的立法保障

未成年人（国际社会通称"儿童"）① 是需要特别保护的权利主体，保护未成年人在网络空间的合法权益是国家在互联网普及应用背景下面临的新的挑战。1999 年以来，全国人大常委会先后制定数部法律，要求为未成年人提供健康、安全的网络环境，禁止利用网络损害未成年人身心健康，保护未成年人网络通信和个人信息，防止未成年人沉迷网络或者从事网络不良行为（包括严重不良行为）。② 随着网络空间对未成年人权益影响的不断加大，制定未成年人网络保护条例作为依法治理网络空间、完善网络法律制度的重要内容被纳入法治社会的建设议程。③ 为贯彻落实党中央的相关工作部署，加大对未成年人的网络保护力度，2023 年 9 月 20 日国务院第 15 次常务会议通过《未成年人网络保护条例》，在现有法律相关规定的基础上，以专门法规的形式对未成年人网络保护工作的原则、内容、主体、措施和法律责任作了系统规定。

与现行有效的其他相关法律相比，《未成年人网络保护条例》确立了以中国共产党为领导、以政府为主导、以企业为主体、由社会力量广泛参与的"社会共治"的未成年人网络保护原则和体制，明确了国家、政府、相关政府部门、人民团体、有关社会组织、基层群众性自治组织、网络相关行业组织、学校、家庭和新闻媒体的未成年人网络保护职责，④ 规定了网络产品、网络服务和网络平台的提供者、个人信息处理者、智能终端产品制造者和销售者以及其他组织和个人的未成年人网络保护的义务和责任，⑤ 极大地扩充

---

① 我国《未成年人保护法》所称的"未成年人"与我国批准的《儿童权利公约》所称的"儿童"均指未满 18 周岁的人。
② 参见 1999 年《预防未成年人犯罪法》第 31、53 条；2006 年《未成年人保护法》第 31~34、36、39、64、66 条；2016 年《网络安全法》第 13 条；2020 年《未成年人保护法》第 17、48、50~52、58、63~80、127 条；2020 年《预防未成年人犯罪法》28~31、38~47 条；2021 年《家庭教育促进法》第 16、22 条；2021 年《个人信息保护法》第 31 条。
③ 参见《法治社会建设实施纲要（2020—2025 年）》，2020 年 12 月，第六部分第 2 段。
④ 参见《未成年人网络保护条例》第 3~5、10~19、21、23~30、33、39、41~48 条。
⑤ 参见《未成年人网络保护条例》第 6~9、19~20、22~29、31~32、34~38、42~47、49 条。

了未成年人网络保护主体的范围、义务和责任。此外，该条例各用专章分别规定了促进网络素养、规范网络信息内容、保护未成年人个人信息、防治网络沉迷的具体要求以及违反条例的法律责任，充实和细化了未成年人网络保护的内容和措施，加大了对不履行法定义务和职责、侵犯未成年人合法权益行为的惩罚力度。① 鉴于为未成年人营造安全、健康的网络环境不仅直接关涉未成年人的身心健康，而且直接关涉未成年人的人格尊严权、表达自由权、宗教或信仰自由权、隐私权、名誉权、受教育权、休息和闲暇权、游戏和娱乐权、参加文化和艺术生活权和其他相关人权的尊重、保护和实现，《未成年人网络保护条例》的制定对未成年人人权的尊重和保障无疑具有广泛而重要的积极作用。

五　加强对具体人权的立法保障

2023 年，全国人大常委会和国务院在经济、民生、生态环境保护、国家安全、社会治理领域采取一系列立法措施，进一步加强了对若干具体人权的立法保障。

（一）修订《行政复议法》，加强对有效救济权和相关具体人权的立法保障

公民、法人或者其他组织认为行政机关的行政行为侵犯其合法权益，向行政复议机关提出行政复议申请，由行政复议机关依法审理并作出决定，是监督和保障行政机关依法行使职权、防止和纠正违法或不当行政行为的重要途径，也是保护公民、法人或其他组织合法权益的重要渠道。② 改革开放以来，国家高度重视对行政机关行政行为的法律监督，先后制定了 3 部专门性

---

① 参见《未成年人网络保护条例》第二至六章。
② 参见 2023 年《行政复议法》第 1~2 条关于《行政复议法》的立法目的和行政复议的含义的规定。

的行政复议法律法规，① 并在其他相关法律文件中对特定领域或事项的行政复议问题作出了规定。② 党的十八大之后，党和国家把深化行政复议体制改革作为创新社会治理体制、有效化解社会矛盾纠纷、促进社会公平正义和加强执法监督的重要举措，纳入全面深化改革和建设法治国家、法治政府的议程。③ 2020 年 2 月 5 日，中央全面依法治国委员会第三次会议审议通过《行政复议体制改革方案》，对落实行政复议体制改革方案、推进相关法律法规修订工作提出了明确要求。为深入贯彻落实党中央的工作要求和部署，十四届全国人大常委会五次会议于 2023 年 9 月 1 日通过修订后的《行政复议法》，对行政复议的原则、主体、范围和程序作出了重要修改和完善。④

与修订前的《行政复议法》相比，修订后的《行政复议法》主要在以下五个方面有助于加强对人权的尊重和保障。首先，该法取消了县级以下政府及其工作部门的行政复议职责，⑤ 便于县级以上政府和其他行政复议机关对下级政府及其部门关涉申请人合法权益的行政行为进行监督。其次，该法把行政强制执行、征收征用及其补偿、赔偿、工伤认定、侵犯农村土地经营和承包经营权、排除或者限制竞争、特定行政协议、政府信息公开等关涉申请人合法权益的行政行为增列为申请行政复议的对象，把对行政行为依据的

---

① 即 1990 年《行政复议条例》、1999 年《行政复议法》和 2007 年《行政复议法实施条例》。

② 参见 1996 年《行政处罚法》第 6 条；2003 年《行政许可法》第 7 条；2011 年《行政强制法》第 8 条；2021 年《行政处罚法》第 7 条。

③ 参见《中共中央关于全面深化改革若干重大问题的决定》，2013 年 11 月 12 日，第十三部分第 5 段；《法治政府建设实施纲要（2015—2020 年）》，2015 年 12 月 27 日，第 33 项措施；《法治政府建设实施纲要（2021—2025 年）》，2021 年 8 月，第七部分第 4 段；《法治中国建设规划（2020—2025 年）》，2021 年 1 月 10 日，第五部分第 6 段。

④ 关于修订《行政复议法》的意义和工作过程，参见《关于〈中华人民共和国行政复议法（修订草案）〉的说明》（第一部分），2022 年 12 月 27 日；《全国人民代表大会宪法和法律委员会关于〈中华人民共和国行政复议法（修订草案）〉修改情况的汇报》，2023 年 6 月 26 日；《全国人民代表大会宪法和法律委员会关于〈中华人民共和国行政复议法（修订草案）〉审议结果的报告》，2023 年 8 月 28 日；《全国人民代表大会宪法和法律委员会关于〈中华人民共和国行政复议法（修订草案三次审议稿）〉修改意见的报告》，2023 年 8 月 31 日。以上均载《全国人大常委会公报》2023 年第六号，第 615~622 页。

⑤ 根据 2023 年《行政复议法》第 4 条，行政复议机关是指"县级以上"各级政府以及其他依照该法履行行政复议职责的行政机关。

合法性的附带审查的范围由有关"规定"扩展至"规范性文件",细化了申请行政复议的时间、方式和程序,明确了行政复议机关的管辖范围和受理行政复议申请的条件,[①] 扩大了行政复议救济的权利范围,便利了申请人对行政复议救济渠道的利用。再次,该法明确了行政复议审理的原则、根据以及行政复议中止和终止的情形,明确了行政复议证据的范围、举证责任和证据收集规范,变更了以书面审查为主的复议程序,补充规定了行政复议的简易程序、审理重大疑难复杂的行政复议案件的听证程序以及审理特定行政复议案件的咨询程序,充实了行政复议附带审查的程序,[②] 为行政复议机关依法、公正、及时审理行政复议申请、维护申请人合法权益提供了更加健全的程序保障。复次,该法明确了行政复议决定的依据和内容,规定了行政复议调解与和解的效力,充实和细化了行政复议决定的程序,强化了行政复议决定书、调解书和意见书的执行措施,[③] 可以更加有效地保证行政复议决定的合法、公正、适当和执行。最后,该法规定了机构支持、人员建设、信息化建设、表彰奖励、法律援助、复议决定公开、监察机关和公职人员任免机关或单位协助处理违反行为等保障措施,以及拒绝、阻挠行政复议人员调查取证、故意扰乱行政复议工作秩序的法律责任,[④] 更加有助于发挥行政复议监督行政行为、保障申请人合法权益的作用。

(二)采取其他立法措施,加强若干具体人权的立法保障

2003年,全国人大常委会和国务院采取的其他一系列立法措施也在不同程度上有助于若干具体人权的尊重、保障和实现。

其一,修改《民事诉讼法》,把自行回避的人员范围扩展至法官助理和司法技术人员,充实对妨害民事诉讼的当事人的强制措施,完善一审普通程

---

① 参见2023年《行政复议法》第11~13、19~35条和1999年《行政复议法》第6~7、9、11~15、17~20条。

② 参见2023年《行政复议法》第36~41、43~55、58~60条和1999年《行政复议法》第22~25条。

③ 参见2023年《行政复议法》第61~79条和1999年《行政复议法》第28~33条。

④ 参见2023年《行政复议法》第4、6~9、18、79、84~86条。

序、特别程序和涉外民事诉讼程序,^① 有助于当事人更好地行使公正审判权并借此维护其民事权利。

其二,修正《刑法》,把"国家工作人员行贿""在国家重点工程、重大项目中行贿""对监察、行政执法、司法工作人员行贿""在生态环境、财政金融、安全生产、食品药品、防灾救灾、社会保障、教育、医疗等领域行贿,从事违法犯罪活动"增列为从重处罚的对象,^② 加大了对可能侵犯个人权利的此类行为的惩罚力度。

其三,修改《慈善法》,健全重大突发事件下的应急慈善制度,充实和改进慈善工作信息公开的制度和规则,加强对慈善工作的领导、监督、管理、服务和促进措施,强化违法行为的法律责任,^③ 有助于促进受益人适当生活水准权、健康权、受教育权、文化生活权、环境权等项权利的实现。

其四,修订《海洋环境保护法》,健全海洋环境的政府监管机制,要求从事影响海洋环境活动的单位和个人有效防止、减轻海洋环境污染和生态破坏,规定排污者应当依法公开排污信息,为实施现场检查的监管部门设定了保守被检查者的个人隐私和个人信息的义务,^④ 有助于一般个人的健康权和特定个人的隐私权的实现。

其五,制定《人体器官捐献和移植条例》,确立了"人民至上、生命至上"的人体器官捐献和移植工作原则,建立了人体器官捐献和移植的监督管理体制,明确了人体器官捐献、获取和移植的原则、主体、条件、方式、程序和其他相关规范,禁止买卖人体器官或从事相关活动,禁止强迫、欺骗或者利诱他人捐献人体器官或者获取未满 18 周岁公民的活体器官,详细规

---

① 参见《全国人民代表大会常务委员会关于修改〈中华人民共和国民事诉讼法〉的决定》第二至二十六项。

② 参见《中华人民共和国刑法修正案(十二)》第五项。

③ 参见《全国人民代表大会常务委员会关于修改〈中华人民共和国慈善法〉的决定》第一、二、十至二十九项。

④ 参见 2023 年《海洋环境保护法》第 4~8 条、第 9 条第 2 款、第 29 条第 2 款和 1999 年《海洋环境保护法》第 5 条、第 19 条第 3 款。

定了人体器官捐献和移植中的违法犯罪行为的法律责任,[1] 有助于个人健康权、人身安全权、人格尊严权、隐私权乃至生命权的尊重和保障。

其六,制定《煤矿安全生产条例》,确立"以人为本""人民至上、生命至上""把保护人民生命安全摆在首位"的指导思想以及"安全第一、预防为主、综合治理"的工作方针,建立"国家监察、地方监管、企业负责"的工作体制机制,明确煤矿企业从业人员依法获得安全生产保障的权利,系统规定煤矿安全生产的企业责任、监督管理、安全监察和法律责任,[2] 对于防止和减少煤矿生产安全事故,保障煤矿企业从业人员的健康权、生命权具有重要的促进作用。

除上述立法活动外,《社会保险经办条例》的制定为社会保障权的实现提供了具体的法律制度支持,《爱国主义教育法》的制定丰富了作为受教育权客体的"教育"的内容,《反间谍法》的修订对于反间谍工作关涉的人身自由权、人身安全权、隐私权和财产权的尊重和保障也有一定影响。

结束语

2023 年,我国进一步加强了对残疾人、老年人、儿童等特定权利主体以及若干具体人权的立法保障,在健全尊重和保障人权的立法制度、明确发展人权国际交流与合作的法律基础、加强对在国外的我国公民合法权益的立法保障方面更是取得了突破性的进展。按照第十四届全国人大常委会编制并经党中央批准的立法规划,本届全国人大常委会在任期内还将开始或继续审议民事强制执行法、检察公益诉讼法、法治宣传教育法、社会救助法、药师法、危险化学品安全法、农村集体经济组织法、学前教育法、学位法、突发事件应对管理法等人权相关法律草案,以及产品质量法、人大常委会监督法、人民代表大会代表法、城市居民委员会组织法、国务院组织法、国家赔

---

① 参见《人体器官捐献和移植条例》第 1、3~4、6、8~10、15~19、23~49 条。
② 参见《煤矿安全生产条例》第 3~75 条。

偿法、律师法、监狱法、刑事诉讼法、教师法、国家通用语言文字法、道路交通安全法、网络安全法、传染病防治法、国境卫生检疫法、治安管理处罚法、保守国家秘密法等人权相关的法律修正案草案。① 可以预见，在本届全国人大常委会和本届政府任期内，我国人权的立法保障还将不断取得新的进展。

---

① 参见《十四届全国人大常委会立法规划》中的第一类项目，《全国人大常委会公报》2023
年第六号，第 730~732 页。

B.19
中国与非洲区域组织合作助力非洲人权发展

简慧敏*

摘 要： 2023年是"一带一路"倡议和中国真实亲诚对非洲政策理念提出10周年。尽管面临复杂的外部环境，但中国与非洲区域组织的合作始终坚持以安全守护人权、以发展促进人权、以合作推进人权。双方努力推进"一带一路"倡议与非洲发展战略的对接，促进共同发展。在中非合作论坛框架下，深化"九项工程"领域的合作，进一步强化中非之间的对话交流、机制建设、项目合作和金融合作。通过举办第三届中非经贸博览会、支持非洲绿色长城倡议、支持非洲综合农业计划、援建非盟非洲疾控中心等一系列举措，中国与非洲区域组织在经济、社会、文化等多个层面为非洲人民提供了赋能的机会，促进了非洲人权保障水平的提升。中国通过支持非洲国家在中国融资等途径，进一步加强了中非之间的金融合作，促进了非洲的可持续发展。双方的合作赢得了非洲人民的信任，促进了人权保障水平的提升。

关键词： 中非合作 国际人权合作 非洲区域组织

2023年是中国真实亲诚对非洲政策理念和正确义利观提出10周年，尽管面临复杂的外部环境，但中非双方依旧秉持中非命运共同体理念，努力推进"一带一路"倡议与非洲发展战略相互对接，促进共同繁荣。

---

* 简慧敏，西南政法大学人权研究院博士研究生，研究方向为国际人权法、非传统安全与人权。

在中非合作论坛框架下，深化"九项工程"领域的合作，中非关系得到了更加全面的发展，中非之间对话交流、机制建设、项目合作和金融合作得到了进一步强化。2023年中国与非洲区域组织的合作坚持以发展促进人权、以和平守护人权、以合作推进人权，促进了非洲人权保障水平的提升。

一　共享发展理念为人权保障奠定坚实基础

2023年，中国同非洲区域组织共享发展理念，促进包容性增长，强调可持续发展，支持非洲发展倡议和计划，实施发展援助，对推进非洲人权保障发挥了积极作用。

（一）中非领导人就中非发展合作开展对话

2023年8月24日，习近平主席和南非共和国总统西里尔·拉马福萨在约翰内斯堡共同主持了中非领导人对话。本次会议的主题是"促进非洲一体化，共筑高水平中非命运共同体"。在会上习近平主席发表了题为"携手推进现代化事业　共创中非美好未来"的主旨讲话。在发言中，习近平主席表示自担任国家主席十年以来，中国秉持真实亲诚的对非政策理念，同非洲进行友好合作，"推进一体化是非洲国家和人民自主选择的现代化道路。中国一直予以坚定支持并愿做非洲现代化道路的同行者"。"中方将立足共建'一带一路'和中非合作论坛等平台，结合非盟《2063年议程》，扩大双方各层级对话和沟通，支持非洲大陆自由贸易区秘书处、泛非支付结算系统、非洲广播联盟等一体化机构同中方建立合作机制。"针对支持非洲一体化和现代化，习近平主席提出了三项支持举措，包括发起"支持非洲工业化倡议"，实施"中国助力非洲现代化计划"和"中非人才培养合作计划"。"当今世界变乱交织，百年变局加速演进。如何解决发展赤字、破解安全困境、加强文明互鉴是我们共同面临的时代课题。为此，我提出全球发展倡议、全球安全倡议、全球文明倡议，倡导和平、发展、合作、共赢，推动构建人类命运共同体，得到非洲国家广泛支持。"①

非盟轮值主席、科摩罗总统阿扎利，中非合作论坛非方共同主席国、塞内加尔总统萨勒，东部和南部非洲共同市场、东非共同体等非洲次区域组织代表赞比亚总统希奇莱马，非洲联盟委员会经济发展、贸易、工业与矿业委员穆昌加等出席了此次会议，并高度评价此次中非领导人对话会。

会议通过并发表了《中非领导人对话联合声明》，该声明重申继续推进中非合作论坛机制建设，共同加强论坛后续行动及其评估，捍卫联合国宪章宗旨和原则，肯定"非洲和平与安全框架"的作用，以及强化全球机制和包容性。②

（二）举办第三届中非经贸博览会

6月29日至7月2日，第三届中国—非洲经贸博览会在湖南长沙举办，此次博览会的主题是"共谋发展、共享未来"，贯彻中非合作论坛第八届部长级会议精神，围绕中非合作"九项工程"重要举措的落实，举办多项活动，就中非合作的基础设施、卫生医药、农业、妇女合作、职业教育等重点领域下设高端论坛和专题研讨会。③

会上集中发布了34项合作成果，涵盖研究报告、标准规范、声明倡议等八大类，首次发布中非贸易指数，再次发布中非经贸关系报告。

（三）支持"非洲绿色长城"倡议

非盟于2007年发起的非洲绿色长城倡议旨在通过种植跨越非洲大陆的树墙，恢复退化的景观，为萨赫勒地区提供食物、就业机会和未来。该倡议由非盟委员会和泛非绿色长城机构领导，合作伙伴包括非洲森林论坛、萨赫

---

① 《携手推进现代化事业　共创中非美好未来——在中非领导人对话会上的主旨讲话》，《人民日报》2023年8月26日，第2版。

② 《中非领导人对话会联合声明》，新华网，http://www.xinhuanet.com/world/2023-08/25/c_1129823259.htm。

③ 《第三届中国—非洲经贸博览会简介》，中华人民共和国驻科特迪瓦共和国大使馆经济商务处，http://ci.mofcom.gov.cn/article/sqfb/202303/20230303396250.shtml。

勒-撒哈拉国家共同体、西共体、东非跨政府发展组织、欧盟、联合国粮食及农业组织、联合国环境署、联合国开发计划署等。中国于 2023 年 6 月批准了为实现该倡议提供技术支持的项目，由中国科学院新疆生态与地理研究所领导，与非洲国家合作，对荒漠化和技术需求进行诊断，并将中国的防治荒漠化技术带到非洲。项目还包括人员培训和能力建设。中国科学院还在尼日利亚进行了本地树种的种植，并提供了技术支持。埃塞俄比亚灌溉和低地部长盖塔认可中国的支持，称数百万公顷土地已经得到恢复。[①]

二 支持安全与和平建设为非洲人权保障创造社会条件

安全赤字问题与风险给非洲的发展与人权造成巨大威胁。中国在全球安全倡议的框架下，坚持共同、综合、合作和可持续的新安全观，呼吁国际社会应对非洲的安全挑战，消弭非洲冲突根源，推动维护非洲地区的安全稳定。

（一）在联合国安理会支持非洲区域及次区域层面的安全与和平建设

2023 年 1 月 10 日，中国常驻联合国副代表、特命全权大使戴兵在审议联合国驻西部非洲和萨赫勒地区工作时强调了解决根源问题和支持地区和平与可持续发展的重要性，并强调了建立集体安全屏障的重要性。他对该地区恐怖主义势力的扩张以及毒品和武器贩运问题表示关切，而这些挑战很难仅靠一个国家来解决。中国支持地区国家加强安全，维护稳定。他呼吁国际社会继续参与，确保为前线国家提供财政、情报和后勤支持，并指出，其中一些国家正在走向选举。他说，抗议和示威增加了一些国家的政治安全风险，称赞西非经共体在推进民主转型方面发挥的建设性作用。目前，国际社会对该区域的发展援助有所减少，而安全与发展是不可分割的。发达国家必须增加财政贡献，并指责一些国家采取了不负责任的贸易政策，对区域经济产生

---

① "Roundup: Chinese, African Experts Call for Collaboration against Desertification," China Daily, https://www.chinadaily.com.cn/a/202306/12/WS6486c7a5a31033ad3f7bbcb5.html.

了负面影响。①

3 月 21 日，戴兵大使在非盟—联合国关于非盟驻索马里过渡特派团
（以下简称"非索过渡团"）和索马里安全过渡融资问题高级别会议上对非
盟驻索马里特派团、非索过渡团及参与出兵的国家的贡献表示赞赏的同时，
强调安全过渡的责任和资金支持的重要性，他指出非索过渡团履职的主要障
碍是资金短缺，呼吁欧盟等主要供资方继续履行承诺，保障非索过渡团行动
的必要资金，并敦促安理会响应联合国秘书长和非盟倡议，提供可持续、可
预见的资金保障。②

3 月 28 日，中国政府非洲事务特别代表刘豫锡在安理会"加强联合国
同区域组织反恐合作"高级别公开会上指出全球恐怖活动蔓延。他指出，
习近平主席提出全球发展倡议，强调与非盟相关的合作，包括共建"一带
一路"、非盟《2063 年议程》等，以支持非洲可持续发展和消除贫困，并呼
吁联合国与非盟及非洲次区域共同应对非洲安全挑战。他要求安理会认真研
究向非盟自主和平行动提供资金支持的建议，并强调安理会应充分发挥同非
盟和平与安全理事会年度磋商机制的作用，协调行动，形成对非洲反恐问题
的合力。③

3 月 30 日，刘豫锡在"非洲的和平与安全：发展政策在实施非洲枪声
场域中的影响"高级别公开辩论会上呼吁国际社会对非合作要同非盟
《2063 年议程》、"消弭枪声"等倡议加强对接，支持非洲推进基础设施建
设、加快工业化、应对疫情、消除贫困、促进就业，加快落实 2030 年可持
续发展议程，解决非洲发展问题的深层次原因，督促发达国家履行发展援助

---

① "As Armed Groups, Coups d'État Destabilize West Africa, Sahel, Role of United Nations Regional
Office Key in Consolidating Democracy, Speakers Tell Security Council," UN, https: //
press. un. org/en/2023/sc15169. doc. htm.

② 《戴兵大使在非盟—联合国关于非索过渡团和索马里安全过渡融资问题高级别会议的发
言》，中华人民共和国常驻联合国代表团，http: //un. china-mission. gov. cn/chn/zgylhg/
jjalh/alhrd/fz/202303/t20230323_ 11047573. htm。

③ 《中国政府非洲事务特别代表刘豫锡在安理会"加强联合国同区域组织反恐合作"高级别
公开会上的发言》，中华人民共和国常驻联合国代表团，http: //un. china-mission. gov. cn/
hyyfy/202303/t20230329_ 11050834. htm。

承诺。认可非盟 20 年来在团结合作、自主维和行动等方面的成就。鼓励向非盟提供资源保障，支持非洲深入参与国际机制，发挥更大的全球治理和国际事务作用。①

5 月 25 日，时任中国常驻联合国代表、特命全权大使张军在安理会非盟资助维和行动供资问题公开会上强调了以非洲方式解决非洲问题的基本原则，提出有关非盟维和供资问题是关于非盟部队融资问题，而不是将非洲联盟部队变成另一支联合国维和部队。鼓励在联合国维持和平行动改革时全面考虑非盟部队筹资问题。② 12 月 21 日，戴兵大使在非盟维和供资问题决议草案后的解释性发言中再次强调了这一原则和方法。③

6 月 5 日，戴兵大使在安理会中部非洲问题公开会上支持包括中部非洲经济共同体在内的区域组织应对安全挑战，强调中部非洲经济共同体在深化地区安全合作上达成的共识。中国支持中共体秉持共同安全理念，强化集体安全合作，呼吁支持地区反恐部队能力建设。④

7 月 25 日，中国常驻联合国代表团副代表、特命全权大使耿爽在安理会审议联合国驻西非和萨赫勒地区办公室工作时支持西共体启动区域待命部队，萨赫勒地区重组联合部队。强调地区国家应坚持共同安全理念，推进反恐合作。呼吁国际社会在联合国驻马里多层面综合稳定特派团撤出后继续为马里和地区国家的反恐努力提供支持。⑤

---

① 《中国政府非洲事务特别代表刘豫锡在安理会"消弭非洲枪声"高级别公开辩论会的发言》，中华人民共和国常驻联合国代表团，http：//un. china－mission. gov. cn/chn/zgylhg/jjalh/alhrd/fz/202303/t20230331_ 11052065. htm。
② "African Union-Led Peace Support Operations Need Predictable, Adequate, Sustainable Support, Speakers Stress to Security Council," United Nations, https：//press. un. org/en/2023/sc15294. doc. htm.
③ 《中国代表：处理非盟维和供资问题要体现以非洲方式解决非洲问题的根本原则》，中非合作论坛，http：//www. focac. org. cn/zfgx/zzjw/202312/t20231223_ 11210072. htm。
④ 《戴兵大使在安理会中部非洲问题公开会上的发言》，中华人民共和国常驻联合国代表团，http：//un. china-mission. gov. cn/chn/zgylhg/jjalh/alhrd/fz/202306/t20230606_ 11090095. htm。
⑤ 《耿爽大使在安理会审议联合国驻西非和萨赫勒地区办公室工作时的发言》，中华人民共和国常驻联合国代表团，http：//un. china－mission. gov. cn/chn/zgylhg/jjalh/alhrd/fz/202307/t20230726_ 11117827. htm。

10 月 12 日，张军大使在"联合国同非盟合作"安理会公开会上指出，非盟正式加入二十国集团，非洲召开首届气候峰会等表明非洲正在成为具有全球影响力的重要一极。肯定了莫桑比克和南部非洲经济共同体在联合清剿当地恐怖势力方面取得的成果，赞赏非洲联盟和次区域组织推进非洲方式解决非洲问题的方法。指出安理会应该支持非洲联盟，捐助方应继续支持非盟维和行动，联合国应毫不拖延地解决悬而未决的问题。①

（二）举行第三届中非和平安全论坛全体会议

8 月 29 日，第三届中非和平安全论坛全体会议在北京召开，此次会议主题为"践行全球安全倡议，加强中非团结合作"，来自非盟和近 50 个非洲国家的百余位高级代表出席论坛，围绕非洲和平安全、非洲海上安全、非洲反恐形势和非洲之角形势等议题展开研讨，并对中国长期以来给予非洲和平安全建设的大力支持表示衷心感谢，期待进一步与中方加强互利共赢合作，努力为非中人民创造更加美好的未来。

三 开展实质性合作助推非洲人权发展

基础设施落后、教育和卫生系统薄弱、技术能力不足构成了非洲地区尊重、保护和促进人权的主要障碍。中国通过与非洲区域组织建立合作机制、签署发展协议、开展合作项目，稳定地向非洲地区输送发展资金、人才和技术，在一定程度上排除了非洲在发展和人权领域的阻碍，提升了本土参与度，助力非洲发展。

（一）举行合作论坛

在"中非合作论坛"框架下，中国通过与非洲区域组织共同举办一系

---

① 《张军大使在"联合国同非盟合作"安理会公开会上的发言》，中华人民共和国常驻联合国代表团，http://un.china-mission.gov.cn/hyyfy/202310/t20231013_11160172.htm。

列多边论坛共商发展合作。

1. 举行2023中非合作论坛

11月1日，2023中非合作论坛——减贫与发展会议暨2023全球减贫伙伴研讨会在北京召开，并发布了《非洲减贫与发展年度报告2023》。该论坛由中非合作论坛中方后续行动委员会秘书处指导，主题为"共享减贫经验，共谋合作发展"。国内外的政府机构、国际组织、社会团体、科学研究和媒体等约200名代表参加了此次会议。参会代表在消灭贫困、实现可持续发展是全人类的共同目标方面达成共识，表示面对当前的巨大挑战，各方将增进团结，采取有效措施，共同努力实施全球发展倡议，推动"一带一路"倡议与《非洲联盟2063年议程》《联合国2030年可持续发展议程》以及非洲各国的发展规划相协调，为中非和全球的减贫与发展事业提供新动力，为建设新时代更加紧密的人类命运共同体作出新贡献。①

2. 举行第二届中非农业合作论坛

11月14日，由中国农业农村部和海南省人民政府共同主办的第二届中非农业合作论坛在海南三亚召开，非洲国家农业部长、非洲绿色革命联盟董事会主席以及中非合作论坛中方后续委秘书长等出席论坛，来自中国和非洲国家以及相关国际机构、科研单位和企业的300余名代表参加论坛，就拓展中非农业合作的深度和广度，助力非洲实现农业可持续发展和农业现代化展开研讨。

在论坛上，中国农业农村部介绍，在中非领导人战略指引和各方努力下，中非农业合作取得丰硕成果。机制建设更加完善，双方就粮食安全、减贫、农业应对气候变化等共同关注的议题持续开展对话交流；能力建设更见实效，中非农业技术和人才培训体系进一步健全，300多项先进适用技术在非推广，让非洲100多万个小农户受益；中非农产品贸易额比10年前翻了近一番；农业投资存量保持两位数增速。②

---

① 《2023中非合作论坛——减贫与发展会议及2023全球减贫伙伴研讨会举行》，《人民日报》2023年11月3日，第11版。

② 《第二届中非农业合作论坛召开》，中华人民共和国中央人民政府，https：//www.gov.cn/lianbo/bumen/202311/content_ 6915228. htm。

论坛发布了农业农村部落实《中国助力非洲农业现代化计划》合作举措（2024~2026），强调保护非洲粮食安全，"实现粮食自给自足和自主可持续发展，非洲生产的粮食应优先保障非洲人民需要"。①

3. 举行中非经济社会理事会第三次圆桌会议

11 月 16 日，中国经济社会理事会和非洲经济社会理事会联盟在北京举行第三次圆桌会议。此次会议主题为"高质量共建'一带一路' 携手构建新时代中非命运共同体"，来自摩洛哥、贝宁等 8 个非洲国家经济社会理事会的代表出席。中国经济社会理事会主席张庆黎出席并讲话，强调要大力弘扬中非友好合作精神，加强经验交流，聚焦务实合作，践行多边主义，积极推动全球发展倡议、全球安全倡议、全球文明倡议和第三届"一带一路"国际合作高峰论坛成果落实，为构建高水平中非命运共同体作出应有贡献。②

4. 举行金融支持中非"一带一路"合作研讨会

11 月 15 日，由中国驻非盟使团主办的金融支持中非"一带一路"合作研讨会在亚的斯亚贝巴举行。非洲联盟委员会、联合国非洲经济委员会以及来自多家中国和非洲金融机构的代表和智库代表参与了会议。会议对"一带一路"倡议下的合作进行了回顾，重点讨论了项目融资和贸易融资的新方式，支持非洲国家在中国发行人民币债券以及中非跨境支付结算的新举措等。参会的许多非洲代表高度赞扬了"一带一路"倡议，并对未来的合作发展表现出充分的信心。

5. 举行第三届中非职业教育国际合作学术交流研讨会

7 月 14~16 日，中非职业教育国际合作学术交流研讨会在坦桑尼亚举行，来自中东非共同体、东非大学理事会、中非职业教育联盟等机构的代表参加了会议，该会议为东非共同体职业教育体系发展提供了交流平台，有助于实现东非职业技术教育转型和区域一体化项目的战略目标。

---

① 《中国助力非洲农业现代化计划》，中华人民共和国商务部，http://www.mofcom.gov.cn/article/zwjg/zwxw/zwxwxyf/202308/20230803435933.shtml。

② 《中非经济社会理事会圆桌会议：为构建高水平中非命运共同体作出应有贡献》，中非合作论坛，http://www.focac.org.cn/zfgx/jmhz/202311/t20231114_11180186.htm。

（二）建立合作机制

中非在能源、气候、生态、经济和教育等方面探索和建立了一系列有效的合作机制，以稳定、有序和切实地支持非洲人权事业发展这一目标。

1. 支持非洲农业综合发展计划

非洲农业综合发展计划是"非洲发展新伙伴关系计划"为推动非洲农业发展和食品安全而提出的倡议，主要包括提高农业生产力、完善市场和基础设施、改善政策和制度环境以及加大投资和财政支持等措施。2023 年 3月，利益相关者在内罗毕对非洲农业综合发展计划实施情况进行审议，并就 2023~2025 年的优先事项达成一致，包括改进制定和实施国家和区域农业投资计划的过程，加强两年一度的审查。中国支持该计划，向非洲国家推广农业种植技术、提供有关农业技术培训、培养农业技术人才。12 月非洲联盟第五届农业特别技术委员会部长会议审议通过将中国多年生稻纳入非盟农业技术推广框架，并列入非盟种子和生物技术 2024~2025 年计划。

2. 援建非盟非洲疾控中心

2023 年 1 月 11 日，中国援建的非盟非洲疾控中心总部在埃塞俄比亚首都亚的斯亚贝巴竣工，这是非洲大陆上首个设施完善的全非疾控中心。该项目是中方在 2018 年中非合作论坛北京峰会上提出的"八大行动"的旗舰项目，项目的完成将为非洲国家提供现代化办公和实验条件，强化公共卫生防线，提升疾病预防、监测和疫情应急反应速度，以增强非洲公共卫生防控体系和能力。非盟委员会主席法基在竣工仪式上表示，"作为中非合作的成果，这座充满未来感的建筑象征着非洲和中国发展伙伴关系的共同愿望，这体现在为我们人民的健康福祉服务的具体工作中"。①

3. 探索清洁能源领域创新合作模式

中国生态环境部于 2023 年 9 月宣布实施"非洲光带"项目。该项目通过

---

① 《中国援非盟非洲疾控中心总部项目竣工仪式在埃塞俄比亚举行》，国家发展合作计划署，http：//www.cidca.gov.cn/2023-01/20/c_ 1211720853.htm。

"光伏+"合作建设、气候及光伏发展交流对话、光伏战略规划和政策研究、实施能力建设等方式，利用中国光伏产业优势，解决非洲地区贫困家庭用电照明问题。"光伏+"解决方案对于非洲及其社区有较好的适应性，能够在多元用能场景中灵活布置，对推动非洲当地经济和社会协同发展具有重要意义。

此外，12月8日，中国在联合国气候大会中国角上宣布"中非能源创新合作加速器项目"正式上线。该项目是在中国—非盟能源伙伴关系框架下推进的，旨在遴选并推广助力非洲能源转型的创新案例和技术解决方案。这一倡议为非洲消除能源贫困、减少温室气体排放、创造绿色就业机会提供了新的动力。

4. 开发实施"非洲光带项目"

在2023年9月4日召开的首届非洲气候峰会上，中国代表在会议中承诺，为落实《中非应对气候变化合作宣言》，将开发实施"非洲光带项目"，采取"物资援助+交流对话+联合研究+能力建设"的方式，打造中非光伏资源利用合作示范带，帮助非洲相关国家解决用电困难问题，助力非洲国家实现绿色低碳发展。这一举措获得了联合国秘书长古特雷斯的赞赏，他指出中非在多领域的合作将促进非洲国家实现绿色发展。

5. 强化中非防灾减灾和适应气候变化等领域的技术合作

在第28届联合国气候变化大会上，中国提出，将运用高分辨率对地观测系统、北斗卫星导航系统和风云气象卫星等科技成果，强化中非防灾减灾和适应气候变化等领域的技术合作，以提升非洲应对气候变化的韧性和能力。"G77+中国"及包括中国在内的G4集团与小岛屿国家联盟共同表示将继续支持非洲，并承诺与其他全球南方经济集团一同推动全球金融架构和多边开发银行的全面改革，以"提供有意义的气候和发展融资"促进非洲在气候变化领域的优先事项。

6. 成立中非海洋科学与蓝色经济合作中心

2023年7月25~26日，中国自然资源部第二海洋研究所、海委会非洲分委会和埃及国家海洋与渔业研究所在中非海洋科学与蓝色经济合作研讨会上签署中非海洋科学与蓝色经济合作中心三方共建协议，成立中非海洋科学

与蓝色经济合作中心。该中心将作为蓝色经济高质量发展的助推器、海洋科技创新发展的新引擎、培养中非海洋科技人才的新基地，探讨适合本国国情的蓝色经济发展模式，为海洋基础性科学问题提供解决方案，提供公共平台和政策建议，为中非海洋人才培养发挥重要作用。

7. 建立中非大学联盟交流机制

2022年中国高等教育学会和非洲大学协会决定设立"中非大学联盟交流机制"，2023年8月31日，"中非大学联盟交流机制"中方秘书处在北京揭牌。该机制为逐步构建起中非科研合作网络，并定期编制发布中国及非洲国家的教育概况、政策简报以及中非高等教育合作信息简报提供了平台。

（三）落实中非合作论坛对非援助

以中非合作论坛为平台，中国通过"九项工程"支持非洲农业综合发展计划（CAADP）、非洲基础设施发展计划（PIDA）、非洲矿业愿景（AMV）、非洲科技创新战略（STISA）、非洲内部增长计划（BIAT）、非洲工业化发展加速计划（AIDA）、非洲发展署—非洲发展新伙伴计划（AUDA-NEPAD）等全非计划，通过签署合作协议，与非洲国家展开合作，形成了政府、区域组织、学术部门和区域部门多方的伙伴关系，覆盖农业、基础设施建设、数字赋能、人文交流、医疗等各个领域。2023年中国与非洲签署的条约、协议见表1，与非洲国家开展的具体项目见表2。

表1 2023年中国与非洲签署的条约、协议

序号	签署条约、协议	签约方
1	《中华人民共和国政府和安哥拉共和国政府关于促进和相互保护投资的协定》	中国—安哥拉
2	《中华人民共和国政府和塞拉利昂共和国政府经济技术合作协定》	中国—塞拉利昂
3	《中华人民共和国政府和塞内加尔共和国政府税收协定》	中国—塞内加尔
4	《中华人民共和国政府和喀麦隆共和国政府税收协定》	中国—喀麦隆

续表

序号	签署条约、协议	签约方
5	《埃塞经济特区投资开发谅解备忘录》	中国土木—埃塞俄比亚 GADA 经济特区开发公司
6	《开设中文课程合作备忘录》	安哥拉内图大学孔子学院—邦多·马图阿通吉拉职业技术学院

资料来源：中华人民共和国商务部网站、中非合作论坛网站及中国驻相关国家大使馆网站。

表2 2023 年中国与非洲国家开展的具体项目

序号	合作项目	合作方
1	热带粮食作物种植与加工技术海外培训班	卢旺达
2	椰子品种改良（植物病虫害）海外培训班	桑给巴尔
3	农业海外科技中心	刚果（布）
4	中加农业鲁班工坊	加纳
5	中非农业发展和减贫示范村番茄生产培训班	肯尼亚
6	中乌友谊农业技术示范中心	乌干达—联合国粮农组织
7	杂交水稻技术农业脱贫示范村项目	布隆迪
8	农牧业技术援助项目（第3期、第4期）	圣多美和普林西比
9	达喀尔快速公交系统（BRT）项目	塞内加尔
10	达喀尔市政交通疏导项目（在建）	塞内加尔
11	凯菲至马库尔迪公路改扩建工程项目（1期）	尼日利亚
12	拉各斯轻轨项目	尼日利亚
13	阿比让科科迪斜拉桥项目	科特迪瓦
14	铁比苏—布瓦凯高速公路承建项目	科特迪瓦
15	达喀尔供水项目	塞内加尔
16	图利亚拉供水建设项目	马达加斯加
17	马兰热省供水系统巩固工程	安哥拉
18	高地水利工程项目	莱索托
19	凯凯水电站	安哥拉
20	下凯富峡水电站	赞比亚
21	库内内—奥马坦度变电站承建项目	纳米比亚
22	大班珠尔地区输变电现代化项目	冈比亚
23	布桑加水电站建设项目	刚果（金）
24	金苏卡 220 千伏变电站项目	刚果（金）
25	阿布贾独立发电站项目	尼日利亚

续表

序号	合作项目	合作方
26	万吉火电站扩容项目	津巴布韦
27	奥耶姆多条道路整治工程及沃勒河桥梁项目	加蓬
28	韦索—博科拉道路及桑加大桥项目	刚果（布）
29	卡格贝伦立交桥	几内亚
30	利昂洛克金属集团重油电站暨铁港公司码头修复	塞拉利昂
31	罗伯特·穆加贝国际机场改扩建项目	津巴布韦
32	卡萨马机场承建项目	赞比亚
33	安东尼奥·阿戈什蒂纽·内图博士国际机场	安哥拉
34	亚吉铁路学员培训项目	埃塞俄比亚
35	东非商贸物流中心建设项目（在建）	坦桑尼亚
36	莱基深水港项目	尼日利亚
37	萨卡尼亚陆港项目	刚果（金）
38	姆皮拉商业中心项目	刚果（布）
39	布拉柴维尔商务中心承建项目	刚果（布）
40	迪亚姆尼亚久工业园项目（2期）	塞内加尔
41	亚的斯未来城经济特区项目	埃塞俄比亚
42	中尼合作石油项目	尼日尔
43	安家建筑卢旺达水泥厂项目	卢旺达
44	联合资本煤制尿素项目	赞比亚
45	红石100兆瓦塔式光热太阳能项目	南非
46	国家信息通信技术宽带骨干网络项目（在建）	坦桑尼亚
47	财政部云数据中心项目	刚果（金）
48	国民议会议员数字能力建设培训班	贝宁
49	中尼信息技术培训中心	尼日利亚
50	华为"数字移动课堂"培训项目	乌干达
51	华为"数字人才"项目	毛里求斯
52	华为"未来种子"计划	多哥、贝宁
53	毛里求斯大学—华为创新光能实验室	毛里求斯
54	卢旺达鲁班工坊	卢旺达
55	卡蒙盖手工业培训	布隆迪
56	东非原油管线项目—终端码头储罐区项目属地员工技能培训班	坦桑尼亚
57	中马对口医院机制项下生殖中心建设项目	马里
58	中加对口医院合作疝气外科手术项目	加蓬
59	马普托中心医院"智慧模拟"腔镜培训项目	莫桑比克

序号	合作项目	合作方
60	"光明行"白内障手术项目	贝宁
61	全国病毒性肝炎防治项目	塞拉利昂
62	"改善孕产妇医疗服务与宫颈癌预防治疗"培训项目	塞拉利昂
63	血吸虫病防治技术合作项目	桑给巴尔
64	"电视中国剧场"项目	科摩罗
65	中南气候变化培训班	南非
66	"民航总体规划培训课程"项目	安哥拉、卢旺达

资料来源：中非合作论坛网站及中国驻相关国家大使馆网站。

（四）通过非洲区域性金融组织增强非洲发展金融可持续性

中国通过向非洲区域性区域组织提供专项贷款、融资合作，促进非洲地区发展的可持续性，进而为非洲地区人权事业的发展提供动力。

1. 与非洲进出口银行签署专项贷款协议

2023年8月28日，中国国家开发银行与非洲进出口银行在开罗签署协议，向非洲进出口银行提供了4亿美元的非洲中小企业专项贷款。该贷款将支持非洲中小企业的发展，改善其融资环境，降低其融资成本和延长其融资期限。该项协议有力增强了非洲融资能力，拓展了融资方式，有利于促进非洲的可持续发展和区域一体化。

2. 与非洲开发银行合作提供投融资合作

（1）向非洲国家、区域组织提供贷款

2014年，中国人民银行同非洲开发银行签署了20亿美元的"非洲共同成长基金"融资合作协议并在10年之内全部投资到由非洲开发银行推荐的项目中。2023年是该基金运行的第9年，在国家发展计划、水资源管理、卫生改善、港口升级、城市基础设施和农业支持等领域为非洲国家、区域组织提供合作，以促进非洲各国的可持续发展和提升居民生活质量。

表3 中国通过"非洲共同成长基金"提供的贷款

序号	贷款国家/组织	贷款金额	贷款项目
1	科特迪瓦	1.65亿欧元	实施根据科特迪瓦2021~2025年国家发展计划制定的多元化、工业加速、竞争力和就业(DAICE)计划
2	卢旺达	5000万美元	可持续供水和卫生转型计划
3	安哥拉	4940万美元	支持安哥拉沿海城镇包容性卫生项目以改善当地居民的健康和社会经济状况
4	贝宁	2500万欧元	升级和扩建科托努港,提高港口容量和运营效率以创造就业机会,并为港口运营商和其他利益相关者(卡车所有者和装船商)提供更多机会
5	贝宁	4550万欧元	实施二级城市雨水排放项目,发展城市雨水排放基础设施,以改善目标城市人民的生活条件,增强其抗洪能力
6	西非经济共同体	3000万美元	支持西非农业中小企业、商业合作社和农民以加强粮食安全、促进经济增长和创造就业机会

资料来源:非洲开发银行集团网站。

(2)为非洲国家提供在中国融资的途径

2023年7月,由非洲开发银行和亚洲基础设施开发银行提供信贷担保,由中国银行和汇丰银行(中国)担任主承销商和账簿管理人,埃及在中国国内资本市场发行价值3.5亿元人民币的熊猫债券,以获得资本来源,获得可持续融资的机会。债券收益用于其主权可持续融资框架下的包容性增长和绿色目标,旨在通过投资清洁交通、可再生能源、能源效率、可持续水和废水管理、中小微企业融资以及基本卫生服务倡议等实现可持续发展。

四 中国与非洲区域组织合作促进人权的成效

(一)以相互尊重为前提赢得了非洲人民的信任

中国一直秉持尊重和促进非洲各国民族自决权的核心原则,并在与非洲合作中充分体现了这一立场。

中国坚持履行尊重和促进民族自决权的国家人权义务。联合国核心人权文书规定所有民族有权自由决定其政治地位，自由从事其经济、社会与文化发展，自由处置其自然财富及资源，要求各国及国际社会承担相应义务。

在区域层面，中非合作在尊重非洲各国自主探索符合各国国情的道路这一基础上展开，尊重非洲人民在各项事务中的独立性。在国际层面，这一理念尤其体现在非洲安全与和平问题上。中国在呼吁其他各国和国际组织参与解决非洲和平与安全问题时，强调关注非洲人民的需要，非洲的问题由非洲解决这一原则。中国与非洲区域组织的合作根植于尊重、促进和实现非洲各国民族自决权这一国际人权法框架下的义务，这不仅符合中国和非洲人民的共同利益，更有助于维护国际公平正义，推动世界向着多极化的方向发展。

通过对非洲当地的民众进行访谈，我们能够深入了解中国在非洲的支持得到了当地居民的积极认可。访谈结果显示，非洲人民普遍对中国的支持心存感激，认为中国是真心实意地致力于帮助非洲人民，改善非洲人的生活状况。

访谈对象一

年龄：80 岁

国籍：塞内加尔（长期居住在冈比亚）

职业：无业

在如何看待中国与非洲的合作问题上，访谈对象表示："中国与冈比亚在上个世纪关系很好，援助冈比亚建了体育场，那个时候在冈比亚的市场上有很多中国大米，中国对冈比亚的大米生产也有一些技术上的援助。尽管中途中国（大陆）与冈比亚经历了断交，但恢复后并没有对冈比亚存在政治上的偏见，也没有通过援助的方式在非洲攫取好处。我真正体会到了中国的真诚的支持。"

访谈对象二

年龄：38 岁

国籍：塞拉利昂

职业：出租车司机

在有关非洲大陆互联互通这一问题上，访谈对象相信中国是以尊重非洲国家主权为前提的，他表示："在非洲，如果去欧洲非常容易，但在非洲大陆内部交通非常不便，尤其是航空出行，由于直达航班少，出行的经济和时间成本都很高，这有很多历史的和政治的原因。相信中国在非洲的建设是以沟通非洲大陆为目的，因此能够有效地改善这一状况。"

（二）以发展为路径提升了人权保障水平

中国在总结自身发展理念和人权观念的基础上，根据非洲人民的需要促进非洲发展，在提升工作权、教育权、社会保障权、享有适当生活水准权利等方面提供支持。

中国在自身发展的过程中深知生存权与发展权是首要的基本人权，在与非洲区域组织的合作中，中国不仅向非洲提供发展资金，支持非洲的经济发展，还在社会、文化等多个层面为非洲人民提供赋能的机会。

在经济层面，中非在经济和教育方面的合作致力于实现共同发展。在基础设施建设、产业合作和贸易往来等方面，中国的投资为非洲创造了更多的就业机会。通过职业培训和人才培养计划，为非洲人民提供实用技能，以增加其职业发展机会，提升其就业竞争力。以经济赋能和教育赋能实现非洲人民平等参与和平等发展，进而保护和促进非洲人民的生存权和发展权。

在社会层面，中非合作致力于提升非洲人民的适当生活水准权利。通过支持医疗、保健、教育培训等项目，为非洲各国及区域组织提供物质资源和人力资源，从而提高其社会资源的质量及可及性，改善非洲人民的生活环境，以满足非洲人民个体的基本生活需求，降低生活可能遭遇的阻碍人权实现的风险，实现美好生活。

中国通过致力于缩小"数字鸿沟"问题，增进数字赋能，使社会资源更普遍地惠及非洲人民，提升人权的普惠性。中非合作致力于完善非洲国家的数字基础设施，包括建设信息技术中心、推广互联网覆盖、发展电子商务等。这些举措为非洲人民提供了更广泛的数字接触和使用机会，使他们能够更好地利用数字技术参与全球数字经济。通过在线学习平台和数字化教育资源，为非洲青年提供更多学习机会。在技术层面之外，中非合作通过共建数字化信息平台，加强信息共享，提升非洲区域组织和各国政府获取、利用数字信息，合理配置资源的能力。

这些合作形成了一个全面的合作框架，为非洲人民在经济、社会、文化等多个领域创造了平等参与的条件。

在对当地民众就中国与非洲展开的具体合作项目进行访谈时，受访对象们认为中非合作为他们提供了发展的机会，提高了个人的能力，也改善了家庭的生活。

访谈对象三

年龄：40~50 岁

国籍：冈比亚

职业：中国援助冈比亚项目工作人员

该受访对象在 2023 年 10 月前往中国参加有关国际会议中心管理的研修班，并参访了北京、云南等地，他表示："通过参访和学习，我不仅看到了中国先进的发展现状，同时也实际感受到中国完善的管理经验，这些都给我带来了很多思考，同时也有利于我未来的工作。"

访谈对象四

年龄：40~50 岁

国籍：冈比亚

职业：任职于公共部门

访谈对象在 2019 年参与赴华学习项目，参访了湖南、江西等地，他表示："当时在长沙我参观了长沙市场监督管理部门，了解学习了有关过程质量管理的知识和经验，给我很大的启发。今后有机会我会自己创业，这样能够显著地提高收入。"

B.20

国家人权教育与培训基地：成就与展望[*]

伍科霖[**]

摘　要：　自 2011 年以来，我国已在 14 所高校设立国家人权教育与培训基地。2023 年正值《维也纳宣言和行动纲领》通过 30 周年，国家人权教育与培训基地的发展进步，既是中国特色社会主义的必然要求，也是践行《维也纳宣言和行动纲领》基本精神的直接体现。这些基地在开展人权理论研究、加强人权教育培训、提供咨政建言、促进国际人权交流合作、推动人权人才培养等方面发挥了积极作用，对促进中国人权事业发展具有重大意义。

关键词：　人权　国家人权教育与培训基地　人权教育　智库建设

1993 年在维也纳召开的第二次世界人权大会通过了《维也纳宣言和行动纲领》（以下简称《维也纳宣言》），阐明在教育中纳入人权主题和人权内容的重要性，明确要求各国政府开展人权教育、培训和宣传。2023 年 12 月 4 日，联合国人权事务高级专员沃尔克·蒂尔克（Volker Türk）呼吁"加强人权教育"，建设"公正、和平、可持续的世界"。中国人权教育的发展进步，既是建设中国特色社会主义的必然要求，也是践行《维也纳宣言》基本精神的直接体现。中国政府高度重视人权教育，在第一期国家人权行动计划中提出在高校设立国家人权教育与培训基地。自 2011 年以来，我国已在 14 所高校设立国家人权教育与培训基地（见表 1）。此外，还有越来越多

---

[*]　本报告系 2023 年度重庆市社会科学规划博士项目"人民城市视角下重庆无障碍环境建设的效能评价及优化策略研究"（批准号：2023BS078）的阶段性成果。

[**]　伍科霖，法学博士，西南政法大学人权研究院讲师，研究方向为人权法学。

的人权研究机构①也在承担着对外宣传中国人权立场、维护国家利益，对内开展人权研究和教育的任务。这些基地或机构在开展人权理论研究、加强人权教育培训、提供咨政建言、促进国际人权交流合作、推动人才培养等方面发挥积极作用，对促进中国人权事业发展具有重大意义。

表1 国家人权教育与培训基地建设情况

阶段	内容	国家人权教育与培训基地	备注
《国家人权行动计划（2009—2010年）》	继续鼓励高等院校开展人权理论研究与教育。选取若干高等院校进行人权教育的调研，鼓励高校学者开展人权研究，推动制定高等院校人权教育规划。选取若干开展人权教育较早的高等院校作为人权教育与培训基地	2011年第一批：广州大学人权研究院、南开大学人权研究中心、中国政法大学人权研究院	其他人权研究中心：中国社会科学院人权研究中心（1991年）、北京大学法学院人权与人道法研究中心（1997年）、湖南大学法治与人权研究中心（现更名为湖南大学人权研究与教育中心，2000年）、中共中央党校人权研究中心、外交学院人权研究中心（2011年）、新疆人权保障与发展进步研究中心、新疆师范大学人权研究中心
《国家人权行动计划（2012—2015年）》	发挥国家人权教育与培训基地的作用。到2015年，至少新增5个国家人权教育与培训基地	2014年第二批：中国人民大学人权研究中心、山东大学人权研究中心、复旦大学人权研究中心、西南政法大学人权研究院（人权学院）、武汉大学人权研究院	
《国家人权行动计划（2016—2020年）》	规范国家人权教育与培训基地工作。到2020年，再增加5家人权教育与培训基地。规范基地管理，创新基地运作模式，加强人才队伍建设，加大资金投入，建设中国特色新型高端人权智库	2020年第三批：华中科技大学人权法律研究院、吉林大学人权研究中心、西北政法大学人权研究中心、中南大学人权研究院、东南大学人权研究院、北京理工大学科技人权研究中心	
《国家人权行动计划（2021—2025年）》	支持人权机构建设。支持在社科院、党校（行政学院）系统建立国家人权研究机构，新设3家国家人权研究基地		

---

① 如中山大学法学院人权法研究中心、云南大学人权法研究所、南京大学人权研究所、四川大学人权法律研究中心、上海交通大学凯原法学院人权与人道法中心、湖南大学人权研究与教育中心等人权研究机构。

一 指导思想与目标与时俱进

2011 年，南开大学人权研究中心、中国政法大学人权研究院和广州大学人权研究院经教育部批准成为第一批国家人权教育与培训基地。这是中国政府落实第一期国家人权行动计划要求、加强人权建设的一项重要举措，也是中国人权发展的一个标志性事件，表明了人权教育对人权事业发展的重要价值。根据第一期国家人权行动计划的要求，基地要从单纯重视理论研究转为理论与现实并重，积极塑造和传播人权文化，广泛参与国际人权交流。

2012 年第二期国家人权行动计划再次提出："发挥国家人权教育与培训基地的作用。到 2015 年，至少新增 5 个国家人权教育与培训基地。"2014年，中国人民大学人权研究中心、武汉大学人权研究院、山东大学人权研究中心、复旦大学人权研究中心、西南政法大学人权研究院获批为第二批国家人权教育与培训基地。第十届全国政协副主席、时任中国人权研究会会长罗豪才对此提出了四点新的希望："一是要正确看待基地遴选工作；二是要加强对现有基地及各地人权研究机构进一步发展的整体规划和布局；三是注重整体发展，加强团队建设；四是加强力量整合，拓宽视野、拓展思路。"[①]这体现了基地的目标和任务更加具体清晰：在指导思想上，坚持以中国特色社会主义人权观为指导；在资源配置上，充分整合利用高校的人才、教育、研究和基础条件等，加强基地自身建设；在具体任务上，开展科学研究、政府咨询、教育培训和社会服务，推动人权教育、理论研究和国际交流合作等工作，促进中国人权事业的发展。

2016 年第三期国家人权行动计划继续提出："规范国家人权教育与

[①] 罗豪才：《推动中国人权研究事业不断前进，"没有最好，只有更好"！——在第二批"国家人权教育与培训基地"遴选评审会上的发言》，中国人权网，https://www. humanrights. cn/cn/zt/tbbd/46/4/t20140408_ 1164284. htm。

培训基地工作。到 2020 年，再增加 5 家人权教育与培训基地……建设中国特色新型高端人权智库。"2018 年，第十二届全国人大常委会副委员长、时任中国人权研究会会长向巴平措对我国今后一个阶段的人权教育与培训工作提出指导性意见："一是要围绕中国特色社会主义伟大实践，创新中国特色人权理论体系……二是要积极开展人权教育和培训，努力传播中国人权价值观……三是要注重整体发展与突出特色相结合，进一步推动人权教育与研究机构建设。"① 2020 年 12 月，华中科技大学、吉林大学、中南大学、东南大学、北京理工大学、西北政法大学成为第三批国家人权教育与培训基地。2021 年第四期国家人权行动计划提出要再增加 3 家，同时支持在社科院、党校（行政学院）系统建立国家人权研究机构。

可以看出，国家人权教育与培训基地的指导思想和目标是与时俱进的。第一，尊重和保障人权已成为治国理政的重要原则和主要任务。2022 年习近平总书记指出："要加强人权智库和人权研究基地建设，着力培养一批理论扎实、学术精湛、熟悉国际规则、会讲中国人权故事的高端人权专家队伍。"② 这是党和国家领导人首次就人权基地建设作出重要指示，为推进国家人权教育与培训发展提供了根本遵循。第二，就四期国家人权行动计划对基地的要求而言，其目标已经从最初的"成立基地"，经过"发挥作用""规范工作"，发展到当前的"加强智库建设"，既体现出基地目标之间的内在联系和不断升级，又体现出基地发展与我国人权事业的发展进程是同频共振的。第三，这三批基地在人权教育培训、学术研究、人才培养等方面所起的作用也在不断扩展，从过去进行一些思想、理论上的探讨和教育培训工作，到现在既起到了智库作用，为国家的人权事业建言献策，同时也在国际人权交流与合作方面发挥重要作用。

---

① 曹燕：《"2018·全国人权教育与研究"研讨会会议综述》，《人权》2019 年第 1 期。
② 习近平：《坚定不移走中国人权发展道路　更好推动我国人权事业发展》，《求是》2022 年第 12 期。

二　人权研究成果显著

习近平总书记指出："要依托我国人权事业发展的生动实践，提炼原创性概念，发展我国人权学科体系、学术体系、话语体系。"[①] 在中国式现代化的伟大进程中，中国人权事业的发展和中国积极参与全球人权治理的实践，有利于弘扬和践行当代中国人权观。[②]

（一）加强对习近平总书记关于尊重和保障人权重要论述的研究阐释

2023 年，各基地的首要任务是加强对习近平总书记关于尊重和保障人权重要论述的阐释工作，强化对其原创性概念、重大意义、核心要义、丰富内涵和实践要求的研究。例如，西南政法大学人权研究院、中南大学人权研究中心等承担国家社科和教育部重大课题攻关项目；南开大学人权研究中心在《中国人权事业发展报告（2023）》《基于中国实践的人权理论研究——以人的发展为视角》等图书中作出专门阐释；中国政法大学人权研究院主办的《人权研究》季刊、西南政法大学人权研究院主办的《人权法学》、山东大学人权研究中心主办的《人权研究》集刊分别组织专栏，研究阐释习近平总书记关于尊重和保障人权的重要论述。通过各基地的研究阐释，将党中央关于中国式现代化和中国人权发展道路的最新指示和战略部署贯彻到人权教育、科研、培训等方方面面。

（二）不断聚焦人权研究方向

长期以来，各基地都在不断聚焦研究方向（见表 2），打造学术品牌，塑造学术竞争力，推动中国人权理论体系化建设，积极参与到国际人权研究的交流与对话中。

[①] 习近平：《坚定不移走中国人权发展道路　更好推动我国人权事业发展》，《求是》2022 年第 12 期。

[②] 蒋建国：《弘扬和践行当代中国人权观》，《求是》2023 年第 19 期。

表 2　国家人权教育与培训基地人权研究方向

批次	国家人权教育与培训基地	人权研究方向
1	中国政法大学人权研究院	人权基础理论、人权的国际合作、性别平等与非歧视等
	南开大学人权研究中心	全人类共同价值与全球人权治理、工商业与人权、公民参与权等
	广州大学人权研究院	人权基础理论、人权教育问题等
2	西南政法大学人权研究院	人权法治理论、西藏人权问题、新疆人权问题等
	复旦大学人权研究中心	人权基础理论、人权国际传播与对话等
	中国人民大学人权研究中心	马克思主义人权理论、人权与宪法基本权利、性别平等
	武汉大学人权研究院	中国式现代化与中国人权发展道路、残障权利研究、工商业与人权等
	山东大学人权研究中心	人权基础理论、人权教育问题等
3	华中科技大学人权法律研究院	国际人权问题、科技与人权、人工智能与人权等
	中南大学人权研究中心	人权基础理论、国际人权机制与人权话语传播等
	东南大学人权研究院	社会权、数字人权、特殊人权、国际人权等
	北京理工大学科技人权研究中心	科技与人权、人权文化等
	吉林大学人权研究院	人权与人类文明、人权与国际关系等
	西北政法大学人权研究中心	铸牢中华民族共同体意识的法治保障、陕甘宁边区人权保障、西北地区反恐怖主义等

资料来源：笔者收集汇总。

（三）人权理论研究成果显著

2023 年，各基地在人权理论研究方面成果显著，涉及的领域和议题广泛，据不完全统计，出版人权类专著 30 本，在国内人权期刊发文 38 篇，在其他领域期刊、报纸发文 150 篇，推动我国人权理论研究更加科学化、规范化、体系化。

在研究目标上，以习近平新时代中国特色社会主义思想尤其是习近平总书记关于尊重和保障人权的重要论述为根本指导，将"人"作为人权理论研究的核心。① 对此，各基地以"人权"作为研究对象，围绕人权目标、人

---

① 孟庆涛、闫乃鑫：《新文科视野下"人权学"学科建构》，《人权研究》2023 年第 3 期。

权主体、人权路径、人权话语、人权实践等命题展开。例如，在人权主体方面，深入研究妇女、儿童、残障人士、老年人、少数民族等特定群体；在人权话语方面，努力探究国际人权规则、国际人权机制等；在人权路径上，积极探讨人权与优秀传统文化、人权与法治、人权与工商业、人权与科技、人权与气候变化等问题。这些研究方向的背后体现出人权理论研究旨在以"人"为核心，并从中梳理、提炼当代中国人权观的基本框架，从而对中国人权实践的发展发挥理论先导作用。

在研究方法上，以跨学科互嵌、互鉴和融合为特征，逐步从学科内部交叉向不同学科之间交叉转型，合力推进人权理论研究。由此，各基地在研究方法上并不局限于单一学科，而是依托高校其他学科，甚至与其他高校合作，融入法学、伦理学、政治学、新闻传播学和国际关系等学科，进行综合性、多维度和一体化的跨学科交叉研究。例如，2023 年我国首个人权学博士点落地吉林大学，扩大了之前探讨和分析人权的视野，将哲学、历史学、政治学、经济学、管理学、社会学、美学等视角也纳入其中，更强调以问题为导向的学科交叉融合。

在研究方向上，以服务国家重大战略需要为导向推进人权理论研究。各基地以"新时代坚持和发展什么样的人权事业、怎么坚持和发展中国人权事业、如何统筹推进中国人权事业和全球人权治理"① 的重大时代课题为学术自觉，共同破解"世界怎么了、我们怎么办"这一时代课题。在国内层面，深入思考如何解决中国式现代化进程中发展不平衡、不协调等问题，如何推进中国人权事业、实现人民幸福生活的中国梦；在国际层面，积极探究如何破解全球人权治理所面临的"和平赤字""发展赤字""安全赤字"等挑战，回答"人权如何发展、各国如何实现共同安全、多元文明如何相处"等时代命题，从而为国家经济社会发展、国家战略实施、国际人权事业作出重要的理论和实践贡献。

---

① 钱锦宇：《新时代中国特色人权学科方向建设：时代要求、基本原则与路径选择》，《人权研究》2023 年第 3 期。

三 人权智库建设心系民生与国计

国家人权教育与培训基地是人权研究的"高地",也是助力党和政府制定、实施、完善人权政策的重要智库,关涉贫困、就业、法治、特定群体、环境等各项国计民生议题,以多种形式、多种渠道为我国人权事业发展献策进言。

一方面,各基地坚持以调研和社会实践为主,主张用鲜活的事例、访谈来讲述中国人权故事,真实展现我国人权事业的发展、进步以及未来挑战。2023年各基地参与撰写人权蓝皮书共15篇,提交咨政报告不少于87份。这些咨政建言大多来自各基地的实地调研和深入研究。例如,2023年西南政法大学人权研究院赴新疆开展农业现代化专项调研,武汉大学人权研究院赴宜昌调研残疾人就业创业工作,中国政法大学人权研究院对北京市消除就业性别情况开展调查,东南大学人权研究院对镇江市未成年残疾人保障、农贸市场管理、房屋安全等问题提出专家意见,2024年西北政法大学人权研究中心致力丁组建1~2支专题研究队伍赴新疆、西藏等地进行调研,等等。同时,各基地还通过《人民日报》、《光明日报》、中国新闻网、中国国际电视台等报纸、媒体发表人权观点,及时回应国际质疑。除此之外,各基地逐步开始扮演监督国家人权行动计划的第三方力量角色。例如,2021年西南政法大学和中国人权研究会共同发布第三期国家人权行动计划评估报告。

另一方面,在严峻复杂的国际形势下,各基地在国际人权传播领域扮演着重要的角色,用事实驳斥国际敌对势力对我国人权状况的歪曲指责和攻击,揭露部分西方国家在人权问题上搞双重标准和霸权主义的虚伪实质。有的基地研究拆穿了国外敌对势力的谎言,以澄清事实,说明真相。例如,2023年山东大学人权研究中心研究员在《光明日报》发表《美国人权外交的霸权实质》;2021年西南政法大学人权研究院课题组发布《新疆棉花不容抹黑——新疆棉花生产是否存在"强迫劳动"的调研报告》,对西方国家恶意解读新疆采棉工作进行了有力回击。有的基地则真实揭露了部分西方国家的人权灾难行径，使国际社会了解其真实的人权状况。例如，2023 年，北京理工大学科技人权研究中心研究员在《光明日报》发表《虚妄的美式民主给世界带来灾难》；2022 年，吉林大学人权研究院发布《美国干涉阴云下的世界人权困局》，深刻揭示了美国霸权主义和强权政治给世界人权事业发展造成的巨大阻碍；2021 年华中科技大学人权法律研究院发布《美式"抗疫"的人权灾难》报告，详细揭露了美国在抗疫过程中所造成的人权灾难。

四　人权对外交流促进广泛共识

各基地在从事人权理论研究的过程中也在不断寻求国际交流与合作，积极搭建高端人权研究平台。以中国人权研究会作为主办方，各基地负责承办高层次的国际学术会议，对外传播中国人权话语，尝试在充满纷争、偏见、嘈杂的国际舆论环境中凝聚国际人权话语共识。一方面，来自各基地的专家学者成为这些论坛上传播中国人权理念、介绍中国人权理论的主要代表；另一方面，各基地也积极举办、承办国际学术研讨会，加强同外界的交流，增进国际社会对中国人权事业的了解与理解。

（一）举办国际人权论坛和研讨会

2023 年，各基地举办人权类论坛、学术研讨会不少于 46 次，举办涉人权讲座不少于 78 次，参与国内涉人权论坛、研讨会不少于 150 次。各基地除了在"全球人权治理高端论坛"等国际性论坛的筹办中发挥重要作用外，还积极举办其他国际人权论坛和研讨会。例如，2023 年华中科技大学协办"数字法治与智慧司法"国际研讨会，为数字法治建设贡献新的智慧和方案；中南大学人权研究中心举办 HRUG 系列研讨会"Informal Bonds"，专注于研究国际层面的人权问题和人权理论；由中国政法大学人权研究院、中国纺织工业联合会、南开大学人权研究中心共同主办，复旦大学人权研究中心、复旦大学法学院承办，与奥斯陆大学挪威人权研究中心合作，举办2023 年中国工商业与人权论坛；山东大学人权研究中心主办"国际知识产

权：制度变迁与范式转换"国际研讨会；西南政法大学人权研究院在意大利罗马与意大利中意经济文化交流中心共同承办"2023·中欧人权研讨会"；等等。各基地正致力于为来自不同国家、不同文化背景的各界人士提供开展人权交流、探讨人权合作、凝聚人权共识的平台，有力地促进了各国在人权发展问题上的包容互鉴。

（二）参加联合国人权理事会的相关边会并承办主题边会

近年来，各基地不断创新参与国际人权交流的方式，不仅积极参加联合国人权理事会的会议，还在参会期间多次承办内容丰富的人权主题边会（见表3），对促进国际人权交流发挥了重要作用。

表3 2022~2024 年各基地承办的联合国人权理事会边会

届别	承办单位	主题
第 55 届	西北政法大学人权研究中心	人权法律保障的中国经验
第 54 届	西南政法大学人权研究院	和平发展与人权保障
第 54 届	南开大学人权研究中心、武汉大学人权研究院、广州大学人权研究院	商业向善：工商业与人权的国际潮流与中国实践
第 54 届	北京理工大学科技人权研究中心	科技发展与人权保障
第 53 届	吉林大学人权研究院、西北政法大学人权研究中心	《维也纳宣言和行动纲领》三十年：中国探索与经验
第 52 届	西南政法大学人权研究院	可持续发展视角下的女性赋能
第 51 届	山东大学人权研究中心	人类命运共同体视角下的人权发展
第 51 届	西北政法大学人权研究中心	高质量发展与新疆人权事业成就
第 51 届	南开大学人权研究中心	基于人权的气候变化治理方法
第 51 届	复旦大学人权研究中心	2022 年环境、发展与人权
第 50 届	中国人民大学人权研究中心	环境权的保障与发展
第 50 届	中南大学人权研究中心	美西方结构性种族主义的根源与影响
第 50 届	西北政法大学人权研究中心	权利保护的实效：西方国家少数族裔政策的现实与反思
第 49 届	西北政法大学人权研究中心	新疆妇女权益保障的成就
第 49 届	武汉大学人权研究院	残障组织赋能与残障权利发展
第 49 届	中南大学人权研究中心	当代人权：对普世性和全球性的反思

资料来源：笔者汇总。

从表 3 可看出，各基地承办的主题边会凝聚着推动全球人权事业发展的真知灼见，为"推动构建公平正义、合理有效的国际人权体系，构建人类命运共同体"提供了开放窗口。

（三）加强与国外的人权交流与探讨

多样性是人类文明的魅力所在，每一种文明都凝聚了一个国家、一个民族的智慧结晶和精神追求，有其独特的存在价值，各国应在团结合作中推动全球人权治理正向发展。对此，各基地加强与国外的人权交流与探讨，共同为当前国际人权领域存在的问题寻求解决之道。例如，2023 年南开大学与挪威奥斯陆大学就工商业与人权的教材编写和培训开展合作，并与联合国妇女署、儿童基金会、国际劳工组织就涉外法治人才培养基地建设进行磋商；武汉大学研究人员受邀前往香港大学、早稻田大学、奥斯陆大学、埃默里大学等学府交流访问，助力中外人权学界对话；吉林大学人权研究院何志鹏教授为俄罗斯圣彼得堡国立大学开设人权学讲座，进一步加强了基地与俄罗斯圣彼得堡国立大学法学院之间的交流与合作；来自瑞士、巴西、古巴、巴基斯坦等的十余家非政府组织代表团赴西南政法大学交流座谈，就"如何在联合国人权保障机制下发挥非政府组织作用"以及"特殊群体人权保障"等问题开展深入交流；北京理工大学邀请联合国人权高专办前官员、著名专家阿尔弗雷德·德·萨亚斯（Alfred de Zayas）为研究生讲授国际人权法专题；广州大学与挪威人权中心建立长期合作研究关系；等等。

五　推动人权教育与人才培养

人权研究与人权教育是当代中国人权发展的重要支点，党和国家政策是重要基础，国家人权教育与培训基地在其中发挥重要的示范和引领作用。[①]通过科学化、体系化的人权教育，各基地正在培养一批国际人权理论变革的

---

① 陈佑武、李步云：《论当代中国的人权学科》，《人权研究》2023 年第 1 期。

引领者、国际人权规则制定的参与者和国际人权机构的决策者等高端人才，推动中国人权话语的国际传播。

（一）创建科学性、体系性的人权教育

《世界人权教育方案第四阶段（2020—2024 年）行动计划草案》认为，"人权教育"是一个终身过程，它培养：（a）知识和技能：了解人权并获得在日常生活中应用人权的技能；（b）态度：维护人权的态度、价值观和信念；（c）行为：采取行动保护和促进人权。① 当前，各基地积极响应《世界人权教育方案》的四个连续阶段，② 探索科学化、系统化的人权教育。

一方面，传播人权知识，进行普法教育。第四期国家人权行动计划强调要"将人权教育纳入国民教育体系"，鼓励开展人权通识教育和专业人才培养。对此，各基地继续招收、培养人权方向的博士、硕士研究生，2023 年共招收博士研究生 57 名、硕士研究生 163 名。其中，2023 年吉林大学增列"人权学"博士学位授权点，进一步深化理论探索、学科建设和人才培养；西南政法大学设有"人权法学"二级学科，建立涵盖本科、硕士研究生、博士研究生层次的完整培养体系。同时，各基地增开人权相关专业课和通识课，编写人权相关教材或人权读本，加强人权学科建设。例如，华中科技大学人权法律研究院开设"人权法概论"和"人权法专题研究"课程。通过系统的人权教育，学生对人权知识体系有了深入了解，看到了中西方人权思想的差异，也逐步理解了人权理论之下的实践差异。另一方面，实施"人

① 《世界人权教育方案第四阶段（2020—2024 年）行动计划草案》，A/HRC/42/23，2019 年，第 3 页，https：//documents-dds-ny. un. org/doc/UNDOC/GEN/G19/227/35/PDF/G1922735. pdf? OpenElement。

② 第一阶段（2005~2009）将致力于将人权教育纳入中小学系统；第二阶段（2010~2014 年）侧重于高等教育中的人权教育以及面向各级教师和教育工作者、公务员、执法官员和军人的人权培训；第三阶段（2015~2019 年）侧重于加强前两阶段的实施效果并促进对媒体专业人员和新闻工作者的人权培训；第四阶段（2020~2024 年）侧重于通过人权教育为青年赋权增能。参见《世界人权教育方案第四阶段（2020—2024 年）行动计划草案》，A/HRC/42/23，2019 年，第 4~5 页，https：//documents-dds-ny. un. org/doc/UNDOC/GEN/G19/227/35/PDF/G1922735. pdf? OpenElement。

格养成"教育，把人权知识、人权观念、人权课程、人权专业融入国民教育体系，[①] 为所有人赋权增能。这是应对不平等、歧视和暴力等破坏社会基本结构和社会凝聚力等巨大挑战的有力方案，也推动人们正确行使自己的权利并尊重和维护他人的权利。也只有通过人权教育，人们才可以突破原有的学科藩篱和刻板观念，去观察和思考人权。

（二）大力培养国际化人权人才

当前，各基地的毕业生广泛就业于高校、科研机构、法院、其他国家机关、律师事务所、国有企业和其他企事业单位，努力将人权理论与知识运用于实践。更为重要的是，各基地正在积极实施人权外交官培养工程，选送学者或学生进入国际人权机构观摩实习工作，打造一批高质量、高水准、复合型、国际化的人权人才，为中国特色社会主义事业发展贡献力量。例如，2023 年，中国人民大学人权学者陆海娜教授成为联合国人权理事会妇女和女童歧视问题工作组专家，也是联合国人权理事会特别程序现任唯一中国籍专家。2023 年，广州大学、复旦大学、山东大学、西南政法大学共有 4 名学生进入人权领域国际组织实习，包括联合国人权事务高级专员办事处反种族歧视部门、联合国难民署肯尼亚办事处难民甄别办公室、联合国开发计划署（冈比亚）等；中南大学 1 名学生参加海牙国际法学院国际公法暑期课程。通过实习工作，学生可以接触到最新的人权信息；现场聆听联合国人权理事会会议；直接参与撰写国家评估报告等工作。选派青年学者去联合国或国际人权机构实习，是一个难得的了解世界范围内人权发展情况的机会，也是一个了解联合国人权机制的机会，有利于培养提升国际人权话语权所需的高端人才。

除此之外，各基地也在充分创造条件和机会，让更多的学生参与到国际人权实践。例如，"纳尔逊·曼德拉世界人权模拟法庭大赛"就是一个进行国际化教育、跨学科教育的典型项目。复旦大学、西南政法大学、中国政法

---

① 曹燕：《"2018·全国人权教育与研究"研讨会会议综述》，《人权》2019 年第 1 期。

大学分别在 2018 年、2019 年、2022 年取得佳绩。此外，2023 年复旦大学、山东大学、西南政法大学均有学生参与人权领域国际竞赛并取得优异成绩。各基地都很重视每一次代表国家参加人权赛事的宝贵机会，充分向世界展示中国人权青年正积极参与到国际人权事业的发展与讨论中来。

（三）广泛开展人权培训

《国家人权行动计划（2021—2025 年）》明确提出："将人权教育纳入国民教育体系，开展人权研究，加强人权培训，普及人权知识，增强全社会尊重和保障人权的意识。"对此，各基地积极开展社会性人权培训，尤其是在高校、科研机构、企事业单位、中小学等深入普及人权理论知识。例如，2023 年 11 月，南开大学人权研究中心举办 ESG（环境、社会和公司治理）与人权培训示范企业研讨会，为企业人权发展提供了有益思路，推动形成尊重和保障人权的职场文化。吉林大学人权研究院积极为立法、执法、司法机构或其他人权机构工作人员提供人权培训，主题涉及"人权与法治""人权保障与司法改革""特定群体权利保护"等，强化公职人员人权知识普及。中国政法大学人权研究院多次举办"人权暑期班""社会性别与人权师资研讨班"，向国内外高校教师和学生提供人权培训。西南政法大学人权研究院面向苏州高新区律师协会开展"人权与法治"培训，培养律师的人权意识和法治思维。武汉大学人权研究院举办"残障法律援助律师培训工作坊（2023）""未成年人专题法律援助律师培训工作坊（2023）""残障人刑事法律援助能力建设工作坊（2023）"，共有来自律师事务所、高校、残障社会组织等单位的 66 位参会者参与。中南大学人权研究中心举办 2023 年"苗圃计划"国际组织青年人才培训班。这些培训对培养高端人才、推动全社会逐步形成尊重和保障人权的良好氛围具有重要意义。

六 未来展望

当前的国际人权舆论环境与之前相比，已然发生了显著的、深刻的变化，人权教育与研究也面临前所未有的发展机遇，加强人权基地建设的重要性和紧迫性不言而喻，还需要在未来做好以下几个方面的工作。

一是扎实推进当代中国人权观研究和话语体系建设。当代中国人权观与中国人权事业发展是相辅相成、同频共振的，人权理论研究推动人权事业不断发展，人权事业夯实人权理论研究。因此，各基地应继续以习近平新时代中国特色社会主义思想为指导，既要坚持自身发展特色，加强人权学科建设，又要在宏观上有大局意识和整体意识，推动人权理论研究更具科学性、体系性。

二是加强多层次、多层面的交流交往合作。一方面，加强各基地之间的交流交往，继续举行全国人权研究机构工作经验交流会，分享经验，合力探讨推动我国人权事业发展的有效策略；另一方面，在国际层面加强交流与合作，积极参与到国际人权规则的制定中，为提高我国人权国际话语权贡献力量。

三是不断提升应对重大问题的能力，为党和国家制定、实施人权政策提供思想库。当前，各基地不断加强与国家机关和社会组织的深度合作，向中央、地方以及联合国等国际组织提供高质量的智库报告，以不断提升应对重大问题的能力。未来，各基地在面对人权领域重大理论和现实问题争议时，应继续秉持严谨的研究态度和方法，展开集中攻关，提出符合时代发展和人民需要的人权理念、人权思想和人权方案，努力将自身打造成创新型、开放式、现代化的人权智库。

新时代、新征程，国家人权教育与培训基地必将在构建中国人权理论体系、提供咨政建言、普及人权知识和开展国际交流与合作等方面取得更大的成绩，为新时代中国人权事业和国际人权事业的发展进一步提供智力支持、思想养料和文化底蕴。

B.21
中国人权研究及人权学科体系
建设的新进展

赵树坤　朱　莉*

摘　要:　2013~2023 年中国在人权研究和学科体系建设方面取得了重要进展。这一时期大陆出版的人权著作呈现出研究主题多元化、研究领域焦点转移和逐渐形成一个多学科交叉格局的特征。人权论文研究方面呈现出学术关注和期刊数量增加、人权研究焦点拓展以及批判性和建设性研究突出的特点。同时,人权研究在理论和实践层面也多有发展,尤其在政策变化、学术研究、教育项目等方面呈现出良好发展趋势。

关键词:　人权研究　人权教育　人权学科

在全球化深入发展和国际社会对人权议题日益关注背景下,2013~2023 年成为中国人权研究发展的关键十年。全球化带来的国际人权理念的影响、国内经济社会的快速发展、政府对法治建设的重视、人权研究在国家层面获得的鼓励和支持,共同促成这一时期中国人权研究的显著进步。人权研究不仅在成果数量上有显著增长,而且在质量和深度上也取得了重要的进步。这一阶段的研究标志着中国在建设具有自身特色的人权知识体系、学科体系和话语体系方面迈出坚实的步伐。

本报告旨在全面总结过去十年间中国在人权研究领域的新进展,并探讨

---

* 赵树坤,法学博士,西南政法大学教授、博士生导师,研究方向为人权法学、法理学;朱莉,西南政法大学人权研究院(人权学院)2022 级博士研究生。

其与人权学科体系建设的相互作用。首先，对 2013~2023 年出版或发表的有影响力的人权相关专著和论文进行统计和分析，以评估这一时期内人权研究的主要趋势和贡献。其次，通过案例研究和文献回顾，深入探讨人权研究在理论和实践层面的发展。最后，在此基础上，深入分析这一时期的政策变化、学术研究、教育项目以及具体案例，以多视角呈现中国人权研究和人权学科体系建设的现状和发展趋势。

一　中国大陆出版的人权专著分析

人权研究属于典型的跨学科研究，领域宽广。为确保人权研究文本选择的恰当性，本报告重点从社会科学的角度，考虑专业性和针对性，来选择以人权为主要研究议题的学术作品。

以下几种情况被排除在分析对象之外。（1）非研究类著作，包括政府文件、联合国等国际组织的官方文件，如人权白皮书、人权行动计划、美国侵犯人权报告等。[①] 这些文件虽然在人权研究领域内具有一定的参考价值，但不属于独立的学术研究成果。（2）非社会科学著作，如文学、艺术作品等，即使它们涉及人权主题。[②] 这类创作虽然丰富了文学作品的价值内涵，但研究方法和目的与本报告所关注的学术研究有所不同。（3）非以人权为核心主题的著作，考虑到人权议题的广泛性，本报告不考虑那些虽然涉及人权但未将其作为中心议题的作品。如仅分析部门法中的权利行使与救济;[③] 议题具有人权内在价值，但相关性并不显著，且不属于任何相关人权专题丛书的

[①] 例如，中华人民共和国国务院新闻办公室编《2022 年美国侵犯人权报告》，五洲传播出版社，2023；中华人民共和国国务院新闻办公室编《中国共产党尊重和保障人权的伟大实践》，人民出版社，2021。

[②] 例如，张永和主编《新时代中国人权故事》，中央编译出版社，2023；王颖《与权利有关的法律常识》，中国华侨出版社，2021；范中华编著《剑与火焰——为人权呼号（西方 19 世纪前期文学故事）》，湖南人民出版社，2013。

[③] 例如，刘蔚《数据合规：大数据背景下个人信息保护机制研究》，中南大学出版社，2023；杨立新《人格权法通益》，商务印书馆，2023；鹿云《承认正义研究：以批判理论为视角》，光明日报出版社，2020。

编目项，也没有专门的课题资助。① （4）学术集刊作品。学术机构出版的成套的、定期或不定期的集刊没有刊号，而拥有国际标准书号（ISBN），是以书代刊的作品。② 但由于其本质是论文的集合，故不在本报告的讨论范围内。（5）非中国大陆出版发行的著作。

本报告借助对国家图书馆"联机公共目录查询系统"③ 的高级检索，将筛选出的符合条件的 564 本人权专著④作为统计分析对象，考察情况如下。

（一）研究主题

根据《经济、社会及文化权利国际公约》、《公民权利和政治权利国际公约》以及我国《国家人权行动计划（2021—2025 年）》中关于权利的分类，以及所统计的 564 本专著的图书在版编目（CIP）数据，将人权研究主题共分为十类，分别是"生存权和发展权""公民权利和政治权利""经济、社会和文化权利""人权理论与实践""环境权""特定群体权利"⑤ "工商

---

① 例如，姚大志主编《平等主义》，中国社会科学出版社，2018；方德志《共情、关爱与正义：当代西方关爱情感主义伦理思想研究》，中国社会科学出版社，2021。

② 例如，西南政法大学人权研究院主办的《中国人权评论》，武汉大学人权研究院主办的《残障权利研究》，山东大学主办的《人权研究》（集刊），西北政法大学人权研究院主办的《人权论衡》，中国政法大学人权研究院主办的《人权论丛》，广州市法学会人权法学研究会与广州大学人权研究院主办的《中国人权研究与教育》，上述刊物在 2013~2023 年共出版 44 本。

③ 中国国家图书馆联机公共目录查询系统，http://opac.nlc.cn/F/KPJYKR8MTM4BQAICPCA98JLKB2JP1RXSUAU562L7XNTJ5RYYN4-04517? func=find-b-0，最后访问日期：2024 年 3 月 15 日。

④ 首先，在组合检索中，以"人权""权利"为"所有字段"，将检索范围限制在语言为"中文"，资料类型为"图书"，开始年份为"2013"，结束年份为"2023"，范围为"全馆"，执行上述检索条件，"人权"命中记录数为 592，"权利"命中记录数为 1044；其次，在组合检索中，以"人权""权利"为"正题名"，其他条件不变，"人权"命中记录数为379，"权利"命中记录数为 729；再以"××权"为"所有字段"分别检索；最后，排除掉重复的部分，以及不符合本报告分析对象的部分，符合条件的人权专著有 564 本。

⑤ 本报告中使用的"特定群体"用于指代在人权研究和公共政策中需要特别考虑的人群。这些群体包括传统意义上的妇女、儿童、少年人、残疾人、少数民族等，以及在人权领域需要特殊关注的农民工、失地农民、罪犯及嫌疑人、艾滋病患者等。参见许尧《关于使用"特定群体"称谓的建议》，《人权》2015 年第 2 期。

业与人权""人权教育""国际人权公约和机制""全球人权治理"。具体数据统计见表1。

表1　2013～2023 年不同研究主题的人权专著数量统计

单位：本

| 年份 | 生存权和发展权 | 公民权利和政治权利 | 经济、社会和文化权利 | 人权理论与实践 | | | 环境权 | 特定群体权利 | 工商业与人权 | 人权教育 | 国际人权公约和机制 | 全球人权治理 | 总计 |
				综合权利	基础理论	保障实践							
2023	4	3	3	3	11	4	2	5	3	1	2	6	47
2022	2	0	1	2	6	0	1	5	1	2	2	2	24
2021	1	6	5	5	5	3	6	9	0	3	2	3	48
2020	4	4	4	3	10	1	1	7	1	0	6	4	45
2019	3	5	3	3	7	4	0	2	2	1	12	1	43
2018	3	4	2	6	8	3	2	15	0	0	6	4	53
2017	2	6	2	2	11	5	0	9	1	2	3	7	50
2016	3	7	5	7	12	4	2	12	1	12	4	1	70
2015	2	5	7	7	16	4	0	11	1	1	3	5	61
2014	1	2	7	2	11	9	3	14	1	2	8	0	60
2013	1	14	7	4	13	2	1	15	0	2	3	1	63
总计	26	56	46	44	110	38	18	104	11	26	51	34	564

如表1所示，2013～2023 年，中国大陆出版的人权专著共有 564 本，以"生存权和发展权"为主题的 26 本，占总体的 4.61%；以"公民权利和政治权利"为主题的 56 本，占总体的 9.93%；以"经济、社会和文化权利"为主题的 46 本，占总体的 8.16%；以"人权理论与实践"为主题的 192 本，占总体的 34.04%；以"环境权"为主题的 18 本，占总体的 3.19%；以"特定群体权利"为主题的 104 本，占总体的 18.44%；以"工商业与人权"为主题的 11 本，占总体的 1.95%；以"人权教育"为主题的 26 本，占总体的 4.61%；以"国际人权公约和机制"为主题的 51 本，占总体的 9.04%；以"全球人权治理"为主题的 34 本，占总体的 6.03%。

"人权理论与实践"这一主题占相当大的比例，显示出学界对人权理论

与实践深入探讨的重视。这包括对人权概念、思想、历史、哲学基础以及在中国特定社会、政治和经济背景下的实践问题的分析。

在"特定群体权利"这一主题下，除了常规的妇女、儿童、少数民族、残疾人等人权保障对象外，城乡发展不均衡、户籍制度的局限以及政策变迁等多种复杂因素交织而产生的具有独特身份特征和利益诉求的群体，如"失地农民""农民工""留守（流动）儿童"等，学界也给予关注和回应。这类研究主要集中在农民土地权保障、农民工权利救济和留守（流动）儿童受教育权等权利缺失和被弱化等问题上，分析这些问题的出现背景、演变过程以及它们对个体和社会的长远影响。此外，探讨解决这些问题的路径、机制和对策，旨在提出具有实际操作性的建议，以改善这些特定群体的生存和发展现状。①

"生存权和发展权"已经逐渐成为学术研究的焦点。首先，研究数量不断增多，包括对中国人权事业的历史发展进行总结，从而为理论探讨提供实践基础。同时，学者们致力于理解和阐述中国特有的发展权话语体系及其在全球范围内的潜在影响。这不仅涉及对已有政策和法律的分析，还包括对中国如何在全球人权框架中定位自身的深入思考。② 其次，这一研究主题的探讨正在从传统的政治话语转向更加严谨的学术话语。这包括强调保障人的生存权和发展权的重要性，并将提升个人的生存能力和发展能力作为核心目标。③ 最后，与特定群体相结合的研究视角也在不断增加。这包括对边缘化群体、弱势群体和不同社会经济背景下个体的特殊需求的研究。通过将生存权和发展权的概念应用于这些特定群体，旨在提供更加具体和有针对性的政

① 2013~2023 年，涉及农民土地权的人权专著有 10 本，涉及农民工权利保障的人权专著有 5 本，涉及留守（流动）儿童权利保障的人权专著有 5 本。例如，惠建利《中国农民财产权的制度变迁与保护研究》，中国社会科学出版社，2023；郭青《农民工权利问题研究》，中国林业出版社，2014；黄厚明《流动儿童受教育权利的法律保障研究》，江西高校出版社，2019。

② 例如，汪习根主编《发展、人权与法治研究：新时代的人权法治保障》，武汉大学出版社，2020。

③ 例如，常健《基于中国实践的人权理论研究：以人的发展为视角》，中国社会科学出版社，2023；戴菁《个人发展的法理探究》，商务印书馆，2023；张扩振《生存权保障：一种体系化路径》，中国政法大学出版社，2016。

策建议，以确保这些群体的权利得到有效保护和促进。①

在过去十年中，"全球人权治理"已经成为学术界的一个新兴研究主题。一是学者们提出一系列人权理念来丰富和发展人权文明的形态。这包括对"人类命运共同体"人权意蕴的深入理解，探讨在构建人类命运共同体过程中遇到的机遇和挑战，以及这一理念对全球人权治理变革的影响。② 二是采取一系列人权行动以加强全球合作的基础。这涉及中国在减贫、气候变化和粮食安全等关键领域中的深入参与和话语权的提升。③ 三是参与人权规则的制定，以改善全球人权治理结构。这包括中国在与联合国人权机制的合作中遇到的问题，联合国人权机制在重塑和实现国际人权秩序中的价值，以及中国提升其在全球人权领域影响力的路径和策略。④

除此之外，"工商业与人权"这一主题也开始进入学界的视野。最初，这一领域的研究主要依赖于翻译和引入国外的相关著作，这为理解全球范围内的工商业人权问题提供了基础。随着时间的推移，中国学界开始深入探讨工商业活动与人权之间的复杂关系，尤其是在中国特有的社会经济环境中，开始关注诸如企业社会责任、劳工权利、环境保护与可持续发展等主题，这些都与工商业活动紧密相关，也促进了学者们对国际人权标准和比较研究的深入探讨。⑤

（二）学科视角

人权研究作为一个具有挑战性和复杂性的领域，不仅涉及法律、政治

① 例如，谢文俊《乡村振兴视域下的农民生存权法治保障研究》，知识产权出版社，2023。
② 例如，阙天舒《全球安全治理：热点议题与中国视角》，北京师范大学出版社，2023。
③ 例如，刘铁娃《中国社会组织参与全球治理的实践研究》，当代世界出版社，2023；陈泽宪主编《人权领域的国际合作与中国视角》，中国政法大学出版社，2017；毛俊响《中国参与人权国际合作的理论与实践》，中南大学出版社，2017。
④ 例如，孙萌《中国与联合国人权机制影响与变革》，中国政法大学出版社，2020；曾令良主编《国际人权公约的实施及中国的实践》，中国计划出版社，2015。
⑤ 例如，〔美〕约翰·鲁格（John Gerard Ruggie）《正义商业：跨国企业的全球化经营与人权》，刘力纬、孙捷译，社会科学文献出版社，2015；梁晓晖《工商业与人权：从法律规制到合作治理》，北京大学出版社，2019；于亮《跨国公司母国的人权义务》，法律出版社，2020。

学、社会学等传统学科，还跨越伦理学、历史学等多个领域。为深入分析人权专著所强调的学科视角并确保研究的条理性和准确性，本报告采取以下归类原则。首先，依据教育部公布的一级学科目录，将专著初步分类，同时利用二级学科作为具体的分析角度，①这种分类方法有助于精确地定位专著的学科领域。其次，当专著的名称和内容未能清楚揭示其学科重点时，综合考量专著的图书分类、推荐上架区域、所采用的研究方法，以及出版社的特色和方向。最后，如果一个作品的研究内容没有明显倾向于某个特定学科，即其涉及的学科知识和研究方法跨度较大，无法归入单一学科范畴，那么本报告将其定义为跨学科研究。②这种方法旨在确保研究的清晰性和系统性，以便更好地理解和分析人权领域的学术专著。具体学科视角分布见表2。

表2　2013~2023年人权研究专著的学科视角分布

单位：本，%

序号	学科角度	专著数量	占统计总数的比例	具体角度
1	法学	294	52.13	具体权利、国际公约等
2	政治学	39	6.91	政治思想史、国际关系等
3	哲学	30	5.32	马哲、正义、平等、儒家、宗教等
4	社会学	9	1.60	社会保障、社会融入等
5	教育学	30	5.32	高等教育学、成人教育学等
6	马克思主义理论	11	1.95	马克思主义中国化、马克思主义人权观等
7	历史学	22	3.90	世界近现代人权史、国别史等
8	公共管理学	8	1.42	行政管理、卫生事业管理
9	新闻传播学	1	0.18	传播
10	体育学	6	1.06	体育人文社会学
11	中国语言文学	1	0.18	古代文学
12	跨学科	113	20.04	论文集、报告、人权实践等

① 参见国务院学位委员会、教育部《学位授予和人才培养学科目录（2011年）》，学位〔2011〕11号。
② 本报告采取的"跨学科"（interdisciplinary）定义，取整合两个或多个不同学科领域的理论、工具、方法和观念的研究方法之意。参见张岂之、谢阳举《哲学与跨学科研究》，《西安交通大学学报》（社会科学版）2004年第3期。

　　根据表 2 可知，在人权专著的研究中，学科交叉的趋势显而易见。从数据来看，法学在人权研究领域占据显著的主导地位，其相关专著高达 294 本，占总体专著的 52.13%。这一比例反映出法学在人权理论和实践中的核心地位，特别是在制定和解释人权相关法律和政策方面。政治学、哲学、社会学、教育学、马克思主义理论、历史学、公共管理、新闻传播、体育学以及中国语言文学等学科虽然在数量上远不及法学，但它们在分析和解释人权问题方面提供了不同的视角和理论支持。这些学科的参与，尤其是它们与法学的交叉，为人权问题的多元解读和全面理解增添了新的维度。例如，政治学相关的专著有 39 本，占总数的 6.91%，关注人权与政治体系、治理结构、政策制定等方面的关系；哲学相关的专著有 30 本，占总数的 5.32%，深入探讨人权的道德和伦理基础；社会学和教育学相关专著各占总数的 1.60% 和 5.32%，分别从社会结构、文化差异和教育角度审视人权问题。

　　值得关注的是，跨学科的专著数量达到 113 本，占总体的 20.03%。这表明在人权研究中，跨学科方法正在成为一种重要趋势。不同学科的理论和方法被综合运用，以探讨人权问题的多维度和复杂性。例如，结合历史学和政治学的研究可以更全面地理解人权的历史发展和政治动态；结合社会学和法学的研究则有助于分析法律如何在不同社会结构中实施和影响人权。此外，人权研究还需要关注文化、历史和地理等因素，这些因素对人权的理解和实践具有重要影响。人权研究不仅是理论上的融合，更是实践中的互动。比如，经济学提供的贫困和不平等理论，有助于更深入地分析和理解经济权利的问题。同样，历史学的视角能够帮助理解人权观念的演变和不同文化背景下的人权实践。因此，人权研究要求研究者具备跨学科思维，能够在不同学科之间建立桥梁，形成更为全面和深入的理解。

（三）总体特征

　　2013~2023 年中国大陆的人权专著展现了人权研究的深度和广度，同时也揭示了该领域面临的挑战和未来的发展方向。

1. 人权研究主题的多元化和专业化

相比较上个十年,此时期的人权专著呈现明显的主题多元化趋势。议题设置和研究方向呈现出主题更为细化的特点。专门的学术出版物尤其是人权主题丛书,如"南开大学人权研究系列丛书""中国人权研究""人权文库""中国人权评论丛书""南开大学人权教育系列丛书""人权知识读本丛书"等,成为人权研究领域的重要学术资源。这些丛书各具特色,但都拥有明确的主题或宗旨,并在其框架下汇集一系列相对独立但又紧密相连的子目。这种结构不仅保证了对各个研究主题的深入探讨,也保持了整个丛书对核心人权议题的聚焦。通过汇集多方面的研究成果,为研究人员、学生和对人权感兴趣的公众提供丰富的学术资源和知识库。2013~2023 年出版的人权系列丛书见表 3。

表 3　2013~2023 年出版的人权系列丛书

丛编项	专著	作者
南开大学人权研究系列丛书	《基于中国实践的人权理论研究:以人的发展为视角》	常健著
	《市场经济体制与人权保障制度》	常健、黄爱教著
	《中国人权保障政策研究》	常健、郝亚明等著
	《中国特色人权发展道路研究》	薛进文、常健等著
南开人权研究系列丛书	《各国人权行动计划的制定、实施与评估研究》	许尧著
	《国家人权行动计划国际比较研究》	金东日、许尧等著
中国人权研究/李林、陈甦主编	《〈公民权利和政治权利国际公约〉及其实施机制》	朱晓青、柳华文著
	《欧洲人权法律保护机制研究》	朱晓青著
	《论国家在〈经济、社会和文化权利国际公约〉下义务的不对称性》	柳华文著
	《人权法治研究报告》	李林主编
	《征募儿童的战争罪:以"国际刑事法院第一案"为视角》	何田田著
	《人权与 WTO 法律制度》	刘敬东著
	《人权与 21 世纪》	王家福、刘海年、李林主编
	《儿童权利论:一个初步的比较研究》	王雪梅著
	《社会性别与妇女权利》	薛宁兰

丛编项	专著	作者
人权文库/张伟总主编	《跨国公司责任研究:促进跨国公司的人权进步》	〔挪威〕巴德·A.安德烈亚森、〔越南〕武庆荣主编;张伟、刘林语译
	《欧洲儿童权利法律手册》	欧盟基本权利机构、欧洲理事会著;张伟、刘林语译
	《国家人权机构手册》	亚太国家人权研究机构论坛著;张伟、石慧译
	《人权的教育、研究与实践:2012-2015年中国高校教师人权法教学研讨会文集》	班文战主编
	《刑事司法改革与基本权利保障》	齐延平主编
	《家事法专论》	夏吟兰编著
	《国际刑事法院的理论与实践》	凌岩主编
	《社会性别与人权教程》	刘小楠主编
	《从父母责任到国家监护:以保障儿童人权为视角》	夏吟兰主编
中国人权评论丛书/付子堂、张永和总主编	《阿玛蒂亚·森能力人权观研究》	董骏著
	《"不益惩肃之理"的法理解析》	陈江著
	《〈国家人权行动计划(2016-2020年)解读》	张永和主编
	《环境权及其诉讼救济》	孟庆涛著
	《城市流浪乞讨人员行政救助制度研究》	梁洪霞著
	《綦县涉诉信访:中国基层法院涉诉信访研究报告》	张永和、赵树坤、骆军等著
	《宪法环境权》	〔英〕蒂姆·海沃德著;周尚君、杨天江译
南开大学人权教育系列丛书	《儿童权益保护教学手册:小学版》	唐颖侠、王彬、高通编著
	《楠楠和凯凯的故事:中学版》	唐颖侠、魏建馨、郑兆莹编著
	《楠楠和凯凯的故事:小学版》	唐颖侠、王彬、高通编著
	《儿童权益保护教学手册:中学版》	唐颖侠、魏建馨、郑兆莹编著
人权知识读本丛书/罗豪才、徐显明、李步云总主编	《人权知识企业读本》	王水霞主编
	《人权知识农民工权利读本》	张晓玲主编
	《人权知识检察官读本》	张智辉主编
	《人权知识老年人权利读本》	张永和主编
	《人权知识警察读本》	杨松才、肖世杰主编
	《人权知识联合国核心人权公约与机制》	柳华文著
	《人权知识少数民族权利读本》	王平、熊芳亮等编著
	《人权知识残疾人权利读本》	陈佑武主编

2. 人权研究领域的焦点和主题随时间的推移而演变

人权研究的焦点和主题在不同历史阶段呈现出明显的演变态势。这种演变一方面体现为传统核心议题的相对衰退和新兴议题的增长，另一方面也伴随着研究范畴的分化与专业化。

一些重要的人权议题，如经济、社会和文化权利，与传统的公民权利和政治权利相比数量较少。但相比上个十年，其差距已经在缩小。这种不平衡可能源自多方面的原因，包括学术界在资源分配、研究兴趣或方法选择上的偏差。同时，一些新兴议题如环境权利起初是被学术界作为广泛的人权议题进行探讨和理论识别。随着这些议题的进一步发展，它们开始被相关的部门法吸收，并在实践层面经历一系列复杂的法律识别、政策转化和专门化研究过程，开始形成自己的专业领域和研究范畴。这既体现为传统核心议题的更新，也反映了新生议题成熟并最终独立的过程。这种演变态势预示着人权研究架构和布局的变革仍在持续推进。

随着全球化的深入发展和科技的快速进步，一些传统的人权议题逐渐与新兴议题相交织。特别值得关注的是，数字人权逐渐成为研究的焦点。数字人权涉及信息获取、隐私保护、网络自由等方面，反映了数字化时代背景下对个人权利保护的新需求和挑战。同时，"全球人权治理"已经成为学术界的一个新兴研究主题。这涉及如何在全球层面有效地协调和实施人权政策，特别是在处理跨国界人权问题、国际人权法的制定和执行以及国际人权机构的角色和影响力等方面，体现了对于构建更加公正和有效的国际人权框架的迫切需求。这不仅显示了人权在该领域的动态性和适应性，还反映了人权研究者对全球化时代下新兴挑战的积极回应。这种演变不仅丰富了人权研究的内容，也提高了其在解决当代全球性问题中的实际应用价值。

3. 人权研究正逐渐形成一个多学科交叉的格局

长期以来，法学一直是探讨人权问题的核心学科之一，其历史积累和理论架构对人权研究的发展产生深远影响。法学研究在人权实践中的应用也日益成熟，法学研究为明确权利主体、完善救济机制等提供了理论支撑。可以说，法学在人权研究领域的卓越表现是其学科特性和实践紧密结合的必然结果。

尽管法学研究在数量上占据主导地位，但其他学科的参与不断丰富着人权研究的内容和深度。人权议题正日益被当作一个包含多种维度的复杂体系，不仅涵盖政治和法律层面，也涉及社会、文化和经济层面的广泛讨论。不过，非法学学科的研究在整体分布上相对分散，这表明在人权研究领域，除法学外的其他学科还需加强合作和交流，以推动人权研究向更加深入和全面的方向发展。通过跨学科的合作和理论融合，可以更有效地应对复杂多变的人权问题，并促进人权理论与实践的进一步发展。

二　人权研究领域相关论文分析

为了综合把握中国在人权研究方面的整体状况和最新趋势，特别是近十年学术界在该领域的知识生产方式和理论发展趋势，本报告全面检索 2013~2023 年在中国知网（CNKI）收录的 CSSCI 期刊①和人权领域专业刊物②中有关人权的学术论文，继续审视和提炼中国在人权研究领域的理论和实践层面的进展。

---

① 全称中文社会科学引文索引（Chinese Social Sciences Citation Index，CSSCI），作为中国人文社会科学领域评价的标志性项目，其旨在提供一个严谨、权威的平台，用于评估和展示中文社会科学领域的研究成果。在中国知网的高级检索系统中，文献的"来源类型"包括多个选项，如"全部期刊""SCI 来源期刊""EI 来源期刊""核心期刊""CSSCI""CSCD"等。这些分类体现了不同来源文献的特点和应用场景。"全部期刊"类别虽然包含极为广泛的文献资源，但其内容繁杂且文献质量参差不齐，相比之下，CSSCI 作为一个专门的索引，其收录的论文数量不仅庞大，而且更加专业和准确。它涵盖 2013~2023 年人权研究领域的主要研究成果，因此能够更全面和准确地反映该领域的学术发展和研究趋势。

② 随着人权研究的快速发展，一些专门从事人权研究的刊物相继创立，如《人权研究》（季刊）和《人权法学》。由于标准和实践限制，这些刊物暂未被 CSSCI 收录。此外，一些集刊如《人权研究》、《残障权利研究》和《反歧视评论》虽然未被定义为常规期刊，却在人权领域的学术文献发表中发挥着不可忽视的作用。《人权》2021 年入选 CSSCI 来源期刊（2021~2022），在此之前的文章也被列入本次统计范围。

（一）论文数量统计

本报告在统计人权主题的学术论文数量时，除了选择被收录进 CSSCI 期刊的论文，还纳入未被 CSSCI 收录，但属于人权研究领域同时被"人文社会科学期刊 AMI 综合评价体系"① 评估的专业刊物。通过扩展论文统计范围，为了解人权领域的研究动态和学术趋势提供一个更为详尽的统计分析基础。

本报告采用以下方法来识别和筛选相关论文。首先，利用中国知网的期刊"高级检索"功能，以"人权"为"主题"，时间从"2013 年"到"2023 年"，"来源类型"为"CSSCI"，共找到 4298 条结果；其他条件不变，以"人权"为"篇名"，共找到 960 条结果；以《国家人权行动计划（2021—2025 年）》的权利分类方式，使用具体的"××权"作为"篇名"，共找到 1009 条结果。其次，统计人权领域专业刊物上刊载的论文共 1125 篇。然后对检索到的结果进行筛选，排除掉被多次检索到的重复论文、讲话、会议综述、笔谈或新闻稿以及虽然在题目中含有相关词汇但实质上不是研究人权或者主要视角并非人权的文章。② 最后，共得到符合条件的人权研究论文 3519 篇。

从 2014 年开始，总体上人权论文的数量呈现下降趋势。2018 年论文发表数量回升，此后每年总量较为稳定。标题包含"人权"二字的论文数量波动较为温和，总体呈现"上升—下降—上升"的"W"形态（见图 1）。

---

① 该评价体系由中国社会科学评价研究院主办，主要从吸引力、管理力和影响力三个层次对期刊进行评价，划分为顶级、权威、核心、扩展及入库五个等级。参见中国社会科学评价研究院《中国人文社会科学期刊 AMI 综合评价报告（2022 年）》，http://casses.cssn.cn/yntg/202301/P020230112549989068939.pdf。

② 例如，《中国人权信息（2023 年 1~2 月）》，《人权》2023 年第 2 期；陈卫东《刑事诉讼法治四十年：回顾与展望》，《政法论坛》2019 年第 6 期；张乃根《国际法上的多边主义及其当代涵义》，《国际法研究》2021 年第 3 期。

图1　2013~2023年人权研究论文数量分布

（二）学科领域分析

本报告采用教育部公布的一级学科目录作为基础，利用此目录作为初步分类的框架，并进一步细化到二级学科，[①] 以提供更具体和深入的分析角度。这种方法的目的是确保每篇论文都能够被准确地归类到最适合的学科领域，同时避免多学科交叉而导致的分类混乱。对于那些学科边界相对模糊或学科内部多样性较突出的论文，分析论文的具体研究内容、所属期刊的性质、作者主要研究方向，以及论文的所属专题和中图分类号。尽可能地为每篇论文找准其在所属学科领域内的定位和价值，以便在宏观层面上理解和分析学术研究的学科分布和趋势。2013~2023年人权研究论文涉及的学科领域统计见图2。

近十年的人权研究呈现出明显的多学科化趋势，在众多涉及人权的学科中，法学占49.70%，成为研究的主导学科。另外，政治学、教育学、哲学等学科也在人权研究中扮演重要角色。这些学科的介入不仅丰富了人权研究的内容和视角，也显示出人权问题在当代中国引起的广泛关注。而历史学、

---

① 参见国务院学位委员会、教育部《学位授予和人才培养学科目录（2011年）》，学位〔2011〕11号。

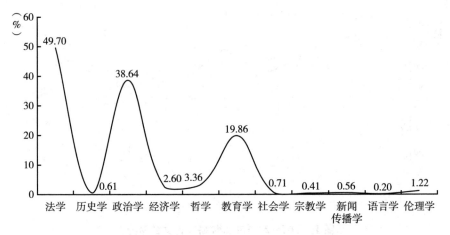

图2 2013~2023年人权研究论文涉及的学科领域统计

伦理学、社会学、宗教学、经济学、语言学、新闻传播学等学科的参与，则进一步证明人权作为一个多学科研究对象的共识正在不断强化。这种多学科的融合和交叉，推动人权研究方法和视角的创新和拓展，有利于人们对人权研究有更为全面和深入的理解，同时也体现了学界在探索人权议题时的视野拓展和深化。

（三）内容主题分析

本报告从人权基本理论、具体人权理论、人权保障和实现以及人权实践四个方面对所统计的论文内容进行分析。[①]

---

① 孙世彦老师认为，法学对人权的研究分为三个层次，即人权的基础理论研究、人权作为法律权利的研究和人权的法律机制的研究。刘志强老师认为此种分类方法仍没有覆盖人权研究的全部内容，如人权实践研究（狭义），包括人权外交、人权教育、人权研究的研究等。其进一步细分为四个方面，即人权基本理论研究、具体人权理论研究、人权保障和实现研究、人权实践研究。本报告亦采取此种分类方法。参见孙世彦《人权法研究：问题与方法简论》，《法制与社会发展》2008年第2期；刘志强《当代中国人权研究状况考察（1991~2016）——以CNKI代表性期刊论文为视角》，《人权研究》2018年第2期。

表4　2013~2023 年人权研究内容统计

单位：篇，%

人权研究内容	数量	占比
人权基本理论	1083	30.78
具体人权理论	869	24.69
人权保障和实现	1241	35.27
人权实践	326	9.26
总计	3519	100

1. 人权基本理论研究

当前，学术界对人权的研究不仅涉及人权的主体、概念和属性等基本问题，而且更加深入地从多视角探讨中国本土的人权观念。[①] 这种研究方向展现了对人权在不同文化和文明背景下的多样表现形式的深入理解，同时强调人权观念在文化多样性中的内生性和特殊性。通过这种方式，中国的人权观念不只是被视作一个法律和政治概念，更是深植于中国特定的历史、文化和社会结构之中。首先，此类研究注重挖掘中国人权观念的文化和历史根源。[②] 其次，它考虑到全球化背景下的文化多样性，这表明中国的人权观念是在与其他文化和国家的互动与交流中逐渐形成和演进的。[③] 最后，这种研究强调人权理念与中国特色社会主义理念的融合，人权不仅是国际法和国际关系的议题，同样也是国内发展和治理的关键组成部分。[④] 中国的人权研究不仅对国际人权话语提出挑战，更着重于如何将国际准则与中国独特的社会

---

① 参见刘志强《时空建构下中国人权发展道路的逻辑构造》，《政治与法律》2023 年第 9 期；孟庆涛《儒家人权话语述论》，《人权》2020 年第 5 期；等等。

② 参见齐延平《当代中国人权的内生性发展》，《法学》2023 年第 5 期；齐延平《当代中国人权的人学基础》，《当代法学》2023 年第 3 期；齐延平《当代中国人权观的形成机理》，《人权》2022 年第 2 期；等等。

③ 参见鲁广锦《论中国式人权文明新形态》，《吉林大学社会科学学报》2022 年第 3 期；杨博超《中"文明冲突"还是"多元共存"：人类文明新形态视野下的人权理念重构》，《理论探讨》2022 年第 3 期等。

④ 参见刘志强《论人权治理的三重逻辑及其展开》，《现代法学》2023 年第 4 期；钱锦宇《治理现代化视域中的中国特色社会主义人权话语体系》，《东南大学学报》（哲学社会科学版）2022 年第 2 期；等等。

文化背景和政治体制相融合。这种探索是在寻找一种平衡，旨在实现国际人权标准与中国特色之间的和谐结合。

2.具体人权理论研究

环境权和受教育权的研究最为活跃，环境权涉及的不仅仅是自然资源的保护，还包括人类健康、社会福祉和经济发展等多个方面。特别是环境权和发展权的议题结合，使得环境权研究如火如荼。教育被视为实现个人发展和社会进步的关键，不仅关系到知识和技能的获取，也与社会平等、经济发展和政治参与密切相关。教育领域的问题如教育质量、教育公平、"数字鸿沟"和融合等成为关注的焦点。其他如监督权、健康权和平等权等也有相对较多的研究，反映出这些领域在当代社会中的重要性。特别是在全球化背景下，面临流行病、环境污染、不平等的医疗资源分配等问题，健康权成为一个关键议题。研究量的增加可能反映出社会对健康问题的关注，特别是在公共卫生危机期间，公共健康的重要性凸显。2013~2023年人权研究论文中具体权利研究的统计见图3。

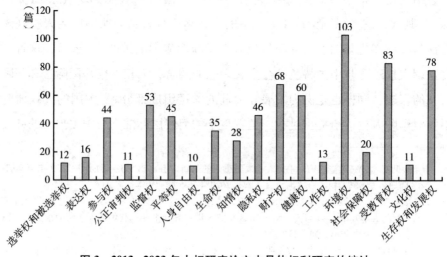

图3　2013~2023年人权研究论文中具体权利研究的统计

3.人权保障和实现研究

人权保障和实现是国际社会的重要议题，涵盖多个方面，包括国际人权规范的制定和遵守、人权司法保障机制的建立、国际人权标准的适用、国家的人权保障义务，以及特定群体的人权保护等方面。

其中，在人权的国际保护方面，学界主张通过规范对话、话语批判和自身模式塑造等方式，积极参与并重塑国际人权规范。① 以生存权和发展权为核心的中国人权理论体系，不仅丰富了国际人权规范的内容，还为非西方国家在人权规范发展上提供了新的思路和视角。② 中国主张在发展主义的视角下重塑国际人权话语体系，并在多元主义的基础上推动国际人权规范的包容性发展。③

在特定群体权利保障方面，学界认为应该采取多维度的方法，包括从思想基点、制度基础、行动方略、动力来源及国际国内协调等方面来全面理解和实施特定群体的权利保障。以人民为中心的特定群体权利保障策略，是基于对权利主体多样性和脆弱性的认识。④ 在实践中，重点在于如何从现实生活的具体情境中准确把握个体的真实权利需求和资源禀赋，并据此设计全面有效的权利保障方案。⑤ 从更宏观的角度看，关键在于在"中国特色人权发

---

① 参见山秀蕾、刘昌明《人权规范的扩散与异化》，《国际论坛》2022 年第 4 期；常健《联合国人权理念和规范对全人类共同价值的表达与建构》，《学术界》2023 年第 5 期；康华茹《中国参与国际人权规范建设的主体性（1974-1990）》，《河南大学学报》（社会科学版）2021 年第 1 期；等等。

② 参见毛俊响《习近平关于尊重和保障人权重要论述的国际规范扩散》，《法学论坛》2023 年第 1 期；刘志强、林栋《"以人民为中心"人权话语体系的法理阐释》，《学术界》2022 年第 1 期；魏晓旭《中国保障生存权的实践逻辑和话语阐释》，《人权》2023 年第 4 期；等等。

③ 参见常健《发展主义人权理论及其基本建构》，《学术界》2021 年第 12 期；吕怡维《本土化视角下中国人权理念的形成》，《现代法学》2023 年第 1 期；汪习根、吴凡《论中国对"发展权"的创新发展及其世界意义——以中国推动和优化与发展中国家的合作为例》，《社会主义研究》2019 年第 5 期；等等。

④ 参见赵树坤、胡艾雄《中国"反家庭暴力"话语实践变迁及其逻辑》，《求是学刊》2022 年第 6 期；罗国芬《儿童权利视角：农村留守儿童"再问题化"》，《探索与争鸣》2018 年第 1 期；郑若瀚《论中国的贫困治理与人权主流化》，《人权》2020 年第 4 期；等等。

⑤ 参见赵树坤《老年人便利出行制度保障的三维建构》，《人权》2022 年第 4 期；陆海娜《工作权国际标准的女性主义反思》，《法律科学（西北政法大学学报）》2021 年第 6 期；王雪梅《权利冲突视域下儿童最大利益原则的理解与适用》，《政法论坛》2022 年第 6 期；等等。

展道路"的框架内寻找适合中国国情的特定群体权利保障的发展路径。①

4. 人权实践研究

2013~2023 年的人权研究在实践层面上呈现出多元化的趋势，涵盖从理论传播到政策分析再到教育和学科建设的广泛领域（见表 5）。

表 5　2013~2023 年人权实践研究内容统计

单位：篇，%

人权实践研究内容	数量	占比
人权话语传播	58	17.79
人权外交	64	19.63
人权教育和学科	75	23.00
人权研究	53	16.26
其他	76	23.31
总计	326	100

人权外交研究占比 19.63%，主要聚焦于政治层面的人权外交政策，尤其是围绕美国的人权外交策略。这部分研究数量较多反映了国际政治中人权议题的重要性和复杂性，特别是在美国增加在中国人权问题上的议题设置的背景下。这些研究旨在回应国际政治中的人权攻势，探讨如何在外交政策中有效地处理和利用人权议题。23.00%的研究关注人权教育和学科，强调人权知识在学术领域和教育体系中的传播和发展。这些研究探讨如何在高等教育和其他教育层次中整合人权教育，以及如何构建人权学科，并在新文科建设视域下推动人权学科与其他学科的深度融合。

（四）总体特征

2013~2023 年，有关人权的学术论文研究呈现出以下几个特征。

---

① 参见刘远、张万洪《习近平法治思想中的特定群体权利保障理论》，《求是学刊》2022
　　年第 5 期；王也《数字鸿沟与数字弱势群体的国家保护》，《比较法研究》2023 年第 5
　　期；曲相霏《中国共产党残疾人权益保障的百年历程及意义》，《人权》2021 年第 2
　　期；等等。

1. 学术关注和期（集）刊数量增加

中国人民大学主办的《人权》被 CSSCI（2021~2022）收录为来源期刊，山东大学主办的《人权研究》（集刊）被 CSSCI（2017~2018）收录为来源集刊，反映了人权研究的学术认可度和研究质量的提升。另外，中国政法大学创办的《人权研究》（季刊）以及西南政法大学人权研究院创办的《人权法学》崭露头角，显示了人权研究在学术界的发展。从出版的期（集）刊类型来看，人权研究的领域变得更加多元化。除了传统的法学研究，还包括残障权利研究、反歧视研究等更专业和细分的领域。2013~2023 年主要期（集）刊出版物统计见表6。

表6　2013~2023 年主要期（集）刊出版物统计

名称	主编	出版数量(本)	主办方	备注
人权研究(集刊)	齐延平	15	山东大学人权研究中心	集刊，2001 年创刊
人权研究(季刊)	张伟	14	中国政法大学	季刊，2020 年创刊
人权法学	张永和	12	西南政法大学人权研究院	双月刊，2022 年创刊
中国人权评论	张永和	11	西南政法大学人权研究院	集刊，2012 年创刊
中国人权研究与教育	陈佑武	4	广州市法学会人权法学研究会、广州大学人权研究院	论文集，2016 年第一卷
人权论衡	贾宇/王麟	2	西北政法大学人权研究院	集刊
残障权利研究	张万洪	10	武汉大学人权研究院、武汉大学公益与法律发展研究中心	集刊，2014 年创刊
反歧视评论	刘小楠、王理万	10	中国政法大学人权研究院	集刊，2014 年创刊
发展、人权与法治研究	汪习根	7	华中科技大学人权法律研究院	集(年)刊，2018 年创刊

2. 人权研究焦点的拓展

通过整理论文标题中包含"人权"二字，且被引用次数排在前20位的信息（见表7），可以看到，人权研究的焦点拓展表现为对新兴议题的关注、全球与地方议题的结合、全球政治变迁对人权的影响等方面。随着社会变迁和技术发展，一些新兴议题成为人权研究的焦点。例如，数字人权研究的兴起促使学者们扩展传统的人权理论框架，纳入数字化时代的新问题和挑战。数字人权问题成为国际人权议程的重要组成部分。这不仅会影响国际组织的工作重点，也促使不同国家在数字人权领域进行更多的交流和合作。此外，环境变化对人权的影响，特别是气候变化对弱势群体生存权和发展权的影响，也逐渐成为人权研究的重要组成部分。全球化使国际和地方议题在人权研究中越来越多地交织在一起。学者们关注全球人权规范如何影响地方实践，以及地方人权问题如何在地方或全球层面得到关注和解决。例如，研究如何将国际人权标准与本地文化和法律体系相结合，以及如何在全球框架下解决地方性人权问题。在这一时期，全球范围内的社会政治变化对人权研究产生深刻影响。例如，民主倒退、威权主义崛起、民族主义和排外主义加剧等现象，成为人权研究的重要议题。这些现象不仅对个人的基本权利构成威胁，也挑战国际人权保护机制的有效性。研究焦点的扩展，显示了人权领域对于全球化时代新挑战的敏感性和适应性。这些研究不仅丰富了人权领域的理论和实践，也为应对当代世界面临的人权挑战提供了重要的视角和工具。

表7　被引用次数排在前20位且题名包含"人权"二字的论文

作者	题名	刊名	年份	被引（次）	下载（次）
马长山	智慧社会背景下的"第四代人权"及其保障	中国法学	2019	468	13154
郭春镇	数字人权时代人脸识别技术应用的治理	现代法学	2020	273	8875
吴英姿	论诉权的人权属性——以历史演进为视角	中国社会科学	2015	201	5558

续表

作者	题名	刊名	年份	被引(次)	下载(次)
郑戈	在鼓励创新与保护人权之间——法律如何回应大数据技术革新的挑战	探索与争鸣	2016	180	3109
徐勇	祖赋人权:源于血缘理性的本体建构原则	中国社会科学	2018	142	5537
广州大学人权理论研究课题组	中国特色社会主义人权理论体系论纲	法学研究	2015	116	5608
马长山	数字时代的人权保护境遇及其应对	求是学刊	2020	116	3303
易延友	刑事诉讼人权保障的基本立场	政法论坛	2015	95	3616
史安斌、王沛楠	断裂的新闻框架:《纽约时报》涉华报道中"扶贫"与"人权"议题的双重话语	新闻大学	2019	92	6864
张开骏	公务保护与人权保障平衡下的袭警罪教义学分析	中外法学	2021	87	5106
刘志强	论"数字人权"不构成第四代人权	法学研究	2021	73	5797
袁正清、李志永、主父笑飞	中国与国际人权规范重塑	中国社会科学	2016	73	2854
韩大元	完善人权司法保障制度	法商研究	2014	70	4134
何云峰	马克思劳动幸福理论的当代诠释和时代价值——再论劳动人权马克思主义	上海师范大学学报(哲学社会科学版)	2018	69	2314
何云峰	劳动人权马克思主义散论	上海师范大学学报(哲学社会科学版)	2016	69	2314
齐延平	"人的尊严"是《世界人权宣言》的基础规范	现代法学	2018	53	2039
陈洪兵	持有型犯罪的立法扩张与司法限缩——基于法益保护与人权保障的平衡	北方法学	2017	51	2146

续表

作者	题名	刊名	年份	被引(次)	下载(次)
汪习根	论民法典的人权精神:以人格权编为重点	法学家	2021	49	2501
汪习根	习近平法治思想的人权价值	东方法学	2021	49	2501
李红勃	人权、善政、民主:欧洲法律与社会发展中的议会监察专员	比较法研究	2014	49	1056

资料来源:"被引"和"下载"的数据来自 CNKI,统计时间截至 2023 年 12 月 15 日。

3. 批判性和建设性的研究取向

批判性分析主要集中于现有的人权问题和政策的不足。学者们深入挖掘和分析人权侵犯的根源、制度缺陷、法律漏洞、政策执行的不足,以及全球和地区人权保护机制的局限性。这种分析不仅揭示问题的本质,还揭露导致这些问题的社会、政治和经济结构因素。在批判性分析的基础上,学者们进一步提出解决方案和改进措施。这些建议包括法律修订、政策更新、制度创新以及国际合作的加强等。建设性的建议旨在提供具体、可行的方案来应对人权问题,推动人权保护和促进的实际发展。

三 人权学科体系建设的新进展

"人权研究与人权教育是当代中国人权学科发展的重要支点,贯穿于人权学科发展整个历史进程。"[1] 人权学科的发展是一个累积性和多层次合作的过程,主要得益于人权研究机构的建立、人权教材的编纂与出版,以及高等院校和科研机构开设的人权相关课程。

(一)学科建设

在分析当代中国人权学科的发展脉络时,党和国家政策法律文件不仅构

---

① 陈佑武、李步云:《论当代中国的人权学科》,《人权研究》2023 年第 1 期。

成了该学科的理论基石，而且在实践层面上为人权学科的研究和应用提供了指导框架。此外，国家人权教育和培育基地的建立和运作，不仅为人权研究提供了专业的平台，推动了人权理论创新和实践应用，而且通过编写教材、承办会议和发布报告等形式在人权学科的建立、专业人才的培养和人权知识的传播方面起到引领和示范作用。

（二）教材编写

人权教材的编写和出版在人权学科的形成过程中起着至关重要的作用。这些教材不仅为学生提供了系统的人权知识，也为教师和研究人员提供了重要的教学和研究资源。它们帮助建立人权学科的知识体系，为该领域的教学和研究奠定坚实的基础。2013~2023 年大陆出版的人权教材见表 8。

表 8　2013~2023 大陆出版的人权教材

教材名称	主编	出版社及出版时间
人权与法制简明教程	王海根编	同济大学出版社，2013
人权法学	张晓玲主编	中共中央党校出版社，2014
人权法学	王广辉主编	清华大学出版社，2015
人权之门	张永和主编	广西师范大学出版社，2015
人权法	朱力宇、叶传星主编	中国人民大学出版社，2017
人权法学	龚向和主编	北京大学出版社，2019
人权概论	朱力宇、叶传星主编	中国人民大学出版社，2022
人权法学	白桂梅主编	北京大学出版社，2023
南亚东南亚人权概况	刘红春主编	云南大学出版社，2021

除了综合类教材和国际人权法教材外，翻译教材和教学辅助资料的作用不容忽视。翻译的教材使国际上的人权法学知识能够跨越语言障碍，让更多学生和学者得以接触和学习不同文化和法律体系下的人权观念和实践。[1] 教

---

① 翻译的教材集中出版在 2013 年以前，如"人的安全网络"组织编写，李保东翻译的《人权教育手册》（三联书店，2005）；诺瓦克著，柳华文翻译的《国际人权制度导论》（北京大学出版社，2010）；伯根索尔等著，黎作恒翻译的《国际人权法精要》（第四版）（法律出版社，2010）；等等。

学辅助资料，如白桂梅、刘骁主编的《人权法教学参考资料选编》（北京大学出版社，2021）包含的案例研究、模拟法庭练习等提供了实际应用的机会，增强了教材的实践性和互动性。

北京大学法学院人权与人道法研究中心编著的中国首部国际人权法电子教程《国际人权法概论》①，以其便捷性和互动性，不仅降低了教育资源的获取成本，也推动更广泛的社会群体参与到人权法的学习中来。总体来说，"当前的人权法学教材整体上数量少，体例结构同质化明显，内容偏向于法律规范层面，存在着时代性、中国性和大众性不足等问题"。②

（三）教学体系

目前，高等教育在塑造和加强人权教育体系中扮演着至关重要的角色。人权教育和培训在中国法律专业人员的教育体系中发挥着不可或缺的作用。学术论坛促进人权知识的共享和创新。高等教育、人权培训、学术论坛和"人权项目"在构建和发展人权教学体系中发挥着至关重要的作用，这些元素共同影响着社会对人权的理解、尊重和实践。

1. 人权教育

高等教育机构是人权教学的重要阵地，当前国内法学院系中的人权法教学有如下两种形式："一类是为本科生或研究生开设专门的，但形式有别、名称各异的人权法课程。一类是在博士和/或硕士的国际法和/或法理等专业中设立了人权法的研究方向，并为这些学生开设了有关人权的课程。"③ 在教学形式上，线上线下相结合，符合时代特点，人权法不再是法律专家和学者的专属领域，而是变得对普通公众更加开放和友好。同时，鼓励更广泛的

---

① 《国际人权法概论》电子教材共14章，编写工作以北京大学法学院人权与人道法研究中心为主，并邀请其他高校和科研机构的人权法学者参加，该教材旨在通过互联网平台普及国际人权法知识，结合"国家尊重和保障人权"的宪法原则，提高公众的人权意识，为中国人权普及工作乃至人权事业献上绵薄之力。参见 http://www.hrhl.pku.edu.cn/uploads/soft/humanrights.pdf。
② 孟庆涛、闫乃鑫：《新文科视野下"人权学"学科建设》，《人权研究》2023年第3期。
③ 孙世彦：《大学法律教育中人权法教学的现状与思考》，《人权》2005年第6期。

社会群体参与到人权法的学习中来。这种开放的教育模式符合数字时代的趋势，利用网络和数字技术的力量，使教育资源不受地理和物理限制。人权线上课程概况见表9。

表9　人权线上课程概况

课程名称	学校	平台	简介
国际人权法概论	北京大学	北大法宝学堂	已下架
人权法学	吉林大学	中国大学 MOOC	2021 年开课,目前已进行 4 期,本课程从人权法律制度的思想起源、哲学基础入手,旨在为学生提供人权法律制度发展脉络的清晰历史进程和现实制度框架的全景式知识。其具体内容包括人权思想由来、人权制度发展、人权理论探索、人权具体表现、人权制度运行、中国人权发展、国际人权法律体系、人权与社会发展几个部分
人权概论	西南政法大学	中国大学 MOOC	2019 年开课,目前已进行 9 期。系人权通识课程,旨在打破学科界限,通过对世界与中国人权历史的介绍,从人权理念演进、制度变迁、人物活动、当前实践、未来走向等层面,揭示或阐释人权文件或事件背后的深层次问题,希冀共同体味人权真谛,培养人权意识,学习人权知识,从而达到人权教育的目的

自 2006 年以来，中国政法大学率先在国内高校中设立人权法学的二级学科硕士点和博士点。此后，四川大学、西南政法大学、吉林大学、南开大学和西北政法大学等院校也相继设置人权法学的二级学科硕士点或在法学、政治学等领域中增设人权研究方向。2023 年，国务院学位委员会批准吉林大学增设"人权学"博士学位授权点，[①] 标志着人权教育在中国的一个新发展。与传统的"人权法学"相比，新设立的"人权学"博士点在内容和方

---

① 《国务院学位委员会关于下达 2022 年学位授权自主审核单位撤销和增列的学位授权点名单的通知》，学位〔2023〕15 号。

法上有显著区别。传统的"人权法学"博士点主要从法学视角探讨人权问题,而"人权学"则扩展研究视野,融合哲学、历史学、政治学、经济学、管理学、社会学、美学等多个学科的视角,采取问题导向和跨学科的研究方法。

这一变化不仅反映了中国人权教育的多样化和深化,也表明学术界对于人权问题的全面和多元化探索。通过这样的学术发展和课程设置,中国的高等教育机构正在为学生提供更深层次的人权教育,促进对人权问题的全面理解和深入研究。

2. 人权培训

针对法律行业人员如法官和检察官的人权教育和培训,已成为加深社会对人权重要性认识和提升保护意识的核心部分。21世纪初,中共中央党校人权研究中心等机构便开展一系列针对法律专业人员的人权课程。这些课程在中宣部人权事务局、最高人民法院研究室及中宣部人权发展和交流中心等多个单位开展,旨在通过"人权知识培训班"等形式,不仅传递人权相关知识和资料,而且有效提高参与者的教育能力以及增强不同机构间的交流和协作。中国政法大学人权研究院主办的"社会性别与人权师资研讨班"对于提升教育工作者在人权和性别平等领域的专业素养起到显著作用。通过这些研讨班的培训,教师们不仅加深了自己对人权和性别平等的理解,还学习了如何将这些关键理念有效地传递给学生,进而对培育具备性别平等观念和人权意识的公民产生积极影响。

3. 学术论坛

学术论坛扮演着多重关键角色。首先,对外的人权话语传播论坛为学者和研究人员提供了一个展示和讨论人权相关研究的平台,如"亚洲人权论坛""中德人权发展论坛""中欧人权论坛""中亚人权发展论坛""北京人权论坛""南南人权论坛"等,这不仅有助于增进全球范围内对中国人权发展道路的理解和认可,还有助于促进国际学术交流和合作。通过这种对外传播,中国在人权领域的研究和实践能够获得更广泛的关注和评价。

其次,专门以人权为主题的学术论坛则注重人权理论的深入探讨和跨学科交流。如"2023 中国工商业与人权论坛""首届中国人权法学博士生论坛"等，这些论坛不仅关注理论层面的哲理思辨，还强调实践层面的问题解决。通过这样的综合探讨，学术界能够更好地理解和应对当今社会中的人权挑战，为人权学科体系、学术体系及话语体系的发展提供新的视角和方法。

最后，高校组织的内部或公开学术研讨平台（见表10），为学术界内部成员提供了深入探讨和交流人权理论与实践的机会。在这些平台上，教育工作者和学者能够分享最新研究成果，探讨人权理论的新发展和应用，从而不断推动人权教育和研究的进步。

表 10　高校组织的内部或公开学术研讨平台

论坛名称	主办方	内容
未名国际法和人权论坛	北京大学人权与人道法研究中心	第一期"人权教育在中国"，第二期"中国与《消除对妇女一切形式歧视公约》，第三期"联合国人权保护机制与中国"，第四期"国际法上的惩治危害人类罪"，第五期"自治、法治或政治:国际工商业与人权规则的理论嬗变及其影响"
"人权思鉴"学术论坛	中国政法大学人权研究院	本院学生自主创立的学术交流研讨平台，第一期"如何发现国际人权标准"（2023.9.21），第二期"义务教育与受教育义务:概念辨析与关系考察"（2023.12.9）
公法与人权	西北政法大学人权研究中心	不定期邀请校内外学界学者来做讲座，截至 2023 年 12 月 10 日,已举办 50 场专题讲座
中国人权青年论坛	中国政法大学人权研究院	第一届"新中国七十年的人权发展"（2019），第二届"全面建成小康社会与中国人权事业进展"（2020），第三届"百年未有之大变局与中国人权"（2021），第四届"当代中国人权观的理论与实践"（2022）

续表

论坛名称	主办方	内容
华政人权论坛	华东政法大学人权研究院	立足中国人权发展道路与人权事业发展,旨在围绕人权理论与实践开展对话,深化人权理论的哲理思辨与跨学科交叉探讨,推动我国人权学科体系、学术体系、话语体系的进一步发展

4. 人权项目

中国政法大学自 2013 年起连续成功举办十三届"人权暑期班",这一培训班对国内外高校的本科生、硕士研究生及博士研究生开放,成功吸引众多法学领域的青年才俊参与。这一项目不仅加深了学生对人权基本理念和知识的理解,而且提升了中国政法大学人权研究院在大法学学科范围内的学术影响力,对推动国内外人权法学的交流与合作产生积极影响。北京大学人权与人道法研究中心与瑞典隆德大学罗尔·瓦伦堡人权与人道法研究所合作的人权法硕士项目也在人权教育领域发挥了重要作用。自 2004 年首届招生以来,该项目不仅为学生提供了学习和深化人权知识的机会,还促进了国际学术交流和合作,对培养具备全球视野的人权专业人才和复合型人才产生了显著影响。

(四)总体特征

2022 年 2 月 25 日,习近平总书记在中共中央政治局就中国人权发展道路进行第三十七次集体学习时发表重要讲话指出:"要依托我国人权事业发展的生动实践,提炼原创性概念,发展我国人权学科体系、学术体系、话语体系。"[①] 综观中国人权学科体系建设的情况,可以总结出以下特点。

---

① 习近平:《坚定不移走中国人权发展道路　更好推动我国人权事业发展》,《人民日报》2022 年 2 月 27 日,第 1 版。

1. 与中国政治进程紧密结合

在政治层面上，人权的认可和保障已经成为中国政治发展的一个重要组成部分。这种政治上的认可不仅在理论上为人权学科提供合法性，也在实践中为人权保护和推进提供政治支持和保障。当代中国人权学科的发展是一个多层次、多方面的过程。党和国家的政策法律文件为其提供理论基础，国家人权教育与培育基地在实践中起到示范和引领作用，人权在政治上的确认和保障则为这一学科的进一步发展奠定坚实的政治基础。这表明，人权学科的发展不仅是一个理论上的学术追求，更是一个与国家政治进程相互作用、相互影响的实践活动。

2. 与中国人权研究相互促进

理论研究为学科体系建设奠定基础。中国人权研究产生的理论成果，为人权学科体系的建设奠定理论基础。这些理论不仅包括对人权的基本理解和原则，还包括具体到中国社会背景下的人权实践和解释。在中国式现代化建设的大局中，人权学科方向建设成为推动教育改革和人权教育发展的重要部分。通过强调关键领域和核心议题，中国在人权学科建设中逐渐形成具有显著特色和竞争力的学术体系和话语体系。中国人权学科体系强调学术独立性和批判性思维。独立的学术研究允许对现有人权问题进行更深入的分析和批判，有助于形成更加全面和客观的人权理论。

3. 与多元学科交叉融合

中国人权学科体系的一个显著特征是跨学科的整合。人权不再仅被视为法学的一个分支，而是融合政治学、哲学、社会学、经济学、文化研究等多个学科的理论和方法。这种多元化的学科整合鼓励不同领域的学者进行对话和合作，打破传统学科之间的壁垒。同时，通过跨学科的研究，人权学科能够识别传统学科分类中的缺陷，并通过整合多元知识来弥补这些缺陷。人权学科通过其跨学科的性质，有效地对现代学科分类的人为缺陷进行自我修复，促进知识的整合，提高学科体系的科学性和合理性。这种自我修复和完善的过程不仅能够拓展人权学科本身的理论和实践深度，也能为促进现代学科体系的发展提供宝贵的视角和方法。

未来展望

2013~2023 年，中国人权研究在学术关注度、研究领域的多元化、跨学科方法的应用、理论与实践的结合、国际视野与本土特色的融合以及学术独立性和批判性思维方面，呈现出百花齐放和欣欣向荣的发展局面。当前，全球人权治理面临的挑战和全球化背景下文化多样性的增强使中国人权研究和人权学科建设的历史使命变得更为重要，中国人权研究以其独特的人本主义视角，强调通过回归人的本质来深化对人权的理解，致力于促进个人全面发展与社会全面进步。未来也将通过深化人权理论研究与本土化实践、加强跨文化人权对话与合作、关注新兴人权议题的研究和强化人权教育与普及等方面的工作，不断提升中国在全球人权事业中的贡献和影响力。

个案调研报告

B . 22

"长江十年禁渔"政策执行过程
对退捕渔民权益保障

——基于实证调研的案例研究

唐贤兴　潘　婷　宋菁菁　彭优乐*

摘　要： 2023 年是"长江十年禁渔"政策执行中"三年强基础"的最后一年。作为十年禁渔政策能否得到顺利执行的一个关键主题，切实保障退捕渔民的生存、生活和发展等方面的权益，对于顺利推进长江生态保护、实现渔业治理体系和治理能力现代化具有重要的现实意义。以过去两年的基础性工作为基础，各地 2023 年的禁渔工作在完善社会保障、拓宽就业渠道、发展特色产业、加强技能培训等方面取得了显著进展，较好地完成和巩固了退捕渔民的转产、安置和保障工作的成果，获得了当地退捕渔民的理解和支

* 唐贤兴，复旦大学国际关系与公共事务学院教授、博士生导师，复旦大学人权研究中心副主任，研究方向为全球公共政策、公共政策理论、人权理论；潘婷，复旦大学国际关系与公共事务学院博士研究生；宋菁菁，复旦大学国际关系与公共事务学院硕士研究生；彭优乐，复旦大学国际关系与公共事务学院硕士研究生。课题组调研人员还有：卞菲、唐曼、叶静、邵翠樱、刘展余、肖遥。贵州财经大学田恒副教授、重庆行政学院戴志颖教授参与了部分地区的调研。

持。当然，制约退捕渔民权益保障的因素依然存在，各地下一步禁渔政策的执行要重点关注退捕渔民权益保障的可持续性。

关键词： 退捕渔民　退捕渔民权益　生存权　发展权　"长江十年禁渔"

一　政策背景和案例设计

（一）政策背景

"长江十年禁渔"是一项复杂的系统性工程。本报告所说的"长江十年禁渔"政策执行，是指 2021 年开始的全面禁渔"持久战"阶段的禁渔政策，即在长江干流、长江口禁捕管理区、"两湖七河"① 进行为期十年的全面禁捕行动。

在 2021 年之前的较长时期里，长江流域有过各种形式的禁渔政策和制度规定，但其要么是局部范围内的全面禁捕，要么是季节性的短期禁渔制度。历史地看，"长江十年禁渔"政策是禁渔制度逐渐成熟和生态文明建设逐步推进的自然产物，也是贯彻落实习近平总书记"共抓大保护、不搞大开发"指示精神的一个重要举措。

根据中央的政策设计，"长江十年禁渔"政策执行的前三年，主要任务是"强基础"，包括：各地要建立禁渔工作的领导和组织体制，摸清禁渔政策的对象和环境，组织和配置各种政策资源，加强基层执法队伍的能力建设，等等。这就是说，从 2024 年开始，"长江十年禁渔"工作进入常态化的运行阶段，以期在"十四五"的后两年和"十五五"的五年时间里，全面完成十年禁渔目标，使长江水生生物养护各方面制度和治理体系更加完善。

---

① "两湖"指鄱阳湖和洞庭湖，"七河"是指岷江、沱江、赤水河、嘉陵江、乌江、汉江和大渡河。

（二）退捕渔民权益保障政策的出台

2023 年是"三年强基础"的最后一年，对于退捕渔民的权益保障而言，也是最关键的一年。全面禁渔意味着作为一种身份和职业的传统"渔民"将逐渐退出历史舞台。如何保障退捕渔民的生计是一个事关权利（人权）的问题，然而，这个群体数量庞大，各地的资源状况、基础条件和政府能力的差异也较大，因此，政策执行存在较大的难度。为了保障退捕渔民的权利，也为了能把禁渔政策顺利有效地执行下去，中央要求各地在执行政策时要落实渔民的转产安置，筑牢渔民生计的保障基础。

根据顶层设计的要求，各地在制定和落实相应的保障政策时应遵循三个方面的指导思想。（1）精准识别，摸清底数。借鉴脱贫攻坚工作中的精准建档立卡做法，将精准建档立卡作为一项重要基础性工作，查清渔民、渔船和渔网底数，逐船逐户登记造册、村乡张榜公布、市县审查上报、省级汇总复核，做到"不落一船、不落一人"。（2）分类施策，应帮尽帮。通过发展产业帮扶一批、务工就业转移一批、自主创业解决一批、公益岗位安置一批，要让尽可能多的有劳动能力和就业意愿的退捕渔民实现转产就业。（3）统筹安置，应保尽保。各地要全面落实退捕渔民养老保险政策，适当提高保费补贴标准并及时落实到位，保障退捕渔民老年生活；将符合条件的困难渔民纳入兜底帮扶和社会救助体系，推动享受精准脱贫相关政策。在这样的理念下，国家出台了一系列有关退捕渔民权益保障的政策（见表1）。

表1　长江流域退捕渔民权益保障工作的相关政策文本

政策文本	发布时间
《长江流域重点水域禁捕和建立补偿制度实施方案》	2019 年 1 月
《关于切实做好长江流域禁捕有关工作的通知》	2020 年 7 月
《关于实施长江流域重点水域退捕渔民安置保障工作推进行动的通知》	2021 年 5 月
《"十省百县千户"长江退捕渔民跟踪调研实施方案》	2021 年 5 月
《关于进一步做好长江流域重点水域退捕渔民安置保障工作的通知》	2022 年 5 月
《中共中央　国务院关于做好 2023 年全面推进乡村振兴重点工作的意见》	2023 年 1 月

（三）调研和案例设计

为了对退捕渔民的权益保障工作进行较为全面的评估，本报告在实地调查的基础上，采取了案例分析的方法。实地调查的地点，分别选取长江上游的贵州省和重庆市、长江中游的江西省以及长江下游的安徽省等一些代表性的地区（见表2）。调研方式包括：（1）座谈会，各地与禁渔工作相关的所有工作部门参加座谈；（2）个别访谈，选择个别单位的领导人、负责人进行深度访谈；（3）现场考察，在各地调研时，对一些执法点进行现场考察，对一些乡村的退捕渔民进行深度访谈；（4）搜集各地的制度和政策文本，以及相关的统计数据。整个调研过程持续了近三个月。

以调研为基础进行的案例分析，旨在从总体上展现各地关于退捕渔民权益保障的举措，而不试图对每个地方的努力做出详细的叙述和描述。整个报告中的各种数据和图表，除特别注明外，都是根据调研所获的资料做出的统计和整理。

表 2   调研时间、地点

调研时间	调研地点	调研对象
4月3日	贵州省清镇市	农业农村局、综合行政执法局、市场监管局、市综办、水利部门、自然资源局
4月4日	贵州省开阳县	农业农村局、综合行政执法局、市场监管局
4月6日	贵州省余庆县	县委编办、市管局、水务局、交通局、市生态环境局余庆分局、农业农村局、公安局、综合行政执法局、卫健局、大乌江镇、敖溪镇基层工作人员
4月7日	贵州省湄潭县	农业农村局
4月12日	重庆市合川区	农业农村委、农业综合执法支队
4月14日	重庆市巫山县	渔政执法支队
5月22日	江西省九江市	农业农村局、市委编办、市监局、人社局、财政局、生态环境局、彭泽县禁捕办
5月23日	江西省都昌县	禁捕办、人社局、公安局、西源乡渔民代表
5月26日	江西省南昌县	鄱阳湖渔政局

调研时间	调研地点	调研对象
6月26日	安徽省池州市	禁捕办、农业农村局、市监局、人社局、财政局、生态环境局、贵池区和东至县农业农村局、渔民代表、护渔员、网格员
6月27日	安徽省池州市贵池区	区指挥调度中心、江口联合执法基地、梅龙执法站
6月29日	安徽省芜湖市	农业农村局、农业综合执法支队、禁捕退捕办、公安局、人社局、市场监管局
6月30日	安徽省芜湖市	镜湖区、南陵县、无为市的相关涉渔部门

二 退捕渔民权益保障：各地的典型措施

（一）保障政策的变化与发展

退捕渔民的权益保障关乎美丽长江（生态发展）与美好生活（权利发展）的衔接、平衡与融合，这种融合和可持续性能否实现，是检验和考验渔业治理体系和治理能力现代化的一个重要指标。为了实现长江生态环境的改善和水生生物多样性的恢复，祖祖辈辈生活于长江流域靠水吃水的渔民，现如今要为公共利益做出让步。"退捕渔民"的概念，不只是意味着他们的"身份"标签的变化，更可能意味着生产和生活方式的变化所带来的权利的变化。在所有这些禁渔地区，"退捕渔民"群体几乎具有一致的社会特征，包括：年龄偏大，文化程度较低，缺乏社会交往，除捕鱼外没有其他生存技能，等等。因此，生产和生活方式的改变，会对渔民作为独立的生命个体所享有的生存权和发展权带来很大的影响。正因为如此，各地在执行禁渔政策时，都宣称要坚持"以人民为中心"的政治价值和方向，把做好退捕渔民的权益保障工作视为一项重大的政治任务来抓。

各地的政策执行正好在2023年前后经历了不同的变化。在"坚持以人为本，保障渔民利益"的原则指导下，各地初期的退捕渔民权益保障工作

主要围绕建档立卡、落实补偿资金、转产安置、社会保障、后续帮扶等方面展开，目标是要实现"退得出、稳得住"。随着工作的推进，大约从 2022年 5 月开始，各地有关退捕渔民安置保障的政策措施逐渐强调问题导向和效果导向，注重梳理安置保障工作中存在的问题，并有针对性地调整政策重点。根据《关于进一步做好长江流域重点水域退捕渔民安置保障工作的通知》的规定，退捕渔民安置保障工作开始进入全面梳理检查、进一步深化细化工作措施的阶段，其重点目标包括两个方面，一是强化就业帮扶的针对性，二是提升技能培训的有效性。

在这样的背景和要求下，各地的相关保障政策更加关注建立渔民安置保障工作的长效机制。具体而言，2023 年的中央政策安排和各地政策举措主要聚焦于三个方面：（1）注重建立防范退捕渔民返贫致贫的长效机制。推动有关部门加强信息共享和对比，提高退捕渔民安置保障动态监测的精准性、即时性，将符合条件的困难户及时纳入低保、特困保障范围，落实临时救助政策。（2）注重运用财政金融手段，提高社会保障水平。在低保和养老保险之外，在住房、教育、医疗等保障方面为退捕渔民提供必要支持。例如，财政部通过重大传染病防控经费支持开展血吸虫病防治项目，在江苏、浙江、安徽等 13 个省份，针对退捕渔民的血吸虫病等职业病提供大病保险和医疗救助。（3）注重加强社会各界联动，增加渔民生计机会。例如，开展长江建档立卡退捕渔民申领海洋渔业普通船员证书培训工作和退捕渔民就业培训帮扶"暖心行动"，因地制宜开展稻渔综合种养、池塘养殖、水产品加工、休闲渔业、畜禽养殖等实用技术培训活动。在此过程中，注重提高企业吸纳渔民的积极性，并通过开展针对性的技能培训，提高渔民的生产技术技能。

总之，关怀退捕渔民、落实渔民转产安置、筑牢渔民生计保障基础是"长江十年禁渔"政策执行过程中的重点工作任务。在"以人为本"原则的指导下，各地相继颁布了实施方案，建立起长效工作机制，切实推进退捕渔民权益保障工作。具体而言，大致分为社会保障、就业帮扶、技能培训、特色产业四大方面。

（二）社会保障兜底

社会保障制度将生活特别困难、患有重大疾病、无就业能力的退捕渔民纳入帮扶政策和社会救助体系，对于防止退捕渔民返贫、兜牢保障底线具有基础性意义。各地的具体措施是：（1）精准建档立卡。各地禁渔工作组深入渔区和渔民家庭，摸清和掌握退捕渔民的基本信息，全面完成退捕渔民的建档立卡工作，做到一户一档一卡，数据全部录入信息管理系统。（2）落实补偿资金。做好"四清四无"① 工作，尊重渔民的生产权益，严格按照有关规定对渔船、捕捞证等进行补偿，并张榜公示，确保相关工作公正、公平、公开，以保证"船处置、网销毁、人上岸"。（3）分类补助参保。根据政府补助方案和建档立卡认定程序的要求，退捕渔民可享受相应的补助标准，并自主选择参加城乡居民养老保险或企业职工基本养老保险。

案例1 江西省九江市按要求做好退捕船网工具回收处置工作

一方面，根据本地实际情况，江西省九江市工作人员组成了若干工作组，深入渔区和渔民家中，通过实地走访、实物丈量识别、现场查验、登记造册、重点座谈、信息交流等方式，切实摸清和掌握了退捕渔民身份、家庭状况、文化水平、船网信息、土地资料、社保医保、就业需求等基本情况，全面完成退捕渔民的建档立卡工作，做到一户一档一卡，数据全部录入信息管理系统，做到"渔民身份清、档案信息清"。

另一方面，积极落实渔民补偿。各县（市、区）根据《江西省重点水域禁捕退捕船网工具回收处置指导意见》相关要求，严格按照操作流程、价格标准分档折价回收，不同类别的船（钢制、木质等）分别以船

---

① "四清四无"指的是：清船、清网、清江、清湖；无捕捞渔船、无捕捞网具、无捕捞渔民、无捕捞生产。农业农村部《"中国渔政亮剑2021"系列专项执法行动方案》中将"四清四无"规定为禁渔工作常态化的目标。

齢和船长为标准进行估值折算，网具按照市场销售价格的70%折价估值，最高限价8000元，科学有序妥善处置回收；捕捞证回收按照1000元/证，统一回收、集中注销；发放过渡性生活补助，每户按照1000元/月或500元/月标准，享受一年。所有补偿资金按照程序要求，逐步在乡、村、组张榜进行三级公示调查结果及相关补助标准，确保相关工作公正、公平、公开。

（三）就业帮扶为先

就业帮扶旨在顺利完成渔民的转产就业，而退捕渔民的社会学特征则给地方政府的就业帮扶工作带来了挑战。各地主要措施包括：（1）信息管理。依托人社部门的管理平台，收集适合城镇困难群众、退捕渔民、脱贫劳动力、防止返贫监测对象的工作岗位信息。此外，以各种方式主动联系退捕渔民，了解和登记他们的就业意愿，建立台账。（2）政策宣传。针对老渔民群体开展进村入户的走访工作，发放就业帮扶宣传资料，宣讲就业帮扶政策，引导其关注政策信息与招工指南。（3）就业推荐。对有就业意愿和劳动能力的退捕渔民，各地政府及时提供就业帮扶，同时，结合各地巡查巡护、环卫保洁、河塘管护等社会公益需要，合理开发一批公益性岗位，集中托底安置一批就业困难的退捕渔民，他们是护渔队伍中的主要力量。

案例2　江西省南昌县积极帮助渔民转岗就业

江西省南昌县按照"1131"要求，为退捕渔民量身定制《南昌县建档立卡退捕渔民就业帮扶卡》，精准解读转产就业及养老保险相关政策，对退捕渔民就业培训需求开展精准摸底，实行动态跟踪管理，并建立了工作台账。对退捕渔村开展单位结对帮扶，促进渔村产业发展，对渔民贫困户进行直补，针对就业困难渔民开发公益性岗位，落实渔民低保政策，加强退捕渔民技能培训，积极帮助退捕渔民实现转岗就业。

2022年，南昌县主要就业帮扶工作如下：

（1）1月21日南昌县公共就业人才服务局和南昌县残疾人联合会联合举办"南昌县2022就业帮扶·真情相助暨就业困难人员、残疾失业人员、脱贫人口、退捕渔民线上招聘会"，参会企业32家，提供岗位数900余个，浏览量达2782人次。

（2）2月17日至3月2日，在小蓝管委会组织"2022年春风行动暨新春招聘服务站"活动，共吸引退捕渔民368人次。

（3）2月14~18日在八一、冈上、广福等乡镇开展2022年新春送岗下乡活动，参加活动的退捕渔民共471人次。

（4）印制了60余份招工专刊，在全县有退捕任务的7个乡镇52个村，分别张贴，涉及人群达4000余人。

（5）县人社局在向塘镇三个点张贴宣传横幅9条，发放就业专刊24326份，岗位信息扫码推荐14227人次。

（6）8~10月持续开展就业援助"暖心活动"，举办线上线下招聘活动8场。

（四）技能培训为要

技能培训旨在提升退捕渔民的自我发展能力，使其能自力更生。这是帮扶理念由"外部输血"到"自主造血"的转变。各地主要举措包括：（1）培训宣传。根据台账，各地政府对有劳动能力的退捕渔民开展了技能培训宣传，并对其培训意愿进行摸排，积极组织辖区有劳动力、有培训意愿的退捕渔民参加技能培训。（2）职业指导。针对未就业退捕渔民劳动力中的就业困难人员，根据其技能水平和就业意向，开展职业指导和职业介绍等"一

对一"精准服务，并进行动态跟踪。（3）创业扶持。对有创业愿望的退捕渔民，加强创业扶持，开展有针对性的创业培训和给予创业担保贷款支持，减轻退捕渔民创业负担，同时支持退捕渔民进入创业孵化基地，提供创业孵化服务，帮助渔民通过自主创业实现就业。

案例3　安徽省东至县推进"捕转养"发展，
确保退捕渔民"能致富"

安徽省东至县大渡口镇新深居委会退捕渔民赵××上岸后跟妻子成立了××家庭农场，在国家政策的支持下享受了创业补贴5000元，创业贴息贷款10万元。夫妻俩参加当地安排的就业创业培训后，选择承包鱼塘这个稳定产业方式进行养殖，承包了100亩鱼塘，经营鳜鱼、龙虾、青虾养殖工作，年纯收入20万~50万元，实现了勤劳致富。××家庭农场的成功案例对其他退捕渔民起到了示范带头作用，激发了他们的创业就业热情。

（五）因地制宜发展特色产业

因地制宜发展特色产业是精准把握退捕渔民权益保障的最根本途径。各地在禁捕退捕专业渔村实施"一村一策"产业建设，坚持"开源"与"挖潜"相结合，将专业渔村产业发展与当地的产业方向和群众实际需求相结合。例如，江西省都昌县西源乡创新了产业发展模式，结合当地资源优势采用合作社形式打造珠贝、种植等10个就业平台，培育了优势特色产业。同时，一些地方在挖掘渔村的文化资源方面也有创新，例如，重庆市长寿湖东岸的长寿湖渔文化村就是这样一个集渔文化博物馆、休闲垂钓、特色餐饮、酒店住宿、商务会议、旅游商品、农耕采摘等功能于一体的综合性休闲渔业基地。

案例4　西源乡种植园采用合作社形式促进渔民脱贫致富

在江西省都昌县，地方政府结合各专业渔村的资源禀赋，全面开展一村一策产业项目建设，推进专业渔村集体经济发展。通过"七个一批"（自主创业一批、中介推荐一批、协会吸纳一批、产业带动一批、园区就业一批、工程务工一批、兜底保障一批）方式进行转产就业安置。在渔民较多的乡镇，打造了周溪镇珠贝产业孵化基地、西源乡种植园、万户镇果园等近10个就业平台。

其中，西源乡种植园采用合作社形式为退捕渔民解决就业问题。西源乡是都昌县的滨湖乡镇之一，有3个专业渔村，有286户共930名渔民，渔民的耕地很少，渔民群体年龄结构偏大，禁渔后只能在家里做劳务或在本地务工。禁渔后成立了合作社，重点支持渔民转产就业。通过发展集体经济，退捕渔民享受到了分红福利；同时也解决了本地渔民的务工问题，他们在上半年培育红薯苗，下半年种植蔬菜。合作社务工人数少时为40人，多时则达到100人。这样的安排使退捕渔民能够在家门口获得收入补贴，同时能更好地照顾家庭事务，为他们提供了一种可持续的发展方式。这些创新举措有效促进了渔村经济的转型升级，提高了渔民的收入水平。

三　退捕渔民权益保障的成效：基于人权视角的初步评估

（一）转产就业：安置保障工作取得显著成效

长江流域退捕水域共涉及14个省市、114个地级行政区，其中青海、甘肃、陕西、河南4个省只有禁捕执法管理任务，没有需要退捕的合法渔船；其余10个省市、101个地级行政区、460个县级行政区涉及合法持证渔船 113262 艘、渔民 278287 人。① 表 3 显示，"三年强基础"阶段的政策执行成效显著，各地全面完成了渔民渔船的退捕任务，退捕渔民就业率接近100%，退捕渔民的收入在稳步增长。

表 3　渔民退捕上岸、转产就业及社会保障情况

市县	退捕渔船数量(艘)	退捕渔民人数(人)	实有劳动力人数(人)	转产就业人数(人)	参保人数(人)	养老保险补贴(万元)
清镇市	39	36	33	31	35	—
余庆县	75	75	68	68	75	170
合川区	582	1159	928	928	—	600
巫山县	325	650	650	650	—	140
九江市	7247	17917	13902	13902	17026	26900
南昌县	—	4905	3785	3785	4465	—
芜湖市	1121	2155	2396	2396	3528	—
池州市	758	2575	1591	1591	—	—

资料来源：根据调研中各地政府提供的内部文件及访谈资料整理。

各地转产就业的形式多样，包括企业吸纳、自主创业、灵活就业、渔业产业安置、务农、公益性岗位等多种途径。以安徽省芜湖市、江西省南昌县以及江西省九江市为例（见图 1），三个地区需要转产就业的总人数分别为2396 人、3785 人和 13902 人。其中，企业吸纳的人数占比最高，分别为40%（950 人）、46%（1747 人）和 45%（6312 人）。

公益性岗位在集中安置就业困难的退捕渔民方面发挥了积极作用（见图 2）。安徽省芜湖市设置的公益性岗位达 605 个，解决了近 1/4 退捕渔民的转产安置问题。江西省九江市出台护渔员管理办法，鼓励各地吸收符合条件的退捕渔民组建护渔员队伍。都昌县一名退捕渔民护渔员的心态变化，反映了地方政府细致的就业安置工作在树立退捕渔民对生活和国家政策的信心上的重要性："禁渔改变了我几十年的生活方式，从船上回到了岸上，既不习惯，也不情愿，心里特别难受。收入上是有所减少的，但发放的补贴都到

---

① 数据由农业农村部长江流域渔政监督管理办公室提供。

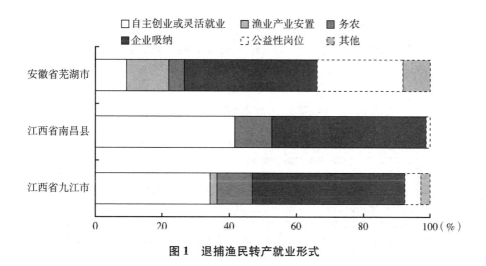

图1 退捕渔民转产就业形式

位了，村支书也照顾我的生活，发展我为护渔员，心里也踏实了。国家政策执行得好，我们也没有了后顾之忧，而且还有参与感。"①

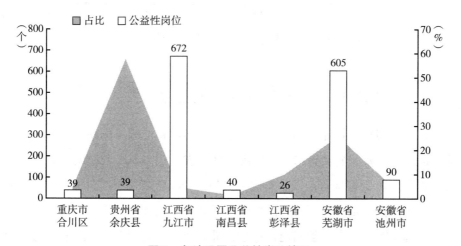

图2 各地设置公益性岗位情况

当然，地区差异依然存在。如九江市所辖的13个县（区、市）（见图3）中，柴桑区和永修县的企业吸纳比例超过了70%，而德安县和庐山

---

① 对都昌县西源乡护渔员代表的访谈，2023年5月23日，西源乡政府。

西海的比重仅为 10%，主要原因在于，这两个地区的第二、三产业甚为薄弱，无法提供充足的就业机会。此外，从自主创业和灵活就业的数据来看，德安县有高达 82.35% 的退捕渔民选择了这些稳定性较低的职业道路。

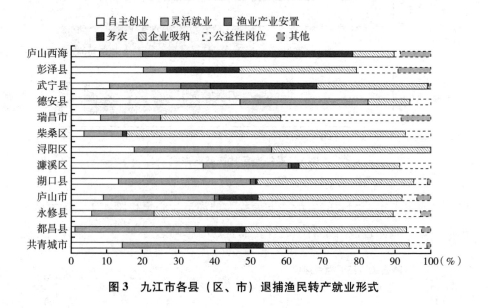

图 3　九江市各县（区、市）退捕渔民转产就业形式

（二）技能培训：提升退捕渔民市场适应力

在就业帮扶和技能培训方面，各地政府本着精准服务的精神开展了卓有成效的工作。贵州省清镇市 7 名渔民、江西省九江市 306 名渔民被纳入"十省百县千户"跟踪调研范围。安徽省池州市 292 名帮扶干部包保 584 户退捕渔民，定期摸底走访，了解渔民生产生活动态，累计走访 1.4 万余次，解决实际问题 605 个。余庆县确定退捕渔民跟踪调研样本 15 人，共走访退捕渔民 36 人次，开展退捕渔民基本信息更新 6 次。

各地举办的职业技能培训（见表 4），显著提高了退捕渔民及其他求职者的就业机会和市场适应能力。培训具有较高的参与度和覆盖率，在调研各地有平均 45% 的退捕渔民参与职业技能培训，涉及家政、餐饮、电子商务等多个行业，满足了不同参与培训者的需求和兴趣。此外，各地还通过提供创业担保贷款和培训补贴等经济支持,有效地降低了退捕渔民的创业门槛,增强了他们的市场适应能力。例如,九江市通过帮助有创业意愿、有专长的渔民申请担保贷款、贴息贷款,支持6189名渔民成功创业及灵活就业。合川区累计发放创业担保贷款7人次90万元,帮助60名退捕渔民走上创业之路。

表4　各地开展就业培训相关情况

地区	培训
贵州省余庆县	开展渔民就业创业技能培训8场次,开展线上线下招聘会18场,共有128家用人单位提供就业岗位需求9135人,发放创业就业宣传手册500余份
江西省九江市	2022年,全市共为退捕渔民发放创业担保贷款1515万元。积极组织开展就业技能培训和创业培训,通过对培训需求进行摸底调查,有针对性地制订培训计划,举办专场招聘会68场,1857人次参加职业技能培训,成功帮助4530人就业。组织退捕渔民参加家政服务、餐饮烹饪、电子商务等特色技能培训班,并积极落实培训补贴政策
重庆市合川区	(1)职业技能培训。培训退捕渔民105人次,发放职业培训补贴16.52万元,基本实现应培尽培 (2)专场招聘会。在每周三、周六定期举办现场招聘会的基础上,根据渔民年龄结构、受教育程度、技能水平等情况开展专场招聘会2场,主动服务退捕渔民接受职业介绍和指导200余人次,帮助59人实现就业 (3)鼓励创业。加大创业培训、创业指导和跟踪服务力度,累计发放创业担保贷款7人次90万元,帮助60名退捕渔民走上创业之路 (4)公益性岗位兜底。目前已通过公益性岗位托底安置6人,为6名渔民落实灵活就业社保补贴3.62万元,确保零就业家庭动态清零
江西省彭泽县	从2019年以来举办16批次退捕渔民培训班,参加就业创业培训累计500人次。每年春节前后在县人才市场和沿江乡镇人才市场组织开展"春风活动",已举办6次退捕渔民就业招聘会
江西省南昌县	开展退捕渔民招聘活动12场,参加活动达7322人次。22人参加退捕渔民就业帮扶技能培训,发放训补贴2700元
安徽省池州市	根据渔民就业意愿和培训需求,举办21场就业技能培训班,共有569名退捕渔民参加培训。依托长江(池州段)沿岸资源环境优势,围绕"水文章"成功申报"中国鳜鱼之乡",建成1个以鳜鱼为主的秋浦河国家级水产种质资源保护区、1家国家级鳜鱼遗传育种中心,对自主创业的渔民开展创业培训600多人次、创业指导700人次、创业服务1200多人次

（三）兜底社会保障：综合补助促进渔民权益保障

截至 2022 年底，中央和地方累计落实补偿补助资金 269.98 亿元，用于退捕渔民安置，累计支出补偿补助资金 237.91 亿元。各地符合条件的渔民均已纳入低保、社保、医保等社会保障体系（见表 5）。以江西省九江市为例，安排退捕补助专项资金达到 106448 万元，支出 96109 万元，其中 35% 用于直接补助渔民，51% 用于发放养老保险保障（见图 4）。这样的资金分配方式体现了对渔民权益的综合考虑，不仅解决了短期温饱问题，更注重长远的社会保障需求。全市 17917 名退捕渔民中 17026 名参加基本养老保险，参保率达到 95%。较多的养老保险参保人数以及财政投入巩固了退捕渔民安置保障的成果，切实做好了社会基础的落实工作。"国家考虑很周到，让我们享受到了社会保障；对退捕渔民的各种帮扶措施，让我们切实感受到政府真正在为民办实事。"退捕渔民的反馈进一步体现出政府的社会保障兜底政策在改善渔民福祉、保障渔民权益方面取得的实质性成果。

表 5　各地社会保障落实情况

县（区、市）	社会保障落实情况
贵州省余庆县	涉及退捕渔民 75 人，已缴纳社会保险 75 人，参加医疗保险 75 人，并已全部兑付退捕相关资金 549.8 万元。其中，养老保险共计 170 万元，渔业船舶退捕补助 236.8 万元，渔船退捕及转产转业奖补 75 万元，退捕渔民安置保障 68 万元
重庆市合川区	1159 名退捕渔民中，除 6 人不属于参保范围外，已全部参加基本养老保险。截至 2022 年底，合川区已兑现养老保险补贴 600 余万元
重庆市巫山县	已为巫山退捕渔民缴纳养老保险 140 万元
江西省九江市	到 2022 年底，全市参加基本养老保险 17026 人，参加城乡居民养老保险 11853 人，参加职工养老保险 5173 人，待遇领取共计 2734 人，累计落实养老保险补贴 2.69 亿元。退捕渔民基本养老保险参保率 100%，并按规定足额进行养老保险个人账户补贴记账，对符合待遇领取条件人员按时发放养老金
江西省南昌县	可享受养老保障政府补助的退捕渔民 4465 名（专业渔民 2732 人，兼业渔民 1733 人），县人社局已将年满 60 周岁退捕渔民的养老保障补助一次性发放至其个人账户，并每年将参加城乡居保的退捕渔民的补助资金发放至其个人账户

续表

县(区、市)	社会保障落实情况
江西省彭泽县	全县建档立卡退捕渔船 136 艘,退捕渔民 260 人,2022 年继续缴费参保 183 人,发放社保补助资金 50.6 万元。为了更好地完成退捕渔民年度养老保险补助发放工作,2023 年度养老补助方式由彭泽县人社区先行代缴,经农业农村局核实后,养老保险补助一次性划拨至人社局。退捕渔民只要缴纳 300 元,人社局就配套补助 2700 元。同时,对符合养老金领取条件的退捕渔民,按退休年龄和最低缴费年限,及时办理退休手续并足额发放退休金
安徽省芜湖市	全市 3530 名符合参加基本养老保险条件的退捕渔民全部参保到位,全市 3528 名符合享受参保补贴的对象金部落实到位,需纳入医疗保障 4259 人全部纳入,需纳入低保 177 户 294 人全部纳入
安徽省池州市	建档立卡退捕渔民 2575 人,纳入医疗保险 2575 人、社会保险 2006 人,实现应保尽保。对退捕渔民参加城乡居民医保实行定额资助,参加医保个人缴费部分政府补助 60%。参加社保人员中,居保人数 1907 人,职保人数 99 人,缴费标准按城乡居民养老保险 2000 元、3000 元缴费档次进行参保缴费,专业渔民补贴 3000 元,兼业渔民补贴 2000 元,补贴总人数 1730 人,累计补贴金额 1896.5 万元,已全部落实到位

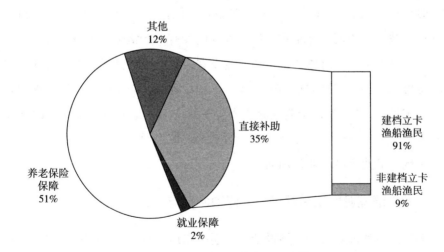

图 4　九江市禁捕退捕资金落实情况

（四）发展特色产业：从"捕鱼人"到"养鱼人"、"农业人"的转变

在退捕渔民转产安置中，各地充分发挥渔村特有的自然资源和渔民自身的特长等优势，坚持因地制宜和规划引领的原则，指导发展绿色生态种养、水产加工运销、休闲渔业和乡村旅游等产业。

渔业项目的发展让传统渔民的身份发生了重要变化，他们实现了从"捕鱼人"到"养鱼人"的转变。江西省九江市依托各地湖泊水库资源成立养殖专业合作社，吸引 576 名退捕渔民入股，实现"离湖不离水"。安徽省池州市大力发展以鳜鱼为主、稻鱼混养的水产养殖产业，鳜鱼养殖面积达 3 万亩、年销售额突破 2 亿元。大渡口镇新深居委会退捕渔民赵××上岸后和妻子成立××家庭农场，承包了 100 亩鱼塘，经营鳜鱼、龙虾、青虾养殖工作，年纯收入 20 万~50 万元，实现了勤劳致富。

农业产业项目的发展，使渔民实现从"捕鱼人"到"农业人"的转变。江西省都昌县打造了西源乡种植园特色农业产业，为超过 100 名退捕渔民解决了就业问题，同时兼顾了退捕渔民照顾家庭事务的需求。退捕渔民在接受访谈时说："都昌县耕地很少，基本是荒山。因此，禁渔后，渔民可能面临无活可干情况，不能保障基本生活，说我们没有一点情绪，不符合事实。后来，我们这里成立了合作社，带动产业发展，我们老年渔民即便没有什么技能，也可以参加合作社的轻体力工作，不用出远门，能顾得上家里。这样心里也安定了。"各地特色产业发展的成功案例说明因地制宜、多元化的产业发展策略有效地提升了退捕渔民的生活水平，使他们更好地融入新的社会角色，实现了渔业转型的双赢局面。

（五）退捕渔民权益保障：人权的含义与意义

无论是在禁渔政策的顶层设计中，还是在地方政府的贯彻执行中，退捕渔民的安置、转产和生计保障都是"长江十年禁渔"政策的一个核心内容。从人权的视角来审视"长江十年禁渔"政策的执行可以发现，地方政府的角色和作用是促进和保障退捕渔民权益的一个关键变量。各地政府为退捕渔民的权益保障所做出的努力及其取得的成绩，对于认识政府在人权治理和发展中的作用，以及人权发展的中国模式，是有启发意义的。

就政策内容和实现政策目标的方式而言，有关退捕渔民的生计保障工作可以被视为一个"基于权利路径"（rights-based approach）的政策过程。

第一，政策文件中虽然没有明确提及"人权"和"权利"等字眼，但对"生计保障"的强调，足以表明国家和政府对退捕渔民权益的重视。在中国，解决民生问题就是最真实的民主。中国民众看重的是政府如何回应民众的关切，而不是那些形式性和程序性的公民权利和自由。① 习近平总书记强调指出："民主不是装饰品，不是用来做摆设的，而是要用来解决人民需要解决的问题的。"② 对为公共利益——长江生态恢复——做出牺牲的渔民来说，没有什么比生计保障更为重要。国家和地方政府想尽一切办法，以"不落一船、不落一人"为原则，周详设计了数量庞大的退捕渔民的补偿办法，以及安置、再就业和其他生活保障措施。政策实施的结果显示，保证绝大部分上岸渔民的实际生活不低于上岸前的水准这个目标，初步得到了实现。

第二，退捕渔民的生计保障不仅着眼于当前，更注重未来长期的目标。在这里，国家和地方政府都十分强调提高退捕渔民的生存和发展能力的重要性。各地对那些具有劳动能力、有再就业意愿的退捕渔民做出了非常细致的帮扶设计，从反复的调研、基础信息的统计、台账的设立到多部门的信息沟通、政策宣传和技能培训项目的设计，再到各种途径的就业安排或推荐、社会保险等政策工具的运用，无一不显示出各地各部门针对退捕渔民的保障工作突出注重提升渔民的能力和发展机会。经济学家阿玛蒂亚·森用"可行能力"（capability）来理解和解释"实质性自由"（substantive freedom），认为实质性自由就是人们能够过自己愿意过的那种生活的可行能力，即人们既拥有机会，又有获得权益的能力。③ 退捕上岸渔民有资格得到救济，渔具损失有资

---

① 张明澍：《中国人想要什么样民主》，社会科学文献出版社，2013，第 1 页。
② 习近平：《在中央人大工作会议上的讲话》，《求是》2022 年第 5 期。
③ 〔印〕阿玛蒂亚·森：《以自由看发展》，任赜等译，中国人民大学出版社，2002。

格得到补偿，低收入有资格获得补助，再就业有资格获得培训和安置，等等，这些权益都是在"以人民为中心"的价值理念下所获得的实质性权利。不仅如此，把退捕渔民吸纳到护渔员队伍中来，不仅为渔民提供了公益性岗位，还为渔民提供了参与民主治理的机会。这是一种围绕人民群众需要、贴近人民群众生活、服务人民群众利益的迈向真正的人民主体性的治理。①

第三，正如前面所叙述的，在保障退捕渔民的权益方面，各地政府采取了多样性的路径和方法，这些路径和方法凸显了中国式人权保障的特点和优势。从尊重人民的主体性地位出发，一切治理行动和公共政策行为都要以人的发展和需求为根本价值追寻。如果在政策执行中不能对退捕渔民这样的弱势群体的生存和生计做出积极回应并做出切实而细致的安排，那么，"以人民为中心"的政治价值就会受到严重削弱，公共政策和治理行动也无法取得应有的成效。学界有人认为，中国以民生问题的解决为导向来促进民主政治发展的路径，是一条新道路，其中，政府和公共政策发挥了积极作用。②人权视角下的退捕渔民生计保障，也遵循同样的逻辑。"积极公共政策"是中国式人权保障的一个重要路径。③ 在"长江十年禁渔"的政策实践中，国家和地方政府通过一系列积极的公共政策设计，既着眼于当下退捕渔民的生计和生存，又立足于退捕渔民的长远发展，致力于消除各种制约退捕渔民权利实现的因素，从而将民生权利嵌入整个民生建设过程中。

四　一份基于权利路径的问题和优化清单

（一）问题清单

"长江十年禁渔"是一项长期的政策和治理行动，因此，退捕渔民的权

---

① 陈锋：《"下交群评"：迈向人民主体性的基层治理——以北京市平谷区接诉即办改革为例》，《北京工业大学学报》2023 年第 6 期。
② 张明军、李天云：《构建新型现代民主：中国式现代化视域中的全过程人民民主》，《社会科学》2023 年第 10 期。
③ 唐贤兴、马婷：《积极的公共政策与健康权保障：新议题和新框架》，陈明明主编《复旦政治学评论》2018 年第 19 辑，复旦大学出版社，2018。

益保障也不是一次性的行为。各地退捕渔民的转产安置工作虽然已经取得了不少积极成果，但这些成效是初步的、阶段性的，还需要不断巩固。考虑到退捕渔民权益保障问题的复杂性和脆弱性，以及地方政府在治理中受到的现实因素的制约，未来几年里要实现退捕渔民权益的可持续保障还存在不少问题和困难。

人权视角下的退捕渔民权益的长期保障，存在不少结构性的难题。

● 社会保障遇到了资源不足的困境

——社会保障资金的持续投入问题。退捕渔民的可持续社会保障工作存在一定的资金缺口，需要政府长期的资源投入。以都昌县为例，2022 年到位的禁捕退捕专项资金 4.1346 亿元①，到 2023 年所剩已不足 4000 万元，而退捕渔民社会养老保障每年支出约 800 万元，还需缴纳 12 年共约 9600 万元。

——社会保障的公平性问题。比如，退捕渔民的养老保险，不同省份、同一省份的不同地区之间，都存在补贴标准、补贴方式的较大差异，导致退捕渔民的保障水平存在差异。这虽然是区域间经济发展水平不同、资源禀赋分布不均导致的必然结果，却对退捕渔民的获得感产生了影响。

● 就业稳定性和就业质量有待提高

——就业岗位层次与收入都较低。退捕渔民群体存在的社会性特征对就业安排和就业质量构成了制约，部分渔民在与捕捞收入的比较中产生了一定的心理落差。

——就业自主性不强。渔民转产就业基本上是依靠和依赖政府，部分退捕渔民在新的职业领域缺乏信心和相关技能，而政府所采取的多种就业扶持政策也在一定程度上让渔民产生了"等靠要"的依赖心理。

——就业稳定性较差。被纳入就业范畴的灵活就业、务农、自主创业等形式都存在稳定性和风险性方面的问题。创业以渔业、农业投资为主，投资

---

① 其中，中央资金 3.2482 亿元，省级资金 4599 万元，市级配套资金 2265 万元，县级配套资金 2000 万元。

周期长，收益不稳定。灵活就业人员相对不够稳定，抗风险能力不足。企业吸纳的正式就业群体，多以临时工为主。

• 产业发展的困境

——地方产业基础薄弱。大多数禁渔地区原先的产业基础薄弱，在那些以渔业为主要产业的地方，禁渔之后的产业结构转型十分困难。这制约了地方经济发展和退捕渔民的生计保障。

——同质化。目前专业渔村特色产业建设仍在初期阶段，但在政策引导之下不同地区、不同村庄急于模仿先进经验，主要发展特色农业和养殖业，同类渔村产业同质化现象突出。

（二）政策优化的清单

在"长江十年禁渔"政策执行中，捕捞权并非通常意义上的财产权，但政策执行也将引发一系列的连锁反应，包括渔民的转产就业、社会保障、培训教育等多方面权益保障问题，妥善解决退捕渔民权益保障问题，帮助他们真正走上岸、立住脚、谋发展，是长江流域禁捕工作顺利推进的根本举措。因此，需要基于权利路径的政策优化以期后续的政策执行产生可持续性的政策效应。

• 退得出：分类施策+动态调整

——公平性。各省在制定补偿政策时既需兼顾当地实际，也应考虑政策的公平性问题，避免省份之间差异太大所导致的渔民攀比与不平衡心理。

——针对性。各地应深入摸排渔民的实际情况，避免"一刀切"规定，结合上岸渔民的年龄层次、渔民身份、文化程度、就业技能、个人意愿、家庭情况等实际因素，制定更有针对性的转产转业方案。

——动态跟踪。可运用大数据技术建立退捕渔民风险动态监测平台，阶段性评估其转产就业渠道、在岗稳岗状态及收入变化等情况，完善高风险渔民的管理和帮扶机制，提高资源利用效率，保障政策的持续性和稳定性。

• 有保障：政府兜底+遮风挡雨

——防护性保障。完善社会保障体系应是一项基本建设，是发挥政府兜底作用的重中之重。要按照当地失业保险发放标准对渔民进行补偿，更需要将符合条件的渔民按规定纳入最低生活保障、医疗保障、教育保障、养老保障体系。

——提高社会保障的精准性。需针对不同类别的渔民给予不同的保障侧重。对退捕后无生活来源的专业渔民给予过渡期保障；把困难捕捞渔民纳入城乡低保救助；对特别困难的捕捞渔民要提高救助标准；对未享受城乡低保待遇的困难捕捞渔民要实行临时生活救助；对贫困渔民和有返贫可能的渔民，要对接精准扶贫，确保不出现新增贫困人口。

——其他公共服务的跟进。重点关注贫困、老年、患病等渔民群体，做好相应的医疗、养老服务，解决渔民子女的教育保障。

● 稳得住：授之以鱼+授之以渔

——破解"靠山吃山靠水吃水"难题。要注意"授之以鱼"和"授之以渔"相结合。

——强化精准就业帮扶。在已有措施基础上，还应鼓励渔民采取"渔业+旅游""渔业+休闲业"等兼业策略，降低渔民对社会救助等福利政策的依赖度。

——发展亲水型产业。依托长江流域资源生态优势，可因地制宜发展旅游业、休闲渔业和稻鱼（虾）养殖业，鼓励、引导受教育程度较高、相对年轻的渔民发展亲水型产业。

——发展壮大农村集体经济。通过统筹利用禁捕退捕奖补资金、渔业燃油补贴等资金设立发展集体经济的专项基金，以部门协作、对口支援等结对帮扶机制，因地制宜，建立"一村一策"发展集体经济方案，助推渔村经济差异化发展。

● 能发展：自我发展+因材施教

从政策的时间维度上说，退得出、有保障、稳得住是短期取向型对策，长久之计应该是激发退捕渔民致富的内生动力，培养自我发展能力。

——技能培训的针对性。退捕渔民技能培训制度要及时转变思路、创新方式，提升政府因材施教的针对性。

——针对年龄偏大的老渔民群体，重点把握渔民文化基础知识的普及和提高。

——针对中青年的渔二代、三代群体，采用"精准化对焦、快速再就业"的职业技能培训策略。

——具体操作层面，政府可以采用服务外包或购买服务等多种形式，充分发挥社会机构和社会企业的积极作用。通过加强教育和培训投资，减少渔民"子承父业"，提高渔民社会竞争力，确保长江流域禁渔退捕后渔民发展代际可持续。

B.23
生态文明建设与环境权保障的云南经验

蒋佳妮 孙承远 李才慧*

摘 要: 环境权是一项新型人权,联合国大会于2022年将享有清洁、健康和可持续的环境宣布为一项普遍人权。中国在经济社会发展过程中,始终通过环境保护和生态文明建设实践保障公民环境权的实现,并在《国家人权行动计划(2021—2025年)》中首次将"环境权利"单独列为一章。云南生物多样性资源丰富,多民族共生,传统生态文化具有较强生命力。近年来,云南生态文明建设和环境权保障成效显著,体现在科学合理和完善的制度安排,生态环境质量显著提升,产业转型升级持续推进。云南经验的取得得益于发展权与环境权的平衡共进、环境法治为环境权保障保驾护航、生态环境信息公开持续显效、传统生态保护文化提升环境决策公众参与度。未来,云南环境权保障将进一步强化环境决策公众知情与参与,加快林业碳汇建设,挖掘传统生态保护文化的现代价值。

关键词: 生态文明建设 环境权 云南 生态文化

中国对环境权的保护,体现在以《国家人权行动计划》为代表的规范文件、法律法规中,经历了从无到有、从概括包含到单独成章的过程,环境权的地位不断提升、内容不断丰富,对其进行保障的各项法律规范更为严

---

* 蒋佳妮,中央民族大学法学院国际法与涉外法学系主任、副教授,中央民族大学人权研究中心研究员,研究方向为国际法、环境法;孙承远,中国政法大学习近平法治思想研究院博士研究生,研究方向为习近平法治思想、人权法学;李才慧,云南省开远市人民检察院干部,研究方向为宪法学、人权法学。

格、规范。《国家人权行动计划（2021—2025 年）》首次将"环境权利"单独列为一章，对污染防治、生态环境信息公开、环境公益诉讼、生态损害赔偿、国土空间生态保护修复、应对气候变化六个方面内容进行阐释，并相应规定具体的实施内容，保障公众环境权利。

云南省位于中国西南边陲，拥有丰富的生物资源，面积 39.4 万平方公里，最高海拔 6740 米、最低海拔 76.4 米，高原山地约占 94%。云南还是六大国际国内河流的上游或源头，水域面积在 30 平方公里以上的湖泊有滇池、洱海、抚仙湖、泸沽湖、程海、星云湖、阳宗海、异龙湖、杞麓湖，统称九大高原湖泊。虽然仅占全国陆地国土面积的 4.1%，却拥有森林、灌丛、草甸、荒漠、湿地等生态系统，涵盖了地球上除海洋和沙漠外的所有生态系统类型。云南属于中国三大特有植物分布中心的川西—滇西北、滇东南—桂西两大区域，生物多样性十分突出。因此，云南素有"植物王国""动物王国""物种基因库"的美誉。[1]

一 云南省环境权保障取得的成就

（一）科学合理的制度安排

1.科学的顶层设计

顶层设计具有系统性、整体性、协同性、前瞻性等特征，强调从全局角度对相关各方面、各层次、各要素等进行统筹规划，为推动事业发展提

---

[1] 云南省内各大生物类群种数均接近或超过全国的一半，植物资源上，省内有高等植物 19333 种，占全国的 50.1%，列入国家一、二、三级重点保护和发展的树种有 150 多种；森林面积为 2392.65 万公顷，居全国第 3 位，森林覆盖率为 65.04%，森林蓄积量为 20.67 亿立方米。动物资源上，省内有脊椎动物达 2273 种，占全国的 51.4%。其中，鸟类 793 种，占 63.7%；兽类 300 种，占 51.1%；鱼类 366 种，占 45.7%；爬行类 143 种，占 37.6%；两栖类 102 种，占 46.4%。全国见于名录的 2.5 万种昆虫类中云南有 1 万余种。有 46 种国家一类保护动物，154 种国家二类保护动物。参见赵增昆主编《云南年鉴 2022》，云南年鉴社，2022，第 25 页。

供总体性的指导方案，目的在于协调各项工作，有力保障发展方向、目标、进度等。① 用中长期规划指导经济社会发展，是我们党治国理政的一种重要方式。② 生态环境建设需要科学的顶层设计。近年来，云南省统筹全局、科学谋划，制定了《云南省"十四五"生态环境保护规划》《云南省绿色能源发展"十四五"规划》《云南省"十四五"环保产业发展规划》《云南省工业绿色发展"十四五"规划》《云南省湿地保护规划（2022—2030年）》《云南省生态文明建设排头兵规划（2021—2025年）》《云南省碳达峰实施方案》等一系列有关生态环境建设的中长期规划，明确环境保护工作的方向和重点，为各级政府和相关部门提供指导，确保环境保护工作的连续性和稳定性。

同时，2023年云南省地方财政预算持续加大对生态环境建设的支持力度，统筹安排140.2亿元，用于持续改善生态环境，促进绿色低碳发展；统筹安排97.2亿元，支持深入打好污染防治攻坚战，持续加强九大高原湖泊保护治理；统筹安排29.2亿元，支持国土空间修复和林业草原生态综合治理，构建生物多样性保护监测体系。③

2.完善的法规体系

生态建设、环境保护需要完善的法律法规体系，因为法律具有规范公民、企业和政府的行为，保护生态环境，促进可持续发展的作用，只有通过立法才能确保生态环境建设有法可依、有章可循，从而实现经济、社会和环境的协调发展。2022~2024年，云南省制定、修改、实施了30余件地方性法规（见图1），制定主体包括省、市/自治州、自治县三级立法机关，效力位阶从省级地方性法规至设区的市级地方性法规，以及自治条例和单行条例，为云南省生态文明建设提供了坚实的法治基础。

云南省近年的环境保护立法覆盖面广，生态保护、资源管理、污染防治等领域都有涉及（见图2）。生态保护是环境保护的首要内容，通过制定相

---

① 《促进顶层设计与实践探索良性互动》，《人民日报》2023年4月26日，第9版。
② 习近平：《在经济社会领域专家座谈会上的讲话》，《人民日报》2020年8月25日，第2版。
③ 《云南拟投入140余亿元持续改善生态环境》，《中国环境报》2023年2月2日，第1版。

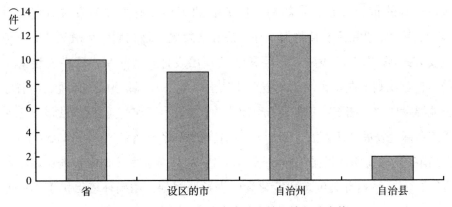

图1　2022~2024年云南省地方性环境立法主体

资料来源：笔者通过互联网整理。

关法律法规，为自然生态系统的保护提供法律保障，减少人类活动对生态环境的破坏，维护生态平衡；资源管理则涉及自然资源，如水、土地、森林、矿产等的保护和开发利用，立法可以规范资源的开发，促进资源的可持续利用，实现经济发展和环境保护的良性循环；污染防治旨在减少环境污染和破坏，为人民群众提供一个良好的生活环境，通过立法可以对环境污染的行为进行限制和惩罚，规范企业的排污行为，促进环境治理和生态恢复。

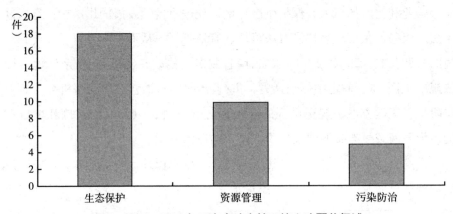

图2　2022~2024年云南省地方性环境立法覆盖领域

资料来源：笔者通过互联网整理。

此外，云南省的环境立法工作还有所侧重，根据《云南省"十四五"九大高原湖泊保护治理规划》，2023 年云南省年度立法从湖泊保护入手，相继对《泸沽湖保护条例》《滇池保护条例》《阳宗海保护条例》《抚仙湖保护条例》《程海保护条例》《杞麓湖保护条例》《星云湖保护条例》《洱海保护管理条例》《异龙湖保护管理条例》进行修订。在法律体系上，实现了九大湖泊治理保护的有法可依，推动了九大湖泊的全面性、系统性保护。在保护内容上，九湖保护条例在章节体例、保护措施、法律责任等方面都有进一步的完善，与《长江保护法》等国家法律法规相衔接，突出体现了国家对水资源保护的最新要求。在立法方式上，云南省也开启了对生态文明法律规范立法模式的探索与创新。《泸沽湖保护条例》的制定由云南、四川两省人大常委会协同进行，统一了两省条例的基本框架、保护原则、保护区划分和保护措施，推动泸沽湖由"一湖两治"向"一湖共治"转变。①

3.严格的执法体系

首先，执法严格成效高。一方面，制定有关政策文件，指导环境执法实践。云南省制定印发了《云南省生态环境厅 2023 年"绿剑云南"行动交叉执法检查暨实战大练兵工作方案》，对全省环境执法作出全面指导，包括对过去几年执法成效的"回头看"、确定本年度环境部门执法工作重点等。根据该方案，截至 2023 年 10 月，云南省生态环境执法部门发现 4000 多个违法对象，近 80 家企业受到处罚，共处罚金 900 多万元；印发《2023 年九大高原湖泊流域生态环境执法工作方案》，对云南九大高原湖泊流域进行执法检查，通过执法有效查处 500 多家问题企业、200 多家违法企业，有效保护了九大高原湖泊的水质。另一方面，推动正面清单制度化、常态化。云南坚持严格与精准、统一标准与差异化监管相结合，动态完善环境执法正面清单，根据清单采取灵活执法方式；以现场执法、在线监控、视频监控等多样化执法方式，结合主观过错、危害后果、是否纠正等情形，采取合理的处罚方式，1600 多家企业通过在线视频的非现场方式执法监管，4 家企业依法减免处罚，300 多件案

---

① 《我省九湖保护条例修订全面完成》，《云南日报》2023 年 12 月 1 日，第 2 版。

件不予行政处罚，减免处罚金额 5000 多万元。防止"一刀切""单一化"执法，提高了企业环境保护的自觉性，促进了部门执法的常态化。

其次，队伍建设强能力。一方面，加强培训及帮扶，提升专业素养。2023 年，云南省在生态环境部专项培训下，开展了两期培训班，涵盖岗位培训、业务培训等内容，两期培训人数达 500 多人。积极参加国家生态环境执法监督帮扶工作，在实战中培育执法人员解决生态环境问题、推进污染防治攻坚任务的能力。另一方面，加强信息化建设，提升执法水平和实效。云南省能耗在线监测平台以云南省能耗数据中心为依托，对近千家重点用能单位的能耗数据实现采集、监测、分析应用。数字洱海管理平台打造覆盖洱海全流域"天、空、地、水"一体化的智能感知网。针对一线人员执法要求，近年云南投入 7000 多万元用于执法装备建设，云南对 10 个市（州）投入 1000 余万元资金，为一线执法人员配备红外热成像、无人机、暗管探测仪等辅助执法装备，提升执法人员对违法违规行为的监测、发现能力。通过信息化、智能化、科技化建设，云南省生态环境执法精准化、科学化、规范化水平不断提升。

4. 有效的司法实践

完善审判组织体系。有效的机构设置是实施环境司法的重要基础，如今，云南省已形成由云南省高院环境资源审判庭、昆明环境资源法庭、38 家基层法院组成的环境资源案件审判组织体系。其中，为构建以流域、森林、湿地等生态功能区为单位的跨行政区域集中管辖制度，云南实施环境资源民事、刑事、行政案件的"三合一"审理模式，打破地方保护，统一裁判的尺度。2021 年 9 月，昆明环境资源法庭在最高人民法院和云南省委编办的批准下正式成立。这是全国第三个，也是西南地区第一个集中审理全省中院环境资源案件的法庭。

案件数量众多。截至 2023 年 6 月，云南全省法院充分发挥审判职能作用，依法审理环境资源刑事、民事、行政案件 38000 件，多个案例对中国环境资源案件审理和中国生态环境资源保护产生了重要影响。云南省各级人民法院受理的环境公益诉讼案件数量不断攀升、保护范围不断拓展，实现了土地、水域、大气、野生动植物等方面的全覆盖。

案件影响突出。2020 年，"云南省绿孔雀案"二审宣判，作为中国首例珍稀野生动植物保护预防性环境民事公益诉讼案件，体现"保护优先，预防为主"的司法保护原则，列入世界生物多样性司法保护十大典型案例。2023 年 10 月，云南省首例认购林业碳汇替代修复生态案宣判，澜沧县人民法院通过引导行为人谢某某自愿认购碳汇的方式，修复受损生态环境。2023 年 11 月，全国首例亚洲象公益诉讼案宣判，公众对野生动物保护的关注度进一步提升，绿色文明意识进一步增强。

（二）生态环境质量显著提升

根据《2022 年云南省生态环境状况公报》和《云南统计年鉴 2023》，云南省在习近平生态文明思想的指导下，坚持"守护好蓝天碧水净土保护好生态环境是最大职责、支持服务好经济社会发展是最大任务"的定位，通过推进污染防治攻坚、排查并化解生态环境风险隐患，使全省生态环境质量稳步提升。

1. 大气质量保持良好

一方面，空气质量常年保持优良。根据云南省生态环境厅的统计，云南省 2020~2022 年三年空气质量均为优良，三年省内 16 个市（州）政府所在地城市年度环境空气质量均符合国家环境空气质量二级标准。其中，从优良天数来看，2020 年云南省平均优良天数占全年天数的比重为 98.8%，与 2019 年相比提升 0.7 个百分点；2021 年云南省平均优良天数占全年天数的比重为 98.6%，同比下降 0.2 个百分点；2022 年该比重为 99.7%，突破 99%大关，创近年空气优良天数占比纪录，较上年提高了 1.1 个百分点。总体而言，云南省空气优良天数比例高于其他省份，且优良天数比例不断提升，空气质量优中创优。

另一方面，全省环境质量总体良好。据统计，2022 年云南 16 个市（州）各污染物年均值及相应的百分位数均达有关空气质量标准中的二级标准、一级标准要求（见表 1）。以优良划分，2022 年全年，16 个市（州）的有关污染物评价中，二氧化硫（SO_2）、二氧化氮（NO_2）、一氧化碳（CO）均为优（一级标准）。可吸入颗粒物（PM_{10}）除芒市为良（二级标准）外，

其余城市均达到一级标准。臭氧（O_3）仅泸水为优，其余城市均为良。细颗粒物（$PM_{2.5}$）中，保山、丽江、普洱、大理、香格里拉为优，其余城市为良。从具体县市来看，全省129个县（区、市）6项污染物的年度评价结果有19个城市达到一级标准，110个城市达到二级标准。总体而言，云南全省各地的大气质量良好，并逐年优化。

表1　云南省2022年16个城市环境空气质量评价

单位：$\mu g/m^3$

城市	SO_2	NO_2	PM_{10}	CO	O_3	$PM_{2.5}$
	年均值	年均值	年均值	95百分位数	90百分位数	年均值
昆明	8	20	33	0.7	126	20
曲靖	8	14	33	1.0	135	22
玉溪	8	17	31	1.3	122	18
保山	5	8	26	0.7	116	13
昭通	9	13	33	0.8	127	23
丽江	6	10	22	0.7	106	14
普洱	7	14	24	1.0	107	14
临沧	7	12	40	0.9	113	24
楚雄	10	14	26	0.8	116	18
蒙自	11	8	31	0.8	122	23
文山	6	11	30	0.7	114	22
景洪	7	13	27	0.7	110	16
大理	6	10	26	0.8	110	12
芒市	10	14	42	0.9	117	22
泸水	8	14	32	1.1	90	20
香格里拉	8	9	18	0.8	112	13

资料来源：云南省统计局：《云南统计年鉴2023》，中国统计出版社，2023，表16-15。

2.水域水质不断提升

六大水系和九大高原湖泊构成云南省主要水域，其质量与云南人民的生产生活息息相关。一方面，云南省河流总体水质为优，六大水系中除长江、珠江水系良好外，其余四大水系水质均为优（见表2）。横向来看，监测的主要河流（河段）断面共计389个，其中有40个Ⅰ类，232个Ⅱ类，80个

Ⅲ类，总计352个水质优良。纵向来看，云南省2020年断面水质优良率为86.4%，同比提升0.6个百分点；2021年断面水质优良率为87.7%，同比提升1.3个百分点，重度污染率为2.8%，同比下降1个百分点；2022年，断面水质优良率为90.5%，重度污染率同比下降1.5个百分点（见图3）。云南省断面水质优良率不断提升，重度污染率不断下降，彰显云南河流水质不断优化，"水越来越清了"。

表2　2022年度云南省主要河流（河段）断面水质类别

单位：个

水系名称	Ⅰ类	Ⅱ类	Ⅲ类	Ⅳ类	Ⅴ类	劣于Ⅴ类	合计
长江	23	73	32	11	6	2	147
珠江	4	30	17	8	1	2	62
红河	3	50	10	2	0	0	65
澜沧江	4	49	11	1	2	1	68
怒江	4	16	6	1	0	0	27
伊洛瓦底江	2	14	4	0	0	0	20
小计	40	232	80	23	9	5	389

资料来源：《2022年云南省生态环境状况公报》，第8页。

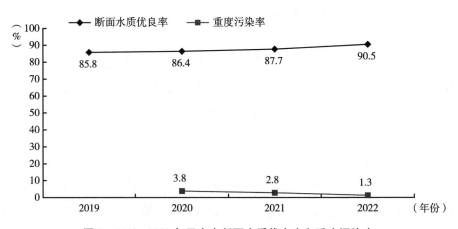

图3　2019~2022年云南省断面水质优良率和重度污染率

资料来源：《2022年云南省生态环境状况公报》，第8页；《2021年云南省生态环境状况公报》，第9~10页；《2020年云南省生态环境状况公报》，第8~9页；《2019年云南省生态环境状况公报》，第5~6页。

另一方面,九大高原湖泊保护治理取得一定成效。阳宗海水质类别由Ⅲ类好转为Ⅱ类,洱海水质类别自2021年由Ⅲ类好转为Ⅱ类,2022年继续保持Ⅱ类。阳宗海、洱海、抚仙湖、泸沽湖水质为优,滇池草海、阳宗海、洱海、泸沽湖达到水功能要求;九大高原湖泊均为中度及以下营养状态,其中泸沽湖、抚仙湖为贫营养(见表3)。

表3　云南省2022年九大高原湖泊水质状况

水域	水质类别	水质	水功能要求	湖库单独评价指标	营养状态
滇池 (草海、外海)	Ⅳ类	轻度污染	达到(Ⅳ类)	总氮劣Ⅴ类	中度富营养
	Ⅴ类	重度污染	未达(Ⅲ类)	总氮Ⅴ类	轻度富营养
阳宗海	Ⅱ类	优	达到(Ⅱ类)	总氮Ⅲ类	中营养
洱海	Ⅱ类	优	达到(Ⅱ类)	总氮Ⅲ类	中营养
抚仙湖	Ⅱ类	优	未达(Ⅰ类)	总氮Ⅰ类	贫营养
星云湖	Ⅴ类	中度污染	未达(Ⅲ类)	总氮劣Ⅳ类	中度富营养
杞麓湖	劣Ⅴ类	重度污染	未达(Ⅲ类)	总氮劣Ⅴ类	中度富营养
程海	Ⅳ类	轻度污染	未达(Ⅲ类)	总氮Ⅲ类	中营养
泸沽湖	Ⅰ类	优	达到(Ⅰ类)	总氮Ⅰ类	贫营养
异龙湖	劣Ⅴ类	重度污染	未达(Ⅲ类)	总氮劣Ⅴ类	中度富营养

资料来源:《2022年云南省生态环境状况公报》,第9页。

此外,饮用水水源地水质不断优化,生产生活用水保障不断加强。全省16个市(州)共有47个市州级饮用水水源地,其水质达标数量及比例由2021年的39个达标(含优于)、83%的达标率提升为46个达标(含优于)、97.9%的达标率。

3. 农业林业稳步发展

党的二十大首次提出"加快建设农业强国"。在2023年中央农村工作会议上,习近平总书记着眼强国复兴战略全局,对加快建设农业强国、加快农业农村现代化、全面推进乡村振兴等一系列问题作出了全面阐释。中央一号文件围绕全面推进乡村振兴、建设农业强国目标,明确了重点任务和政策举措。围绕中央战略部署,云南省积极行动,推动本省农业林业的稳步发展。

2022 年云南省新建高标准农田 480 万亩，累计建成 3413 万亩，其中 96%以上的农田种植有主要粮食作物良种。[①] 全面加强对天然林的保护，坚持全面停止天然林商业性采伐。实施森林生态效益补偿，推进天然林与公益林并轨管理。在森林资源管护方面，2023 年云南省完成人工造林 120 多万亩，封山育林超 135 万亩，退化林修复近 163 万亩，森林抚育 96 万亩。重点区域生态保护和修复工程实现人工造林 34.14 万亩，封山育林 130.13 万亩；退化林修复 63.69 万亩。[②] 针对林业灾害，强化预警监测和应急处理，减少如干旱、雨雪冰雹等自然灾害对森林造成的损害，森林火灾成灾率控制在 0.9‰以下。针对林业有害生物灾害，实行林业重大有害生物防控责任制，林业有害生物成灾率控制在 4‰以下。

4. 生物多样性保护持续推进

首先，针对生物多样性保护进行顶层设计，完善法律规范体系。制定《云南省生物多样性保护条例》（以下简称《条例》），开创了中国生物多样性保护立法的先河。出台《条例》是推动云南省成为全国生态文明建设排头兵的重要举措，作为中国第一部生物多样性保护的地方性法规，《条例》对监督管理、物种基因保护、生态系统保护、法律责任等内容作出规定，并涉及公众参与、惠益分享等内容，通过权利义务、职责职权多方位构建，将生物多样性保护参与主体、受益对象多方覆盖，实现全民参与、共享。云南省不仅出台了全国第一部生物多样性保护地方性法规，还于 2020 年颁布了中国首部生物多样性白皮书 ——《云南的生物多样性》，充分展示了云南省生态文明建设和生物多样性保护的成就。另外，云南省印发《云南省生态环境厅关于贯彻落实〈自然保护地生态环境监管工作暂行办法〉的实施办法》，明确生态环境部门对自然保护地监管的职责、内容范围等，加强对全省 362 处自然保护地的监管保护，保护范围接近全省面积的 15%。其次，打牢生物多样性保护的组织基础，组建生物多样性保护专家委员会。专家委员会积极开展生物多样

---

① 《云南省建成高标准农田 3413 万亩　占耕地面积 42%》，云南省农业农村厅网站，2023 年 1 月 13 日，https：//nync. yn. gov. cn/html/2023/yunnongkuanxun-new_ 0113/394050. html。

② 《云南省 2023 年国民经济和社会发展统计公报》，云南省统计局网站，2024 年 3 月 29 日，https：//www. yn. gov. cn/sjfb/tjgb/202403/t20240329_ 297393. html。

性保护研究工作，通过开展专项调查，摸清域内国家重点保护野生动植物资源数量及分布情况；建立各类科研平台，对生物遗传资源与进化进行研究。最后，创新实践进行生物保护。实施珍稀植物物种就地和迁地保护，60多种超10万株珍稀植物得到保育保护，20种种子资源入库保护，15000株植物得以回归种植。在普洱市开展首个省级尺度以上的自然保护区森林生态系统服务功能价值评估。网格化生物多样性监测，对生态系统及30多种物种进行专项监测调查。通过多措并举，有效保护了云南90%的典型生态系统和重要物种。

（三）产业结构逐步转型升级

1. 农业绿色崛起

云南省坚持绿色有机引领，绿色农业的发展步伐进一步加快。2023年，云南省以规模化、专业化、绿色化、组织化、市场化为着力点，全面推进"一县一业"建设。从耕地建设质量、农业用水效率、农业生物资源等方面推进农业资源保护利用，从减量化投入、农业生产废弃物资源化利用、耕地轮作休耕、粪污资源化利用试点等方面开展农业面源污染防治，从绿色产业基地、农产品加工绿色转型、休闲观光农业发展等方面推动绿色农旅融合发展。

2023年，云南省在"九湖"和"两江"流域试点建设，打造农业绿色发展先行示范区。以茶叶、鲜花、水果、咖啡等重点产业为依托，加快建设生态绿色有机品牌。目前，云南省已建成世界上最大的鲜切花产区，茶叶、天然橡胶、核桃、澳洲坚果、中药材种植面积和产量保持全国第一，蔬菜、水果、蔗糖、牛羊、生猪等产业规模稳居全国前列。同时，"区域品牌+企业品牌+产品品牌"的"绿色云品"品牌矩阵初步形成，在成渝经济圈、粤港澳大湾区、京津冀等主要市场开展专场展销，农业绿色品牌影响力持续提升，有机农产品有效证书数和获证经营主体数保持全国第一。此外，绿色农业的发展模式也在为全国各地的农业转型贡献着"云南经验"。在农业农村部2023年11月13日公布的第四批国家农业绿色发展先行区创建名单中，云南省大理白族自治州洱源县、楚雄彝族自治州禄丰市以及曲靖市麒麟区分别入选；云南省宾川县资源节约与农业发展协同推进的经验也入选2023年全国农业绿色发展典型案例名单。绿色成为云南农业发展的坚实底色。

2.工业绿色转型

2023 年,云南省持续推进全链条集群式发展模式,工业进一步转型升级,探索发展新质生产力,绿色能源在云南省经济发展中的占比不断提高。据统计,目前云南省新能源总装机达 3489 万千瓦,其中风电装机 1530 万千瓦、集中式光伏装机 1959 万千瓦。2023 年以来,云南省新能源发电量达 410 亿千瓦时,同比增长 56%,占云南全省发电量的 12%,新能源发电利用率达 99.78%。① 2023 年以来,新能源作为云南省第二大电源装机规模的地位进一步巩固,云南省新能源装机占比、新能源发电量占比、清洁能源交易电量占比、非化石能源占一次能源消费比重四项指标全国领先,均达到世界一流水平,初步建成清洁低碳、安全高效的现代能源产业体系。②

同时,2023 年云南省绿色硅产业继续保持千亿级发展势头,全省绿色硅完成产值突破 1000 亿元,新能源电池产业产值超过 300 亿元。③ 生物医药、新材料、美妆等新兴产业突飞猛进。以硅光伏、新能源电池为代表的电子行业连续 15 个月保持 30% 以上增速,成为云南省发展的第四大支柱行业。④ 仅 2023 年上半年,全省新入库能源项目 365 个,12 个省级"重中之重"项目和 154 个省级重大项目开工建设。新增开工新能源项目高达 99 个、装机 890 万千瓦,新增新能源发电并网装机达 711.65 万千瓦,是 2022 年全年新增新能源装机的 4.8 倍,投产规模居全国前列。⑤ 截至 2023 年底,云南省共有 84 种产品通过国家级绿色设计产品认定,累计培育国家级绿色工厂

---

① 《云南能源监管办全力助推新能源高质量发展》,国家能源局云南监管办公室网站,2024 年 2 月 4 日,https://ynb.nea.gov.cn/dtyw/gzdt/202402/t20240204_238803.html。
② 《我省加快构建新型能源体系有力支撑经济社会发展——逐绿前行 风光无限》,《云南日报》2023 年 12 月 17 日,第 3 版。
③ 《云南发展资源经济打造优势产业 绿色硅保持千亿级发展势》,云南省人民政府网站,2024 年 1 月 19 日,https://www.yn.gov.cn/ynxwfbt/html/2024/zuixinbaodao_0124/6477.html。
④ 《厚植高质量发展新优势——我省推进新型工业化综述》,《云南日报》2023 年 11 月 3 日,第 1 版。
⑤ 《我省加快推进能源重大项目建设——能源发展跑出"加速度"》,《云南日报》2023 年 7 月 23 日,第 1 版。

84 家、绿色园区 9 个、绿色供应链管理企业 6 户，建成绿色低碳产业园区 10 个。① 个旧、安宁、东川被列入国家工业资源综合利用基地，云南贵研资源（易门）有限公司建成全国最大的铂族金属再生利用基地。

3. 旅游业绿色升级

旅游业是云南省的特色产业，也是支柱产业。2023 年，云南省推出"有一种叫云南的生活"的品牌形象，进一步把绿色生态融入云南旅游的全过程，实现旅游业的绿色高质量发展。截至 2023 年 10 月，云南省集中开工重大文旅项目 253 个，推进在建文旅项目 2248 个，完成旅游固定资产投资 793.5 亿元；围绕生态旅游、度假康养、户外运动、红色旅游等，推出一批跨界融合的新业态新产品；打造红色旅游精品线路 50 条、文旅康养融合精品线路 23 条、生态旅游精品线路 16 条；创建国家首批文化产业赋能乡村振兴试点 2 个，一批乡村旅游助力乡村振兴典型在全国推广。② 同时，云南省进一步推动生态旅游的发展和升级。2023 年 9 月，云南省委办公厅、云南省政府办公厅印发《云南文化和旅游强省建设三年行动（2023—2025 年）》，明确要立足新发展阶段，围绕"3815"战略发展目标，加快旅游产品、模式、业态创新和服务创优，推动全省旅游产品业态更丰富，加快旅游产品业态创新。在未来的两年内，要推动旅游业与康养产业融合发展，建设避寒避暑、医疗养老和中医药保健示范项目 30 个以上；要积极发展体育旅游，推出徒步旅游精品线路 30 条以上，多次举办探险旅游发展大会和赛事活动；要创新发展科技旅游，开发沉浸式演艺、全息影像等新技术旅游产品，培育云旅游、云演艺、云展览等智慧旅游新场景 60 个以上。③ 2023 年，云南省依托丰富的自然资源，促进旅游业的绿色升级，通过对绿水青山的进一步保护，提高云南人民的收入，改善云南人民的生活。

---

① 《厚植高质量发展新优势——我省推进新型工业化综述》，《云南日报》2023 年 11 月 3 日，第 1 版。

② 《推动云南旅游强劲复苏，这"四个强化"是关键》，云南网，2023 年 11 月 23 日，https：// m. yunnan. cn/system/2023/11/23/032845513. shtml。

③ 《云南文化和旅游强省建设三年行动（2023—2025 年）》，云南省人民政府网站，2023 年 9 月 14 日，https：//www. yn. gov. cn/zwgk/zcwj/swwj/202309/t20230914_ 285807. html。

二 云南省环境权保障的经验总结

（一）发展权与环境权的平衡共进

传统的发展模式，需要消耗大量资源、产生污染废料、造成生态破坏。经济发展过程中对水、土地、矿产等自然资源的过度利用会造成环境破坏；工业生产过程中产生的大量废水、废气、废渣等废弃物会对环境造成严重污染；开发建设会对生态平衡造成破坏，导致物种灭绝、气候变化。这就容易导致公民的环境权利受到侵害。

如何平衡经济发展与环境保护，是现代化建设中的重要问题。世界历史上不乏经济发展持续向好，生态环境、居住环境却节节后退的例子。当下，可持续发展、代际公平已成为全世界处理发展与保护之间关系的共同追求。2023 年云南省全面践行"绿水青山就是金山银山"理念，9 月召开的云南省生态环境保护大会明确提出"坚定不移走生态绿色高质量发展之路"的总体要求，探寻多元生态产品价值实现路径。坚持以习近平生态文明思想为引领，经济发展与环境保护并重，积极对产业结构进行因地制宜的调整是云南省环境建设、生态保护取得巨大成就的关键所在。

案例 1

普洱市澜沧拉祜族自治县景迈山探索出一条"因茶致富、因茶兴业"的高质量发展之路；"绿化秃山头，浊水变清流，灌溉万顷田，一花带三产"，曲靖市罗平县以生态修复筑牢绿水青山，以油菜花为载体促进三产融合，绘就了一幅"花乡经济"赋能乡村振兴的美丽画卷；昆明市东川区在荒山荒坡、荒滩荒沟上创造了"修复生态—生态变资源—资源化财富—财富保生态"的绿色奇迹，推动全区做靓生态、做强工业、做优农业、做活文旅。

传统经济与环境对立的发展模式，强调对资源的索取和破坏，这样的路径势必会带来环境的衰退。近年来，云南省立足本区域环境特点和资源禀赋，找准地区优势，及时调整经济发展路径；坚持生态优先、绿色低碳，加快产业结构转型升级，实现了农业绿色崛起、工业绿色转型、旅游业绿色升级。助力环境保护与经济发展协调共进，打破了经济发展与环境保护的二元对立格局。经济发展模式的根本性转变，让环境保护成为经济发展的底层动力，让经济发展成为助推环境保护的高效引擎。

（二）环境法治为环境权保障保驾护航

1.政策指引和立法保障协同

云南省充分发挥政策的指引作用，彰显灵活性、时效性优势。立法程序通常较为烦琐和耗时，需要经过多轮审议和讨论，而政策制定则相对灵活和快速。通过立法与政策共同推进，充分发挥政策方针的指引作用，可以使政策在不违反法律的前提下，先于立法实施，先行开展绿色产业升级、碳市场建设、生物资源保障等生态建设、试点工作，为后续立法积累经验、提供参考，也能够更快地应对生态保护现实的需求并及时进行调整，为生态文明建设指引方向。2023年9月，云南省召开生态环境保护大会，为云南省生态文明建设统筹规划，指明未来方向，提出了一系列政策目标。

案例 2

云南省生态环境保护大会作出了一系列任务部署：

（1）深入推进九大高原湖泊保护治理，坚持综合治理、系统治理、源头治理，"一湖一策"、一体推进"三治一改善"，五级河（湖）长担当尽责。

（2）着力补齐污水垃圾治理短板，健全城镇管网，推进农村"小三格""大三格"建设和简易污水处理设备使用，完善垃圾收运处置体系，强化"白色污染"问题治理。

（3）创新实现生态产品价值转化，在碳汇开发上闯出新路、抢占先机，做大绿电总量，促进绿电认证、交易、消纳，健全生态补偿机制。要大力发展现代林业，深化集体林权制度改革，坚持造林与护林并重，大力发展林下经济，培育新型林业经营主体，深入实施城乡绿化美化三年行动，向林业要收入、要效益、要发展。

（4）切实抓好生物资源保护与利用，加强生态系统保护修复，拓展COP15后续效应，加强生物多样性保护，用好生物资源优势发展生物医药、生物育种、生物材料等产业。要培育壮大绿色产业，打造打响农业生态绿色有机品牌，着力推进工业智能化、绿色化发展，大力发展生态绿色旅游。

（5）推动形成绿色生活方式，在全省范围进行一场绿色生活方式革命，倡导简约适度、绿色低碳、文明健康的生活理念和消费方式。要有效防范化解重大生态安全风险，建立跨区域跨流域联防联控机制，守牢生态安全底线。

云南省充分发挥法治的规范作用。生态文明建设涉及对自然环境的保护和修复，以及人类活动对环境的影响和管理，需要法治的支持和保障。2022~2024年，云南省制定、修改、实施了30余件与环境保护相关的地方性法规、自治条例和单行条例，涵盖污染防治、生态修复、资源保护、应对气候变化等，涉及面广、针对性强，为生态文明建设提供了明确的法律依据和规范，使生态保护和环境治理有法可依、有章可循。制定生态建设、环境保护的法律法规，能够规范公民、企业、政府的行为，确保生态文明建设的可持续性；能够明确环境保护的原则、目标和措施；能够强化环境监管，提高环境违法成本，有效遏制污染环境和破坏生态的行为；能够鼓励和支持绿色产业、绿色能源等领域的发展，推动经济结构调整和产业结构升级，实现经济发展和环境保护的双赢。

立法和政策并行是云南生态建设和环境权保障取得成就的关键。政策制定通常需要考虑长远的发展目标和现实需求，而立法也需要考虑法律的稳定性和可持续性。两者并行，可以平衡短期利益和长远利益，实现生态文明的可持续建设。同时，立法也可以进一步确认经过实践所检验的政策方针，为政策的长期实施奠定更加稳定和权威的规范基础，促进政策的长期有效和可持续。根据不同地区的实际情况，通过立法和政策的良性互动，不断完善相关制度机制，更好地服务于生态建设的现实需求。

2. 创新司法机构设置

云南省在环境司法机构设置方面具有鲜明的地方特色。除了设置各级环境资源审判庭外，基于云南省的实际情况，设立了具有民族特色、地域特色的各类调解室。滇池近1/3的湖岸线位于昆明市晋宁区，为有效保护滇池环境，晋宁区法院成立了"南滇池人鱼（类）纠纷法律服务点"，将涉及滇池的民事、刑事、行政非诉、调查调研、普法宣传等方面融为一体，审判职能不断延伸。地方上，普洱市思茅区人民法院坚持和发展新时代"枫桥经验"，主动延伸司法职能，在"亚洲象繁育中心"挂牌全国首家"人象和谐法律服务点"，加强人象矛盾纠纷源头预防和前端化解，推动人象矛盾纠纷化解进入法治绿色通道，打造基层环境司法化解矛盾的样本。再如"珠江源审判庭""普达措国家公园法庭""景迈山古茶林法律服务点"等特色基地，都通过创新司法机构设置对重要生态保护地实现有效保护。

3. 创新执法、司法实践

为了保证司法实现，提升环境资源保护、恢复实效，云南省各地积极探索适宜的保障机制，全省法院通过"补植复绿"、"增殖放流"、"护林护鸟"、种植"公益诉讼林"等多样修复方式，部分法院以"林长制+森林法官"的执行机制，对遭受损害的生态环境及资源进行修复。与政府联合设立"环境公益修复基金账户"，用于环境损害后的修复、审判执行。2018～2023年，云南省法院通过判决，增殖放流鱼苗60多万苗，补种树木2万多株，支付生态赔偿金近 6000 万元。[1]

2023 年，昆明市生态环境部门进行了三轮名为"绿剑"的专项执法行动，该行动被评为 2023 年十大品牌建设的典型案例之一。同时，云南省环境监测水平也在不断提高，提供了超过 62 万个监测数据，其中安宁市水环境智慧监测实验室荣获全国生态环境智慧监测创新应用示范案例称号。[2] 红河州生态环境局制定《全州生态环境保护执法队伍学习交流制度》，并规定每月在全州各县市的执法人员之间轮流进行线上和线下的互动学习与交流。围绕区域工作亮点、典型案件查处情况、法律法规适用情况等执法监管实践进行经验交流。目前，共举办视频交流学习会 5 场，学员超 400 人，切实提升了执法人员业务水平及执法技能。

4. 尊重地方特色和民族文化

在执法和司法过程中，相关人员结合地区实际，尊重地方特色和民族文化，在不违背强制性规定的基础上，结合民族习惯法解决矛盾冲突，开展执法、司法活动。满足各族人民的文化、生活需求，保障环境保护和资源利用有序开展。云南省大姚县昙花乡菜西拉彝族村村民钟某因盗伐 30 多棵树木，被当地法院处以 2000 元罚款。根据当地彝族习惯法，砍伐树木的行为要缴纳一定数额的罚款并且根据盗伐树木的数量，对盗伐树木区域进行数倍补种，同时祈求自然的原谅。在了解到有关民族环境习惯法后，法官结合国家制定法与民族习惯法，判处钟某罚款并依照当地习俗补种树木和罚酒。与上述案件类似，云南省普洱市澜沧县竹塘乡阿里寨村民李某某误砍了同村张某的树木 6 棵，当事人反映至司法所后，司法所根据《云南省澜沧拉祜族自治县林业发展条例》有关规定并结合当事人族规规定的补种树木和罚酒，调解决定李某某 400 元罚款并按照习俗补种、罚酒。在这些案例

---

① 《5 年审结近 4 万件环境资源案件　云南发布 2022 年度环境资源保护典型案例》，云南省生态环境厅网站，2023 年 6 月 8 日，https://sthjt.yn.gov.cn/ywdt/szyw/202306/t20230608_234262_wap.html。

② 《安宁市这个实验室被评为全国示范案例》，云南省生态环境厅网站，2023 年 12 月 15 日，https://sthjt.yn.gov.cn/xxywzsdt/202312/t20231215_236475.html。

中，针对民族地区的环境纠纷，司法人员在严格执行国家制定法的同时尊重习俗规定，发挥司法能动性，在调解、裁判中实现了法律效果与社会效果的统一。

（三）宣传教育和交流合作：生态环境信息公开持续显效

云南省通过加强生态文明建设的宣传教育工作，提高公众的环保意识。通过宣传教育，公众可以更加深入地了解生态环境问题的严重性和紧迫性，认识到自身在生态文明建设中的责任和义务，从而更加积极地参与到生态文明建设中来。2023年云南省积极开展生态环境宣传工作，云南省生态环境宣传教育中心与各市（州）的生态环境局建立合作机制，整合全省生态环境宣教资源，到各个县、乡、村开展"五进"宣传。通过展示展板、发放资料、互动游戏等方式，向市民宣传生态环境保护常识，传播生态文明理念，推动形成绿色、低碳、循环、可持续的生产方式和生活方式。

同时，云南省积极加强对外交流合作，借鉴和吸收国际先进经验和技术，加强与其他国家和地区的合作，共同应对全球性的生态环境问题，推动全球生态环境治理的进程。2022年12月19日《生物多样性公约》第十五次缔约方大会通过了"昆明—蒙特利尔全球生物多样性框架"，为今后的全球生物多样性治理擘画了新蓝图。"昆蒙框架"的通过展示了中国在生态文明建设上的决心和贡献，有助于提升中国的国际形象，促进国际合作；推动了云南与世界各国在生态环境保护和生物多样性保护方面的交流与合作，展示了中国生态文明建设的成果，分享了成功经验和模式。2023年云南省生态环境厅与生态环境部对外合作与交流中心签署合作框架，共同推进云南生态文明建设和国际环境合作高质量跨越式发展。5月，2023年国际生物多样性日全球主场活动在昆明举行，云南省推动全球生物多样性保护治理，加强与各国在生物多样性保护工作上的合作。9月，云南省参加了中国—东盟环境合作论坛，进一步深化了中国—东盟气候适应社区知识共享合作，推进区域气候适应社区联合研究。

（四）传统生态保护文化提升环境决策公众参与度

拉市海分水岭生态保护项目积极发挥当地居民在保护流域生态中的作用。该项目支持纳西族传统的分水办法，公平分配流域内水资源，解决连续多年的干旱问题；协同带动居住在拉市海上游的彝族参与到水域的保护中，通过经济发展可持续实现环境保护目标。

包含纳西族传统分水办法在内的云南各地区、各民族环境习惯法，是云南传统生态文化的重要形式。正如俞可平先生所言："建设生态文明，归根结底是为了人类自身的利益，良好的自然生态，是人类幸福生活不可或缺的要素。因此，在建设生态文明的过程中，人类自身是生态文明的主体，处于主动而不是被动的地位。"[1] 环境习惯法对于提升民众环境保护参与的积极性、主动性、有效性有不可磨灭的贡献。一方面，环境习惯法的制定由本地区威望人士如头人等组织、具体内容由成员共同确定，是共同意志的体现、集体智慧的结晶，获得民众的认可和遵循；另一方面，环境习惯法承载了民族"人与自然同源共祖""自然神灵"等生态伦理观，并配套严格的处罚措施，使环境习惯法的内容得到当地民众的普遍遵守。在云南各地丰富的环境习惯法影响下，人们的环境保护参与度更高。

三　云南省环境权保障的未来展望

（一）强化环境决策公众知情和参与

首先，完善信息公开。2023 年，云南省司法厅发布关于《云南省生态环境保护条例（草案）》公开征求意见的公告，草案在《云南省环境保护条例》基础上，专章设置"信息公开与公众参与"，规定公众获取生态环境

---

[1]　转引自刘雁翔《西南少数民族环境习惯法的生态文明价值》，《贵州民族研究》2015 年第 5 期。

信息的权利和政府、企业生态环境信息公开的义务。环境信息了解是参与决策、监督执行的重要基础，是保障环境知情权的前提。对立法、建设、规划等环境相关信息的公开，可以督促政府与企业积极采取措施，提升环境保护、建设项目等的透明度。为此，可以从环境信息公开范围和主体、环境信息的获取、环境信息公开救济等方面进行，保障公众对相关环境信息的有效了解。

其次，深化环境决策参与。《环境保护法》和《环境保护公众参与保护办法》肯定了环境保护的公众参与权。然而，目前的公众环境参与权往往被理解为公众对决策过程的形式介入，并将权利内容限定为环境保护主管部门主动征集或公众提出意见和建议时被动掌握，即公众的环境保护参与往往局限为"意见表达权"。但仅在环境决策过程中提出意见和建议并不能有效实现公众参与权。"在涉及利益群体广泛的重大环境行政决策领域，仅允许观点意见表达，不要求实际性处理反馈的低程度的公众参与，能否真正消弭与高度专业性、技术不确定性、决策信息不对称性以及价值结构多元性相伴生的社会群体性焦虑？"[①]

（二）加快林业碳汇建设，丰富生态价值实现

云南是林业资源大省，未来要积极探索发展林业碳汇金融。首先，应推进林业碳汇资源数字化。加强对森林的调查和监测，通过对其分布、质量、保护等级、权属等进行全面调查摸底，充分利用中国林业大数据中心、中国林地交易（收储）中心的数字资源，建立完善的数据库和信息系统，为林业碳汇计量监测提供基础数据。其次，完善林业碳汇计量监测体系。根据国际通用的标准和方法，结合云南省的实际情况，制定符合当地特征的林业碳汇计量监测指标和方法。要注重考虑不同树种、不同林分类型、不同地理条件等因素对碳汇量的影响，提高数据的可比性和准确性。采用先进的计量监

---

① 章楚加：《重大环境行政决策中的公众参与权利实现路径——基于权能分析视角》，《理论月刊》2021年第5期。

测技术，积极引进和开发适用于林业碳汇计量监测的先进技术，如遥感技术、GIS 技术、森林资源清查技术等，提高计量监测的效率和精度。再次，要加强对人才的培养和引进，提高企业和研究机构在林业碳汇领域的专业能力。可以通过与高校和研究机构合作，设立碳市场研究机构，培养专业人才；也可以通过加强国际合作引进国内外优秀人才，提升云南碳市场建设的整体水平。最后，尝试建立省级林业碳汇发展基金。设立林业碳汇投融资平台公司，通过购买、投资等方式包装、储备碳汇项目，引导全省碳汇交易的发展。

（三）挖掘传统生态保护文化的现代价值

不同地区拥有不同的地理条件、世居民族，并形成了不同的社会文化特点，各族生活、文化习惯产生了内容各异但追求一致的环境习惯法。以遗传资源与相关知识为例，越来越多的《生物多样性公约》缔约国认识到世居民族等有关遗传资源的习惯法及其对遗传资源获取与惠益分享的作用，并在国家制定法层面予以承认。印度、巴西、马来西亚等国家和秘鲁、玻利维亚等安第斯共同体制定了生物物种资源及相关传统知识的法律制度，并对世居民族等民族习惯法有关生物物种及遗传资源保护、管理和可持续利用等内容予以吸收，应用到现行的环境法律体系中。①

环境习惯法作为中华民族与自然和谐共处的经验，源自各族对历史和实践的不断总结。未来，云南省将进一步挖掘环境习惯法的文化价值，将法治与传统文化有效衔接，助力地区生态文明建设。

---

① 尹仑：《民族生态习惯法与生物多样性保护：理论、价值和途径》，《原生态民族文化学刊》2022 年第 5 期。

B.24
采矿业和矿产价值链首个调解
磋商机制的创立与海外矿业
投资人权风险的化解

孙立会　李艳玲*

摘　要：　采矿业和矿产供应链中的人权保护、劳工实践、环境影响、社区发展等人权问题备受国际社会关注，由于缺乏有效处理机制和磋商平台，对多利益相关方的申诉处理不力成为企业国际化进程中的短板，也是矿产供应链高质量发展的瓶颈。为促进企业与相关方的对话和沟通，有效处理外部申诉，行业组织"关键矿产责任倡议"在总结多年申诉调解经验基础上，开发了中国第一个行业层面非司法性质的申诉机制——《采矿业和矿产价值链调解磋商机制》。该机制旨在搭建一个行业协调、专家支持、多方参与的调解磋商平台，致力于调解采矿业和矿产供应链中多利益相关方的申诉和纠纷，提升透明度，建立伙伴关系。该机制遵循联合国《工商业与人权指导原则》中关于非司法申诉机制有效性的原则，借鉴吸收了众多国际代表性申诉机制的良好实践，并在参与主体多样性、涵盖争议多维度、申诉提起的双向性、调解磋商的参与性和合作网络的广泛性等多方面进行了创新和发展。

关键词：　行业层面调解磋商机制　工商业与人权指导原则　申诉与补救矿产供应链

---

* 孙立会，中国五矿化工进出口商会发展部主任，"关键矿产责任倡议"发起人；李艳玲，中国五矿化工进出口商会发展部项目经理。

联合国人权理事会核可的《工商业与人权指导原则》［全称为《工商企业与人权：实施联合国"保护、尊重和补救"框架指导原则》（Guiding Principles on Business and Human Rights：Implementing the United Nations "Protect，Respect and Remedy" Framework），以下简称《指导原则》］是全球规范工商业与人权关系的指导性文件，得到了联合国成员国的一致认可。《指导原则》通过后，人们的关注点转向其落实情况和实施中面临的挑战，其中补救作为第三支柱与受到负面人权影响的受害者的权利保障最为直接，因而受到了广泛的关注。国际上回应受害者申诉的努力和实践很多，不论是基于国家还是非国家的司法或非司法程序，各类机制的有效性都成为被检视的最重要标准，其中部分设计和运行良好的行业层面的申诉机制在可及性、平等性、参与性等方面表现出了更多的现实有效性，具有保障受害者权利、维护企业可持续发展的巨大潜力。

一 联合国《工商业与人权指导原则》
申诉有效性原则

为了更好地规范工商业与人权的关系，保障受害者的权利，联合国等国际组织通过长期的工作树立了工商业与人权的理念，并经过多方利益的平衡，以联合国《指导原则》的通过为标志确立了"保护、尊重和补救"框架，明确了工商企业①履行尊重人权责任的规范性指导原则，提供了缓解人权负面影响的步骤和框架，给企业充分认识和推行工商业与人权理念带来深远影响。

《指导原则》作为实施"保护、尊重和补救"框架的文件，包含了国家有保护人权的义务、企业有尊重人权的责任和受害者有获得补救的权利三大支柱。其中，《指导原则》在第二大支柱和第三大支柱下都涉及补救问题。②

① 本报告所述的工商企业特指在母国以外运营的跨国公司（亦即跨国企业）。
② 联合国人权事务高级专员办公室：《尊重人权的公司责任——解释性指南》，2012年，第4页。

补救对于企业履行尊重人权责任的要求主要包括：在制定人权政策和程序时需纳入补救其所造成或加剧的任何负面人权影响的程序，以及在确认造成或加剧不利影响时，工商企业应通过合法程序提供补救，或在补救问题上给予合作。[1] 第三支柱对获得补救作出了详细的规定，列明了通过申诉机制提供补救的具体形式。具体而言，申诉机制包括任何常规的、基于国家或不基于国家的司法或非司法程序。[2] 基于国家的司法和非司法机制包括司法（法院）以及行政、立法和国家人权机构、国家联络点（National Contact Points, NCP）（签署了经济合作与发展组织《跨国企业准则》的国家）、国家监察员办公室等。[3] 非国家申诉机制有两类，一类是区域和国际人权机构申诉机制，另一类是业务层面的申诉机制，即企业自身或与利益相关方一道实施，或由行业协会或多利益相关方团体实施的机制。[4]

有效补救既有程序性层面，也有实质性层面。《指导原则》权威性地提出了非司法申诉机制的有效性原则。其中，国家和非国家的非司法申诉机制都应满足合法、可获得、可预测、平等、透明、权利兼容和持续改进的要求，对于业务层面的申诉机制还要求立足参与和对话，即就机制的设计和运作与利益相关方团体磋商，侧重以对话为手段，处理和解决申诉。[5] 2017年，基于《指导原则》的实施效果，联合国人权与跨国公司和其他工商企业问题工作组进一步澄清了有效补救的定义，从权利持有人的角度审视有效补救，并提出补救机制应当切合权利持有人的不同经验和期望，提供可以获得、可负担、适足和及时的补救，使受影响的权利持有人能在不用惧怕受到

① 联合国人权理事会：《工商企业与人权：实施联合国"保护、尊重和补救"框架指导原则》，A/HRC/17/31，2011年，第15、22条。
② 联合国人权理事会：《工商企业与人权：实施联合国"保护、尊重和补救"框架指导原则》，A/HRC/17/31，2011年，第25条。
③ 联合国人权高级专员办公室：《尊重人权的公司责任——解释性指南》，2012年，第65页。
④ 联合国人权理事会：《工商企业与人权：实施联合国"保护、尊重和补救"框架指导原则》，A/HRC/17/31，2011年，第28条。
⑤ 联合国人权理事会：《工商企业与人权：实施联合国"保护、尊重和补救"框架指导原则》，Λ/HRC/17/31，2011年，第31条。

伤害的情况下寻求多种形式的补救。① 要遵循以权利持有人为中心的路径，就要求司法和非司法的补救机制都应当"以为权利持有人服务为目的，在建立、设计、改革和运行这些机制时，以有意义的方式征询他们的意见"。②

二 采矿业和矿产价值链创设 调解磋商机制的必要性

（一）采矿业和矿产供应链面临的人权挑战

采矿业作为资源和劳动密集型产业，由于其行业特性，会对社区、员工等多利益相关方产生重大影响，因此采矿业的问题受到更高程度的关注。全球应对气候变化驱动新能源转型，对钴、锂、镍等关键矿产资源的需求翻倍增长，跨国企业关键矿产竞争性业务布局进一步加剧了相应的人权风险。

环境方面，矿业项目一般伴随着资源高消耗和环境高污染，开采过程直接导致地表和植被或是地下岩层的破坏，间接带来生物多样性的丧失，尾矿堆放等固体废弃物还会带来地下水的污染和溃坝风险，给生态环境带来不可逆转的影响。此外，矿业项目还存在粉尘、空气污染、噪声等多种环境破坏风险。部分深海采矿项目由于存在难以预计的环境风险更是受到了环保组织的强烈反对。社会治理方面，矿业项目在初期存在土地准入、人员迁入、文化遗产保护、社区关系管理等风险，在开发和运营中则面临劳工保护、安全、社区健康、本地化运营、治理和透明度等多重挑战。经济方面，矿业项目运营影响着社区生计和社区传统，存在当地就业、本地采购、脆弱群体保护、道路交通甚至欠薪或低薪等挑战。

采矿业在勘探、可行性研究、设计规划、建设、运营、闭矿等全生命周期各个阶段，由于项目实施强度不同，项目造成的人权影响也有较大的区别，企业需要对各阶段进行环境社会影响评估，并采取相应的风险缓解举措。

---

① 参见联合国大会《人权与跨国公司和其他工商企业问题工作组报告》，A72/162，2017年。
② 参见联合国大会《人权与跨国公司和其他工商企业问题工作组报告》，A72/162，2017年。

（二）现有申诉机制的局限

国际上建立了联合国人权机制、经济合作与发展组织的国家联络点、金融机构的问责机制和行业层面的申诉机制等众多申诉机制，为受害者提供程度不同的补救措施。各类申诉机制的运行主体、使用主体、适用范围和有效性差异很大，在现实使用中，其在为工商企业在业务层面解决申诉、为受害者提供补救方面发挥的功能依然存在局限性。究其原因有以下几个方面。

就设立目的而言，现存的大部分申诉机制旨在引起对人权侵犯行为的关注，从而提升公众对保护促进人权的意识而非聚焦为受害者提供补救，或是出于提升合规水平或公众美誉度的考虑从而促进机构运营水平提升和投资收益增长。就使用主体和适用范围而言，绝大部分的申诉机制在限定适用行业领域、特定地域的同时往往仅限于处理在本机构职权范围内或与其直接相关的或自有标准、指南的申诉，大大限制了机制发挥作用的范围。就问题解决的手段和方式而言，绝大部分申诉机制利用机构本身的强制力和话语权采取了合规审查、损害确定、责任判定和强制执行的方式，忽视了充分调动争议双方自愿协商、通过对话沟通共同寻求问题解决方案的重要性，弱化了申诉机制的平等性、透明度和持续改进的要求。就提供补救的有效性而言，大部分机制达成的处理结果或结论缺乏约束力，难以得到充分、及时实施，从而使受害者的权利保障难以得到真正落实。问题解决过程中申请方的权利保障也有待加强，申请方面临恐吓或报复的风险。就设立逻辑而言，绝大多数的申诉机制旨在提供事后补救而非事前预防，且主要针对具有重大社会环境影响和严重侵犯人权的重大事件，一些处于矛盾冲突初期的风险难以得到重视，很难为受害者提供即时补救。

尽管基于国家的司法或非司法申诉机制构成了更广泛的补救机制的基础，但业务层面的申诉机制存在独特的优势，例如处理流程更快、获得补救更迅速、费用更低、便于接受以及超出国家边界等，最重要的是有效的业务层面的申诉机制可在问题出现的初期就提供补救和解决办法，避免申诉随着时间推移演变成严重的争端和实际侵犯人权的行为。

（三）多利益相关方对有效的申诉解决途径的需求

1. 社区、非政府组织和媒体的强烈诉求

多项研究表明，缺乏有效的信息披露和充分的公众咨询是跨国企业运营中的主要问题。由于企业在跨国运营中往往存在本地化不足，与当地多利益相关方的交流、对话不畅的情况，在问题、矛盾和冲突爆发后，相关方难以与企业建立起有效的对话渠道，无法通过充分的沟通促进申诉的解决。根据企业责任资源中心的数据，[①] 2013~2020 年共有 236 项与中国海外矿业投资相关的指控，这些指控涵盖了环境和社会的各类风险，50% 的指控涉及信息披露、土地权利、生计影响、劳工权利、污染和健康等问题，另有 25% 的指控涉及土著权益、安全安保和冲突等问题。

2. 中资企业应对申诉的挑战

为更好地应对相关方的申诉，部分企业设立了业务层面的申诉机制，试图加强与相关方的沟通。企业的申诉机制程序设计一般较为简单，在申请方权利保障、可提供的补救措施以及补救方案的实施方面多有不足，往往面临透明度、可及性、公正性的质疑。

企业在应对来自多利益相关方的申诉时存在一系列严峻挑战，究其原因主要有以下几点：第一，由于中资企业在采矿、冶炼和加工环节的强大制造能力，中国在全球矿产供应链尤其是众多关键矿种的地位和影响力令人瞩目，[②] 因此中

---

① 《负责任地"走出去"：中国全球投资的社会、环境和人权影响》，第 17 页，https：// media. bhrrc. org/media/documents/SC_ China_ Briefing_ Aug_ 2021_ . pdf。

② 中国的冶炼环节贡献了全球 35% 的镍、40% 的铜、60% 的锂以及 70% 的钴。在新能源电池材料方面，中国生产了 53% 的阴极材料和 78% 的阳极材料，中国在关键矿产的上游资源端则不占优势：澳大利亚和智利拥有全球 70% 以上的锂资源，刚果民主共和国拥有近 70% 的钴资源，印度尼西亚则拥有 30% 以上的镍资源。对于铜的开采，智利和秘鲁这两个最大的参与者占全球份额的 40% 以上。因此中国成为连接上游矿物来源国和下游消费国的最大生产国。参见 IEA：The Role of Critical Minerals in Clean Energy Transitions，https：//iea. blob. core. windows. net/assets/ffd2a83b‐8c30‐4e9d‐980a‐52b6d9a86fdc/TheRoleofCriticalMineralsinClean EnergyTransitions. pdf 和 Bloomberg NEF：Energy Storage Trade And Manufacturing，https：//csis‐ website‐prod. s3. amazonaws. com/s3fs‐public/Energy% 20Storage% 20Case% 20Study% 20‐% 20BloombergNEF. pdf? KCOqvXlE3LM6AlBS. lyXF9LnQ7GTk5oc。

资企业在海外矿业投资项目运营和供应链中存在的问题和风险受到的关注度更高；第二，企业在申诉处理方面存在意识不强、能力不够、人才不足、方法不当等问题，项目运营中的问题和风险未能得到有效的处理，导致问题多发；第三，缺乏机制化的沟通方式和有效的信息披露，受影响群体不能及时、有效地与企业进行沟通，导致问题堆积发酵，由于缺乏可信赖的问题解决平台，企业也难以与利益相关方展开友好、充分的对话协商以有效解决争议；第四，第三方机构针对矿业领域问题和争端解决的支持资源严重不足，企业缺乏相应的能力建设以提升其应对申诉的水平。因此，如何建立起有效的机制化的解决机制与平台，并为企业提供相应的能力建设，成为企业切实落实尊重人权责任面临的挑战。

三　采矿业和矿产价值链调解磋商机制的创设与创新

为了有效化解采矿业和矿产价值链面临的人权诉讼风险，作为行业组织的"关键矿产责任倡议"（Responsible Critical Mineral Initiative，RCI）这一国际倡议平台于2023年开发了"采矿业和矿产价值链调解磋商机制"（以下简称"调解磋商机制"），旨在搭建一个行业协调、专家支持、各方自愿参与的调解磋商平台，促进争议方的平等对话、充分沟通。

（一）调解磋商机制的创设过程

在多年采矿业和矿产价值链的问题处理和争议调解的工作实践中，关键矿产责任倡议发现，及时有效、平等透明的沟通磋商渠道是解决问题争议的核心和关键。为消除各利益相关方沟通磋商过程中的障碍与顾虑，关键矿产责任倡议将问题、争议处理的丰富经验转化为机制化的制度设计。为更好地满足各利益相关方的诉求，调解磋商机制在编写过程中对众多有丰富经验的社会组织及大型矿业企业进行了多轮访谈，在此过程中将更多维度的争议、更广泛适用的标准纳入机制范围，同时创设了申请提起的双向性，为各利益相关方提供了表达诉求和期望的机会。

在正式发布前，调解磋商机制在全球范围内通过定向和公开方式进行了广泛的利益相关方意见征询。在此过程中，众多利益相关方对机制的适用范围、功能设计、权利保障等重点内容提出了反馈意见和修改建议。为弥合不同利益相关方群体的不同意见和利益诉求，调解磋商机制进行了多轮修订，并在最终正式发布的版本中反映了多利益相关方的共同诉求，同时也在意见征询和修订发布的过程中，进一步加强了与多利益相关方的沟通和立场协调，为调解磋商机制的长远运行汲取宝贵经验。

（二）调解磋商机制的处理路径

根据争议的类型和性质、范围及内容、复杂程度、解决难易程度等因素，调解磋商机制提供双边对话、平台内部调解、外部专家调解三种处理路径，通过远程对话、面对面磋商、专题会议、闭门讨论、书面沟通等多种方式进行调解磋商。

1. 双边对话

双边对话是以当事双方在调解磋商机制协助下展开自主对话为主的调解磋商方式。适用于争议较小、涉及问题较简单、双方自主沟通难度不大的案件，当事双方以灵活的方式进行友好、平等、包容和充分的自主沟通交流，通常可在短期内完成，协商一致达成切实可行的问题解决方案。

2. 平台内部调解

平台内部调解是由调解磋商机制指定在争议所涉领域具备丰富专业知识和调解经验的内部专家组进行居间调解，在问题解决的重要节点进行把控和引导，这一路径需要的工作时间较长。适用于争议较大、涉及问题较复杂、双方自主沟通难度较大的案件。专家组依靠对规则标准的精准理解，运用丰富的纠纷解决经验，进行居间调解，支持双方通过平等、友好协商达成切实可行的问题解决方案。

3. 外部专家调解

外部专家调解是调解磋商机制在双方一致同意的基础上，任命专家网络中的专家作为外部调解员或组成外部调解组，主持推进问题解决进程的调解

磋商方式。适用于争议很大、涉及问题非常复杂、双方沟通难度很大，需要借助外部专家主持调解进程，以达成切实可行的问题解决方案的案件，通常需要 6 个月甚至更长的期限才能完成。外部专家调解运用渊博的专业知识和调处争端的丰富经验，对争议事项所涉疑难问题进行深入的专业解读和案情研判，指导双方共同厘清争议事项并制订案件处理计划，引导双方对各种因素进行综合考量，并就问题解决方案及行动步骤提出专业意见，并在必要时启动可调用工具，从而推动双方达成切实可行的问题解决方案。

（三）调解磋商机制可调用工具

1. 事实调查

事实调查仅在争议很大、涉及问题非常复杂的外部专家调解这一处理路径中启用。争议双方在外部专家调解的指导和建议下，在支持资源中一致同意选择专家或事实调查机构组成事实调查组，就特定争议事项展开事实调查。事实调查的方式由事实调查组根据具体情况和需要确定，包括但不限于文件审查、桌面研究、实地调查、相关方访谈、调查会议或其他有利于厘清争议事实的方式。通过事实调查，帮助双方对争议涉及的事实问题达成共识，为磋商提供参考。

2. 评估验证

评估验证可在双边对话、平台内部调解、外部专家调解等所有处理路径中启用，旨在确定相关方利益受损或受影响的范围及程度，或是对行业内与供应链评估审核相关的标准、程序、方法及结论等具有共性和普遍性的问题等特定事项进行评估验证，可在评估机构资源中选择评估机构。

（四）调解路径的选择、转换和可调用工具的启动

采矿业和矿产供应链中出现的争议可能会涉及众多复杂的问题，解决难度不一，具备专业能力的相应的专家和机构等支持资源较为稀缺，因此调解磋商机制对申请案件进行分流，以最大化地发挥支持资源的效用，并促进疑难问题的有效解决。调解磋商机制在程序启动时会根据申诉所涉争议的复杂

程度对案件进行评估分流，在双边对话、平台内部调解、外部专家调解三种处理路径中进行选择，并就是否立即启用事实调查、评估验证等可调用工具作出决定。评估分流的决定基于争议的问题类型及性质、争议事项范围及内容、所涉问题的复杂程度、争议解决的难易程度等因素作出。在案件调解与磋商过程中，争议双方均可向调解磋商机制申请路径转换，并在需要的时候根据具体情况和双方意愿启动事实调查和评估验证以有效支持问题和争议的解决。

（五）调解磋商机制的创新

调解磋商机制的制度设计和程序运行遵循《指导原则》非司法申诉机制的有效性原则，借鉴经济合作与发展组织《跨国企业准则》国家联络点的案件处理制度，参考主要金融机构问责机制的程序设计。基于矿业领域的长期工作实践，结合该行业申诉和争议的特点，调解磋商机制在程序设计中进行了多项创新。

1. 参与主体的多样化

调解磋商机制适用于企业以及受到企业运营行为负面人权影响的社区和个人。此外，采矿业和矿产供应链中还有媒体和社会组织等对企业行为进行监督的机构，以及对企业供应链尽责管理水平和绩效进行评价的标准机构和评估方，这些利益相关方可能在进行监督或评价的过程中对企业存在不当认知和错误理解或是不公正的评估审核。为了充分应对采矿业和矿产供应链中存在的问题，该机制鼓励包括个人、社区、矿产供应链上下游企业、标准机构、评估方、媒体、社会组织、公众等在内的多元化的利益相关方的广泛参与。

2. 涵盖争议的多维度和申请提起的双向性

调解磋商机制涵盖的争议不仅包括采矿业和矿产供应链中涉及的环境、社会和治理风险，也包括对评估审核过程和结果的分歧，以及供应链上下游各环节企业采取的不当行为给其他利益相关方直接或间接造成的影响。可以看到，企业是几乎所有问题争议中的关键方，然而，这并不意味着只有企业是造成负面影响的一方。因此，与其他现存的申诉机制不同，调解磋商机制

认可企业也可能会成为利益相关方不当行为的受害者，在制度设计中创设了申请可由企业提出的选项。调解磋商的申请提起的双向性体现在申请可由社区和个人等受影响群体针对企业运营中的不当行为向企业提出；可由媒体和社会组织等利益相关方就企业供应链尽责管理中存在的问题对社会公共利益的损害向企业提出；也可由企业就利益相关方对其自身运营行为或供应链尽责管理表现存在的不当认知和错误理解向其提出；可由标准机构和评估方针对企业未遵守和履行合规行为提出；也可由企业就标准机构和评估方作出的不公正审核提出；还可由供应链上下游不同环节的企业就其他企业的不符合尽责管理要求的行为提出。

3. 适用标准的开放性和合作网络的广泛性

目前，国际上各类申诉机制适用的标准基本上都是基于其自身发布的标准文件，申诉设立的目的是更好地促进其自身准则、政策的实施。调解磋商机制适用的标准文件则较为广泛，首先，机制设计和实施原则遵守《指导原则》、《国际劳工组织关于多国企业和社会政策的三方宣言》、经济合作与发展组织《跨国企业准则》和《关于来自受冲突影响和高风险区域的矿石的负责任供应链尽职调查指南》等得到广泛认可的国际文件，以及其他相一致的国际公认文件和负责任商业行为准则。其次，适用的标准包括《中国矿业投资社会责任指引》《中国矿产供应链尽责管理指南》《钴冶炼厂供应链尽责管理标准》《钴手采矿 ESG 管理框架》等，也包含与上述标准保持一致的其他自愿性可持续性标准文件。鉴于各类问题争议的复杂性和涉及的标准文件的纷繁性，调解磋商机制在全球范围内征集、甄选专业人士及机构，包括具备专业能力应对不同人权议题、辐射不同国家地区、熟悉不同可持续性标准、具备不同专业技能和实践经验的专家，以及具备独立性、有资质、信誉良好的咨询公司、律师事务所、评估公司、研究机构和非政府组织等机构，作为调解磋商机制的合作网络。通过调动行业内外专业支持资源，在争议涉及的技术性、规范性、社会性等因素较为复杂的情况下提供多种处理路径和可调用工具，确保对各类标准文件的正确和权威解读，从而保障问题和争议解决过程与结果的合法性和有效性。

4.非司法性问题解决的自愿平等性

尽管作为行业层面的调解磋商机制不具备合规审查、损害确定、责任判定和强制执行等权力，但其通过参与的自愿平等性成为司法程序和其他补救途径的良好补充。调解磋商机制致力于促成争议双方基于平等、自愿、友好、充分、互信的原则进行沟通，双方接受调解磋商基于自愿，并可在调解磋商的任何阶段提出异议或退出处理流程。调解磋商机制不对争议事项进行合规审查或价值评判，在双方无法就争议事实或损害范围程度等达成共识时，可协调启动事实调查或评估验证作为可调用工具，在双方协商一致后帮助双方厘清事实或进行评估验证，为后续磋商和争议解决提供事实基础和依据。调解磋商机制也不具有就赔偿方案和补救措施作出决定的权力，重在搭建专业、中立的调解磋商平台，促成争议各方开启沟通渠道，进行平等对话，促进友好磋商；通过提供专业意见和服务，推动各利益相关方采用系统化、程序化的对话协商和争议解决方法，促进争议双方以平等友好的沟通共同寻求问题解决方案（包括可能的补救措施）。这些制度设计保障了参与方以友好、协商的方式参与调解磋商，大大增强了双方诚实守信实施问题解决方案的动力。因此，与其他申诉机制相比，调解磋商机制也不存在设立上诉程序的必要。

5.调解磋商机制重在风险预防

尽管通过程序化、系统化的设计，调解磋商机制可以促进问题争议的有效解决，但调解磋商机制的设计和目标更侧重对人权风险的预防。调解磋商机制通过多项举措提升企业应对申诉的意识和能力以防范风险。首先，对调解磋商机制处理的申诉进行复盘，对典型案例进行研究分析并公开发布，帮助企业吸取教训，避免同类事件再次发生。其次，"关键矿产责任倡议"不断提升企业尽责管理的意识，利用行业层面的监督与合作平台，促进共同行动并通过对行业企业尽责管理绩效的评估评价，有效提高采矿业和矿产供应链上下游企业的尽责管理绩效。再次，通过能力建设，如提供人权相关风险缓解和申诉应对等主题培训提升企业的运营水平和与多利益相关方沟通的能力。最后，及时跟踪采矿业和矿产供应链中的热

点、难点和焦点问题，通过《中国海外矿产投资风险简报》定期梳理海内外媒体、社会组织和国际组织等发布的相关信息，重点跟踪分析中国矿业企业海外投资运营中的人权风险，从而为企业开展风险预警并制定针对性风险缓解措施提供重要参考。

四 调解磋商机制的初步运行

（一）组织多利益相关方沟通会提升机制认可度和影响力

2023年调解磋商机制正式发布前后，先后在经济合作与发展组织负责任矿产供应链论坛、可持续矿产供应链国际论坛（SMISC）举办多次利益相关方沟通会议，不仅通过详尽的介绍，深化了各利益相关方对于调解磋商机制的目的宗旨和各项专业支持的认知，还促成了众多企业与非政府组织、国际发展机构和社区代表机构的直接对话，提升了机制在各利益相关方中的认可度和影响力。

（二）通过多方参与完善机制支持资源

除设立秘书处作为日常运行的职能机构之外，调解磋商机制还在全球范围内吸收来自标准机构、政府、国际组织、企业、金融机构、社区、社会组织、媒体等利益相关方的人士组成利益相关方委员会，以确保专业、包容、中立、公正。同时，调解磋商机制还在全球范围内甄选专业人士及机构，为外部专家调解、事实调查、评估验证等案件处理过程和问题解决方案达成提供专业支持。目前，调解磋商机制已在风险突出的重点国家和地区初步建立起了支持资源网络。

（三）打破多利益相关方直接对话的障碍

2024年初，某关注矿业毁林影响和生物多样性的国际非政府组织在对全球新能源行业的毁林和社区风险进行对标研究后，发现几家中国新能源电池和电动汽车龙头企业的尽责表现不尽如人意，与其他国际企业相比差距较大。由于缺乏沟通渠道，该非政府组织向机制秘书处提出申请，希望在《全球新能源电池和电动汽车供应链尽责管理报告》正式发布前与所涉中国企业进行沟通。

基于多年行业协调经验，机制秘书处了解了非政府组织难以接触企业的难点，也知道企业不敢直接接触非政府组织的痛点，通过双边对话协助该非政府组织与所涉企业迅即建立联系，分别召开了多次沟通会议。

通过双边对话，该非政府组织发现其由于语言、文化和渠道等限制，未能充分获取评估企业尽责管理表现的信息；企业则发现自身公开披露和透明度的不足影响了自身良好实践的传播。经过双边对话，为该非政府组织和企业搭建起沟通平台，消除了误解和偏见，确保企业尽责管理表现被公正评价；企业认识到与外部利益相关方进行沟通对话的重要性和价值，为常态化的沟通开启了渠道。

五　调解磋商机制未来发展需要进一步解决的问题

采矿业和矿产供应链中的人权风险广受关注，妥善解决申诉关系到各利益相关方的福祉。行业层面的调解磋商机制和能力建设将能够进一步激发企业提升尽责管理水平的内在驱动力。更为重要的是，塑造包括企业、评估方和各利益相关方在内的伙伴关系，加强良性互动，能够从根本上减少采矿业和矿产供应链中的争议，从而预防风险的发生。

（一）加强对工商企业的能力建设

对于跨国运营的工商企业，除了遵守国际公认的原则和标准文件之外，还需要切实了解东道国的法律政策、人文风貌和当地社区的诉求，这无疑给企业运营带来了巨大挑战。有丰富人权尽责管理实践经验的行业组织，可以加强对企业的能力建设，帮助企业建立完备的人权尽责管理体系，识别、防范、减缓和应对人权风险，并为实施救济和补救措施提供专业支持。

（二）重视对受影响社区和弱势群体的支持

受影响社区和儿童、老人等脆弱群体往往在认知能力、财政资源、影响力等方面与调解磋商机制的其他参与主体存在较大差距，并且在某些情况下，可能需要紧急救助或应急处置。因此，通过加强调解机制的宣传，提供本地化的资源、相应的能力建设，甚至提供必要的资金支持，成为提升调解磋商机制可获得性、透明性、平等性的应有之义。此外，以权利持有人的视角出发，在处理过程中切合受影响社区和个人的经验和期望，以提供可以获得、可负担、适足和及时的补救为最终目标。

（三）事前预防重于事后补救

综观各类基于国家或不基于国家的司法或非司法程序，通过事后机制为受害者提供补救代价都是高昂的，不仅在于各类程序的设计和运营需要大量的人力和资金支持，更在于损害发生的过程中造成的重大环境、社会影响和对受害者难以磨灭的身心伤害。因此，切实落实《指导原则》中国家保护人权的义务以及企业尊重人权的责任，才能使权利持有人的权利得以真正实现。

（四）参与式治理能够缩小实施差距

加强对话和交流，以真正有意义的方式征询权利持有人的意见，以更好地设计、运行和改革申诉机制，能够保障受害者得到可获得、可负担、适足和及时的补救。也只有通过参与式治理才能审视各类机制程序的有效性，并对后续行动提出切合权利持有人期望的改进措施，使机制能够成为促进不断学习的来源，实现企业人权尽责绩效的持续改进。在《指导原则》实施受到关注的当下，部分学者提出增加"参与"作为第四支柱，① 尽管这难以改

---

① 安德鲁·罗瑟、凯特·麦克唐纳、肯·M. P. 塞蒂亚万：《实施联合国工商业与人权指导原则——印度尼西亚案例中的启示》，《人权研究》2023 年第 2 期。

变指导原则三大支柱的框架，但也凸显了参与式治理对于缩小实施差距的重大意义。

落实《指导原则》是国家的义务也是企业的责任，保障受企业侵犯人权行为影响的权利持有者获得有效补救，需要政府、企业、社会组织等各利益相关方秉承以权利持有人为中心的路径，对补救措施进行完善和有效实践。行业层面的调解磋商机制作为有效的补救措施，其运作方式、运行效果、存在的局限性以及面临的挑战和机遇，都将成为推动落实联合国《指导原则》的实践经验来源，进而推动国家司法、行业标准、社会结构和全球治理的变革，确保促进工商业与人权议程的努力创建起一个公平、正义的全球治理体系。

B.25
《中国纺织服装企业社会与环境尽责管理指南》的制定与实施

梁晓晖 *

摘　要： 　中国纺织服装行业顺应国际国内趋势和行业发展需要，在充分研究和广泛征询意见的基础上，于 2023 年推出了《中国纺织服装企业社会与环境尽责管理指南》。该指南回应企业发展现实和能力需求，融合国际规范与中国行业实践，引入多方参与和技术支持，将尽责方法与尽责议题相结合、行业场景与尽责行动相结合、风险管控与业务运行相结合，对我国相关行业开展尽责管理做出了有益的探索。

关键词： 　纺织服装　社会与环境　尽责管理

一　尽责管理的国际标准与国内发展

（一）尽责管理的国际标准

尽责管理（due diligence）是指企业识别、预防、减轻和处理实际和潜在不利影响的过程，这一过程既是企业履行对相关方的责任，实现负责任经营的基本管理方法，也是企业决策和风险管理的必要组成部分。2008 年，联合国在关于工商企业与人权的"保护、尊重和补救"框架中，首次在国

* 梁晓晖，法学博士，中国纺织工业联合会社会责任办公室首席研究员，中国纺织信息中心副总经济师、研究员，研究方向为企业社会责任、工商业与人权、可持续发展及国际人权法。

际普遍性规范层面确立了"人权尽责"这一方法论，并在 2011 年通过的《联合国工商业与人权指导原则》（以下简称《指导原则》）中对其进行了深入阐释，为国家和企业提供了系统性实践指引。[①] 从 2013 年开始，经济合作与发展组织（OECD，经合组织）陆续制定了针对矿业、鞋服业、金融业和农业的尽责管理指南，并在 2018 年推出了适用于所有行业的《经合组织负责任商业行为尽责管理指南》（以下简称《经合组织指南》）。[②]

《指导原则》确立了人权尽责"识别"（Identify）、"响应/吸纳"（Integrate）、"跟踪"（Track）、"沟通/通报"（Communicate）的四步法架构。在此基础上，《经合组织指南》对企业开展尽责管理更加明确地界定了基本边界——尽责管理与风险相称，是一种风险管理方式。而所谓风险，是指一种对人、对环境或对社会产生不利影响的可能性。为了应对风险，《经合组织指南》进而提出了政策融入、识别与评估、响应（终止、防范或减轻）、跟踪、沟通、补救的六步法管理过程（见图 1）。《指导原则》中确立的"人权尽责"和《经合组织指南》中设定的"负责任商业行为尽责"（或可称之为"社会与环境尽责"）管理方法和流程是国际上企业开展尽责管理，确保负责任行为的最重要的国际标准和关键参考点。与传统业务领域的"尽职调查"不同，针对企业社会与环境影响的尽责管理要求"持续的或迭代的过程，而不是一次性的工作"。[③]

以上述两个国际标准为基点，基于人权与环境风险的尽责或供应链尽责成为国内外负责任企业行为议程中的核心议题。一方面，尽责管理已成为越来越多公共机构规制供应链责任的政策杠杆与合规导向，另一方面，它也越

---

① UN Human Rights Council, "Guiding Principles on Business and Human Rights: Implementing the United Nations 'Protect, Respect and Remedy' Framework," 2011, https://www.ohchr.org/en/publications/reference-publications/guiding-principles-business-and-human-rights.

② OECD, "Due Diligence Guidance for Responsible Business Conduct," 2018, https://www.oecd.org/investment/due-diligence-guidance-for-responsible-business-conduct.htm.

③ UNOHCHR, "The Corporate Responsibility to Respect Human Rights: An Interpretive Guide," 2012, https://www.ohchr.org/en/publications/special-issue-publications/corporate-responsibility-respect-human-rights-interpretive.

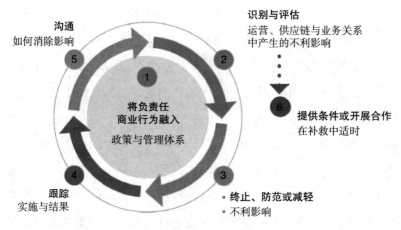

图1　《经合组织指南》尽责管理六步法

来越成为业界处理供应链社会和环境风险的基本实践和通用方法。例如，很多国家和地区陆续出台的有关人权或供应链尽责管理的立法，都采纳甚至直接要求适用《指导原则》或《经合组织指南》中的尽责管理方法和过程。从欧盟 2013 年的《木材法规》、2017 年的《冲突矿产法规》，到法国 2017 年的《公司警惕义务法》、挪威 2022 年的《透明度法案》，以及德国 2023 年的《企业供应链尽责义务法》，都纳入或直接适用上述两个国际文件中的社会与环境尽责管理要求。在此需要强调的是，上述立法都可能通过跨越管辖权的供应链而对域外企业产生适用效果。

（二）尽责管理在中国的发展

应该说，在 2015 年之前，"人权尽责"或"社会与环境尽责"在中国的政策领域和企业实践领域都是一个鲜见的概念与行动。随着《指导原则》等国际标准的不断普及和中国企业对供应链上的人权和环境影响的意识的持续提升，尽责管理在过去十年越来越得到中国业界的重视，并上升到了中国的国家政策——而这又促进了业界的行动。

深度融入国际供应链的行业最先感知到这一趋势并做出积极及时的响应。2015 年，中国五矿化工进出口商会制定了《中国负责任矿产供应链尽责管理指南》，在 2022 年发布了其第二版，并在此前后发布了相关的次级标准和配套工具如《钴冶炼厂供应链尽责管理标准》和《矿产供应链尽责管理评估工具》等。[①] 中国纺织工业联合会（以下简称"中国纺联"）2018 年修订的"CSC9000T 纺织服装企业社会责任管理体系"也适用了尽责管理的方法论，倡导企业将管理体系方法与基于风险的尽责管理相结合，以系统性地提升管理社会和环境风险的能力。[②]

2021 年 9 月，中国政府发布的《国家人权行动计划（2021—2025年）》中首次明确提出，"促进全球供应链中的负责任商业行为。促进工商业在对外经贸合作、投资中，遵循《联合国工商业与人权指导原则》，实施人权尽责，履行尊重和促进人权的社会责任"。这为包括纺织服装企业在内的中国企业了解和实施社会与环境尽责管理奠定了政策基础，并促进了新的行业行动。例如，2023 年 5 月，中国汽车工业协会为其会员企业举办了"全球合规视角下的中国汽车企业可持续尽责管理"培训。[③] 2023 年 8 月，中国酒业协会启动了制定《白酒供应链尽责指南》团体标准的工作，并声明该尽责指南"旨在帮助白酒企业在其供应链中避免和消除与运营、供应链和其他业务关系有关的劳工、人权、环境、贿赂、消费者与公司治理等议题相关的不利影响，提升白酒供应链的管理水平和运营效率"。[④]

2023 年，中国企业在供应链社会与环境尽责管理领域的实践也达到了一个新的高度。一方面，更多企业在 2023 年推出了供应链尽责管理政策或制度；另一方面，中国企业的社会和环境尽责管理透明度持续提升，尤其是，供应链尽责管理成为企业 ESG 报告或可持续发展报告的重要内容，并且在 2023 年，部分企业持续或开始单独发布供应链尽责管理报告。例如，赣州腾远钴

---

① 参见中国五矿化工进出口商会网站，"标准"，https：//www.cccmc.org.cn/kcxfzzx/zyzx/bz/。

② 参见中国纺织工业联合会社会责任办公室网站，"基础文件"，http：//csc9000.org.cn/down.php？lm=26。

③ 《"全球合规视角下的中国汽车企业可持续尽责管理"培训成功举办》，中国汽车工业协会网站，http：//www.caam.org.cn/chn/1/cate_3/con_5235909.html。

④ 《关于征集〈白酒供应链尽责指南〉团体标准起草单位的通知》，中国酒业协会网站，https：//www.cada.cc/Item/1377.aspx。

业新材料股份有限公司在其《供应链尽责管理报告（2022—2023 年度）》中披露了其"公司尽责管理体系架构"——公司成立"矿产供应链尽责管理委员会"。委员会由公司总经理、副总经理，原料及产品相关的采购、物流、质量管控、仓储、生产、销售等相关环节的主要负责人组成，并做到：（1）公司任命管理者代表（副总经理）负责监督供应链尽责管理工作的实施；（2）供应链尽责管理委员会建立内部问责机制，确保供应链尽责管理体系的有效实施；（3）供应链尽责管理委员会建立流畅的内部沟通机制，确保关键信息能快速传达到相关部门和工作人员；（4）公司按照供应链尽责管理培训计划的要求每年对所有相关部门的主要人员开展供应链尽责管理体系培训。

二 中国纺织服装行业的尽责管理基础

（一）行业发展现状与尽责管理

经过数十年的发展，中国的纺织服装行业已经成为具有明显的国际竞争优势和高质量生产力的行业，中国不仅是全球生产规模最大的国家，也是产业链最完整、门类最齐全的国家。同时，行业发展格局的变化也对行业企业掌握、适应和运用尽责管理的能力提出了越来越严峻的挑战。

首先，越来越多的中国纺织服装企业正成长为全球细分行业的"链主"企业或直面消费者的品牌企业，这使得维护和促进安全、稳定、富有韧性并可持续的供应链生态成为企业基业长青的根本所在。而这同时也意味着，立足供应链且聚焦社会与环境风险的尽责管理须成为企业履行社会责任、推进可持续发展的基本功。以服装销售平台品牌希音（SHEIN）为例，过去几年，希音成功推进国际化并在欧美市场逐渐实现品牌主流化和业务快速增长——多个渠道的信息都表明，希音 2023 年的营收超过了 300 亿美元，并已超过 ZARA、H&M 和优衣库等国际品牌。希音的网络应用程序已是美国乃至全球下载次数最多的应用程序之一。① 与此同时，希音公司的供应链劳

---

① SHEIN, "Our Global Presence," https：//www.sheingroup.com/about-us/our-global-presence/.

工权利与人权问题日益受到广泛关注，一系列境外非政府组织和媒体的调查指称，希音的供应链存在严重违反中国劳动法、国际劳工和人权标准的情况。这促使该公司在 2023 年 4 月宣布，"将在未来 5 年内投资 7000 万美元，以增强其第三方制造供应商生态系统及其内部工人的能力"。①

其次，对于数量众多的依存于国内外采购方和品牌商的中国供应商企业而言，其客户基于法律合规、风险管控或价值创造的供应链尽责也对它们提出了更加细密和严格的要求，包括充分理解和适应供应链尽责管理。例如，中国是国际服装品牌 H&M 最大的采购市场，该公司关于尽责管理的声明中指出，"有效的尽责管理需要以透明和诚实的方式与我们的利益相关方和业务合作伙伴进行协作和接触……随着挪威和德国等几个国家以及欧盟将人权尽责作为一项法律要求，尽责管理在未来只会变得更加重要"，② 而 H&M 公司在其《2023 年突出人权问题报告》中识别出的该公司业务中最突出的十项人权议题都与供应商的劳工与人权绩效密切相关。③

最后，越来越多的中国纺织服装企业也正随着"一带一路"倡议的推进而在海外投资设厂，这使中国成为全球纺织服装行业最重要的投资者之一。另外，中国纺织服装行业的直接对外投资高度集中于亚非拉地区，根据中国社会科学院世界经济与政治研究所等发布的《中国海外投资国家风险评级报告（2023）》④，在这些地区，企业面临的社会和环境挑战也较为集中和突出。这也意味着，"出海"拓展的中国纺织服装行业投资者必须重视相关的 ESG 风险，而开展持续的尽责管理是识别和应对此类风险的必由之路。

① SHEIN, "SHEIN Increases Supply Chain Empowerment Investments to US $ 70Mil in 5 - Year Plan," https：//www. sheingroup. com/corporate - news/company - updates/shein - increases - supply-chain-empowerment-investments-to-us70mil-in-5-year-plan/.
② H&M Group, "Due Diligence," https：//hmgroup. com/sustainability/fair－and－equal/human－rights/due-diligence/.
③ H&M Group, "Salient Human Rights Issues 2023," https：//hmgroup. com/wp-content/uploads/2024/03/HM-Group-SHRI-2023. pdf.
④ 中国社会科学院国家全球战略智库国家风险评级项目组、中国社会科学院世界经济与政治研究所国际投资研究室：《中国海外投资国家风险评级报告（2023）》，中国社会科学出版社，2023。

（二）尽责管理的认识与能力基础

上述行业发展现状决定了广大中国纺织服装企业需要了解并践行社会与环境尽责，尤其需要在供应链上落实尽责管理，这也是制定和推行《中国纺织服装企业社会与环境尽责管理指南》（以下简称《指南》）的现实基础。同时，《指南》的开发也需要建立于对企业的意识、现状和能力的充分了解之上。为此，中国纺联在2019~2020年就开展了"中国纺织服装企业的供应链尽责管理"专项调研。调研基于对217家企业的问卷、30多家企业的结构化访谈以及三次意见征询会等，研究分析企业如何根据其自身业务和供应链中的风险因素来定义其责任，包括它们如何采取适当的政策，识别其自身运营和供应链中的实际和潜在不利影响，终止、防范或减轻不利影响，以及适时提供条件和合作开展补救。此项调研有关行业企业在尽责管理方面的认识和能力的诸多发现，为中国纺联在2022~2023年开发《指南》提供了非常重要的行业尽责现状基准和工作指向。

1. 尽责管理水平整体偏低

整体而言，样本企业的社会与环境尽责管理水平整体偏低，此外，相较于自身的管理，样本企业对供应链尽责管理的重视程度更低，对供应链上社会与环境风险识别的整体水平也不高。因此，从客户的供应商行为守则到企业政策的制定，再到供应链管理机制的设计，企业在这些方面关注的社会与环境议题数量呈现逐级减少的趋势。同时，绝大多数企业希望得到有关尽责管理的知识和技术支持。

2. 肯定尽责管理的积极作用

调研中的大多数企业即使是在利润低下的严峻市场竞争环境下，也肯定了尽责管理的积极作用，表示将继续坚持并尽可能将其完善。特别是拥有知名品牌的中国企业或者稳健发展的大型中国企业大多拥有初步的供应链管理制度和独立的供应商审核小组/部门，不仅实现了从"被动"到"主动"尽责的转变，也开始体验到尽责管理带给企业的各种益处。这些企业对于尽责管理的知识和能力拥有最旺盛的需求。

3.尽责管理驱动力主要来自客户

调研发现，中国企业开展尽责管理的驱动力主要来自客户。其中，跨国品牌对供应商在劳工、人权方面的要求对中国企业影响显著。因此，总体而言，在尽责管理方面，跨国公司对中国供应链产生了较为积极的影响，外销型企业对劳工、人权风险因素的识别度也因此高于内销型企业，两类企业在"童工""工会和集体谈判""工作场所的性骚扰和性暴力"等议题领域的风险识别度和防范措施差异最大。

4.尽责管理举措系统化不足

在开展尽责管理的具体措施方面，将社会与环境议题及具体要求写入合同是最普遍的举措。此外，验厂、供应商自我评估以及产品、材料或工艺的认证也是重要的保障措施。总体而言，行业企业的尽责管理举措的系统化普遍不足，无法确保对所有社会和环境风险的识别和管控，这也反映出制定《指南》的必要性和紧迫性。

三 《指南》的开发理念与内容构建

（一）《指南》的开发理念

1.扎根企业发展现实和能力需求

《指南》是中国业界落实《国家人权行动计划（2021—2025 年）》中关于"实施人权尽责"这一要求的最新和系统性成果之一。《指南》立足于中国纺织服装行业的客观现实，旨在为企业开展尽责管理，建设负责任、可持续的企业和供应链提供实用、完整和系统化的工具，增强企业识别和管控自身和供应链社会与环境风险，利用社会与环境价值机遇的能力，以及与供应链其他各方就此开展建设性合作的能力。因此，《指南》建议纺织服装企业从自身产品、服务和业务关系出发，秉持"从自身尽责到供应链尽责"的渐进性与整体性方法，由内而外地充分识别劳工、人权和环境领域的风险和机遇，并通过尽责管理将风险和机遇的应对纳入管理体系和业务过程，做

到管理体系与社会和环境议题的有机融合，从而实现管理能力和尽责管理绩效的持续、协同改进。

2. 融合国际规范与中国行业实践

《指南》以服务于联合国可持续发展目标（SDG）的实现为长远目标之一，期望在当下推动中国纺织服装企业以更加负责任的姿态和立场融入国际纺织服装产业供应链。因此，《指南》高度重视将既有国际规范的精髓和经验融入中国纺织服装企业的尽责管理中，为此，《指南》充分吸收了《指导原则》中确立的"人权尽责"理念和《经合组织指南》建立的尽责管理方法，也便于企业在更广泛的全球供应链系统中对接此类国际标准。另外，作为"CSC9000T 纺织服装企业社会责任管理体系"这一中国行业标准的子标准，《指南》对企业尽责管理的起点要求是从中国法律法规出发，通过融合CSC9000T 对中国纺织服装企业社会责任建设的要求与建议，致力于实现尽责管理方法的本土化理解和场景式应用。

3. 引入多方参与和技术支持

在开发《指南》的过程中，中国纺联高度重视利益相关方的参与及其技术、经验和网络对这一过程的支持。首先，为了确保《指南》获得必要的国际经验和认可，中国纺联与经合组织负责任商业行为中心建立了工作关系，该中心专家为《指南》各个版本的草案提供了详细而全面的完善建议，成为《指南》开发过程中最重要的国际技术支持机构。其次，在《指南》起草过程中，中国纺联面向纺织服装行业企业，包括数十家本土企业和国际品牌与贸易商在 2022~2023 年开展了三轮意见征询，确保《指南》最终用户的意见得到倾听和吸纳。最后，《指南》在起草过程中，也得到了来自学术界、社会组织、其他行业组织和社会责任标准机构的顾问组的反复讨论和意见反馈。所有这些多方参与和技术支持确保了《指南》经过一年多的精雕细琢后在 2023 年 4 月正式发布面世。

（二）《指南》的内容构建

整个《指南》凡 120 余页十余万字，以权威性、系统性、全面性、实用性和易读性为基本导向。为实现这些导向，《指南》的内容构建做到了"三个结合"，即尽责方法与尽责议题相结合、行业场景与尽责行动相结合、风险管控与业务运行相结合。

1.尽责方法与尽责议题相结合

《指南》的六个章节可以分为"尽责方法说明"和"尽责适用议题"两个互相关联的部分。第1章融合并参照《指导原则》和《经合组织指南》详细、权威和系统地说明了"社会与环境尽责"的管理方法和流程。

（1）将负责任商业行为融入政策与管理体系：企业应制定负责任商业行为政策（包括人权政策等），并在其中阐明企业在自身运营和供应链中实施负责任商业行为的承诺，包括将负责任商业行为政策融入管理体系，以及将其融入与供应商及其他业务关系的合作中。

（2）识别和评估运营、供应链和业务关系中的不利影响：通过全面的范围界定，了解自身及上游企业所处的环境。在此基础上，对优先关注的运营、供应商与其他业务关系开展迭代式的、渐趋深入的（现场）评估，从而识别并评估具体的实际和潜在风险。

（3）终止、防范或减轻不利影响：基于风险识别的结果和企业与相关风险的关系，采取量身定制、与相关方合作的改进计划，终止、防范或减轻不利影响，包括在最极端的情况下，与合作方解除业务关系，但应考虑潜在的社会与经济不利影响。

（4）跟踪实施情况与结果：评估已识别的不利影响是否已经在约定期限内得到有效回应，进而利用从跟踪中吸取的教训，审查自身尽责管理过程，并改善这些过程。

（5）沟通如何消除影响：对于企业造成或助长的不利影响，准备好以及时、文化敏感且可及的方式，与受影响或潜在受影响的权利人沟通，尊重权利人的意见，以完善改进计划，并对补救提出建议。

（6）适时提供条件或开展合作进行补救：通过提供条件或合作开展补救来消除不利影响，包括使受影响的利益相关方与权利人可通过这些补救机制提出投诉并寻求解决方案。

《指南》的第 2~6 章分别说明了面向纺织服装企业最重要的五个议题，即员工、客户与消费者、社区、环境、反腐败，以及企业应如何将以上尽责方法具体应用于对这些议题的管理。每个章节嵌套第 1 章中的尽责管理框架，但会重点说明不同议题中领域的突出和重要风险，以及终止、防范或减轻相关风险的具体管理方法和可能的补救方法与机制（如表 1 所示）。

表 1　企业识别和评估上游企业员工管理中的风险时需考虑的因素示例

风险领域	供应链尽责管理要求示例
民主权利	供应商评估应主要依赖对员工（包括管理人员）和工会的访谈，而不是仅限于书面文件的评估 有些员工可能害怕因批评所在企业的工会政策而遭到报复。评估中需要注意这一点，并采取适当措施，如可在工作场所以外进行访谈和采用非传统的评估方式，如焦点小组座谈会
儿童保护	供应商评估，在很大程度上依赖对员工（没有管理人员在场）、管理人员和其他利益相关方的访谈
强迫劳动	企业可以采用可信组织发布的有关如何评估强迫劳动的现有指南，如国际劳工组织《反对强迫劳动——给雇主和企业的手册》
性骚扰	企业需要格外关注供应商所在的社会环境，重点评估高风险环境的工作场所
工作时长与休息权	企业可以评估供应商遵守国家法律和国际标准的情况，严格审查供应商是否发放足额加班工资
工资与社会保险	评估应涵盖工资是否符合国家法律规定的最低工资、工资是否符合劳动合同、是否按时向工人支付工资、是否向工人提供工人能看懂的工资清单，等等
职业健康与安全	企业可以在采购地区（如国家、生产集群）内开展合作，评估供应商，从而在行业中推广优质检查标准，减少对供应商造成的负担 现场评估的风险应与国家和供应链特定阶段中已知的风险对应 评估应涵盖对某些特殊群体，如未成年人、怀孕妇女或哺乳期妇女造成的职业健康与安全风险

2. 行业场景与尽责行动相结合

在各个议题下提供风险孕育、发生甚至蔓延扩大的"行业场景"，是《指南》区别于其他类似文件的一个独创而重要的特点。《指南》在五个议题领域提供了 60 余个"行业场景",虽然不能穷尽所有可能,但这为企业,尤其是管理能力相对低下的广大中小纺织服装企业提供了场景化、联想式的理解尽责风险和运用尽责管理的实用指导。

例如,"社区 4.2 行业场景"涉及企业识别和评估对社区的不利影响,其给出了如下场景设置:

> 一些纺织服装企业在中国西部或者东南亚设厂经营,并从当地农场采购原料、将一些初加工工序委托给当地家庭或居民等,这为当地居民参与工业化生产、提升工作技能提供了机会,也为当地经济发展增加了推动力,但不少企业也意识到当地农场农户经常遭受权利侵害,诸如缺乏正式的劳动合同、底薪过低、工时超时等问题,组织当地居民加工的合作社也存在随意克扣费用等问题,这均造成供应链的风险点,如果不及时管理甚至可能导致当地居民仇视、抵制企业的情况发生,企业需识别在业务关系中的风险,维护参与到企业供应链中的当地居民的正当权益。

在此场景设置之下,《指南》给出了识别风险的方法和可能需要采取的尽责行动。就上述场景而言,《指南》建议企业在识别风险时可参考在当地工作的职工的意见、当地居民(代表)尤其是弱势群体的意见、当地政府的意见和相关民间社会组织的意见。为了持续性识别风险和采取及时、有效的尽责行动,《指南》还建议企业还可以在社会层面公开征求意见,利用社区中现有的申诉机制,来识别自身是否造成或可能造成任何不利影响。此外,《指南》提出,社区居民的投诉渠道应便于他们使用,如设置在社区公共区域的匿名意见箱,同时应从一开始就向社区居民明确,无须为投诉支付费用,也不会因为投诉而招致打击报复。

3. 风险管控与业务运行相结合

《指南》的立意在于在有效管控社会与环境风险的同时,确保和促进可持续的业务运行和企业发展。因此,《指南》也很注重将社会和环境风险的

识别和管控与业务的全生命周期相结合，希望企业在业务运行中，甚至是通过业务运行来识别和管控社会与环境风险，同时，社会与环境风险的识别和管控又能促进业务的健康、可持续运营。

例如，在涉及染料助剂的健康安全与环境影响议题时，《指南》建议企业运用可持续设计理念和方法，从纺织品生命周期进行系统性设计以最终实现减少污染产生的目的，包括从原料端选用无毒材料替代有毒材料、加工中使用天然染料、运输中采用环保可回收的包装、对消费后纺织品回收再利用等措施。这样，一方面，可持续设计可以帮助企业从纺织品整个生命周期的视角来识别和低污染物排放；另一方面，可持续设计和全生命周期的低污染排放将赋予企业的产品和营销新的竞争优势。

又如，一些贿赂事件往往是员工个人决策行为，但企业具有监管责任，因此采取培训、宣介等活动深化员工对贿赂风险的认识是良好的预防措施。《指南》建议企业在制定商业道德政策或者反腐败政策后，需要在员工入职、日常培训中开展强制性的培训宣介工作，针对禁止行贿受贿行为、企业招待费用上限、费用使用和报销等给出清晰说明。同时，《指南》建议企业内部建立独立的面向所有员工的举报申诉机制；在业务流程中嵌入"吹哨人"保护或奖励制度；为商业伙伴，包括供应商和代理商建立举报渠道；等等。这些举措，立足于业务又服务于业务，有助于企业将社会与环境尽责有机地与业务相互融合，也从而在根本上避免"两张皮"的现象。

四 《指南》的实施与推广

（一）国内培训与实施

《指南》的实施在《指南》开发的后期就已经开始。作为针对《指南》的行业试用活动，中国纺联在 2022 年 12 月与瑞典大使馆和棉纺行业协会合作，分别为瑞典品牌及其中国供应商、中国棉纺织行业企业组织了两场基于《指南》修订草案稿的线上培训会。这两场培训也为在与行业企业的互动和实际应用中持续完善《指南》提供了机会。《指南》正式发布后的 2023 年 9 月 1 日，中国纺联再次在上海举办了《指南》的培训会，也是首次开展的线下培训活动。培训由业内资深专家对《指南》内容进行全面与深入解读，结合行业大量商业案例，全方位、立体化地呈现尽责管理的理念、实施与持续改进。共有超过 400 人次参加了三场培训，包括数十家中国和国际服装品牌。

2023 年年底，中国纺联与数家国内、国际品牌达成合作意向，计划在来年为品牌的供应商提供基于《指南》的定制化尽责管理培训和咨询。同时，《指南》也被纳入 2023 年中国纺联开始推行的一系列诸如家庭友好企业、ESG 披露与评价以及区域可持续发展合作等项目的支撑文件和能力提升工具。

（二）国际交流与推广

《指南》是纺织服装供应商国家推出的第一个本土化的社会与环境尽责管理指导文件。2023 年 2 月，在经合组织巴黎总部主办的"第九届经合组织鞋服行业尽责管理论坛"（OECD Forum on Due Diligence in the Garment and Footwear Sector）上，来自全球数十个国家的近 400 名与会者就全球纺织服装供应链尽责管理的诸多方面进行了为期两天的深入研讨，中国纺联专家应邀介绍了即将开发完成的《指南》开发过程和主要内容，引起了与会者的高度关注。2023 年 4 月 6 日，在经合组织主办的第五届"鞋服行业制造商网络"会议上，中国纺联专家再次应邀向与会的十余国的纺织服装行业组织代表介绍了《指南》的内容与培训和推广活动。2023 年，中国纺联还利用其他国际会议与国际合作机制，向国际社会，尤其是国际品牌推广《指南》及其实施活动。

2023 年，随着越来越多发达国家和地区如欧盟推出供应链人权尽责立法，《指南》作为连接这些立法与中国企业的桥梁的作用也逐渐展现出来。2023 年下半年，在中国纺联与有关国际机构探讨支持中国供应商应对尽责立法的合作项目时，《指南》成为双方共同认可的提升企业尽责管理意识和

能力的基础工具。

依托供应链，关注人权、劳工、环境和反腐败等议题的社会与环境尽责管理越来越成为全球范围内负责任企业行为和可持续发展的基准要求，这对大部分处于供应链上游低端的中国企业提出了严峻挑战，而社会与环境尽责管理的技术支持是企业应对这一挑战的紧迫需求。《指南》是中国纺织服装行业顺应这种趋势，满足这一需求的初步尝试。中国纺联将持续深入、广泛而有序地推进《指南》在行业企业和供应链上的应用，并及时总结经验，为我国其他行业和政策部门全面和系统性推进社会与环境尽责管理提供一些补益。

附录一
中国人权大事记·2023

高　明*

1月

4 日　中共中央办公厅、国务院办公厅印发《关于加强新时代水土保持的意见》，提出到 2025 年，全国水土保持率达到 73%；到 2035 年，人为水土流失得到全面控制，全国水土保持率达到 75%。

5 日　中共中央办公厅、国务院办公厅印发了《关于深化现代职业教育体系建设改革的意见》。意见提出了新阶段职业教育改革的一系列举措，针对职业教育改革发展的突出矛盾和问题提出了破解之道。

11 日　《妇女权益保障法》实施座谈会在北京召开。全国人大常委会副委员长张春贤指出《妇女权益保障法》修订立足国情实际，大大丰富妇女权益保障内容，有力回应社会关心和关切。要深入学习贯彻党的二十大精神，深刻认识发展妇女事业和实施妇女权益保障法的重要意义，坚定不移走中国特色社会主义妇女发展道路，切实履行法律责任，推动法律正确有效实施，使广大妇女享有更多人生出彩机会。

19 日　国务院新闻办公室发布《新时代的中国绿色发展》白皮书，全面介绍党的十八大以来中国贯彻新发展理念，推进绿色发展的重大决策部

---

*　高明，南开大学法学院硕士研究生。

署、实践成就和经验做法,介绍中国建设人与自然和谐共生的现代化的努力和成效,介绍中国积极参与全球生态环境治理、应对气候变化的理念、行动和贡献。

19 日　国家发展改革委等 19 个部门印发《关于推动大型易地扶贫搬迁安置区融入新型城镇化实现高质量发展的指导意见》,明确了今后一个时期推动大型易地扶贫搬迁安置区融入新型城镇化、实现高质量发展的总体要求、主攻方向、主要任务和支持政策。

2月

2 日　最高检发布 5 件大数据赋能未成年人检察监督典型案例。本批案例聚焦未成年人保护工作中存在的堵点、难点问题,通过精准研判和整体治理,实现从个案办理到类案监督的转变,以大数据赋能驱动未检工作提质增效。

9 日　教育部举行媒体吹风会,介绍一年来推进教育数字化进展。教育部科学技术与信息化司副司长舒华表示,国家教育数字化战略行动启动实施一年来,取得显著成效。我国已基本建成世界第一大教育教学资源库。目前,国家中小学智慧教育平台现有资源 4.4 万条,国家职业教育智慧教育平台接入国家级、省级专业教学资源库 1173 个,国家高等教育智慧教育平台汇集优质慕课、虚拟仿真实验 2.7 万门。我国已基本建成世界第一大教育教学资源库。

15 日　国家卫生健康委、全国老龄办印发《关于开展 2023 年全国示范性老年友好型社区创建工作的通知》,明确 2023 年将创建 1000 个全国示范性老年友好型社区。

17 日　第 38 次中欧人权对话在比利时布鲁塞尔举行,中方在对话中深入介绍了中国以人民为中心的人权理念,强调人权是历史的、具体的、现实的,中国坚持把人权普遍性原则同中国具体实际相结合,坚持以生存权、发展权为首要基本人权,统筹协调保障公民的政治、经济、社会、文化、环境等各方面权利，推动中国人权事业取得历史性成就。

23 日　中共中央办公厅、国务院办公厅印发了《关于进一步深化改革促进乡村医疗卫生体系健康发展的意见》，并发出通知，要求各地区各部门结合实际认真贯彻落实。

3月

7 日　最高人民检察院下发《关于贯彻实施新修订〈中华人民共和国妇女权益保障法〉切实保障妇女权益的通知》，从检察机关依法做好支持起诉、行政检察、公益诉讼检察、惩治犯罪、司法救助、诉源治理等方面作出明确规定，对检察机关全面保障妇女权益提出具体要求。

8 日　最高人民检察院、全国妇联联合印发加强司法救助协作典型案例，该批案例是从去年最高检与全国妇联开展的"关注困难妇女群体，加强专项司法救助"活动中选出的各级检察机关和妇联组织协作开展救助帮扶的优秀案件。

8 日　人力资源和社会保障部、国家卫生健康委等六部门联合发布《消除工作场所性骚扰制度（参考文本）》和《工作场所女职工特殊劳动保护制度（参考文本）》，旨在加强用人单位内部规章制度规范指引，推动妇女权益保障法在工作场所落实落地落细。

17 日　《未成年人司法社会工作服务规范》正式发布，这是我国社会工作服务业第二项、司法社会工作服务领域第一项国家标准。

21 日　中国残联、工信部、财政部等 8 部门共同印发《关于加大对农村残疾人就业帮扶工作力度的通知》，聚焦有就业愿望、就业能力且生活能够自理的农村残疾人，加大力度帮扶其参加生产劳动和就业创业实现增收。

23 日　第二届"民主：全人类共同价值"国际论坛在京举办，中共中央政治局委员、中宣部部长李书磊出席论坛开幕式并发表主旨演讲。本次论坛以线下线上相结合方式举行，来自 100 多个国家、地区和国际组织的数百名中外嘉宾围绕"民主与可持续发展""民主与创新""民主与全球治理"

"民主与人类文明多样性""民主与现代化道路"五个分议题展开讨论，共话民主真谛。

28 日 第七届北京国际藏学研讨会前期分会——西藏教育发展专题国际研讨会在北京举行。会议以"中国西藏教育现代化和受教育权保障"为主题，由中国人权研究会、中国西藏文化保护与发展协会、中国藏学研究中心共同主办。60 余位国内外有关专家学者以线上或线下方式参会。

31 日 "共创平等未来：性别平等法律政策专题研讨会"在京举行。来自国务院妇女儿童工作委员会等 17 家中方单位和 10 个联合国驻华机构的 80 余名专家、学者齐聚一堂，充分讨论。

4月

25 日 在由国家卫生健康委、国家发展改革委联合召开的全国托育服务工作推进会上，国家卫生健康委员会副主任于学军介绍，2020～2023 年，我国共安排中央预算内投资 36 亿元，新建 48 个地市级以上托育综合服务中心。各地充分调动社会力量，大力发展社区托育、用人单位托育、幼儿园托班和家庭托育等多种模式，不断促进托育服务发展。

26 日 第十四届全国人大常委会第二次会议表决通过《中华人民共和国青藏高原生态保护法》。这部法律自 2023 年 9 月 1 日起施行。青藏高原生态保护法共 7 章，包括总则、生态安全布局、生态保护修复、生态风险防控、保障与监督、法律责任、附则。该法明确，青藏高原生态保护应当尊重自然、顺应自然、保护自然；坚持生态保护第一，自然恢复为主，守住自然生态安全边界；坚持统筹协调、分类施策、科学防控、系统治理。

5月

4 日 最高人民法院对外发布关于司法赔偿案件案由的规定。本次对案由规定进行修改，坚持以国家赔偿法为依据，重点解决原案由规定过于简单笼统、案由划分过于粗疏以及司法赔偿审判实践中部分案件无案由可用、以申请赔偿理由代替案由等问题。

15 日　中国人民大学残疾人事业发展研究院、社会科学文献出版社、中国残疾人事业新闻宣传促进会共同在京发布残疾人事业蓝皮书——《中国残疾人事业研究报告（2023）》。该蓝皮书指出，党的十八大以来，党中央对残疾人事业格外关心、格外关注，社会包容环境持续改善，逐步形成了扶残助残的良好社会风尚。

21 日　由中共中央办公厅、国务院办公厅印发的《关于推进基本养老服务体系建设的意见》向社会公开发布。该意见在中央文件中首次确定了推进基本养老服务体系的内涵和主要任务，明确了政府、社会、市场和家庭在基本养老服务中的职责定位，明确了基本养老服务涵盖物质帮助、照护服务、关爱服务等主要内容，突出了对老年人生活安全与失能长期照护服务保障。

21 日　康复国际百年庆典在北京开幕，康复国际主席、中国残联主席张海迪和 4 位康复国际执委于开幕式上共同发布了《面向未来百年：促进残疾人平等参与和全面发展——纪念康复国际成立 100 周年北京宣言》。该宣言呼吁各国政府、国际社会和所有人更加关注占世界人口 15% 的残疾人，促进其平等参与和全面发展。

21 日　中国消费者协会与中国助残志愿者协会联合发出"提振无障碍消费信心　维护残疾人合法权益"倡议。倡议呼吁，强化无障碍消费安全保障和服务供应，提升残疾人生活消费品质。各级各类企业、市场主体等要强化质量安全主体责任，进一步保障产品质量安全，生产、提供符合国家标准的辅助器具。

25 日　最高人民检察院、全国妇联、中国关工委联合发布第二批在办理涉未成年人案件中全面开展家庭教育指导工作典型案例。本批 6 件案例集中呈现了检察机关在办理涉未成年人案件中，联合妇联、关工委深入开展家庭教育指导工作的做法和成效，为各地提供可推广、可复制的经验，推动相关制度机制健全完善。

26日 国家卫生健康委、国家中医药管理局联合印发《全面提升医疗质量行动计划（2023—2025年）》，推进持续改进医疗质量、保障医疗安全。

26日 中共中央政治局委员、国务院副总理刘国中在京出席巩固拓展脱贫攻坚成果同乡村振兴有效衔接工作电视电话会议。他强调，要结合学习贯彻习近平新时代中国特色社会主义思想主题教育，深入学习贯彻习近平总书记关于巩固拓展脱贫攻坚成果同乡村振兴有效衔接的重要讲话和重要指示精神，以强有力的组织领导、真抓实干的工作作风，推动衔接工作不断取得新成效。

29日 国家发展改革委会同国家乡村振兴局出台《巩固易地搬迁脱贫成果专项行动方案》。这份文件强调，要强化资金保障，将安置区符合条件的建设项目纳入地方政府专项债券支持范围。要强化政策保障方面，进一步加强易地扶贫搬迁后续扶持项目建设用地计划指标保障，继续开展增减挂钩节余指标省域内流转和跨省域调剂工作。把集中安置区作为防止发生规模性返贫重点区域，持续强化监测帮扶。

29日 生态环境部会同国家发展改革委、自然资源部、水利部、农业农村部、国家林业和草原局等部门共同编制完成《2022中国生态环境状况公报》。公报显示，2022年全国生态环境质量保持改善态势。环境空气质量稳中向好，地表水环境质量持续向好，管辖海域海水水质总体稳定，土壤环境风险得到基本管控，自然生态状况总体稳定，城市声环境质量总体稳定，核与辐射安全态势总体平稳。

31日 最高人民法院与中华全国妇女联合会共同向社会公布保护未成年人权益十大司法救助典型案例，让全社会关心关爱因受到不法侵害而导致生活陷入急困的未成年人，指导各级人民法院进一步做好未成年人司法救助和延伸救助工作。

6月

1日 最高人民检察院发布《未成年人检察工作白皮书（2022）》，首次披露检察机关强化"四大检察"融合履职,深化未成年人全面综合司法保护有关情况。

1 日 2023 中国儿童发展论坛成功举办,来自高校、科研院所和社会组织的专家学者会聚一堂,深入讨论儿童与儿童事业发展的目标任务、政策建议和实践路径等。

2 日 2023 金砖国家女性领导力论坛在北京举行。本次论坛由中国贸促会、中国国际商会主办,主题为"增进互联互通 拓展务实合作"。

8 日 人力资源和社会保障部办公厅、司法部办公厅印发《关于开展"薪暖农民工"服务行动的通知》,对维护农民工劳动报酬权益等工作作出部署安排。

14～15 日 全球人权治理高端论坛在北京举行。本次论坛由国务院新闻办公室、外交部和国家国际发展合作署共同主办。论坛以"平等、合作、发展:《维也纳宣言和行动纲领》通过 30 周年与全球人权治理"为主题,邀请来自近百个国家和包括联合国机构在内的国际组织的 300 余位中外嘉宾,共同探讨全球人权治理。国家主席习近平向论坛致贺信。

27～29 日 第七届全国残疾人职业技能大赛暨第四届全国残疾人展能节在山东济南举行,来自全国各地的约 950 名参赛选手在大赛上切磋技能、展现风采。本届大赛以"新时代、新技能、新梦想"为主题,设置信息通信技术类、美术专业类、手工业类、工业及先进制造业类、服务类 5 类共 28 个比赛项目。

28 日 第十四届全国人大常委会第三次会议表决通过《中华人民共和国无障碍环境建设法》。这部法律自 2023 年 9 月 1 日起施行,共 8 章,包括总则、无障碍设施建设、无障碍信息交流、无障碍社会服务、保障措施、监督管理、法律责任、附则。

7月

8 日 2023 年生态文明贵阳国际论坛在贵州省贵阳市开幕。本次论坛以

线上线下相结合方式举行，主题为"共谋人与自然和谐共生现代化——推进绿色低碳发展"。

9日 全球共享发展行动论坛首届高级别会议在北京举行。本次会议以"中国的倡议，全球的行动"为主题，以推动"凝聚发展共识，解决发展问题"为重点。

11日 中共中央总书记、国家主席、中央军委主席、中央全面深化改革委员会主任习近平主持召开中央全面深化改革委员会第二次会议，审议通过了《关于建设更高水平开放型经济新体制促进构建新发展格局的意见》《深化农村改革实施方案》《关于推动能耗双控逐步转向碳排放双控的意见》《关于高等学校、科研院所薪酬制度改革试点的意见》《关于进一步深化石油天然气市场体系改革提升国家油气安全保障能力的实施意见》《关于深化电力体制改革加快构建新型电力系统的指导意见》。

17~18日 全国生态环境保护大会在北京召开。中共中央总书记、国家主席、中央军委主席习近平出席会议并发表重要讲话强调，今后5年是美丽中国建设的重要时期，要深入贯彻新时代中国特色社会主义生态文明思想，坚持以人民为中心，牢固树立和践行"绿水青山就是金山银山"的理念，把建设美丽中国摆在强国建设、民族复兴的突出位置，推动城乡人居环境明显改善、美丽中国建设取得显著成效，以高品质生态环境支撑高质量发展，加快推进人与自然和谐共生的现代化。

24日 国家发展改革委、生态环境部、住房和城乡建设部等部门印发《环境基础设施建设水平提升行动（2023—2025年）》，部署推动补齐环境基础设施短板弱项，全面提升环境基础设施建设水平。

27日 国务院新闻办举行"权威部门话开局"系列主题新闻发布会。截至今年6月，第一轮中央生态环境保护督察"回头看"明确的3294项整改任务，总体完成率超过97%；第二轮督察明确的2164项整改任务，已经完成超过64%。两轮督察共受理转办群众信访举报28.7万件，到目前为止，已办结或阶段办结28.6万件。一些重大突出问题整改取得明显成效。

8月

1 日 农业农村部（国家乡村振兴局）印发《关于进一步做好促进脱贫人口持续增收工作的通知》，要求进一步做好脱贫人口增收工作，牢牢守住不发生规模性返贫的底线。

8 日 国家互联网信息办公室发布《人脸识别技术应用安全管理规定（试行）（征求意见稿）》，向社会公开征求意见。征求意见稿提出，使用人脸识别技术处理人脸信息应当尽量避免采集与提供服务无关的人脸信息，无法避免的，应当及时删除或者进行匿名化处理。

9 日 最高人民法院、最高人民检察院联合发布《关于办理环境污染刑事案件适用法律若干问题的解释》，针对司法实践中的新情况新问题，从司法环节发力，依法惩治环境污染犯罪，为全面推进美丽中国建设提供有力司法保障。解释坚持宽严相济，衔接有关环境保护法律法规，将实行排污许可重点管理的单位未取得排污许可非法排污的行为明确为从重处罚情形，做到当严则严；明确可以根据认罪认罚、修复生态环境、有效合规整改等因素，在必要时作从宽处理，体现恢复性司法理念，做到当宽则宽。

15 日 中国国土勘测规划院组织编撰的《中国生态保护红线蓝皮书（2023 年）》发布。这是我国首部生态保护红线蓝皮书，系统总结了全面完成生态保护红线划定的历程、方法、成果和实践案例，提出了加强生态保护红线监管、完善生态保护红线制度的思路和建议。

15 日 最高人民法院发布《关于审理生态环境侵权责任纠纷案件适用法律若干问题的解释》，将实现和保护好人民群众生态环境权益作为生态环境审判工作的出发点和落脚点，对生态环境侵权法律适用问题作出系统规定。

27 日 国家卫生健康委印发《出生缺陷防治能力提升计划（2023—2027 年）》，提出到 2027 年，我国将出生缺陷防治服务更加普惠可及，产前筛查率达到 90%。一批致死致残重大出生缺陷将得到有效控制。

28日 教育部、中国残联制定印发了《视力残疾和听力残疾人员普通话水平测试管理办法（试行）》，办法制定时统筹考虑与《普通话水平测试等级证书管理办法》、新修订的《普通话水平测试规程》等文件的一致性和体系化，力求提高测试规范性、科学性，不断满足视力残疾和听力残疾人员普通话水平测试需求，提高关爱服务水平。

31日 人力资源和社会保障部、民政部、国家卫生健康委、退役军人事务部、国家医保局、国家中医药局、中国残联联合印发《关于推进工伤康复事业高质量发展的指导意见》。意见提出，工伤康复是工伤保险制度的重要组成部分，对促进工伤职工回归社会、重返工作岗位、实现有尊严的生活具有重要意义，要切实推动预防、补偿、康复"三位一体"工伤保险制度建设，探索建立适合我国国情的工伤康复制度体系。

9月

4日 人力资源和社会保障部、财政部印发《关于进一步加强就业政策落实有关工作的通知》，要求各地精准有效落实就业扶持政策，提高就业政策的知晓度和落实率，增强广大劳动者和用人单位的获得感。

6日 最高人民检察院会同民政部、中国残疾人联合会共同发布维护残疾人合法权益行政检察典型案例。此次发布维护残疾人合法权益行政检察典型案例，一方面是展现专项活动开展以来，检察机关联合民政、残联等部门主动融入经济社会高质量发展大局；另一方面是发挥典型案例的示范引领作用，引导各级检察机关坚持法治思维和法治方式，充分发挥行政检察既监督人民法院公正司法又促进行政机关依法行政的"一手托两家"作用。

7日 《关于特别是作为水禽栖息地的国际重要湿地公约》常委会第62次会议审议通过了中国提交的关于在深圳建立国际红树林中心的区域动议提案，标志着国际红树林中心正式成立。全球首个"国际红树林中心"落户深圳，对深圳打造更具全球影响力的经济中心城市和现代化国际大都市，推进人与自然和谐共生的现代化建设，具有极大的推动作用。

19 日 《习近平关于尊重和保障人权论述摘编》阿拉伯文、葡萄牙文、德文、斯瓦希里文、乌尔都文及越南文版由外文出版社出版发行。该摘编由中共中央党史和文献研究院编辑，分 9 个专题，系统收录了习近平同志围绕尊重和保障人权发表的一系列重要论述。

19 日 中国人权研究会和新华社国家高端智库共同发布《为了全人类共同的价值和尊严——中国参与全球人权治理的实践与贡献》智库报告。报告分为"参与全球人权治理的中国实践""推动世界人权事业发展的中国贡献""丰富人类人权文明形态的中国智慧""完善全球人权治理的中国方案"四个部分，全面系统梳理并提炼了新中国成立以来，特别是党的十八大以来中国参与全球人权治理的实践与贡献。

20 日 "2023·中欧人权研讨会"在意大利首都罗马举行。本次会议聚焦"现代化与人权文明多样性"，来自中国、意大利、希腊、英国、美国、德国、荷兰、西班牙、瑞士、奥地利、保加利亚、捷克、挪威、波兰、葡萄牙、塞尔维亚等国的人权领域专家学者、政府官员、议会议员、政党与社会组织代表等 130 余人以线上与线下结合的方式研讨交流。本次会议由中国人权研究会与意大利罗马大学共同主办，西南政法大学人权研究院和意大利中意经济文化交流中心承办。

10月

1 日 中国在第 78 届联合国大会上成功连任人权理事会成员，任期自2024 年至 2026 年。中国对广大会员国给予的信任和支持表示衷心感谢，对同期当选的其他成员表示热烈祝贺。

4 日 国家林草局、住房和城乡建设部、国家发展改革委、自然资源部、中国科学院联合印发《国家植物园体系布局方案》，确定在已设立 2 个国家植物园的基础上，再遴选 14 个国家植物园候选园，纳入国家植物园体系布局，并加强与国家公园体系的统筹协同，形成生物多样性保护新格局。

17日　最高人民法院发布系列国家公园司法保护典型案例。本次发布的十件典型案例涉及诉讼种类多、保护范围广，包括环境资源刑事、民事及公益诉讼等不同诉讼类型，涵盖了环境资源审判领域的主要范围，涉及三江源、大熊猫、东北虎豹、海南热带雨林、武夷山等国家公园。

23~26日　中国妇女第十三次全国代表大会在北京召开。近1800名中国妇女十三大代表和90名特邀代表将出席大会。中国妇女第十三次全国代表大会是在全党全国各族人民在以习近平同志为核心的党中央坚强领导下，意气风发踏上强国建设、民族复兴新征程，向着第二个百年奋斗目标进军的关键时刻召开的一次巾帼盛会。

25日　国务院新闻办公室举行国务院政策例行吹风会，介绍做好分层分类社会救助工作和发展老年助餐服务有关情况。国务院常务会议审议通过了民政部会同有关部门制定的《关于加强低收入人口动态监测做好分层分类社会救助工作的意见》和《积极发展老年助餐服务行动方案》，推动各地深入贯彻落实党中央部署要求，加强低收入人口动态监测，更加精准、及时、有效做好社会救助工作；积极稳妥、因地制宜发展老年助餐服务，确保取得实际成效。

27日　在浙江省杭州市，高德地图和阿里公益举办无障碍导航上线30城启动仪式。在中国残联、浙江省残联支持和指导下，"轮椅导航"已覆盖北京、上海、杭州、广州、深圳、武汉等国内30座城市，为相关人群提供了超2400万次无障碍路线规划。

31日　"2023·中德人权发展论坛"在北京举办。中德两国专家学者围绕"国际发展合作与人权保障"主题展开研讨。

31日　教育部、国家发展改革委、财政部联合印发《关于实施新时代基础教育扩优提质行动计划的意见》。该意见致力于深化基础教育供给侧改革，进一步做大优质教育资源"蛋糕"，加快构建幼有优育、学有优教的高质量基础教育体系，解决优质教育资源总体不足与人民群众期望"上好学"的矛盾，增强人民群众教育获得感、幸福感、安全感。

11月

1 日 纪念《中华人民共和国红十字会法》颁布 30 周年座谈会在北京人民大会堂举行。全国人大常委会副委员长蔡达峰出席座谈会并讲话，蔡达峰在讲话中指出，《中华人民共和国红十字会法》自 1993 年颁布以来，有力加强了党对红十字事业的领导，切实保证了红十字工作始终增进人民福祉，有效促进了国际人道事业的发展。

1 日 最高人民检察院、中华全国妇女联合会联合发布维护农村妇女涉土地合法权益行政检察典型案例。

2 日 《中国应对气候变化的政策与行动 2023 年度报告》发布，该年度报告介绍了 2022 年以来中国应对气候变化的新进展，总结了中国应对气候变化的新部署新要求，反映了重点领域控制温室气体排放、适应气候变化、碳市场建设、政策和支撑保障以及积极参与应对气候变化全球治理的进展，并阐述了我国对《联合国气候变化框架公约》第 28 次缔约方大会的基本主张和立场。

3 日 民政部、教育部、国家卫生健康委、共青团中央、全国妇联五部门近日专门印发指导意见，加强困境儿童心理健康关爱服务工作，提出要加快形成党委领导、政府负责、部门协作、家庭尽责、社会参与，服务主体多元、服务方式多样、转介衔接顺畅的困境儿童心理健康关爱服务工作格局。

6 日 第六届中美残疾人事务协调会在北京举行。双方代表围绕残疾人教育、就业和无障碍环境建设等议题进行了经验分享和探讨。

13 日 最高人民检察院、住房和城乡建设部、中国残疾人联合会联合举行新闻发布会，通报开展无障碍环境建设检察公益诉讼工作等有关情况。据统计，2019 年至 2023 年 9 月，全国检察机关共办理无障碍环境建设领域公益诉讼案件 7526 件，其中行政公益诉讼案件 7497 件，民事公益诉讼案件 29 件；诉前磋商结案 919 件，发出诉前检察建议 5574 件，提起诉讼 73 件，

切实以公益诉讼之名，保障残疾人、老年人等特定群体权益。

24 日 国务院常务会议审议通过《空气质量持续改善行动计划》。会议强调，要深入贯彻落实党中央关于打好污染防治攻坚战的决策部署，再接再厉、久久为功，扎实深入推进空气质量持续改善。

27 日 中国残联近日印发《残疾人自助互助康复服务推广实施方案》。方案要求，2024 年，各省（区、市）针对各类别残疾人分别至少设立一个服务基地。2025 年起，各省（区、市）在有条件的地区进一步建立服务基地，使更多残疾人受益。

30 日 由中国残联主办，中国残疾人特殊艺术指导中心等单位承办的国际残疾人日主题晚会《我的梦·生命密码》在北京北展剧场举行。中国残疾人艺术团携手长春大学特教学院等单位的近百名演员共同奉献一场精彩演出。

30 日 由中国残联就业服务指导中心、北京市残联等单位共同主办的"共建多元人才谷探索中心"活动在北京举行。多元人才谷探索中心成立后，将与国内外院校及科研机构合作，不断研发能够赋能残疾人的高科技软、硬件产品，辅助残疾人生活、工作，提高残疾人就业水平。

12月

1 日 在第 32 个"国际残疾人日"来临之际，中国传媒大学与联合国教科文组织联合主办的"无障碍信息传播与人权保障"研讨会在京召开。本次研讨会的主题是"无障碍赋能残障人士：全球视角和国际经验"，来自中国、法国、蒙古、马来西亚等十余个国家的代表，以现场或视频的形式参会，共同探讨提升社会的残障包容性、推进信息无障碍传播赋能残障人士的路径方法。

4 日 "纪念《世界人权宣言》发表 75 周年"研讨会在北京举行。研讨会由中国人权研究会主办，北京理工大学科技人权研究中心承办。中央和国家机关、中央媒体有关部门负责同志，人权领域专家学者，社会组织代表等 70 余人出席会议。

7 日 中国人权发展基金会和新华社国家高端智库共同发布《为了更加美好的世界——从人权视角看共建"一带一路"这十年》智库报告。报告深刻阐述了共建"一带一路"倡议助益世界人权事业发展的逻辑关系，用大量事例数据生动直观展现共建"一带一路"十年来对促进当地民众更好实现生存权、发展权以及实现更大范围人权保障的积极作用，并总结提炼了共建"一带一路"对全球人权治理的启示。

14 日 国务院总理李强签署国务院令，公布《人体器官捐献和移植条例》，自 2024 年 5 月 1 日起施行。为了更好地保障器官捐献和移植事业健康发展，在总结实践经验的基础上，对《人体器官移植条例》进行了修订。一是强化对器官捐献的宣传引导，进一步推动器官捐献工作。二是完善器官获取和分配制度，实行全流程管理。三是加强器官移植技术应用管理，保障医疗质量。

20 日 《新疆人权法治保障报告》蓝皮书在乌鲁木齐发布，这是关于新疆人权事业发展法治保障的首部蓝皮书，重点分析研究中华人民共和国成立以来新疆人权事业法治保障进展和成就。

28 日 民政部联合 14 部门印发《农村留守儿童和困境儿童关爱服务质量提升三年行动方案》。方案提出，到 2026 年，农村留守儿童和困境儿童精神素养明显提升，监护体系更加健全，安全防护水平显著提高，以儿童需求为导向的农村留守儿童和困境儿童关爱服务工作更加精准高效，支持保障力度进一步加大，基层基础更加坚实，服务信息化、智能化水平进一步提升，全社会关心关爱农村留守儿童和困境儿童的氛围更加浓厚，关爱服务高质量发展态势持续巩固，农村留守儿童和困境儿童生存权、发展权、受保护权、参与权等权利得到更加充分、更加有效的保障。

附录二
2023年制定、修订、修正或废止的与人权直接相关的法律和行政法规（数据库）

中国政法大学人权研究院　班文战　编辑

Abstract

This is the 14th blue book on the development of Chinese's human rights, which records and analyzes the latest progress and development trend of Chinese's human rights in 2023.

The general report of the book provides an overall analysis of China's comprehensive development of human rights in 2023, focusing on improving the protection of economic, social and cultural rights by enhancing people's livelihood and well-being, promoting good law and good governance to strengthen the protection of civil and political rights, and promoting the sharing of the fruits of human rights development by various specific groups.

The book includes 20 special reports and 4 case study reports, focusing on the latest progress of specific human rights protections in 2023.

In terms of economic, social and cultural rights, four special reports respectively analyzed the role of rural revitalization and urban renewal in promoting the protection of human rights, the new progress in protecting the labor rights and interests of workers in new forms of business, and the new measures to protect citizens' mental health rights.

In terms of civil and political rights, two special reports respectively analyze the role of government normative documents filing and review system in protecting citizens' basic rights and the protection of farmers' democratic rights to participate in rural construction.

In terms of the impact of digital technology on human rights, four special reports analyze the latest progress of the country's fight against cyberviolence, the role of digital economy construction in ensuring the right to subsistence and development, the role of digital government construction in protecting citizens'

rights, and the protection of minors' rights in cyberspace.

In terms of environmental rights protection, a special report analyzes the new progress of judicial protection of environmental rights under the dual carbon goals, and two case research reports specifically analyze the protection of the rights and interests of fishermen who have retired from fishing during the implementation of the "10-year fishing ban on the Yangtze River" policy, as well as Yunnan's practice and experience in the construction of ecological civilization and the protection of environmental rights.

In terms of the protection of the rights of specific groups, four special reports respectively analyzed the role of the gender-disaggregated statistical system in promoting gender equality, the protection of the rights and interests of correctional education for minors in conflict with the law in the construction of specialized schools, the protection of the personal dignity of citizens throughout the life cycle of palliative care, and the new progress in the protection of the right to a barrier-free environment.

In the areas of human rights research, education, training and knowledge dissemination, two special reports respectively summarize the construction of national human rights education and training bases and the new progress in the construction of Chinese's human rights research and human rights discipline system.

In the area of business and human rights, two case study reports analyzed the creation of the first mediation and consultation mechanism in the mining industry and the mineral value chain and its role in mitigating human rights risks in overseas mining investments, as well as the formulation and implementation of the Guidelines for Social and Environmental Due Diligence of Chinese Textile and Apparel Enterprises.

In terms of international human rights exchanges and cooperation, two special reports respectively analyze China's international human rights cooperation and exchanges in 2023, as well as China's support for human rights development in Africa through cooperation with African regional organizations.

The "2023 National Human Rights Legislation Analysis Report" provides a comprehensive and in-depth analysis of China's human rights legislation in 2023, and attaches to the appendix the laws and administrative regulations directly related to human rights that were enacted, amended, amended or repealed in 2023.

The "2023 Chronology of Human Rights in China" in the appendix documents important human rights events in China in 2023.

Keywords: Human Rights; Human Rights Safeguarding; Development of Human Rights in China

Contents

I General Report

Abstract: In 2023, in the face of an unusually complex international environment and arduous tasks of reform, development and stability, the Communist Party of China and the State consolidate confidence and strength with Chinese path to modernization and coordinate the domestic and international overall situations, have promoted the comprehensive development of China's human rights by safeguarding human rights with security, promoting human rights with development, and advancing human rights with cooperation. Looking ahead, China will enhance the level of human rights protection in improving people's livelihood and promoting whole-process people's democracy and ecological civilization construction, strengthen the protection of the rights to life, personal liberty, personal information, property and the environment, and continue to strengthen the equal protection of human rights.

Keywords: Coordinating Two Overall Situations; China's Human Rights; Human Rights

II Special Reports

Abstract：The rural revitalization strategy is a significant measure to safeguard human rights. The rural revitalization strategy promotes the economic, social, and cultural rights of rural residents, and promotes their active participation in rural management. In 2023, the implementation of the rural revitalization strategy has achieved significant results：rural industrial development, increased employment and income of rural residents；Rural construction is fully underway, and the quality of life of rural residents has improved；The achievements of poverty alleviation have been further consolidated and expanded.

Keywords：Rural Revitalization；Human Rights；Economic, Social, and Cultural Rights

Abstract：The new forms of industry are an employment form in which workers rely on the mobile Internet platform to obtain employment opportunities, engage in labor work and obtain labor remuneration. Under the conditions of the new round of information technology, the new forms of industry have played the role of employment "reservoir", and become a new engine to drive economic growth. The Civil Code and the Labor Law have extended their protection to new forms of workers outside of traditional labor relations, and many departments of the State Council, the All-China Federation of Trade Unions, and local governments

have issued policies and documents to protect new forms of workers in terms of equal employment rights, minimum wages, occupational safety, occupational injury insurance, and pension and medical insurance. At present, the biggest difficulties in safeguarding labor rights and interests in the new forms of industry are the ambiguous identification of labor relations and the difficulty for workers to protect their rights; in the future, we will promote the legislation on the protection of labor rights and interests, establish a multi-party collaborative governance model, strengthen the supervision of administrative law enforcement, and improve the system of judiciary guiding cases.

Keywords: New Forms of Industry; Labor Rights; Platform Enterprises; Labor Relations

B.4 Urban Renewal Action and Improvement of Residents' Psychological Well-being   *Zhang Zhaoxia , Xie Changliang* / 096

Abstract: Urban renewal action had been written into the 20th report of the Communist Party and Government Work Reports of the State Council in the past three years and has become a long-term development strategy of China. From the national policies to local legislation related to this action, the rights are guaranteed such as: the rights of individuals and social groups to adequate housing, the rights of social public services, the rights of public participation, cultural rights, environmental rights. This action shows a rich patterns of improving the level of human rights protection, such as: the renovation of old urban residential areas has enhanced the guarantee of "adequate housing right"; it has shaped friendly neighborhoods for all ages and enriched the connotation of "enjoying the right to social public services", diversified participation, consultation and co-governance, realizing "the right of public participation"; pay attention to the protection and inheritance of history and culture, and develop "cultural rights"; overall planning for green and low-carbon urban construction has optimized the realization path of "environmental rights". In order to allow more residents to enjoy the fruits of urban renewal, The following path to further optimize urban renewal should be taken: promote urban renewal from "point" to "facet" development, and benefit more people's rights and well-being; the residents should be encouraged to participate in urban renewal independently to ensure the effective protection of individual human rights ; expand the "breadth" and "depth" of urban renewal legislation and improve the level of legal protection of human rights.

Keywords: The Action of Urban Renewal; National Policy and Local Legislation; Improvement of Residents' Psychological Well-being; The Protection of Human Rights

B . 5 New Measures to Ensure the Right to Mental Health of Chinese Citizens *Zhao Mingxia* / 114

Abstract: Citizens have the right to health, including physical and mental health. In recent years, China has incorporated citizen mental health protection into its national development plan, continuously promoted the rule of law for mental and mental health, and continuously improved the social mental health service system. Especially in 2023, a series of measures have been taken to ensure the mental health of adolescents, providing institutional guarantees for the realization of citizens' right to mental health. However, in line with the development goals of a healthy China, the relevant legal system for safeguarding the right to mental health of citizens is not perfect, the consensus on mental health protection in society is not high, and the problem of imbalanced supply and demand of social mental health services still exists. Therefore, it is recommended to further improve the construction of relevant legal systems, incorporate the protection of mental health rights into social governance, and enhance the capacity of social mental health services.

Keywords: Mental Health; The Right to Mental Health; The Protection of Human Rights

人权蓝皮书

B.6　Judicial Protection of Environmental Rights Under

　　Double Carbon Target　　　　　　　　　*Tang Yingxia* / 128

Abstract：Achieving carbon peak and carbon neutrality, promoting green and low-carbon economy and society are crucial to high-quality development. The Supreme People's Court issued guidance on reaching carbon neutrality in judicial services to help "dual control" of the total amount and intensity of carbon emissions and promote the continued implementation of the "1+N" policy system for carbon peaking and carbon neutrality. Improving the "dual carbon" trial system and mechanism provides more powerful judicial services for actively and steadily promoting carbon peak and carbon neutrality and building a Chinese-style modernization in which man and nature coexist harmoniously. China's judicial organs have summarized the "dual carbon" judicial rules, summarized judicial practical experience, and formed guiding cases, contributing Chinese wisdom and strength to fully protect citizens' environmental rights and accelerate the advancement of global climate change governance.

Keywords：Double Carbon Target; Environmental Rights; Judicial Protection

B.7　Performing Recording and Review System Actively and

　　Safeguarding Citizens' Fundamental Rights

　　—*An Analysis Based on the Reports on the Recording and*

　　Review Work of the Legal Affairs Commission of the

　　Standing Committee of the National People's Congress,

　　2017-2023　　　　　　　　　　　　　　　*Da Lu* / 144

Abstract：The recording and review is an important system based on the system of people's congresses to safeguard the basic rights of citizens and regulate the scope of operation of public power, and since 2017, the Standing Committee of the National People's Congress (NPC) has formed the practice of listening to and deliberating on reports on the work of the Legal Affairs Commission (LAC) on record review, which has made the picture of the record review work gradually more vibrant and enriched. Taking the opportunity to implement the principle of "all legal documents must be recorded, all recorded documents must be reviewed, and all mistakes must be corrected", the LAC of the NPC Standing Committee has carried out a great deal of record and review work, and has activated the constitutionality review of legal documents, which has provided new institutional safeguards for the realization of the fundamental rights of citizens.

Keywords: Record and Review; Human Rights Protection; Report on the Work of the Record and Review; Constitutionality Review

B.8 Democratic Rights Protection for Farmers to Participate in Rural Construction *Liu Ming* / 159

Abstract: Rural construction is an important part of rural revitalization and national modernization. In the process of rural construction, farmer participation and autonomy are important implementation mechanisms. In order to mobilize the enthusiasm and creativity of farmers to participate in rural construction, and effectively safeguard the democratic rights and subjectivity of farmers in the process of rural construction, the National Rural Revitalization Bureau, the Central Organization Department and other departments jointly issued the "Guidelines for Farmers to Participate in Rural Construction (Trial)" in January 2023, requiring all regions to fully protect the democratic rights of farmers in various aspects of rural construction, such as the right of information, participation, and supervision.

Keywords: Rural Construction; Democratic Rights; Right of Participation; Right of Supervision

人权蓝皮书

B . 9   New Progress of National Anti-Cyber-Violence

Zhou Wei，Pengmao Caidan / 172

Abstract：In 2023, China promulgated seven normative documents related to anti-cyber violence, such as the administrative regulations of the "Regulations on the Protection of Minors' Network " and the judicial interpretation of the "Guiding Opinions on Punishing Cyber Violence and Crimes in Accordance with the Law. " The people 's court has issued several typical cases, and the network information, public security and other departments have carried out many special law enforcement actions. It has improved the system construction of network violence governance, strengthened the ability of network information service providers to prevent, correct and stop network violence, and further strengthened the protection of citizens' rights of reputation, portrait and privacy. However, at the same time, there are also some problems, such as the legal implementation mechanism of network violence governance needs to be optimized, and the professional ability construction of state organs' cooperation in law enforcement needs to be strengthened. It is suggested to formulate special laws against cyber violence, strengthen the law enforcement cooperation ability against cyber violence, strengthen the measures to build a good network ecological environment, and effectively reduce the infringement of personal rights by cyber violence.

Keywords：Anti-Cyber-Violence；Network Governance；Human Rights Protection

B . 10   The System of Sex-Disaggregated Data and the Guarantee
of Gender Equality　　　　　　　　　　*Zhang Han* / 186

Abstract：The system of Sex-disaggregated data is of great significance in promoting gender equality, fostering gender awareness in society, fostering a favorable atmosphere of respect for and protection of human rights in society as a

502

whole, and actively fulfilling international human rights obligations. At present, China's Sex-disaggregated data system has made great progress: in terms of top-level planning, the Sex-disaggregated data system has received more attention at both the central and local levels, and localities are actively exploring institutional innovations in Sex-disaggregated data; in terms of the working mechanism, the mechanism of Sex-disaggregated data has become more systematic and standardized, especially in terms of multisectoral coordination and linkage, professionalism in statistical work, and openness of statistical data; at the level of specific indicators, the indicators of Sex-disaggregated data have been gradually improved, and the publicity of statistical data has become more prominent. At the level of specific indicators, the indicators for Sex-disaggregated data have been gradually improved, and the statistical objectives have become more quantifiable. However, there are still certain flaws and deficiencies in China's Sex-disaggregated data, and it is still necessary to further enhance the scientific nature of statistical indicators, improve the statistical work mechanism, and strengthen the disclosure of statistical information in the future, so as to truly bring into full play the important role of Sex-disaggregated data in promoting gender equality, respecting and safeguarding human rights, and promoting the all-round development of women.

Keywords: Sex-disaggregated Data; Human Rights; Gender Equality; Women

B.11　Construction of Special Schools and Protection of the
　　　　Rights and Interests on Specialized Correctional
　　　　Education for the Minors Involved in Laws and Crimes

Gong Tailei, Su Chunjing / 200

Abstract: China has consistently upheld the principles of education, rehabilitation, and remedy for the minors involved in laws and crimes. It follows the programme of integrating educational transformation with correctional

reinforcement, as well as combining educational corrections with legal rights and interests protection. China has established a specialized system in the rule of law for legal corrections and educational protection that differs from the organs of judicial prisons or regular schools. Furthermore, it has refined a network of social protection and punitive mechanisms to prevent crimes and safeguard the rights of minors involved in laws and crimes. The development of specialized schools will contribute to steadily advancing the correctional education for minors involved in laws and crimes; for instance, activating family guardianship rights, deepening personal freedom rights, enhancing educational opportunities and employment prospects, as well as promoting equality and non-discrimination for these individuals. From the future perspective, it is an innovative measure aimed at protecting special groups' rights in China that improving the special school construction through scientific, legalized, and systematic development.

Keywords: Special Schools; Minors Involved in Laws and Crimes; Innovation of the Rights and Interests Protection; Specialized Correctional Education Protections

B.12 Hospice Care and Citizens' "Full Life Cycle" Personal Dignity Protection *Ma Yuan, Wang Jiawei* / 219

Abstract: Hospice care plays an important part in the modernization of the medical and health field. The value and practice of hospice care respects the final choice of a human being and aims to avoid the pain caused by excessive medical treatment to protect the dignity of citizens at the end of life. China has made remarkable progress in promoting hospice care services in 2023 including substantial improvement on the supply, the operation mechanism and the quality management system of hospice care. However, the technical difficulties, ethical disputes and legal risks in practice continue challenge the application and promotion of hospice care. It is suggested that a further improvement on the pain management process, an exploration on the "Living Will" system based on informed consent and supporting institution system are indispensable to develop the hospice care service and to enhance the protection of citizens' "full life cycle" quality of life and dignity.

Keywords: Hospice Care; Full Life Cycle; Human Dignity; End-of-Life Care

B.13 New Developments in the Guarantee of The Right to Accessibility
Meng Qingtao, Yan Naixin / 234

Abstract: The guarantee of the right to a barrier-free environment is a matter of national human rights and modern development. In recent years, China has made new progress in the areas of barrier-free facilities, information exchange and social services: the renovation of barrier-free environment improvements has been increasing year after year, and barrier-free facilities have been effectively cared for; barrier-free reading has been actively implemented, and the results of the barrier-free App renovation have been encouraging; and barrier-free social services have been continuously optimized in the areas of home renovation, government affairs, transportation and medical care and health care. However, there are still difficult problems to be solved in the construction of the existing barrier-free environment, mainly including unbalanced and insufficient construction, the need to improve the construction supervision and evaluation mechanism, the lack of awareness of and attention to the construction, and the poor connection between construction and digitization. In the future, emphasis should be placed on promoting accessibility at the institutional, cognitive and practical levels, strengthening departmental coordination and supervision, highlighting the power of social organizations, and promoting the open sharing of accessible information technology.

Keywords: Accessibility; Human Rights Guarantees; Facilities Construction; Information Exchange; Social Services

B . 14   Guarantees of the Right to Life and the Right to
Development in the Construction of the Digital

Economy   *Qi Yanping* , *Zhu Jiahao* / 252

Abstract: The fruits of the construction of the digital economy and the
continued emergence of emerging growth points in 2023 together constitute the
basic background for safeguarding citizens' right to subsistence and development in
the new era. By virtue of its huge volume and radiation effect, the digital economy
has covered a wide range of rights in the right to subsistence and the right to
development, effectively alleviated the structural difficulties in safeguarding the
right to subsistence, and upgraded the quality of citizens' material and cultural
life. In the face of the improper use of personal information, restricted space for
the rights of vulnerable groups, and technical control faced by deep participants in
the digital economy in practice, all parties have responded positively to the issue of
rights protection. In general, enhancing the universality of digital economy
development from the source and making it closely coupled with public welfare is
the key to rights protection. Serious rights disorders should be corrected through
state intervention in accordance with the law, while the regularization of the right
to development depends on flexible governance with multi-party participation.

Keywords: Digital Economy; Digital Inclusion; Flexible Governance;
Right to Subsistence; Right to Development

B . 15   Digital Government Construction and Civil Rights

Protection   *Hua Guoyu* , *Bao Jiahan* / 265

Abstract: In 2023, the central and local governments continued to improve
relevant laws and regulations on digital government construction, and local
governments have issued construction plans. By strengthening digital infrastructure
construction, building efficient, transparent, and secure digital government, and

promoting accessible digital government construction to bridge the " digital divide", governments at all levels actively respond to the new expectations and needs of the people for digital government construction and digital rights protection. However, it should still be noted that the prominent issues in the construction of digital government and the urgent and difficult problems that the people are looking forward to solving have not been fully resolved, and there is still room for improvement in the capacity and level of safeguarding civil rights. China need to further improve the legal basis for safeguarding civil rights that matches the construction of a digital government, protect the civil rights of digital vulnerable groups with promoting digital inclusion, and prevent the risk of data leakage with strengthening the comprehensive security protection of public data.

Keywords: Digital Government; Civil Rights; Digital Inclusion; Data Security

B. 16　Protection of Minors' Rights and Interests in Cyberspace

Zhang Jianwen, Cheng Yanli / 280

Abstract: The protection of the rights of minors is an important element in the development of China's human rights endeavors. In recent years, China's concepts, systems and policies for the protection of the rights of minors have been constantly developing and improving, and significant achievements have been made in many areas. With the development of Internet technology, the protection of minors has ushered in new developments, but has also encountered new risks and challenges. Therefore, based on China's actual situation, we should actively mobilize the power of the State, society and the market to form a protection synergy, build a complete closed loop of Internet protection for minors, and create a safe and healthy Internet environment for minors.

Keywords: Cyberspace; Protection of Minors; Protection Closed Loop

B.17　China's International Cooperation, Exchanges and
Responses to Challenges Concerning Human Rights
in 2023 　　　　　　　　　　　　　　　　*Luo Yanhua* / 295

Abstract：In 2023, China's international human rights cooperation and exchanges are mainly carried out at the United Nations, international forums and bilateral levels, and significant progress has been made. International human rights cooperation at the UN level is mainly manifested in China's cooperation with the UN Human Rights Council, the UN High Commissioner for Human Rights, the UN Human Rights special mechanisms and the UN human rights treaty mechanisms, all of which have been promoted on the basis of conventional cooperation. Cooperation and exchanges at the international forum level are reflected in the rich and colorful forum activities hosted by both official and social organizations, and extensive international human rights exchanges have been conducted. At the bilateral level, the frequency of bilateral human rights dialogue and consultation is far higher than before, and bilateral exchanges such as visits abroad and visits upon invitation have also achieved remarkable results.

Keywords：International Human Rights Cooperation; International Human Rights Exchange; The United Nations; International Forum; Bilateral Human Rights Dialogue and Consultation

B.18　Analysis Report on China's Human Rights Related
Legislation in 2023 　　　　　　　　　　　*Ban Wenzhan* / 311

Abstract：In 2023, the NPC and its Standing Committee strengthened China's legislation system, and provided a much solid legislation system foundation for legal protection of human rights. In the same year, the Standing Committee of the NPC and the State Council adopted groundbreaking legislative measures on international and foreign affairs, and provided clear legal basis for developing international human rights exchanges and cooperation and protection of lawful rights and interests of Chinese citizens living abroad. Meanwhile, they adopted many other legislative measures in the fields of economy, people's livelihood, eco-environment protection, state security and social management, and further enhanced the legal protection of the rights of the persons with disabilities, the elderly and the children, as well as the legal protection of some specific human rights.

Keywords: Human Rights; Legislation System; Legislation on International and Foreign Affairs; Rights of Members of Specific Groups

B.19 China's Cooperation with African Regional Organizations Creates Conditions for the Development of Human Rights

Jian Huimin / 333

Abstract: 2023 marks the 10th anniversary of the Belt and Road Initiative and the principles of China's Africa policy-sincerity, real results, amity, and good faith, and pursuing the greater good and shared interests. Despite a complex external environment, the cooperation between China and African regional organizations has consistently focused on protecting human rights through security, promoting human rights through development, and strengthening human rights through cooperation. Both sides have worked to align the Belt and Road Initiative with Africa's development strategies, fostering shared prosperity. Within the framework of the Forum on China-Africa Cooperation, they have deepened cooperation in the "Nine Programs" areas, further strengthening dialogue, mechanism building, project collaboration, and financial cooperation between China and Africa.

Through initiatives such as hosting the third China-Africa Economic and Trade Expo, supporting the African Green Wall Initiative, backing the Comprehensive Africa Agriculture Development Programme, and aiding in the

construction of the African Union's Africa CDC, China and African regional organizations have provided opportunities for empowerment at economic, social, and cultural levels, enhancing the protection of human rights in Africa. Additionally, China has reinforced financial cooperation with Africa by supporting African countries through financing in China, further promoting sustainable development in Africa. This bilateral/multilateral cooperation has earned the trust of the African people and advanced human rights protection levels across the continent.

Keywords: China-Africa Cooperation; International Human Rights Cooperation; African Regional Organizations

B.20 National Human Rights Education and Training Bases: Achievements and Prospects
Wu Kelin / 353

Abstract: Since 2011, China has set up national human rights education and training bases in 14 colleges and universities. The year 2023 will mark the thirtieth anniversary of the adoption of the Vienna Declaration and Programme of Action, and the development and progress of the national human rights education and training bases is not only an inevitable requirement of socialism with Chinese characteristics, but also a direct manifestation of practicing the basic spirit of the Vienna Declaration and Programme of Action. These bases play an active role in conducting theoretical research on human rights, strengthening human rights education and training, providing political advice, promoting international human rights exchanges and cooperation, and fostering the training of human rights personnel, which is of great significance to the promotion of the cause of human rights in China.

Keywords: Human Rights; National Human Rights Education and Training Bases; Human Rights Education; Think Tank Building

Abstract: Between 2013 and 2023, significant progress was made in China in the field of human rights research and the establishment of an academic discipline system. During this period, human rights publications in mainland of China were characterized by a diversification of research themes, a shift in the focus of research areas, and the gradual formation of a multidisciplinary and interdisciplinary framework. Human rights research papers demonstrated an increase in academic attention and the number of journals, an expansion of research focus, and featured both critical and constructive studies. Moreover, this period witnessed an exploration of the development of human rights research at both theoretical and practical levels, examining the current status and trends in China's human rights research and academic discipline construction from the perspectives of policy changes, academic research, and educational programs.

Keywords: Human Rights Research; Human Rights Education; Human Rights Discipline

Ⅲ   Case Study Reports

Abstract: The year 2023 marked the final year of the "three-year foundation strengthening" phase in the implementation of the "ten-year fishing ban in

Yangtze River" policy. As a critical part to ensure the successful implementation of the policy, protecting rights of retired fishermen in terms of their survival, livelihood and development holds significant practical implications for advancing Yangtze River ecological conservation and achieving modernization of fishery governance institutions and capacities. Based on the foundational work during the past two years, the protective measures carried out by local governments in 2023 has made remarkable progress in enhancing social security, stimulating employment, developing distinctive industries and providing skills training. This concerted endeavor has effectively solidified and propelled the achievements of transitioning, resettlement, and welfare provisioning of retired fishermen, garnering understanding and support from local communities. However, challenges persist in ensuring the sustainable protection of fishermen's rights. Given this, the future implementation of the fishing ban policy should focus on the sustainability of the human rights protection of retired fishermen.

Keywords: Retired Fishermen; Rights and Interests of Retired Fishermen; Right to Subsistence; Right to Development; Ten-year Fishing Ban in Yangtze River

B.23 Yunnan's Experience in Ecological Civilization Construction and Environmental Rights Protection

Jiang Jiani, Sun Chengyuan and Li Caihui / 423

Abstract: The right to the environment is a new type of human right, and the United Nations General Assembly declared the right to a clean, healthy, and sustainable environment as a universal human right in 2022. In the process of China's economic and social development, the realization of citizens' environmental rights has always been guaranteed through environmental protection and ecological civilization construction practices, and for the first time, "environmental rights" have been separately included in the National Human Rights Action Plan (2021-

2025). Yunnan has abundant biodiversity resources, multi-ethnic coexistence, and strong vitality in traditional ecological culture. In recent years, Yunnan has achieved remarkable results in the construction of ecological civilization and environmental rights protection, reflected in scientific and reasonable institutional arrangements, significant improvement in ecological environment quality, and continuous promotion of industrial transformation and upgrading. The acquisition of Yunnan's experience benefits from the balance and progress of the right to development and environmental rights, the protection of environmental rights by the rule of law, the continuous effectiveness of ecological environment information disclosure, and the enhancement of public participation in environmental decision-making through traditional ecological protection culture. In the future, Yunnan's environmental rights protection will further strengthen public awareness and participation in environmental decision-making, accelerate the construction of forestry carbon sinks, and promote the modern value of traditional ecological protection culture.

Keywords: Ecological Civilization Construction; Environmental Rights; Yunnan; Ecological Culture

B.24 Practical Implications of Industry-level Mediation and
Consultation Mechanisms for Advancing the Implementation
of the United Nations Guiding Principles on Business and
Human Rights   *Sun Lihui, Li Yanling* / 446

Abstract: Human rights issues such as labour practices, environmental impacts, and community development in the mining industry and mineral supply chain are of great concern to the international community. Due to the lack of timely, effective, equal and transparent communication and consultation channel, the failure of overcoming the intensification of conflicts among multi-stakeholder become a shortcoming for the multinational enterprises, and an obstacle in the

high-quality development of the mineral supply chain. In order to promote dialogue and communication between enterprises and NGOs, community organizations, media, and other relevant parties, and to effectively deal with complaints, Responsible Critical Mineral Initiative (RCI) has developed China's first non-judicial grievance mechanism at the industry level – "Mediation and Consultation Mechanism for Mining Industry and Mineral Value Chain" based on years of experience in problem-solving and risks mitigation. The Mechanism aims to build a mediation and consultation platform with industry coordination, expert support, and voluntary participation of all parties, dedicated to helping mining and mineral supply chain enterprises resolve disputes to enhance transparency, and build partnerships in the mineral supply chain. The Mechanism follows the criteria of the United Nations Guiding Principles on Business and Human Rights on the effectiveness of non-judicial grievance mechanisms, draws on the good practices of many international grievance mechanisms, and innovates and develops in terms of the diversity of participants, the multi-dimensionality of disputes, the bi-directional nature of grievance application, the participatory and voluntary nature of mediation and consultation, and the inclusiveness and resourcefulness of the cooperation network.

Keywords: Industry-level Mediation and Consultation Mechanism; Guiding Principles on Business and Human Rights; Grievance and Remedy; Mineral Supply Chain

B.25 The Making and Implementation of the Guidance on Social and Environmental Due Diligence for China's Textile and Apparel Enterprises

Liang Xiaohui / 462

Abstract: In line with international and domestic trends and industry development needs, China's textile and garment industry has launched and implemented the *Guidance on Social and Environmental Due Diligence for China's Textile and Apparel Enterprises* in 2023 on the basis of extensive research and consultation, and has made cutting-edge and beneficial explorations for China's industry to carry out due diligence. This Guide responds to the development reality and capability needs of enterprises, integrates international norms with Chinese industry practices, introduces multi-party participation and technical support, combines due diligence methods with due diligence issues, combines industry scenarios with due diligence actions, and combines risk control with business operations, making useful explorations for the implementation of due diligence management in China's industry.

Keywords: Textile and Apparel; Social and Environment; Due Diligence

社会科学文献出版社

皮书

智库成果出版与传播平台

❖ 皮书定义 ❖

皮书是对中国与世界发展状况和热点问题进行年度监测，以专业的角度、专家的视野和实证研究方法，针对某一领域或区域现状与发展态势展开分析和预测，具备前沿性、原创性、实证性、连续性、时效性等特点的公开出版物，由一系列权威研究报告组成。

❖ 皮书作者 ❖

皮书系列报告作者以国内外一流研究机构、知名高校等重点智库的研究人员为主，多为相关领域一流专家学者，他们的观点代表了当下学界对中国与世界的现实和未来最高水平的解读与分析。

❖ 皮书荣誉 ❖

皮书作为中国社会科学院基础理论研究与应用对策研究融合发展的代表性成果，不仅是哲学社会科学工作者服务中国特色社会主义现代化建设的重要成果，更是助力中国特色新型智库建设、构建中国特色哲学社会科学"三大体系"的重要平台。皮书系列先后被列入"十二五""十三五""十四五"时期国家重点出版物出版专项规划项目；自2013年起，重点皮书被列入中国社会科学院国家哲学社会科学创新工程项目。

权威报告·连续出版·独家资源

皮书数据库
ANNUAL REPORT(YEARBOOK)
DATABASE

分析解读当下中国发展变迁的高端智库平台

所获荣誉

- 2022年，入选技术赋能"新闻+"推荐案例
- 2020年，入选全国新闻出版深度融合发展创新案例
- 2019年，入选国家新闻出版署数字出版精品遴选推荐计划
- 2016年，入选"十三五"国家重点电子出版物出版规划骨干工程
- 2013年，荣获"中国出版政府奖·网络出版物奖"提名奖

皮书数据库

"社科数托邦"
微信公众号

成为用户

　　登录网址www.pishu.com.cn访问皮书数据库网站或下载皮书数据库APP，通过手机号码验证或邮箱验证即可成为皮书数据库用户。

用户福利

- 已注册用户购书后可免费获赠100元皮书数据库充值卡。刮开充值卡涂层获取充值密码，登录并进入"会员中心"—"在线充值"—"充值卡充值"，充值成功即可购买和查看数据库内容。
- 用户福利最终解释权归社会科学文献出版社所有。

数据库服务热线：010-59367265
数据库服务QQ：2475522410
数据库服务邮箱：database@ssap.cn
图书销售热线：010-59367070/7028
图书服务QQ：1265056568
图书服务邮箱：duzhe@ssap.cn

社会科学文献出版社　皮书系列
SOCIAL SCIENCES ACADEMIC PRESS (CHINA)

卡号：618462146833
密码：

S 基本子库
UB DATABASE

中国社会发展数据库（下设 12 个专题子库）

紧扣人口、政治、外交、法律、教育、医疗卫生、资源环境等 12 个社会发展领域的前沿和热点，全面整合专业著作、智库报告、学术资讯、调研数据等类型资源，帮助用户追踪中国社会发展动态、研究社会发展战略与政策、了解社会热点问题、分析社会发展趋势。

中国经济发展数据库（下设 12 专题子库）

内容涵盖宏观经济、产业经济、工业经济、农业经济、财政金融、房地产经济、城市经济、商业贸易等 12 个重点经济领域，为把握经济运行态势、洞察经济发展规律、研判经济发展趋势、进行经济调控决策提供参考和依据。

中国行业发展数据库（下设 17 个专题子库）

以中国国民经济行业分类为依据，覆盖金融业、旅游业、交通运输业、能源矿产业、制造业等 100 多个行业，跟踪分析国民经济相关行业市场运行状况和政策导向，汇集行业发展前沿资讯，为投资、从业及各种经济决策提供理论支撑和实践指导。

中国区域发展数据库（下设 4 个专题子库）

对中国特定区域内的经济、社会、文化等领域现状与发展情况进行深度分析和预测，涉及省级行政区、城市群、城市、农村等不同维度，研究层级至县及县以下行政区，为学者研究地方经济社会宏观态势、经验模式、发展案例提供支撑，为地方政府决策提供参考。

中国文化传媒数据库（下设 18 个专题子库）

内容覆盖文化产业、新闻传播、电影娱乐、文学艺术、群众文化、图书情报等 18 个重点研究领域，聚焦文化传媒领域发展前沿、热点话题、行业实践，服务用户的教学科研、文化投资、企业规划等需要。

世界经济与国际关系数据库（下设 6 个专题子库）

整合世界经济、国际政治、世界文化与科技、全球性问题、国际组织与国际法、区域研究 6 大领域研究成果，对世界经济形势、国际形势进行连续性深度分析，对年度热点问题进行专题解读，为研判全球发展趋势提供事实和数据支持。

法律声明

"皮书系列"（含蓝皮书、绿皮书、黄皮书）之品牌由社会科学文献出版社最早使用并持续至今，现已被中国图书行业所熟知。"皮书系列"的相关商标已在国家商标管理部门商标局注册，包括但不限于LOGO（ ）、皮书、Pishu、经济蓝皮书、社会蓝皮书等。"皮书系列"图书的注册商标专用权及封面设计、版式设计的著作权均为社会科学文献出版社所有。未经社会科学文献出版社书面授权许可，任何使用与"皮书系列"图书注册商标、封面设计、版式设计相同或者近似的文字、图形或其组合的行为均系侵权行为。

经作者授权，本书的专有出版权及信息网络传播权等为社会科学文献出版社享有。未经社会科学文献出版社书面授权许可，任何就本书内容的复制、发行或以数字形式进行网络传播的行为均系侵权行为。

社会科学文献出版社将通过法律途径追究上述侵权行为的法律责任，维护自身合法权益。

欢迎社会各界人士对侵犯社会科学文献出版社上述权利的侵权行为进行举报。电话：010-59367121，电子邮箱：fawubu@ssap.cn。

社会科学文献出版社